Eva Rieger

»Leuchtende Liebe, lachender Tod«

Eva Rieger

»Leuchtende Liebe, lachender Tod«

Richard Wagners Bild der Frau im Spiegel seiner Musik

Olms Presse

Jede Art von Forschung, die allein das Bewusstsein der Menschen, ihre »Ratio« oder ihre »Ideen« ins Auge fasst, die nicht zugleich auch den Aufbau der Triebe, Richtung und Gestalt der menschlichen Affekte und Leidenschaften mit in Betracht zieht, ist von vornherein in ihrer Fruchtbarkeit beschränkt.

Norbert Elias

Umschlagabbildung:
Richard Wagner, L. Pierson, Fotografie, 1867
Nationalarchiv der Richard-Wagner-Stiftung Bayreuth

Bibliografische Information der Deutschen Nationalbibliothek
Die Deutsche Nationalbibliothek verzeichnet diese Publikation in der Deutschen Nationalbibliografie; detaillierte bibliografische Daten sind im Internet über http://dnb.d-nb.de abrufbar.

2. Auflage 2024

www.olms-presse.de
Printed in Lithuania
Gedruckt auf säurefreiem und alterungsbeständigem Papier
Umschlag: Barbara Gutjahr, Hamburg
Herstellung: UAB BALTO Print, Vilnius
ISBN 978-3-7582-0265-0

Inhalt

Präludium 7

Was »die Welt noch gar nicht ahnt«: Wagners Musiksprache 15
Von *Rienzi* zum *Fliegenden Holländer* 30
»Bordellglanz höherer Ordnung«: *Tannhäuser* 56
»Nimm alles, was ich bin!« *Lohengrin* 73
Sexuelle Verheißung und die Erlöserin: *Tristan und Isolde* 88
Die »liebe Muse« Mathilde: *Die Meistersinger von Nürnberg* 108
Der Ring des Nibelungen: Entstehung und Vorspiel – *Ring I* 131
Wotan und die Walküre – *Ring II* 151
Siegfried und die Frauen – *Ring III* 167
Die Götterdämmerung – Ring IV 188
Zwischen Eva und Kundry: »Kein weibliches Wesen mir zur Seite!« 210
»... das Leiden der Liebesverführung«: Kundry und Parsifal 232

Nachspiel 256

Anmerkungen 271
Literaturhinweise 286
Register 292
Danksagung 296

Präludium

In dem Spielfilm *Humoreske* aus dem Jahr 1946 blickt dem Zuschauer eine bitterlich weinende Joan Crawford entgegen. Sie betrinkt sich daheim höchst effektvoll, während ihr Geliebter im Konzertsaal als Geigensolist eine Bearbeitung von Themen aus *Tristan und Isolde* spielt. Das sehnsüchtige Liebesthema schwillt an, Crawfords Tränen steigen mit ihrem Alkoholkonsum. Als dann die musikalischen Wellen von Isoldes Liebestod hochschlagen, läuft sie voller Verzweiflung an den Strand, offensichtlich in der Absicht, sich das Leben zu nehmen. Beim musikalischen Höhepunkt verschwimmt ihr in Großaufnahme gezeigtes Gesicht, riesige Wellen überspülen das Bild, sie geht in den Tod. Während der letzten Takte beruhigt sich das Meer und auf dem Konzertpodium klingt der Schlusston aus.

Nicht zufällig sind unzählige Bearbeitungen wagnerscher Musik in Spielfilmen zu hören; oft der Walkürenritt, aber eben auch die Musik aus *Tristan und Isolde*, wie geschaffen für die Untermalung romantischer Gefühle. Richard Wagners Musik hat die Enge des Opernhauses längst überwunden. Sie bezaubert, tröstet und begeistert, ihr opulenter Klang spricht die Sinne an, was aber nicht der alleinige Grund ist, weshalb seine Kompositionen für die Filmmusik solch eine Fundgrube geworden sind. Wagner benutzte eine Musiksprache, die auch heute noch gültig ist, wobei er sich der Regeln der Affekte bediente, wie er sie von den Werken der Renaissance, des Barock und der Klassik kannte. Er verfeinerte die Tradition in allen Parametern, blieb aber der Tonalität verhaftet. Erst nach seinem Tod, nach Bruckner, Mahler und Strauss wurde durch Arnold Schönberg, Anton Webern und andere eine vom Affekt gereinigte Musik erfunden, die die tonalen Bezüge überwand, die Dissonanz emanzipierte und sich der Bedeutungsebene verweigerte. Die Neue Musik, die diesen Weg einschlug, tut sich bis heute schwer damit, Akzeptanz zu finden.

Es gibt aber noch etwas, das Wagners Werk mit der heutigen Zeit verbindet. Nicht zufällig stirbt in dem oben erwähnten Film die Frau ihrer passiven Rolle gemäß, während der Mann in der Öffentlichkeit steht und den Ruhm für sich beansprucht. Wagner hat seinen Teil dazu beigetragen, solche kulturellen Muster zu festigen. Vor allem davon handelt dieses Buch. Als die feministische Bewegung in den 1970er Jahren aufkam und man voller Begeisterung auf die Suche nach verschollenen Komponistinnen ging, war es ein beliebtes Diskussionsthema, über scheinbar frauenfeindliche Kunst (wie die kaputten Puppenfiguren von Hans Bellmer) oder Musik (wie Beethovens *Eroica* mit ihrer regressiven Heldenverehrung) zu diskutieren und sich zu fragen, wie damit umzugehen sei. Wagner erschien damals als der Schlimmste von allen, nicht nur, was die reale Unterdrückung seiner Frau Cosima betraf, worüber man in ihren gerade erschienenen Tagebüchern so manches nachlesen konnte, sondern auch hinsichtlich der Opferhaltung seiner weiblichen Bühnenfiguren wie Elsa, Elisabeth, Senta, Brünnhilde und Kundry. Es fiel somit leicht, ihn zu verurteilen. Doch ein Unbehagen blieb, denn seine Musik faszinierte weiterhin. Wie kann man diesen Widerspruch – Wagners Musik zu lieben, seine erzählten Geschichten aber als frauenfeindlich abzulehnen – auflösen? Es entstand der Wunsch, insbesondere über sein Geschlechterbild und dessen musikalische Umsetzung mehr herauszufinden.

Eine erste wichtige Erkenntnis war die, dass Wagners Schaffen schriftlich wie musikalisch von eigenen, subjektiven Erfahrungen durchsetzt und beeinflusst ist. Der historische Zusammenhang zwischen dem

Komponisten als Mensch, seinem Werk und der Gesellschaft, in der er lebte, ist methodisch noch weitgehend unbewältigt. Man muss nicht unbedingt James McGlathery folgen, der überzeugt ist, dass Wagners Werk sich in erster Linie mit erotischer Leidenschaft befasse und »voller inzestuöser Gefühle und Bedürfnisse« sei.[1] Aber die Berücksichtigung von Biographischem ist gerade für das Verständnis des wagnerschen Œuvres unerlässlich. In der Forschung dominiert aber die ideengeschichtlich beeinflusste Musikwissenschaft, die sich vornehmlich auf eine abstrakte Geistes- und Wesensschau beschränkt und damit das Thema »Frau« elegant umschifft, zumal eine Betrachtung des Privatlebens schnell als Voyeurismus, als billiger Tratsch verpönt wird. Es wird nur selten erkannt, dass die Grenze zwischen privat und öffentlich willkürlich gezogen ist und die Erfahrungen, die Leiden und Glücksmomente, die schaffende Künstler durchleben, ihr Werk prägen können. Gerade Wagners bewegtes Leben, in dem die Frauen eine eminente Rolle spielten, lässt spektakuläre Einsichten zu. Manche Interpretationen, die diese Tatsache berücksichtigen, überbieten sich freilich dabei an Gemeinheit und Schadenfreude und tragen somit auch nichts zum tieferen Verstehen der Psyche Wagners bei. Aber immer, wenn man versucht, bei Wagner Privates und Öffentliches gleichermaßen ins Blickfeld zu rücken, bleibt ein Unbehagen – wie kann ein Komponist musikalisch genial, aber privat charakterlos gewesen sein? Dasselbe gilt für die gegenteilige Sichtweise, die die Frauen in Wagners Leben in Bausch und Bogen verurteilt, um den Helden umso strahlender zu präsentieren.

Wagners großes Thema ist und bleibt die Liebe, das Mysterium der erotischen und mütterlichen Faszination und damit die Frau. Freude und Leid, Eifersucht und Aggression, Angst vor Verlust und jubelndes Glück bilden die Affekte, um die sich die Oper bei ihm dreht, allen Beteuerungen des Komponisten zum Trotz, der mit seinem Schaffen durchaus belehren und verändern wollte, letztlich aber immer bei den großen Gefühlen landete. Es ist ein krasses Fehlurteil, das Martin Gregor-Dellin in seiner großen Wagnerbiographie fällt: »Ob Wagner unter einem Fluch des Sexus litt, ist zu bezweifeln. Es hat der ungelenkte Trieb ihn bestensfalls irritiert«, schreibt er.[2] Für Wagner war die Sexualität ein legitimes Grundbedürfnis, die Erotik lebensspendend. Sie stellte seine psychische »Ernährung«, die Grundbedingung seines Schaffens überhaupt dar. »Wie der Hirsch nach dem Wasser, so schreie ich nach dir«, sagte er in Anlehnung an den bekannten Psalm zu Cosima.[3] Da waren sie immerhin schon über ein Jahrzehnt ein Paar. Wer nicht bereit ist, die herausragende Rolle der Erotik seinen Operntexten zu entnehmen, müsste zumindest die glutvolle, erotische Kraft seiner Musik anerkennen. Es gehört zu Wagners großartigen Leistungen, mitten im 19. Jahrhundert zu erkennen, wie sehr die Sexualität ein Grundbedürfnis des Menschen ist, und dies künstlerisch zu verarbeiten.

Es wäre allerdings verkürzt, würde man sich ausschließlich auf die Querverbindung zwischen Leben und Werk konzentrieren und den historischen Bezug verdrängen. Gerade historisch bedingte Sichtweisen von Mann und Frau bilden ein elementares Strukturprinzip von Gesellschaften und beeinflussen den gesamten Bereich ökonomischer, politischer und gewiss auch kultureller Produktion. Schon bei Mozart finden wir Züge eines bürgerlichen Selbstverständnisses, das die Einschätzung von Mann und Frau prägt – so in seiner Ablehnung des Feudalismus, in der Abgrenzung vom Pöbel und der Ausstattung des Mannes mit gesellschaftlicher Macht, was insbesondere in der *Zauberflöte* zum Tragen kommt. Als er sich mit seinen beiden Frauenfiguren in *Così fan tutte* dem bürgerlichen Wunschbild der allseits treuen Ehefrau entgegenstellte, erntete er damit viel Tadel; bezeichnenderweise kritisierte ihn dafür auch Wagner, für den weibliche Untreue eine Naturwidrigkeit war.[4] In der Folgezeit galt es, die Geschlechter so zu positionieren, dass zwar die Gleichheitspostulate der Aufklärung akzeptiert wurden, die gesellschaftlich dominante Position des Mannes indes aber nicht gefährdet wurde. Dies weist alles in die Richtung eines bürgerlichen Selbstverständnisses. In der Musik finden wir dieses Bemühen wieder, wenn eine Frau sich in idealtypischer Weise für einen Mann freiwillig aufopfert. Auch Beethoven unterstützte den Kampf des Bürgertums und schuf mit Leonore im *Fidelio* eine solche Frauengestalt. Sie ist insofern für Wagner wichtig, als sie nicht nur eine Liebende, sondern zugleich eine starke und aktive Frau ist – eine Konstellation, die ihn in Leben und Kunst zeitlebens faszinierte.

Wagner und seine Zeitgenossen waren von der »natürlichen« Fundierung der Geschlechtscharaktere überzeugt und diese Auffassung hat das Werk des Komponisten entscheidend geprägt. Würde man jedoch kulturelle Artefakte immer nur auf ihre frauenfeindlichen Inhalte hin abklopfen und diese anklägerisch herausstellen, hätte man die Außenseiterposition der Frau letztlich ein weiteres Mal unterstrichen und fatalerweise gar verstärkt. Statt immer wieder die Hierarchie der Geschlechterverhältnisse festzustellen, ist es sinnvoller zu fragen, wie das Geschlechterverhältnis in künstlerische Prozesse eingebunden ist. Dann zeigt sich, dass der Genderbegriff nicht strikt auf die biologischen Geschlechter beschränkt ist. Erik im *Fliegenden Holländer* beispielsweise wird als schwacher Mensch dargestellt und ist weiblich semantisiert, und Siegfrieds Erkundungsabenteuer führen ihn im gleichnamigen zweiten Teil der *Ring*-Tetralogie in einen weiblich semantisierten Raum. Berücksichtigt man dies und fasst man den Genderbegriff weiter, dann entfernt man sich von dem Schema, nach dem der Mann als Täter und die Frau als Opfer erscheint. Damit erhält man ein erkenntnistheoretisches Gerüst, das die Wahrnehmung beträchtlich erweitert. Gerade bei Wagner spielt an dieser Stelle die Musiksprache eine entscheidende Rolle. Erhält Brünnhilde, die durch eine Vergewaltigung Entwürdigte, aufgrund ihres jubelnden Gesangs ihre Würde zurück? Benutzt Wagner die Instrumentation als Mittel der Geschlechterpolitik?

Die Betrachtung der Geschlechterrollen bei Wagner führte bisher häufig zu verfälschenden Darstellungen, weil die traditionellen Fragestellungen nur scheinbar geschlechtsneutral waren. In Wirklichkeit aber wurzelten sie in der patriarchal geformten Lebenswelt und Erfahrung. Schon 1979 hat Silvia Bovenschen nachgewiesen, wie sehr die Darstellungsformen des Weiblichen in der Literatur, Philosophie und Ästhetik männlich normiert sind[5] – und man kann die Musik problemlos dazuzählen. Eine Fortsetzung der Scheinneutralität findet statt, wenn man – wie in der Literaturtheorie zuweilen beliebt – die Analyse nicht im Hinblick auf möglichst vollständiges Verstehen betreibt, sondern sie als etwas Bruchstückhaftes, Fragmentarisches betrachtet, als eine subjektive Auslegung. Dies hätte Wagner bei aller Vieldeutigkeit seines Werkes sicher missfallen. Er wollte verstanden werden. Anders lassen sich die Herstellung und der Vertrieb seiner Textbücher, die zahlreichen Aufsätze, die sein Schaffen erläutern, das lebenslange Bemühen um korrekte Aufführungen, die seinen Vorstellungen entsprachen, und seine unzähligen mündlichen Kommentare nicht verstehen. Er setzte die Mythen nicht um ihrer selbst willen zu Musik, sondern stellte ihre Relevanz für seine Zeit heraus. Die Spielstätte Bayreuth entstand aus dem innigen Wunsch, seine Opern so aufzuführen, dass man ihren Sinn verstehen konnte. Zum Sinnverständnis gehört auch seine Auffassung der Geschlechterrollen. Die nachfolgenden Überlegungen richten sich daher nicht danach, welche unterschiedlichen Bedeutungen dem Werk Wagners zu entnehmen sind (dies kann sich der wissenschaftlichen Mode entsprechend jeweils verändern), sondern was Wagner selbst damit aussagen wollte.

Die Analyse der Musik bietet eine wichtige Handhabe, um dies herauszufinden, zumal sie feinste Abstufungen und Unterschiede dingfest machen kann. Es gibt zahllose Studien, die sich mit Wagner befassen, ohne auf seine Musik einzugehen. Jede(r) kann sich zu dem Komplex beliebig äußern und eine persönliche Meinung dazu abgeben, wie es beispielsweise Sabine Zurmühl getan hat, die in einem anrührenden Aufsatz Wotan mit der Nachkriegssituation ihres eigenen enttäuschten, desillusionierten Vaters in Verbindung bringt.[6] Ein solches subjektives Bekenntnis hat seine Geltung. Dennoch ist die Musik unabdingbar mit der Aussage des wagnerschen Œuvres verknüpft und darf nicht ausgeblendet werden. Musik spricht eine Sprache, die es zu entziffern gilt – nicht im Sinne geheimer Botschaften oder gefühlsbeladener, subjektiver Vermutungen, sondern im Hinblick auf die Tradition, die bestimmten musikalischen Mitteln bestimmte Bedeutungen zuweist. Diese Tradition ist bis heute in vielem gültig. Besonders interessant ist dabei Wagners Fähigkeit, körperliche und psychische Phänomene musikalisch umzusetzen.

So wie man den Genuss eines kubistischen Bildes von Pablo Picasso oder eines frühen Farbholz- oder Linolschnittes von Gabriele Münter nicht schmälert, sondern im Gegenteil noch steigern kann, wenn man weiß, wann die Künstler diese Werke schufen, von wem sie lernten und wer von ihnen beeinflusst wurde, so steigert sich die Einfühlung in musikalische Werke, wenn man die historischen Hintergründe und den Willen des Komponisten kennt. Dass Inszenierungen sich von dem historischen Modell entfernen, ist ein legitimer Schritt. Allerdings mutet es seltsam an, wenn Regisseure die Aussagen der Musiksprache ignorieren und Gegenteiliges zum Ausdruck bringen – beispielsweise wenn Brünnhilde beim Schlussgesang als Walküre verkleidet erscheint,[7] wie es Jürgen Flimm in der *Ring*-Inszenierung in Bayreuth vorgesehen hat, obwohl Wagner durch Streichung des Walkürenmotivs und Einführung eines neuen Motivs musikalisch zu verstehen gegeben hat, dass die Protagonistin im Laufe der Oper eine andere geworden ist. Er hat dies sogar in seinen schriftlichen Äußerungen untermauert.

Wagners Musik besitzt auf weite Strecken eine drogenähnliche Qualität, dazu einen Hang zum Überdimensioniert-Bombastischen und die vielfältige Motivik, die in verschiedensten Variationen und Abwandlungen netzartig vor allem das Spätwerk durchzieht, macht sein Werk zu einer schier unendlichen Fundgrube für Interpreten. Es ist einleuchtend, dass für dieses Buch Prioritäten gesetzt werden mussten, um dem Thema in klarer und überschaubarer Weise gerecht zu werden. Symbolisches wird daher weitgehend ausgespart. Hingegen werden die Ideologien, denen Wagner anhing, berücksichtigt und auch die Texte selbst geben in vielfacher Weise Aufschluss über Wagners Sicht der Dinge. Opernmusik – das Singspiel eingeschlossen, das bewusst als Erziehungsmedium galt – dient auch als Instrument der sozialen Differenzierung und Statuierung. Spätestens hier wird deutlich, wie unterschiedlich die Botschaften waren, die an Männer und Frauen gerichtet wurden, und wie sinnvoll es sein kann, sie heute zu entschlüsseln und bewusst zu machen. Wie erlebte Wagner die Frauen zu seiner Zeit? Inwiefern fanden diese Frauen Eingang in seine Kunst? Um dies zu beantworten, werden seine philosophischen und musikästhetischen Überzeugungen, seine Musik, die zeitgenössischen Geschlechtertheorien und nicht zuletzt seine eigenen Erfahrungen mit Frauen ebenso wie seine von Cosima notierten privaten Äußerungen und seine Briefe und Tagebücher als ein diskursives Netzwerk aufgefasst, um zu einem tieferen Verständnis der Geschlechterrollen zu gelangen. So lassen sich Projektionen möglichst vermeiden (ganz auszuschließen sind sie freilich nie) und eine historische Verortung wird erreicht.

Auch die umgekehrte Frage ist spannend – wie haben Frauen Wagner erlebt? Frauen haben von Anfang an zu den begeistertsten Bewunderinnen und aufgebrachtesten Gegnerinnen des wagnerschen Werks gehört. Die Anhängerinnen spürten wohl, dass in einigen der Frauenrollen das Potential steckte, die bürgerlichen Restriktionen zu sprengen. Die strengen Gegnerinnen hingegen befürchteten eine Auflösung moralischer Vorstellungen zum Nachteil der Frau. Die Schriftstellerin Luise Büchner (1821–1877) gehörte zu den Letzteren. *Der Ring des Nibelungen* war für sie der frevelhafte Versuch, den Sexualtrieb als »sittlichwaltendes Gesetz« hinzustellen: »Aber pfui, welche Dinge, von denen jeder anständige Mensch sich mit Schamerröten wegwendet, wurden auf jener Bühne dargestellt und gesungen! Solche Rohheit, solcher Mangel an jedem Anstand ist doch wohl noch nirgends zu finden gewesen, wie hier im neunzehnten Jahrhundert auf einer deutschen Bühne, vor einem Elite-Publikum von deutschen Männern und Frauen!«[8] Dagegen schrieb die Musikautorin Marie Lipsius (1837–1927), die zeitlebens das Pseudonym »La Mara« beibehielt, nach einer Aufführung des *Tannhäuser*: »Der neue Geist dieser zugleich leidenschafterfüllten und verklärten Tonpoesie, in dem ich der Zukunft Flügelschlag rauschen hörte, überwältigte mich.«[9] Wagner erlebte übrigens mit, wie die *Tannhäuser*-Ouvertüre so sehr bei Frauen einschlug, dass »Schluchzen und Weinen ihnen helfen mußte [...] Erst nachdem diese (Wehmut) sich in Thränen luft gemacht hatte, kam das wohlgefühl der höchsten, überschwenglichsten freude«.[10]

»Die beispielhafte Fähigkeit von Wagners Werk, gerade die Brüche unseres eigenen Denkens aufzuzeigen, darf nicht selbstzufriedener Beliebigkeit weichen«, schreibt Ulrich Drüner zu Recht.[11] Für alle Interpretationen des Phänomens Wagner gilt das, was Theodor W. Adorno einmal an Walter Benjamin pries: »Denken verzichtet auf allen Schein der Sicherheit geistiger Organisation, auf Ableitung, Schluß und Folgerung, und gibt sich ganz dem Glück und Risiko anheim, auf die Erfahrung zu setzen und ein Wesentliches zu treffen.«[12] Die Erfahrung des musikalischen Erlebens setzt Kräfte frei und motiviert immer wieder von Neuem, sich mit dem Verständnis des Werkes zu befassen. Diese Studie will dazu auffordern, sich dem Abenteuer der Interpretation zu stellen, und insofern soll sie zur Um- und Fortschreibung ermutigen. Kritische Äußerungen zu den Studien anderer KollegInnen sind der Sache geschuldet und beziehen stets die Achtung vor ihren Leistungen mit ein. Das wagnersche Werk kann sich nur vor Verkrustungen schützen, wenn es sich der lebendigen Auseinandersetzung stellt.

Was »die Welt noch gar nicht ahnt«: Wagners Musiksprache

Dass Musik sprechen kann, war für Richard Wagner eine unumstößliche Tatsache. In seinem dramatischen Werk gab er der Musik sogar eine größere Bedeutung als dem Text: »Erst durch die Musik [wird meine dichterische Absicht] deutlich, das habe ich nun wieder ersehen: ich kann jetzt das musiklose Gedicht gar nicht mehr ansehen«, schrieb er, nachdem er begonnen hatte, den *Ring des Nibelungen* zu vertonen.[1] Diese Musik muss die Handlung ausdrücken können. Jeder Takt einer dramatischen Musik sei nur dadurch gerechtfertigt, dass er etwas die Handlung oder den Charakter des Handelnden Betreffendes ausdrückt, schrieb er an Franz Liszt, der als einer der Ersten erkannte, wie Wagner den Charakter der Personen in Musik umsetzte, nämlich indem er ihnen entsprechende Rhythmen und Melodien zuordnete. Und Nietzsche fand, Wagner habe »das Sprachvermögen der Musik ins Unermeßliche vermehrt«.[2]

Wer sich wie Wagner kompositorisch an die Grenze zum Neuen begab, musste zugleich an Konventionen der Tradition anknüpfen, um verstanden zu werden. Absolute Verständlichkeit war für Wagner eines der wichtigsten Gebote. An dieser Stelle tritt der Text wieder hervor:

Damit das Fremdartige beim Publikum heimisch wurde, war es nötig, dass die Worte verstanden werden konnten. Deswegen versuchte Wagner auch im Laufe seines Schaffens, insbesondere zur Zeit der Komposition der *Walküre*, den Text zu musikalisieren. Die Melodielinie wird von der Sprachmelodie abgeleitet, um die Worte eingängig zu machen. Die Verständlichkeit galt aber nicht nur dem Text. Da man beim Sprechen Phrasen bildet, tat er das Gleiche mit der Musik.

Häufig griff Wagner zur Feder, um seine Kompositionsweise zu erläutern, so in den Aufsätzen *Oper und Drama* und *Über die Anwendung der Musik auf das Drama*. Ihm zufolge vermag die Musik all das auszudrücken, was die Sprache überfordert, und es gilt insofern, beides zu verschmelzen. Die Richtschnur blieb immer das Geschehen auf der Bühne. Bei ihm entstünden Themen »immer im zusammenhange und nach dem Charakter einer plastischen Erscheinung«[3], schrieb er, und perfektionierte diese Kunst von Werk zu Werk. Wagner arbeitet mit kleinen Partikeln, Motive genannt, die er je nach Erfordernis variiert und moduliert. Nicht mehr der Kadenzrahmen ist alleiniges Kriterium, sondern der musikalisch-dramatische Ablauf bestimmt das Verfahren.

Wagner war an Weber geschult, er kannte Mozart ebenso gut wie Beethoven und die italienischen Opernkomponisten, und er nutzte diese Kenntnisse, um sie in seine eigene Musiksprache umzusetzen –, die wiederum von nachfolgenden Komponisten wie Richard Strauss aufgegriffen und fortgesetzt wurde.

Während also für Wagner die Musik an der Handlung und der Aussage der Werke teilhat, ist man sich in der Musikgeschichte weniger sicher, ob Musik tatsächlich »sprechen« kann. Von der barocken Affektenlehre über das Ausdrucksprinzip der Empfindsamkeit bis hin zur romantischen Gefühlsästhetik und von dort zur Filmmusik, von Monteverdi über Richard Strauss bis hin zu Max Steiner besitzt Musik eine Aussagefähigkeit, über deren Entschlüsselung man sich immer wieder stritt. Dass Musik etwas ausdrückt, darüber herrscht Einigkeit, nicht aber darüber, wie diese musikalische Sprache funktioniert. Diejenigen, die über die Bedeutung von Musik forschten wie beispielsweise Rolf Dammann, Constantin Floros, Vladimir Karbusicky, Hartmut Krones oder Georg Knepler sahen sich mit ihren Arbeiten häufig großer Kritik gegenüber.

Eines der gängigsten Argumente gegen Theorien zur Bedeutung in der Musik lautet, dass sich die Aussagen im Lauf der Zeiten verändern und es daher niemals einen feststehenden, statischen Bedeutungsinhalt geben könne. Selbstverständlich kann sich, auch wenn die Musiksprache selbst gleich bleibt, der semantische Inhalt verschieben, sodass die ursprüngliche Bedeutung nur noch ausgewiesenen Fachleuten erkennbar sein wird. Doch es gibt auch bestimmte musikalische Erscheinungen von »universellem« Charakter, die jeder verstehen kann. So wie jemand, der die Arme hochreißt, als Jubelnder erkannt wird, wohingegen ein Mensch, der in sich zusammensackt, als Trauernder gilt,[4] so sind auch in der Musik aufwärtsstrebende Klänge positiv konnotiert und abwärtslaufende negativ. Wer sich schnell bewegt, signalisiert Aktivität und Aufbruch, daher stehen positiv konnotierte Empfindungen in der Musik überwiegend im raschen Tempo. Wer langsam geht, dem ist meist traurig, schwach oder feierlich zumute – diese Gefühle werden auch musikalisch in gemessenem Tempo dargestellt. Solche auf anthropologischen Konstanten fußenden musikalischen Darstellungen erleben keine Bedeutungsverschiebung und werden von Hörern damals wie heute gleichermaßen empfunden. Am einfachsten erkennbar ist die musikalische Umschreibung von körperlichen Bewegungen wie Fliegen und Laufen oder von Naturgeräuschen wie Donner oder Vogelgezwitscher. Haydns Oratorium *Die Schöpfung* ist voll solcher Nachahmungen, die man auf Anhieb versteht.

Neben Lautmalerei, Bewegungsnachahmung und der Imitation von Sprachtonfällen ist für die Barockoper die Darstellung von Gefühlen besonders wichtig, an die Wagners Musiksprache anknüpft. In der Barockzeit ging man davon aus, dass jede menschliche Seelenlage von einer bestimmten Emotion bzw. einer Mischung von Emotionen geprägt sei. Diese Gefühlsäußerungen wurden als Affekte bezeichnet und typisiert und auf diese Tradition bauten die Barockkomponisten. So sind etwa die Kantaten Johann Sebastian Bachs eine Fundgrube, was die Ausdeutung der Worte und die Entwicklung einer Tonsprache betrifft. Lange wurde Händel verkannt, erst in den letzten Jahrzehnten wurde verstärkt auf die Semantik in seinen Opern eingegangen.[5] Im Laufe des 17. und 18. Jahrhunderts erhielt die lyrisch-pathetische Affektsprache eine tragende Bedeutung. Viele Theoretiker und Musikpraktiker der

Zeit versuchten sich in Kompositionslehren, Traktaten oder Unterrichtswerken darin, diese Affekte zu systematisieren. Dennoch gibt es kein musikästhetisches Standardwerk, das die musikalische Umsetzung von Affekten klassifiziert und vereinheitlicht, ebenso wenig wie es eine genaue Definition des Begriffs selbst gibt. Johann Mattheson, der in seinem Werk *Der vollkommene Kapellmeister* ein recht schlüssiges System der Affekte liefert, sagt treffend, dass die »Klänge an sich weder gut noch böse sind, sie werden aber gut und böse, (je) nachdem man sie gebraucht.«[6] Aber es hängt eben von zahlreichen Faktoren ab, wie man Affekte bewertet und sie treten selten in reiner und isolierter Form auf. Es wird nie ein allgemeingültiges Übersetzungsschema von Affekten in Musik geben, was aber nicht bedeutet, dass man ihre musikalische Umschreibung nicht auf Anhieb verstehen könnte.

Bruno Flögel zählt die aus der Literatur stammenden Affekte auf, soweit sie für die musikalische Umsetzung in Frage kommen.[7] Sie lassen sich hauptsächlich auf das von Christian Wolff aufgestellte System zurückführen, das er 1732 in seinem Werk *Psychologia empirica* entwickelte. Zu den lustvollen Affekten (affecti jucundi) gehören Liebe, Hass, freudige Beruhigung (Glück), Schadenfreude, Freude am Ruhm, Freude am Absurden, hoffnungsvolle Freude, Beherztheit, Fröhlichkeit; zu den Unlustaffekten (affecti molesti) Mitleid, Neid, Reue, Scham, Furcht, Verzweiflung, Kleinmütigkeit, Trauer, Überdruss, Zorn.

Es sind vor allem Tonart, Rhythmus, Instrumentation, Tempo, innere Bewegung, Harmonik und Intervalle, durch die eine Gefühlslage musikalisch umgesetzt wird. Aber auch der deklamatorische Ausdruck der Singstimme trägt dazu bei. Bei der Deutung einer Affektlage muss immer der Gestus des Gesamtensembles betrachtet werden. Aber es gibt auch einzelne Kunstgriffe, die häufig angewandt werden und deutlich herauszuhören sind. Will man verstehen, welchen Reichtum Wagners Musik auf Gefühlsebene auszudrücken vermag, so lohnt sich ein näherer Blick auf diese Kunstgriffe.

In der allgemeinen musikalischen Affekt- und Charakterdarstellung haben die Intervalle eine aussagekräftige Funktion, weil sie die Melodie konstituieren, die viele Hinweise zu geben vermag. Wenn Wagner über *Parsifal* sagt, dass er die kleine Septime hier nicht einsetzen könne – das affektvoll Sensitive ginge nicht –,[8] meint er eine ganz bestimmte

Gefühlsqualität, denn es ist ausgerechnet die Septime, die im *Ring des Nibelungen* die Liebe von Frauen beschreibt und diese hatte in seinem Spätwerk nichts mehr zu suchen. Die Bewertung freilich ist nicht nur von der Größe der Intervalle abhängig, sondern richtet sich auch danach, ob diese auf- oder absteigen, springen, schnell oder langsam gespielt werden oder in melodischer Folge vorkommen. Es ist wie im Gesellschaftsspiel: Eine Regel gilt, solange nicht eine übergeordnete Regel sie außer Kraft setzt. So kann beispielsweise ein schnelles Tempo stärker ins Bewusstsein dringen als die Struktur eines Intervalls.

Das kleinste Intervall, die Prime, wird – wenn im schnellen Tempo auf dem gleichen Ton verharrt wird – als Element von Gewalt, Zorn, Entschlossenheit, sieghafter Freude oder ganz allgemein als höchste Erregung interpretiert. Wenn hingegen in Arien mit langsamem Tempo Gefühle wie Sehnsucht oder Leiden ausgedrückt werden, dann zeigen die monotonen Repetitionen Macht- und Tatenlosigkeit an.

Die Sekunde weist insbesondere als kleines Intervall meist auf Affekte der Kleinmütigkeit und der Trauer hin. Chromatische Schritte hintereinander geben abwärtsgerichtet Verzweiflung, Schmerz oder eine Angstsituation, auf jeden Fall einen Unlustaffekt wieder; aufwärts bedeuten sie meist Flehen oder Bitten. Eine kleinschrittige Melodie, die in sich zusammensinkt, deutet auf eine getrübte Gefühlslage hin. Kommt die Leittonfunktion stärker zur Geltung, sind oft mildere Affekte wie Sehnsucht oder sanfte Klage im Spiel. Große Sekunden deuten meist auf vergnügtere Affekte hin.

Terzen und Sexten gehören zu den am häufigsten vorkommenden Intervallen. Kleine Terzen erzeugen mit ihrer Molltendenz allgemein unbehagliche oder elegische Effekte, große Terzen mit der Ausrichtung auf Dur Wohlbehagen. Im Allgemeinen wirken große konsonante Tonschritte edel und großmütig, besonders wenn sie aufsteigen. Ein abwärtsgerichteter Sextsprung deutet auf Resignation oder Verzweiflung hin. Henning Ferdinand spricht hier von der »Musikalisierung des Sprachtons eines in Enttäuschung zusammensinkenden Menschen«[9], während die im schnellen Tempo gesungene steigende Sexte Zorn oder eine andere starke Erregung signalisiert.

Die Quarte wird gern für Ausrufe benutzt. Wenn sie zu Beginn eines Themas oder einer Melodie steht und ansteigt, dient die ihr innewohnende elementare Kraft dazu, heroische, entschlossene Affekte darzustellen, wie überhaupt aufwärtsgerichtete Melodien kräftig und energisch wirken. Die übermäßige Quarte bzw. verminderte Quinte, »quinta deficiens« oder »Tritonus« genannt, wird für Affekte des Schmerzes, der Niedergeschlagenheit oder des Klagens verwendet. Auch Bösartiges oder Unbotmäßiges wie beispielsweise Wahnsinn wird häufig mit dem Tritonus umschrieben. Der »passus duriusculus« (harter Gang) ist ein chromatischer Gang, dessen Rahmenintervall meist eine abwärtsgerichtete Quarte beträgt. Einen solchen fallenden Quartgang in der untersten Stimme nennt man auch den Lamento-Bass, wobei das Tongeschlecht immer Moll ist, was traditionell mit Leiden und Unlust gekoppelt ist.

Die Septe erreicht in der verminderten Form ihre stärkste Wirkung und zeichnet Gefühle der Verzweiflung und der tiefen Erschütterung, besonders dann, wenn sie einen Ausruf begleitet oder ein einzelnes Wort akzentuiert. Das Intervall ist naturgemäß mit dem verminderten Septakkord eng verbunden, der eine ähnlich intensive Wirkung des Leidens und der Erregung besitzt. Die abwärtssteigende Septe wird für schmerzhafte Gefühle eingesetzt. Die Oktave wiederum betont das Großartige oder steht für Kraft.

Beim Tongeschlecht steht Moll grundsätzlich für die stimmungsmäßige Eintrübung, zugleich auch für seelische Vielschichtigkeit. Dur steht für positive, nicht selten schlicht-naive Empfindungen. Genauso polarisiert ist das Verhältnis zwischen Chromatik und Diatonik. Während Diatonik das Lichtvolle, Bejahende, aber auch Kraft und Stärke bedeuten kann – also positive Eigenschaften in sich birgt –, verkörpert Chromatik seit dem 17. Jahrhundert das Weinen, Klagen, Leiden, das Erdulden von Schmerzen, kann aber auch das Bösartige, die Sünde und das Unglück umschreiben.

Beim Rhythmus lässt sich kaum etwas verallgemeinern und durch allzu schulhafte Auslegungen würde man der Vielschichtigkeit der Musik nicht gerecht werden. Dennoch sind auch hier Tendenzen erkennbar: Der Trochäus wird für Wiegen- und Schlaflieder gebraucht, er deutet auf Unschuld hin, während der Molossus für ernste oder schwermütige Umstände eingesetzt wird. Aufzüge benutzen häufig diesen Rhythmus. Während der Anapäst sich für lustvolle Affekte eignet, ist der Daktylus eher für Ernsthaftes vorgesehen. Oft wird der

Dreivierteltakt für naturhafte, naive Darstellungen gewählt, der Viervierteltakt für männlich konnotierte Musiken wie Märsche.

Auch die Instrumente stehen immer wieder für bestimmte Stimmungslagen. Die Streicher bilden häufig die instrumentale Grundlage und sind daher meist affektneutral. Ausnahmen bilden die »Violini sordini« oder »pizzicati«, die zärtliche oder melancholische Affekte (meist der Liebe zugehörig) wiedergeben. Am leichtesten ist der Einsatz der Flöte zu deuten: Sie wirkt stimmungsmalend und umfasst im Allgemeinen das Pastorale, Idyllische, Naive, Heitere, Zart-Lyrische und Wehmütige, wobei fast immer die Liebe im Spiel ist. Das Horn versinnbildlicht oft das Jagdmäßige oder es unterstreicht pomphafte, würdevolle Sätze, während die Trompete als das kriegerische Signalinstrument gerne zur Ausgestaltung repräsentativer Szenen, wie etwa prunkvoller Aufzüge eingesetzt wird. Dies geht auf die Bläsertradition des 17. und frühen 18. Jahrhunderts zurück, als die Trompeter eine privilegierte Stellung genossen, was ihr Selbstbewusstsein prägte.

Durch den gezielten Einsatz der Harmonik können ebenfalls Stimmungen und Spannungen Ausdruck finden. Grundsätzlich erzeugen harmonische Dissonanzen dramatische Spannungen meist negativer Art; die Rückkehr zur Konsonanz bedeutet den Übergang zu einem gelösten Zustand. »Bei Beethoven und bis in die Hochromantik hinein sind die harmonischen Ausdruckswerte fixiert: die Dissonanz steht für das Negative und das Leiden, die Konsonanz für Positivität und Erfüllung.«[10], schreibt Adorno.

Bei heroischen Regungen oder pomphaften, repräsentativen Anlässen erklingen oft die gängigen Dreiklänge und auch unbeschwerte Stimmungen sind harmonisch schlicht konzipiert. Wenn Konflikte in eine Liebesbeziehung einbrechen, treten dissonante Elemente wie verminderte Dreiklänge und Vorhalte hervor.

Wagner bedient sich in seiner Musik dieser Kenntnisse. Er arbeitet mit unendlich feinen Variationen seines Tonmaterials, um emotionale Abstufungen und Aussagen zu erreichen. Seine Musik ist auch deswegen noch heute so ungemein verständlich, weil er die Tradition der Affekte fortschrieb und damit auf eingeschliffene Hörerfahrungen aufbaute. Als Beispiel kann ein Ausschnitt aus dem ersten Akt des *Tannhäuser* dienen. Tannhäuser klagt, er sehne sich nach der Menschenwelt.

Venus fragt ihn, was ihn bekümmere, worauf er antwortet, er glaube, frohes Glockengeläut zu hören. Passend dazu läuten Glocken; die ruhigen Akkorde signalisieren zudem eine gesunde, oberirdische Welt. Als Venus antwortet, beschreiben abgerissene Sechzehntel ihre seelische Unruhe. Tannhäuser singt »Die Zeit, die hier ich verweil', ich kann sie nicht ermessen« und die endlose Zeit erklingt durch liegende Akkorde in der Begleitung. Er beklagt, dass er keine Natur zu sehen bekomme und die Melodie läuft abwärts, was sein Unbehagen widerspiegelt. Jede neue Phrase beginnt oben und endet auf tiefer liegenden Tönen – ein bewährtes Zeichen für Trauer.

Anhand einer Stelle aus *Tristan und Isolde* zeigt sich ebenfalls Wagners kompositorische Genauigkeit. »Ich ja war's, die heimlich selbst die Schmach sich schuf«, singt Isolde selbstkritisch. Die Melodie wird eine Dezime abwärtsgeführt, sie signalisiert damit Isoldes eigenes Leiden. Bei »das rächende Schwert, statt es zu schwingen« geht die Melodie aufwärts, um das Schwert zu beschreiben. »Machtlos ließ ich's fallen« ist mit Pausen durchsetzt, um ihre Unschlüssigkeit zu zeigen. »Nun dien' ich dem Vasallen« ist abwärts gehalten, um Isoldes Unmut darüber auszudrücken. Die vielen Pausen, auch in der Begleitung, verdeutlichen ebenfalls ihre Sprachlosigkeit über die Schmach. Auf kleinstem Raum wird damit die körperliche Bewegung wie auch die Stimmung musikalisch nachgezeichnet. Es kann aber auch vorkommen, dass eine einzige Passage zweierlei Stimmungen mitteilt: Das Eingangsthema zu *Tristan und Isolde* drückt durch die abwärtsgleitende Chromatik in der Unterstimme sowie die aufwärtsgeführte Melodie Begehren und Leiden zugleich aus.

Eine ganz besondere Rolle spielen in Wagners Musiksprache die Motive. Wie er sie miteinander verquickt, ist einzigartig. Nachdem er Cosima einiges aus der *Götterdämmerung* vorgespielt und vorgesungen hatte, war sie zu Recht überzeugt: »Durch das große Themengewebe, welches durch die vier Werke waltet, ist allerdings eine Sprache geschaffen, die die Welt noch gar nicht ahnt.«[11]

Einige Motive Wagners beschreiben eine Bewegung, so das schwerfällig-plumpe der Riesen oder das aufsteigende Motiv Erdas, die aus dem Untergrund emporsteigt. Bei Motiven, die Trauer und Konflikte ausdrücken sollen, setzt er die seit Jahrhunderten gängigen Mittel für negative Gefühle ein. So wird das Unheilmotiv beispielsweise durch eine absteigende Chromatik ausgedrückt, beim Untreuemotiv ist die Melodie abwärts gerichtet mit einem Septsprung abwärts und auch das Vertragsmotiv läuft abwärts, weil der Zwang, Verträge einzuhalten, bei Wotan Unmut auslöst. Das Fluchmotiv ist zwar aufwärtssteigend, dafür aber in Moll, mit einem Tritonus in der Melodie. Bei der Beschäftigung mit den Motiven sollte man aber im Hinterkopf haben, dass Wagner selbst sich dagegen gewehrt hat, ihnen konkrete Namen zu geben. Eine Zeitlang galt es sogar als verstaubt, sein Werk mit Hilfe der Motive zu deuten. Dies liegt zum einen an der Aufstellung Hans von Wolzogens, die als eine starre Zuordnung verstanden wurde. Für diejenigen, die sich dem wagnerschen Schaffen erstmals nähern, ist sie sicherlich verdienstvoll. Doch sie ignoriert die Vielfalt der Veränderungen, die die Motive im Zuge eines Dramas durchlaufen. Da jede Ausprägung eines Motivs sich nach der Situation, dem Charakter der Person oder nach der Darstellung einer Idee richtet, entfaltet sich eine Fülle von Varianten, die fast immer eine semantische Bedeutung besitzen. Durch zu starre Bezeichnungen der Motive können diese Varianten leicht zu kurz kommen.[12]

Wie ernst Wagner die Motivik nahm, zeigt seine Äußerung: »nach Siegfried's Tod, während des Scenenwechsels, es wird das Siegmund-Thema erklingen, als ob der Chor sagte, er war sein Vater, dann das Schwertmotiv, endlich sein eignes Thema, da geht der Vorhang auf, Gutrune tritt auf, sie glaubt, sein Horn vernommen zu haben; wie könnten jemals Worte den Eindruck machen, den diese ernsten Themen neugebildet hervorrufen werden, dabei drückt die Musik stets die unmittelbare Gegenwart aus.«[13] Dass die Motive nicht durch enge Begriffe fixiert werden sollten, meint auch Egon Voss, der einen gewichtigen Beitrag zur wagnerschen Motivtechnik geleistet hat. Er ist der Ansicht, dass Wagners Motive nicht in erster Linie als Bedeutungsträger fungieren: »Was sie zu sagen haben, entspringt nicht einer fixen Semantik, die sie immer schon mitbringen, sondern dem Charakter und Affektgehalt der Szene, der Situation, in der sie jeweils zum Einsatz kommen.«[14]

Wie kann es aber sein, dass ein Motiv, das aufwärts steigt, den Tod meint, wie es bei der Todesklage aus dem *Ring* der Fall ist (Notenbeispiel 1)? Die Molltonart schafft eine Eintrübung und passt zum Thema Sterben. Dennoch beschreibt das Motiv nicht allein das Sterben, sondern es erklingt bei einer feierlichen Gelegenheit: Brünnhilde sagt Siegmund, dass er dem Tod geweiht ist. Die Verbindung von Aufwärtsbewegung, Molltonart und ruhigen Notenwerten soll die Ankündigung des schlimmsten Schicksals, die Siegmund mit Fassung aufnimmt, feierlich und würdevoll darstellen. Die Stelle liefert auch ein Beispiel dafür, wie Wagner seine Motive miteinander verquickt. Die letzten drei Töne sind mit dem dreitönigen Schicksalsmotiv identisch (Notenbeispiel 2). Auch das Wehemotiv, das aus einer Sekunde abwärts besteht, könnte diesem einen Motiv entnommen sein (Notenbeispiel 3). Todesklage, Schicksal, Wehe: durch die Koppelung dieser drei Motive miteinander ist wiederum die negative Konnotation gegeben.

1 2 3

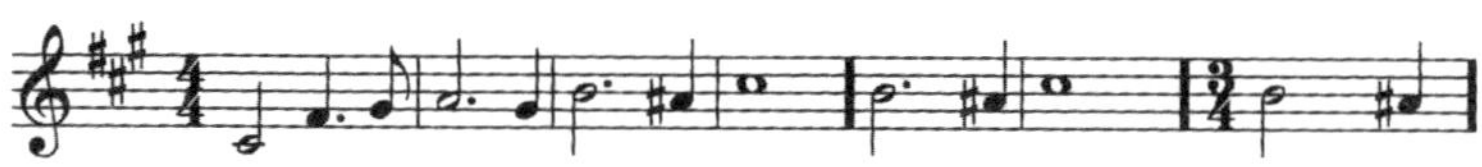

Und noch ein Beispiel: Der Grund dafür, dass das Geschwistermotiv abwärts läuft, ist naheliegend: Das Schicksal des Paares Siegmund/Sieglinde ist tragisch angelegt. Ihnen ist kein Glück beschieden. Weshalb aber bekommt Siegmund ein abwärtsgerichtetes, Sieglinde aber ein aufwärtssteigendes Motiv? Wäre es nicht im Sinne der traditionellen Geschlechterrollen, wenn dies genau umgekehrt wäre? Die Lösung hierfür liegt in der Perspektive. Wagner identifziert sich mit Siegmund. Dieser ist ein Mann des Unglücks, ihm misslingt das Leben, und als er Sieglinde kennenlernt, gibt sie ihm Hoffnung und umhüllt ihn mit ihrer Liebe. Sie ist daher positiv, er negativ konnotiert.

Ein Beispiel für die überaus geschickte Erfindung von Motiven bildet auch dasjenige, das Brünnhildes Walküren-Identität ablöst und sie als liebende Frau beschreibt (Notenbeispiel 4):

4

Die aufwärtssteigende Sexte drückt traditionsgemäß eine angenehme Emotion aus, oft auch die Liebe – man denke nur an Beethovens Lied *Ich liebe dich*, das mit einer solchen Sexte anhebt. Die anmutige Umspielung verstärkt die Aussage noch. Dann aber gibt es zum Schluss das Intervall der kleinen Septe abwärts: ein deutliches Zeichen für Leid, aber – wie aus der Verwendung im *Ring* ersichtlich – auch hier für die Liebe der Frau, die schließlich scheitert. Es wird damit also das Unglück Brünnhildes vorweggenommen. Da ist kein semantisches Oszillieren, sondern eine Überlagerung zweier Gefühlsebenen, die sich dennoch nicht in die Quere kommen.

Wie es schon Dispute über die Frage gab, ob man der Musik überhaupt Bedeutung zusprechen könne, scheiden sich die Geister auch an der in den 1980er Jahren im Zuge der Frauenforschung gestellten Frage nach der geschlechtsspezifischen Bedeutung von Musik. Manche Forscher, wie Helmut Rösing, sagen, Musik könne überhaupt nicht als männlich oder weiblich eingeordnet werden: »Die Spurensuche nach Männlichkeitssymbolen im musikalischen Material selbst erbringt kaum konkrete Ergebnisse.«[15] Andererseits bediente man sich jahrzehntelang ungeniert geschlechtsspezifischer Begriffe. Kurt Overhoff etwa schrieb noch 1967 von dem »maskulinen Dur« und dem »femininen Moll«.[16] Damit verknüpfte man die Vorstellung von einer natürlich gewachsenen Polarität der Geschlechter. Dass Overhoff die lustvollen Affekte auf den Mann und die unlustvollen auf die Frau verteilte, wurde als selbstverständlich hingenommen. Aus der Musikgeschichte kennt man zahlreiche Beispiele dafür, wie die Beschreibung von Männlichem positiv und die Beschreibung von Weiblichem negativ konnotiert wurde.

Friedrich August Kanne antwortete 1818 auf die Frage, ob man einen Helden musikalisch beschreiben könne: »Freylich nicht seine Beine, sondern seine Schritte; freylich nicht seine Arme, sondern die zürnende Thatkraft derselben, wie er seine ihn umgebende Welt zertrümmern möchte; freylich nicht seinen Mund, sondern die daraus strömenden Flüche der Giganten, oder die Segensworte eines Christus, wie Haydn in den sieben Worten [...] freylich nicht seine breite, erhobene Brust, sondern die ihr innewohnenden kühnen und erhabenen Entschlüsse; nicht seine Augen, sondern die Wonne derselben, wenn er sein Höchstes beschaut; nicht sein Sitzen auf dem Throne, sondern sein heroisches

Niederstürzen unter den Blitzen des Schicksals.«[17] Damit wird implizit gezeigt, wie man das Bild eines starken Mannes musikalisch erzeugen kann, und auch Wagners Siegfried entspringt ganz dieser Tradition.

Bereits bei dem Musiktheoretiker Heinrich Glarean finden wir diese geschlechtsspezifischen Zuordnungen. In seiner Studie *Dodekachordon* von 1547 gilt ihm die phrygische Tonart als wild und kriegerisch, während er die lydische Tonart als weibisch und weichlich bezeichnet. Am stärksten polarisierte man die Bilder von Männlichkeit und Weiblichkeit bekanntlich zurzeit der Aufklärung und des Aufstiegs der bürgerlichen Gesellschaft. Man zeichnete die Geschlechter als unentrinnbar männlich oder weiblich, es gab keine diffusen Zwischenstufen; Homosexualität war als üble Degeneration stigmatisiert, lesbische Liebe so gut wie unbekannt, weil man Frauen eine eigenständige Sexualität absprach. Der Mann war für die Öffentlichkeit bestimmt, die Frau für das Private, Innerliche. In dieser Trennung waren die negativen Eigenschaften überwiegend den Frauen zugeordnet. Überlegenheit galt als männlich und Unterlegenheit als weiblich. Daher kommt es, dass man mit dem Weiblichen häufig Opfer-, Schmerz- und Verzichtbereitschaft verbindet, es meist auf das Gebiet der Liebe oder der Sexualität beschränkt und mit unlustbetonten Assoziationen durchsetzt. Gewisse musikalische Figuren, die früher für konflikthafte Affekte oder Stimmungen wie Trauer, Seufzer, Krankheit, Zaudern und Zweifel verwendet wurden, werden nun auf die »reinen« Frauen bezogen und dienen dazu, ein vorgeformtes Charakterbild zu zeichnen, das der weiblichen »Natur« entspricht. Dem männlichen Gegenpart werden die musikalischen Korrelate von Empfindungen bzw. Eigenschaften wie Munterkeit, Entschlussfähigkeit, Ungeduld, ausbrechender Zorn und Übermut zugeordnet. Der »bösen« Frau werden traditionell »männliche« Eigenschaften zugesprochen, wodurch sie den Ruch des Abweichenden und Unnormalen erhält. Damit entstehen Stereotypen, die noch im 20. Jahrhundert in der Film- und Werbemusik benutzt wurden.

Die Sehnsucht nach dem Weiblichen war gestattet, aber die Frau musste dem Mann zugeordnet bleiben. Die Frau ist also faszinierend, aber in erster Linie passiv. Es gab vom Ende des 19. Jahrhunderts bis weit in das 20. Jahrhundert hinein zahlreiche Schriften, die intellektuelle Aktivitäten bei Frauen als krankhaft verurteilten und den Ausbruch der Frau aus ihrer untergeordneten Rolle als einen Schritt brandmarkten, der in radikaler Konsequenz zum Zusammenbruch der zivilisierten Gesellschaft führen könnte.[18]

Die Komponisten haben die fundamentale Dichotomie der Geschlechter – wenn auch in unterschiedlicher Stärke – aufgegriffen, auch deswegen, weil dies dem Bürgertum sehr gelegen kam. Goethes *Faust*-Vorlage bot Liszt und Wagner eine Gelegenheit, eine der berühmtesten Gestalten der deutschen Literatur sowie deren weiblichen Gegenpart musikalisch zu beschreiben. Ein Vergleich der beiden Bearbeitungen lohnt sich, da die Unterschiede einen Einblick in Wagners Schreib- und Ausdrucksweise gestatten.

In Franz Liszts *Faust-Symphonie* ordnet der Komponist die Sätze jeweils den Hauptfiguren der goetheschen Vorlage zu. Der erste Satz ist Faust gewidmet. Der gesamte Satz zeigt aufstrebende Dramatik und Hochachtung vor der Großartigkeit dieser Gestalt. Liszt teilt Faust fünf Themen zu und es ist kein Zufall, dass das erste Thema alle zwölf Töne der Tonleiter enthält. Damit wird Fausts Bildung dargestellt: Er ist eine komplexe Figur und das Vorwärtsdrängende dieses Satzes soll ihn in der Fülle seiner Lebens- und Gestaltungskraft darstellen. Dagegen ist Gretchen mit kleiner Besetzung und dem Einsatz der als weiblich geltenden Instrumente Flöte, Oboe und Harfe dargestellt. Das Hauptthema ist periodisch gebaut, in sich geschlossen und eng begrenzt. Der Kontrast könnte nicht größer sein und der pathetische Schlusschor des letzten Satzes »Das Ewigweibliche zieht uns hinan« ist lediglich schmückendes Beiwerk, da Liszt in den ersten beiden Sätzen bereits gezeigt hat, dass Männer das Eigentliche sind.

Wagner war der Charakter Fausts hingegen suspekt. Er wählte daher nicht wie Liszt die typisch »männlichen« Mittel, sondern eher solche, die in der musikalischen Tradition gebraucht werden, um Bedrohliches, Konflikthaftes oder auch Krankes zu umschreiben: Chromatik, übermäßige bzw. verminderte Intervalle und Akkorde. Zu Beginn ist zweimal der Tritonus zu hören. »Verminderter Dreiklang und verminderter Septakkord sind konstitutiv für das Werk«, schreibt Egon Voss.[19] Hans Joachim Kreutzer meint zum Höreffekt dieser musikalischen Mittel: »Was ließe sich daraus schließen außer: Wissenschaft macht freudlos? So klingt auch Wagners Ouvertüre.«[20] Gretchen wird nicht wie bei Liszt in einem gesonderten Satz beschrieben, sie kommt überhaupt nicht selbst vor, stattdessen steht »Fausts Sehnsucht nach dem Weiblichen«.[21] Diese wird beschrieben mit einer einfachen, diatonischen Melodie und einem aufsteigenden Dreiklang. Damit klammert der Komponist die Frau als wirkliches Wesen aus und lässt sie nur in der Vorstellungwelt Fausts entstehen.

Warum wendet sich Wagner bei der Zeichnung Fausts von der üblichen heroisch-großartigen Darstellung bedeutender Männer ab? Die Lösung ist in einem Brief an Mathilde Wesendonck zu finden. Er hatte sich bei einer Diskussion von ihr anhören müssen, dass Faust der bedeutendste Menschentypus sei, der bisher von einem Dichter geschaffen wurde. Das ärgerte ihn und er antwortete: »Faust ist eben nur phantastischer Gelehrter, und die eigentliche Welt hat er noch gar nicht durchgefühlt [...] da wäre es denn nun aber besser, er lernte wirklich, was zu lernen ist, und zwar bei der ersten, so schönen Gelegenheit, der Liebe Gretchens«.[22] Er zeichnet in seiner Charakterisierungskunst also durchaus nicht schematisch Männer- oder Frauenbilder nach der Tradition, sondern geht von den Gefühlen oder Handlungen aus, die diese bewegen oder ihnen vorausgehen. Dennoch kam auch er nicht an der zeitüblichen Dichotomie vorbei. Das Resultat war wenig gelungen und es ist wohl kein Zufall, dass das Stück heute so selten erklingt, im Gegensatz zu Liszts populärem Werk.

In Messen und Oratorien ist geschlechtsspezifisch konnotierte Musik besonders deutlich herauszuhören. Posaunen, Trompeten und Hörner stehen von Bach über Beethoven bis Bruckner für den männlichen Herrscher und lassen sich mühelos auf Helden weltlicher Musik übertragen. Andererseits beschreiben die Flöte, die filigran eingesetzten Streicher, die Harfe sowie die Holzbläser Maria oder eine andere tugendhaft-passive Protagonistin. Im ausgehenden 18. Jahrhundert übernahm der bürgerliche Mann das Erbe Gottes, was Haydn exemplarisch auskomponierte (*Die Schöpfung, Die Jahreszeiten*). Wagner benutzt diese Tradition, wenn er im *Rheingold* das Walhallthema, das nach kanonischer Lesart die neu erbaute Burg beschreibt, mehrfach mit grandioser Blechbläserbegleitung versieht (vier Tuben, zwei Kontrabasstuben, drei Posaunen und drei Trompeten) und dieses Motiv in der *Walküre* später mit der Erwähnung Wotans verknüpft. Damit gewinnt dessen Großartigkeit plastische Konturen und trotz aller Kritik an Wotans Verhalten wird er zum positiven Charakter des höchsten, männlichen Gottes.

Gleichmäßig schreitende, mit starken Akzenten versehene Viertel, Triolen, oft auch Marschcharakter und starker Blechbläsereinsatz gehören zu den eher auffälligen Mitteln der Heroenbeschreibung. Siegfrieds Motive lassen mit ihrer aufsteigenden Tendenz, mit den Dreiklängen und Oktavensprüngen an Deutlichkeit nichts zu wünschen übrig. Diese Darstellung macht ihn zum Helden und lässt das oft beschworene Bild vom naiven Knaben in den Hintergrund treten. Das Nothungmotiv, das Siegfrieds Schwert, das ursprünglich Wotan gehörte und damit Kraft und Macht beschreibt, besteht aus einem Oktavintervall und drückt mit einem solchen Sprung das Höchste an Intensität aus. In Messenkompositionen werden Oktavsprünge häufig zum Lob Gottes benutzt. Wotan zeigt als Wanderer im ersten Akt des *Siegfried* seine Überlegenheit gegenüber Mime. Der Oktavsprung weist zusammen mit dem Quartsprung aufwärts, dem punktierten Rhythmus und der syllabischen Diktion auf Macht und Überlegenheit hin (Notenbeispiel 5):

5

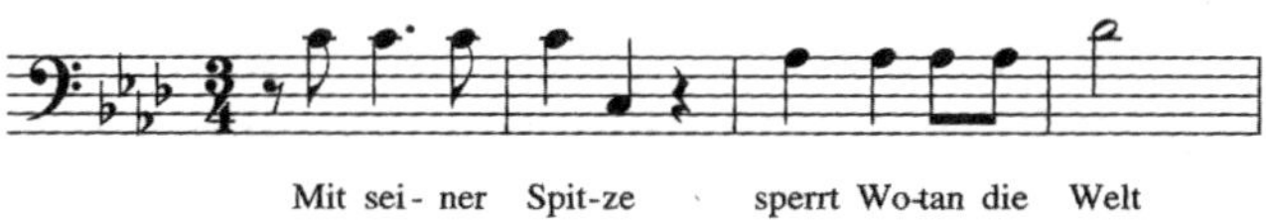

»So geht es dann, wenn bei meinem Werke die Musik fertig ist: da beginnen und wechseln melodische Phrasen, fesseln und reizen; der eine hält sich an dies Thema, der andre an jenes; sie hören und ahnen, und können sie, so erfassen sie endlich auch den Gegenstand, die Idee«[23], schreibt Wagner. In den folgenden Opernanalysen wird untersucht, wie er die Handlungsspielräume für Männer und Frauen gestaltete. Da diese Ausführungen keinen Anspruch auf Vollständigkeit erheben, gibt es im chronologischen Durchgang durch die Werke Sprünge. Es werden diejenigen Stellen hervorgehoben, die über die reine Handlung hinaus Grundsätzliches zur Mann/Frau-Problematik verraten. Am besten sind die Analysen zu prüfen, wenn man sich hörend dem wagnerschen Werk stellt und eigene Folgerungen daraus entwickelt.

Von *Rienzi* zum *Fliegenden Holländer*

Von früher Jugend an war Wagner in hohem Maße begeisterungsfähig, vor allem für darstellende Kunst und Musik. Besonders beeindruckt war er von dem gehobenen Status der dargestellten männlichen Rollen. Wohl unter anderem aus diesem Grund beschäftigte er sich gern mit Carl Maria von Weber und bemühte sich auch um eine Aufführung des *Freischütz* mit selbstgefertigten Kostümen und Masken. Besonders der Jägerchor hatte es ihm angetan. Dieser ist männlich konnotiert: großes Orchester, lautes Blech, eine aufwärtssteigende Quarte zu Beginn, punktierte Rhythmen. Der Unterschied zum Jungfernchor, einer anderen sehr beliebten Nummer dieser Oper, ist offensichtlich: Ein neckischer Vorhalt lässt die Melodie zuerst aufsteigen, um dann spannungslos nach unten zu weisen. Die unberührten Jungfrauen, denen eine gewisse Naivität unterstellt wird, sitzen in einem engen Raum und sticken für die Braut. Sie sind auf der Welt, um ihren zukünftigen Männern zu dienen und besingen die Ehe als Lebensziel.

Weber unterschied häufig nach Männer- und Frauenwelten. Dem traditionellen männlichen Bereich zugehörig sind die Kantate *Kampf und Sieg* sowie *Das Turnierbankett* (»Füllet die Humpen«) und *Lützows wilde Jagd*, das *Schwertlied*, das *Trinklied vor der Schlacht*, das *Gebet vor der Schlacht* und das *Husarenlied*. Frauen treten auf den Plan, wenn die Natur oder die Liebe thematisiert werden (»Mein Schatzerl ist hübsch«, »Ein Mädchen ging die Wies' entlang«), oder auch negativ als »alte Weiber« (»'s ist nichts mit den alten Weibern«). Auch wenn Wagner dem Kollegen später eine Zeitlang kritisch gegenüberstand, behielt er doch die musikalischen Bedeutungselemente Webers immer bei.

1834 schrieb Wagner nach einer eigenen Textvorlage die romantische Oper *Die Feen*, deren Stoff nach einem Märchen von Gozzi (*La donna serpente*) ihn lebhaft ansprach. Das Thema ist die durch nichts aufzuhaltende Liebe. Damit ist das Grundthema seines gesamten späteren Werks bereits präsent. In der Studentenzeit hatte er Heinses *Ardinghello* gelesen, einen Roman, der für die Freiheit der Liebe plädiert, sowie Schriften Heines und anderer Zeitgenossen. »Für mich hatte das Weib begonnen vorhanden zu sein«, schrieb er. Dies führte zu »heftiger Ausschweifung: Die Wirkung der so empfangenen Eindrücke äußerte sich im wirklichen Leben bei mir so, wie sich unter dem Drucke unserer sittlich bigotten Gesellschaft die Natur einzig äußern kann.«[1] Anders gesagt: Die Sexualität war in sein Leben getreten und beschäftigte ihn. In dieser Lebensstimmung schuf er noch im selben Jahr *Das Liebesverbot oder die Novize von Palermo* in Anlehnung an Shakespeares *Maß für Maß*.

Zu der Zeit war das Verhältnis des Komponisten zu Minna Planer, in die er sich verliebt hatte und die später seine Ehefrau wurde, noch nicht gefestigt. Er hatte sie in Lauchstädt kennengelernt, wo die Truppe des Magdeburger Stadttheaters gastierte, dessen Musikdirektor er war. Sie arbeitete als Schauspielerin, unter anderem spielte sie die Rolle der Liebesfee Amorosa in Johann Nepomuk Nestroys gerade erschienener Zauberposse *Der böse Geist Lumpazivagabundus*, und hatte sich einen guten künstlerischen Ruf erworben. Wie locker er die Liebe zu ihr zu Beginn nahm, zeigt das saloppe Angebot an seinen Freund Theodor Apel im September 1835, doch auch einmal mit Minna Planer zu schlafen: »Du sollst auch die Planer haben, – sie hat mich ein paarmal recht sinnlich verklärt, – es war mir dabei prächtig zu Muthe.« Wagner hatte gleichzeitig eine Beziehung zu einer anderen Frau namens Toni, sodass ihm die Offerte wohl nicht sonderlich schwerfiel. Dennoch war es günstig für die Männerfreundschaft, dass Apel das Angebot ausschlug. Einige zeitgenössische Schriftsteller hatten bereits für die freie Liebe plädiert (»Junges Deutschland«) und Wagner sprach sich für einen kurzen Zeitraum ebenfalls für diese Idee aus. Schon einen Monat später bezeichnete er Minna in einem weiteren Brief an Apel bereits als seinen »Centralpunkt, [sie] gibt mir Consistenz u.Wärme; – ich kann ihr nicht entsagen. Ich weiß nur soviel, lieber Theodor, daß Du das Süße eines solchen Verhältnisses noch gar nicht kennst; es ist nichts Gemeines, Unwürdiges oder Erschlaffendes dabei; unser Epikuräismus ist rein u. kräftig; – nicht die erbärmlichen Nebenverhältnisse; – wir lieben uns, u. glauben uns, das Übrige überlassen wir dem Geschick; – das kennst du nun nicht, u. so kann man auch nur mit einer Schauspielerin leben; – diese Hinwegsetzung über die Bürgerlichkeit, kann man nirgends anders finden, als da, wo der ganze Boden fantastische Willkür u. poetische Lizenz ist.«[2]

Mit Minna hatte Richard – vermutlich zum ersten Mal in seinem jungen Leben – eine Frau gefunden, die mit ihm sinnliche Genüsse teilte, und er konnte sich mit ihr über die bürgerlichen Zwänge lustig machen. Bald aber plagte ihn die Eifersucht, denn Minna reichte die freie Liebe nicht aus – sie suchte eine dauerhafte Bindung, gar eine Heiratsmöglichkeit und ließ ihn das wissen. Er brach den Kontakt zu ihr für einige Zeit ab. Als sie aber beschloss, eine Stelle in Berlin anzunehmen, erfasste Richard eine »wahrhafte Beängstigung«. Er konnte sie schließlich dazu überreden, wieder nach Magdeburg heimzukehren, und von da an gestaltete sich ihr Zusammenleben immer enger. Richard Wagners Lob der freien Liebe in *Die Feen* hat durch seine Beziehung zu Minna eine neue Prägung erhalten.

In dem fünfstündigen Stück *Das Liebesverbot oder die Novize von Palermo* untersagt der verklemmte Statthalter Friedrich unter Todesstrafe allen Bürgern der Stadt die Ausübung der Liebe, was immer man sich darunter vorstellen mag. Da er aber selbst unfähig ist, sich der Verführung durch eine Frau zu erwehren, wird er von Isabella nach einer Intrige als Heuchler enttarnt. »Isabella war es, die mich begeisterte: sie, die als Novize aus dem Kloster schreitet, um von einem hartherzigen Statthalter Gnade für ihren Bruder zu erflehen, der wegen des Verbrechens eines verbotenen, und dennoch von der Natur gesegneten Liebesbundes mit einem Mädchen [...] zum Tode verurtheilt ist [... Sie vermag ihr Plädoyer] mit so hinreißender Wärme vorzutragen, daß der strenge Sittenwahrer selbst von leidenschaftlicher Liebe zu dem herrlichen Weibe erfaßt wird.«[3] Die zierlich-weibliche Welt wird in typischer Weise – so beim Duett von Isabella und Mariana im ersten Akt – durch »sordino«-Streicher, Flöten und Oboen ausgeschmückt. Doch dann geschieht eine wundersame Wandlung. Isabella will ihren Bruder Claudio retten und gewinnt dadurch innere Stärke. Sie reißt sogar das Geschehen an sich: »Ich spiele mit dem Tod wie mit dem Scherz, und List und Rache erkämpfen mir den Sieg!« Während Mariana in ihrer weiblichen Passivität gefangen bleibt und selbst dem übelsten Heuchler verzeihen kann, erinnert Isabella mit ihren Oktavsprüngen (»Ihr Heil'gen, welche Schändlichkeit!«) an die ekstatische Größe einer Brünnhilde. Eine domestizierte, dennoch starke Frau, die sich für ihre Freundin und ihren Bruder einsetzt, ist eine altbekannte kulturelle Projektion, die dem männlichen Interesse entstammt; dass diese Frau aber die Macht genießt und nicht wie die spätere Ortrud im *Lohengrin* für den Ausbruch aus ihrer Rolle büßen muss, das macht sie im gesamten wagnerschen Œuvre einmalig.

Als hätte Wagner selbst Scheu vor diesem Audruck weiblicher Stärke gehabt, setzt er als Gegenkraft an den Schluss der Oper eine Militärkapelle auf die Bühne, die sich mit einer großen Besetzung lautstark zu Wort meldet und von einem ebenso starken Orchester einschließlich Streicher im Orchestergraben begleitet wird. Damit huldigt Wagner dem männlich-soldatischen Prinzip und bringt zum Ausdruck, dass Isabella nicht das Maß aller Dinge ist. Die hierarchische Ordnung des männlichen Kosmos wird wieder zurechtgerückt.

Gerade im *Liebesverbot* sind bereits Grundzüge der Auffassung von Mann und Frau enthalten, die in späteren Werken Wagners wiederholt auftauchen. Frauen sind schwach und passiv, finden aber zu großer Stärke, wenn sie sich für einen Mann einsetzen können. In Isabella sind bereits Senta und Brünnhilde vorgezeichnet. Ihre Liebe vermag zu erlösen. Wie in dieser komischen Oper, so wendet sich Wagner immer wieder gegen »das Sündhafte der Heuchelei« und gegen Tabus in der Liebe – die inzestuöse Vereinigung im *Ring des Nibelungen* nimmt er später ebenso in Schutz wie die verbotene Beziehung in *Tristan und Isolde*. Und eines scheint für ihn zeitlebens festzustehen: Bei aller Sympathie für Frauen muss die Vorherrschaft des männlichen Prinzips bestehen bleiben und musikalisch deutlich herausgearbeitet werden.

Die herablassenden Bemerkungen Wagners in seiner Autobiographie *Mein Leben* sowie seine Widmung bei der Schenkung des Manuskripts der Oper an Ludwig II. (»Ich irrte einst, und möcht' es nun verbüßen …«) zeigen, dass er das Werk später als überholt ansah. In diesen frühen Berufsjahren war es Ausdruck seines Drangs, sich in der Welt bemerkbar zu machen. In dieser Motivation schrieb er auch für ein Konzert die Ouvertüre *Kolumbus* und setzte dazu sechs Trompeten ein, die schmetternd das Publikum erschreckten. Nicht genug damit, es folgte die *Schlacht bei Vittoria* von Beethoven, die er mit Geschütz- und Gewehrfeuer durch besonders konstruierte Maschinen ergänzte. Die Trommeln und Signalhörner wurden von ihm verdoppelt und verdreifacht, sodass das Kampfgeschehen ohrenbetäubend klang. Selbst die hilfsbereite Sängerin Wilhelmine Schröder-Devrient ergriff schließlich die Flucht. »Alles stürzte davon, und die Feier des Sieges Wellingtons ward schließlich zu einem traulichen Erguß zwischen mir und dem Orchester allein.«[4] Der Versuch dieses jungen, aufstrebenden Dirigenten, mit ausschließlich männlich-konnotierter Musik gewaltsam Aufsehen zu erregen, deutet bei aller Komik des Geschehens auf eine noch ungefestigte Identität.

Während seine Freude über die Liebe zu Minna bei der Komposition des *Liebesverbots* noch vorherrschend war, hatte sich dies 1837 bereits geändert, als er mit dem Entwurf von *Rienzi*, seiner ersten großen tragischen Oper, befasst war. Inzwischen war er längst abhängig von Minna geworden. In einem Brief an sie beschreibt er, wie er zusammen mit einem Bekannten Beethovens *Fidelio* in der Oper genossen hatte und dabei fortwährend an sie denken musste, wobei ihm die Tränen in die Augen schossen. »Wie diese Leonore, dachte ich, ließe wol auch deine Minna für dich ihr Leben, oder es würde ihr gewiß kein Leiden, kein Drangsal groß genug sein, um dich, wüßte sie dich im Verderben, zu retten, – u. diese Minna solltest du verlassen, wie einige kalte Menschen es wünschen?«[5] Er konnte nicht ohne eine Frau sein, die ihm in allen Dingen folgte, die ihm seine Unfähigkeit, mit Geld umzugehen, verzeihen und Verständnis für seine Eifersucht aufbringen konnte.

Die Probleme mit Minna blieben jedoch bestehen und er flüchtete sich in Phantasien von einem starken Helden, um den Konflikt mit der Partnerin zu verdrängen. »Mein häusliches Trübsal vermehrte sich; der Drang, einer unwürdigen Lage mich zu entwinden, steigerte sich zu dem heftigen Begehren, überhaupt etwas Großes und Erhebendes zu beginnen, selbst mit vorläufiger Außerachtlassung eines nächsten praktischen Zweckes. Diese Stimmung ward in mir lebhaft genährt und befestigt durch die Lektüre von Bulwer's *Rienzi*. Aus dem Jammer des modernen Privatlebens, dem ich nirgends auch nur den geringsten Stoff für künstlerische Behandlung abgewinnen durfte, riß mich die Vorstellung eines großen historisch-politischen Ereignisses, in dessen Genuß ich eine erhebende Zerstreuung aus Sorgen und Zuständen finden mußte, die mir eben nicht anders, als nur absolut kunstfeindlich erschienen.«[6]

Noch mehr als seine schriftlichen Beschwörungen zeigt sein Verhalten eine krankhafte Eifersucht, die die kleinste selbständige Regung der Partnerin kaum ertrug. Von Minnas Tochter Natalie, die bei dem Ehepaar wohnte und von Minna als ihre Schwester ausgegeben wurde, stammen Schilderungen aus den frühen Ehejahren. Als Schauspielerin übernahm Minna in den ersten Ehejahren noch Bühnenrollen, um Geld auch für Richards Luxusbedürfnisse zu verdienen. Und der lebte auf zu großem Fuß – 1836 kam es zu einem Gerichtsverfahren in Magdeburg, weil er Glacéhandschuhe, Seide, Atlas, Damast, Musselin und anderes gekauft hatte, ohne es bezahlen zu können.[7] Aber Wagner ertrug es nicht, dass Minna auf der Bühne stand, wo andere Männer sie bewundern konnten und häufig tobte er die ganze Nacht hindurch. Wenn Minna aufgrund seiner Angriffe Krämpfe bekam, tat es ihm wieder leid, und er lag vor ihr auf den Knien. Am Tag danach wartete er von Neuem mit den gleichen unhaltbaren Vorwürfen auf. Dieses Verhalten erscheint in höchstem Maße neurotisch und Wagner spricht selbst von »Heftigkeit und verletzender Bitterkeit, mit welcher ich mich in Sprache und Benehmen gehen ließ. Wiederholt führten solche Szenen zu Krämpfen meiner Frau, welche für mich einen so unerhört beängstigenden Charakter annahmen, daß, wie man sich leicht denken kann, die Befriedigung, sie endlich wieder versöhnt zu haben, der einzige Erfolg solcher Auftritte für mich blieb. Gewiß war es, daß unser beiderseitiges Benehmen uns selbst immer unbegreiflicher und unverständlicher ward.«[8] Wenigstens verdienen seine Ehrlichkeit und Selbsterkenntnis Anerkennung.

Minna wusste keinen anderen Ausweg als sich zu trennen, und als ein Nebenbuhler um sie warb, gab sie nach und floh mit ihm. Der Verlust Minnas und das Wissen um ihren Geliebten waren eine doppelte Demütigung für Richard, der ihr nachreiste, um sie zurückzugewinnen. Zunächst schien ihm das auch zu gelingen: Er brachte Minna in einem Gasthof in Blasewitz unter und begab sich anschließend nach Berlin, um eine Kapellmeisterstelle in Riga zu ergattern. Als sie ihn mit der Ankündigung einer kleinen Reise überraschte, begleitete er sie von Blasewitz zu ihren Eltern nach Dresden –, um dort zu erleben, dass sie wiederum mit dem Geliebten abreiste. »Während der kümmerlichen Tage meines letzten Zusammenseins mit Minna in Blasewitz hatte ich den Bulwerschen Roman gelesen«[9], schrieb er. Der Stoff half ihm über die Kränkung hinweg. In dieser Zeit etwas »Großes und Erhebendes« komponieren zu wollen, ist also nicht nur seinem Streben nach beruflicher Anerkennung zuzuschreiben, sondern entspringt ebenso dem Bedürfnis nach Stärkung seiner männlichen Identität. Erst als Minna merkte, dass ihr Geliebter keine ernsthaften Absichten verfolgte, überkam sie die Reue. Sie fuhr zu ihrem Mann nach Riga, wo es zu einer Aussöhnung kam und das Paar von 1837 bis 1839 lebte.

In Riga jedoch holte Wagner seine Verschwendungssucht ein. Um den Schuldnern zu entkommen, verließ das Paar die Stadt heimlich und floh nach Paris, wo der Komponist die Hoffnung hegte, »hier noch triumphiren zu können«. Dort verstärkte sich noch einmal der Plan, »etwas recht Großes zu machen [...] die ›große Oper‹ [...] nicht etwa bloß nachzuahmen, sondern, mit rückhaltsloser Verschwendung, nach allen ihren bisherigen Erscheinungen sie zu überbieten, das wollte mein künstlerischer Ehrgeiz.«[10] So entstand aus dem schier übermächtigen Wunsch, ganz nach oben zu gelangen, *Rienzi*. Wichtig war ihm wohl zweierlei: Zum einen wollte er eine große Oper mit allem bombastischen Beiwerk komponieren, zum anderen die Geschichte Rienzis für die Opernbühne erzählen. Beides lässt den Schluss zu, dass er in diesen unsicheren Jahren versuchte, seine private und künstlerische Identität mit diesem Heldenstoff zu festigen.

Im Sommer 1836 hatte Wagner eine Aufführung der Oper *Fernand Cortez oder die Eroberung von Mexiko* von Gaspare Spontini in Berlin besucht und war davon tief beeindruckt gewesen. Manches von dieser Oper ist in den *Rienzi* eingeflossen – weniger der Stil und die Faktur der Musik als vielmehr der dramaturgische Aufbau und die Handlung. In beiden Opern gibt es eine Führungsperson, die aus dem Volk hervorsticht und Großes leistet. Die imponierende Ausstattung der Spontini-Oper, die groß aufgebauten Chor- und Ensembleszenen, die lebenden Pferde auf der Bühne und der militärische Duktus regten ihn zur Nachahmung an. *Fernand Cortez* ist voller Kämpfe, Truppen, Feldherrn und verbrennender Schiffe. Die militärischen Klänge, die das Geschehen bestimmen, kontrastieren mit dem lyrischen Gesang Amazilys, die als Retterin sowie als bereitwilliges Opfer fungiert. Die Frau wird als Anhang des Mannes verstanden, sie dient dazu, den Mann zu definieren, ihn zu heroisieren. Im Vergleich zu Spontinis Amazily wird Irene im *Rienzi* zwar zurechtgestutzt und erhält keine herausragende Charakterzeichnung – ihre Opferbereitschaft bleibt jedoch bestehen. Im Gegensatz zu Amazily, die überlebt, verbrennt sie aber zusammen mit dem Bruder.

Wagner trug sich übrigens in dieser Zeit auch mit dem Gedanken eines Dramas mit Kaiser Friedrich Barbarossa als Zentralfigur: »Der Begriff des Herrschers war hier in seiner kraftvollsten und ungeheuerlichsten Bedeutung aufgefasst.«[11] Immer wieder waren es die kraftvollen Männerfiguren, die seine Phantasie anregten. Die Sehnsucht nach starken Führern und charismatischen Männern war ein verbreitetes gesellschaftliches Phänomen, das mit Wagners persönlicher Situation als nicht anerkannter Komponist und gedemütigter Ehemann zusammentraf. Jean-Jacques Rousseau, der mit seinen Schriften zur ideologischen Polarisierung der Geschlechtscharaktere im 18. Jahrhundert beitrug, hat in seinem *Contrat social* den Gesetzgeber geschildert als einen »in jeder Hinsicht außergewöhnlichen Mann«, der charismatische Eigenschaften besitzen müsse, um der Weisheit der Götter teilhaftig zu sein.[12] Nach der Französischen Revolution war das Bestreben groß, deutlich zu machen, dass Männer den Staat zu leiten hatten. Wagner war zeitlebens von Thomas Carlyles 1846 in England erschienenem und 1853 übersetztem Buch *Helden, Heldenverehrung und das*

Heldentümliche in der Geschichte beeindruckt und erwähnte es häufig Cosima gegenüber. Carlyle stellt darin fünf Typen des Helden auf: den Propheten (Mohammed), den Dichter (Dante und Shakespeare), den Priester (Luther und Knox), den Schriftsteller (Johnson, Rousseau, Burns), den Herrscher (Cromwell und Napoleon), und er betont wiederholt das Recht des Genies, die Welt zu gestalten.

Dieses Streben nach Größe übertrug Wagner auf den *Rienzi*. Er sah die Oper im Geiste vor sich »in der Gestalt von ›fünf Akten‹, mit fünf glänzenden ›Finales‹, von Hymnen, Aufzügen und musikalischem Waffengeräusch« geprägt – es sind wieder die Insignien von männlich konnotierter Repräsentation, die ihn faszinierten. »Von dem musikalischen Pomp auf der Bühne gehe ich in keinem Punkte ab; er ist zu nothwendig und kann in Dresden mit Hülfe des Militär's und sonstiger Musikcorps sehr gut gestellt werden«, schrieb er und er wünschte zudem, dass die im ersten Akt den Kriegszug begleitenden Posaunisten und Trompeter zu Pferd erscheinen sollten.[13] Die großen Umzüge und das Feuer am Schluss, als das Capitol abbrennt, nehmen bereits die *Götterdämmerung* voraus.

Die Bühne ist von Männern bevölkert: Rienzi, Stefano, Adriano, Paolo Orsini, Raimondi, zwei römische Bürger, ein Herold. Gesandte aus verschiedenen Städten, Priester, Mönche, römische Söldner und Nobili, Anhänger der Colonna und Orsini, päpstliche Beamten und Wachsoldaten. Dass Adriano di Castello von einer Frau gesungen wird, spielt dabei keine Rolle.[14] Die Frauen beten im Hintergrund, dass die Schlacht gewonnen werde. Sie haben Blumen zu streuen, den Frieden zu besingen, zu weinen und zu klagen – es sind die seit alters typisch weiblichen Betätigungen. Die einzige Protagonistin ist Irene, die Schwester des Helden Rienzi. Sie ist das Liebesobjekt ohne herausgearbeiteten Charakter. Begleitet wird sie im ersten Akt von weiblich konnotierten Streichern und Holzbläsern. Genauso wird Wagner Jahrzehnte später Brünnhildes zweites »weibliches« Motiv instrumentieren. »In der Tat, ich habe mir ein recht rührendes, edles Frauenzimmer unter dieser Schwester Rienzi's gedacht«[15], schreibt er über sie. Als Inbegriff heiliger Unschuld opfert sie ihre Liebe zu Adriano auf und hält zu dem Helden, bis die Mauern des Kapitols über sie zusammenstürzen. Dieses Sujet der freiwillig für den Mann sterbenden Frau wird Wagners gesamtes späteres Werk durchdringen.

Rienzi ist der würdige Herrscher, der alle zur Ruhe bringt, wenn er eintritt. Er wird bei seinem ersten Auftritt von feierlichen Blechbläsern begleitet, der Chor bejubelt ihn, das Volk ist ihm ergeben. Trotz seiner Schwächen ist er eine charismatische Figur, ein Vorbildcharakter mit großer Ausstrahlung – und damit eine Vorwegnahme Wotans, der ebenfalls mit Fehlern behaftet ist, aber dennoch als Gott Würde ausstrahlt. Rienzi nimmt den männlichen Helden im modernen Spielfilm vorweg, dem alles gelingt. Wagner fährt alle musikalischen Mittel zur Bezeichnung des Heldentums auf. Gleich zu Beginn ertönt ein lang anhaltender Trompetenton, der an die Rettung Florestans im *Fidelio* erinnert. Die zahlreichen Fanfaren ergänzen das Charakterbild des Helden. Fanfaren wurden von jeher als tönende Symbole für Macht benutzt. Sie beschreiben das Repräsentative, die festliche Öffentlichkeit und somit den männlichen Herrscher und sie lösen feierliche Hochgefühle aus. Das Fanfarenmotiv ist ein Beispiel für die geschlechtsspezifisch geteilte Motivik, denn Frauen werden durch Fanfarenklänge so gut wie nie geadelt. Selbst wenn Wagner der politischen und repräsentativen Macht kritisch gegenüberstand, muss er um die Wirkung der musikalischen Umrahmung gewusst haben: Sie bleibt positiv, lässt die Protagonisten großartig und erhaben erscheinen.

Vorgesehen sind sechs Ventil- und Naturtrompeten, Posaunen, vier Ophikleiden, Militärtrommeln, Rolltrommeln, Glocken, Orgel und Tamtam – ein aufwendiges, lautstarkes und wahrhaft überwältigendes Ensemble. Minna war begeistert, weil sie als praxiserfahrene Schauspielerin das Bühnenpotential erkannte: schwungvolle Märsche, große Chöre, viel Bewegung, Pauken und Blech, schmissige Klänge, dazu Pferde auf der Bühne, Rüstungen, Kriegszüge, Trommelwirbel, Feuerbrände und viel Personal. Es ist eine Männerwelt. Irene hat kein einziges Solo, sondern ist nur im Duett oder Terzett zu hören.

Nicht zufällig ist der Auftritt und Gesang der Friedensboten musikalisch wie darstellerisch weiblich konnotiert. Der Chor besteht ausschließlich aus Frauen, die einen volkstümlich klingenden, periodischen Gesang anstimmen und eine schlichte Begleitung von drei Flöten vorweisen, zu denen später Fagott und Klarinette hinzutreten – es ist das klassische Holzbläser-Ensemble, das für Frauensachen zuständig ist. Eine idealtypisch zu nennende Unterscheidung zwischen den Geschlechtern erfolgt gegen Ende des zweiten Akts, als nach dem »Gladiatorenkampf« ein »Auftritt der Jungfrauen« zu hören und zu sehen ist. Die Gladiatoren werden mit Trompetentriolen angekündigt. Im großen Orchester wechseln sich die Instrumentengruppen ab – mal die Blechbläser, mal die Streicher; die abschließenden breiten Kadenzen enthalten volle, nach Art von Marschmusik punktierte Akkorde. Die Jungfrauen stellen hingegen den Frieden dar. Sie treten zu den Klängen von Flöte und Klarinette, später von Violinen in »dolce« und »pianissimo« auf.

Rienzi war in Dresden, wo Wagner einen gehobenen Posten als Kapellmeister erhielt, ein phänomenaler Erfolg. Endlich schien seine Zukunft gesichert. Für Minna war daher die kurz darauf auch Dresden erreichende Revolution, an der sich Richard mit Herzblut beteiligte, ein Albtraum. Sie ahnte, dass er seine Stellung aufs Spiel setzte, und sollte Recht bekommen. Nach der Flucht aus Dresden als steckbrieflich Gesuchter ging es dem Komponisten nicht gut. Nicht nur, dass er den Verlust seines Postens und seines Heimes verarbeiten musste; seine Beziehung zu Minna hatte durch sein Verhalten so schwer gelitten, dass sie ihm bei seinem Weggang nicht gefolgt war. Er sehnte sich sehr nach ihr: »Oft blöke ich wie ein kalb nach dem stalle und nach dem euter der nährenden mutter«, schrieb er 1849 niedergeschlagen an Liszt. »Laß mich bald gute nachricht von meiner frau hören!«[16] Sie ließ ihn drei Monate lang ohne Post – eine Bestrafung aus Verzweiflung. Nach zwölf Jahren Ehe mit Hunger und Entbehrungen in Paris sowie zahllosen Umzügen und fortwährenden Geldproblemen fehlte ihr die körperliche und seelische Kraft, weitere Wanderungen auf sich zu nehmen. So war die Entfremdung fast voraussehbar.

Kurz nach seiner Niederlassung in der Schweiz verliebte sich Richard neu – nur so konnte er wohl die innere Ablösung ertragen. Im März 1850 hatte er in Bordeaux die junge Jessie Laussot kennengelernt, von der er nach Südfrankreich eingeladen worden war und deren Familie ihm eine jährliche Unterstützung zugesagt hatte. Innerhalb kurzer Zeit beschloss das verliebte Paar, nach Griechenland zu fliehen, da beide verheiratet waren. Wagner schrieb Minna einen Trennungsbrief, der sie so schockierte, dass sie sich augenblicklich Geld lieh und nach Frankreich reiste – damals ein mutiges Unterfangen für eine

Frau –, um ihm das Vorhaben auszureden. Eine völlige Auflösung der Ehe kam für sie trotz aller Konflikte nicht in Frage. Richard erfuhr von ihrer Anreise und versteckte sich vor ihr. In seinem Trennungsbrief stand in Bezug auf ihre gemeinsame schwere Zeit in Paris unter anderem Folgendes: »Hättest Du damals wahrhafte Liebe zu mir im Herzen gehabt, so würdest Du dich nun nie der ertragung jener Leiden rühmen, sondern in Deinem festen Glauben an mich und das, was ich bin, hättest du in diesen Leiden eine Nothwendigkeit erkannt, deren man sich um eines Höheren willen fügt, indem man nur dieses Höheren gedenkt, im Bewußtsein dieses Höheren glücklich ist, der niederen Leiden aber darum vergißt.«[17] Das war starker Tobak für eine Frau, die gerade ihren Lebensunterhalt verloren hatte und vor dem Nichts stand. Auch Jessies Ehemann war aktiv geworden und er hatte Erfolg: Jessie gab den Fluchtplan auf. So musste Richard im Juli 1850 schweren Herzens zu Minna zurückkehren. Der Bruch in der Beziehung war aber nicht mehr zu kitten.

In seinen autobiographischen Erinnerungen *Mein Leben* spielt er die Affäre herunter, die vermutlich eine weitaus größere Wunde hinterließ, als er zuzugeben bereit war. Durch den plötzlichen Rückzug Jessies stand er vor seiner Frau und seinem Bekanntenkreis als Zerstörer zweier Ehen da. Um sich die Rückkehr zu erleichtern, wanderte er zusammen mit seinem Schüler Karl Ritter durch die Westschweiz, wohl auch, um sich zu sammeln und den seelischen Schmerz zu verarbeiten. Wenige Monate später dann, zwischen Anfang und Mitte 1851, schrieb er an der *Mitteilung an meine Freunde*, die viel über ihn und sein Denken und Fühlen verrät und eine faszinierende Analyse seines künstlerischen Werdegangs bietet. Dieser Schrift kann man entnehmen, was ihn zur Komposition des *Fliegenden Holländers* zehn Jahre früher bewog, als er noch mit Minna in Paris lebte.

Er geißelt die Methode, sich mit dem »kritischen Verstand« mit seinem Werk zu befassen, und fordert, dass diejenigen, die seine Kunst lieben, ihn auch als Menschen lieben müssten. Kritiker seiner Musik bezichtigt er, gegen ihn persönlich eingenommen zu sein. Kein Wissenschaftler würde eine solche subjektive Koppelung dulden, wie er sie als Künstler verlangt. Er spricht sich für das »warm zu empfindende Kunstwerk« aus, das sich aus dem wirklichen Leben speise. Das reale, sinnliche Leben soll sich in seiner Kunst widerspiegeln, wobei es ihm nicht um eine historische Darstellung geht: »Ich setze nämlich als die Bedingung für das Erscheinen des Kunstwerkes in allererster Stelle das Leben, und zwar nicht das im Denken willkürlich widergespiegelte des Philosophen und Historikers, sondern das allerrealste, sinnlichste Leben, den freiesten Quell der Unwillkürlichkeit.« In seinen Dichtungen sieht Wagner das Band seiner Kunst mit dem realen Leben am klarsten offengelegt. Kann es da noch Zweifel geben, dass er auch sein eigenes Leben und seine Erfahrungen in seine Kunst einbezieht?

Über den Stoff des *Fliegenden Holländers*, den er 1841, also neun Jahre vor der Laussot-Liebesepisode, in einer billigen Sommerwohnung in Meudon bei Paris fertigstellte und der zwei Jahre später in Dresden uraufgeführt wurde, sagt er, er sei ihm »tief in das Herz« gedrungen und »zum Eigenthum einer entscheidenden Lebensstimmung geworden«, und dies war es, was ihn zur Komposition bewog. Die Geschichte des Holländers, der sich aus den »Stürmen des Lebens« heraus nach Ruhe sehnt, ging ihm nah und er begriff den Holländer als eine Mischung aus dem ewigen Juden und Odysseus: »Als Ende seiner Leiden ersehnt er, ganz wie Ahasveros, den Tod; diese, dem ewigen Juden noch verwehrte Erlösung kann der Holländer aber gewinnen durch – ein Weib, das sich aus Liebe ihm opfert.«

Obwohl er als Erstes Sentas Ballade vertonte und ihr einen zentralen Rang verlieh, gab er dem männlichen Protagonisten ein besonderes Gewicht. Der Mann sehnt sich nach Ruhe, nach einer Heimat und einem Eheweib. Eine Umkehrung der Geschlechter wäre hier unmöglich, niemand hätte eine Frau ernst genommen, die nach »Stürmen des Lebens« einen Mann sucht, um sich durch ihn erlösen zu lassen. Der Holländer ist ganz und gar männlich konnotiert und er trägt deutliche Züge seines musikalischen Schöpfers. Erlösung findet er nur durch eine Partnerin, die sich ihm aus Liebe hingibt.

»Mein lieber Südwind, blas' noch mehr! Nach meiner Minna verlangt mich's sehr!«[18], schreibt Wagner im Juli 1842 an seine Frau und vergleicht sie dadurch mit der weiblichen Hauptgestalt im *Holländer*, deren Ballade er zwei Jahre zuvor fertiggestellt hatte. Doch zu diesem Zeitpunkt sah Minna schon keine Zukunft mehr für das Paar – zu sehr war die Pariser Zeit von Entbehrungen gezeichnet. Für sie war es eine bittere Erfahrung, dass ihr Mann in Riga eine feste Stelle aufgegeben hatte und in der französischen Metropole abgesehen von ein paar Auftragsarbeiten keine regelmäßige Einnahmequelle finden konnte. Aufgrund ihrer eigenen Erfahrungen einer schwierigen Kindheit und Jugend ertrug Minna die Armut nur schwer. Zeitweise war das Ehepaar sogar dem Verhungern nahe. Im Sommer 1841 zogen sie nach Meudon am Rande von Paris, wo beide im Wald nach Pilzen suchten und an Gartenzäunen Nüsse von herabhängenden Ästen pflückten. Als Minna schließlich erkrankte, war Richard verzweifelt, weil er ihr keine Medikamente kaufen konnte – selbst die Eheringe hatte er bereits versetzt. Minna war es leid, immer mit Geldsorgen leben zu müssen und gab nichts mehr auf die leeren Versprechungen ihres Mannes. So könnten die Auseinandersetzungen in der Ehe dafür verantwortlich sein, dass er sich nicht nur nach einer Heimat, sondern auch nach einer Lebenspartnerin sehnte, wovon der *Fliegende Holländer* Ausdruck ist. Wie die *Mitteilung an meine Freunde* erklärt, bezog sich diese Sehnsucht »auf ein geahntes und gewünschtes Neues, Unbekanntes, Erstzugewinnendes, von dem ich nur das Eine wußte, daß ich es hier in Paris gewiß nicht finden würde. Es war die Sehnsucht meines fliegenden Holländers nach dem Weibe, – aber, wie gesagt, nicht nach dem Weibe des Odysseus, sondern nach dem erlösenden Weibe, dessen Züge mir in keiner sicheren Gestalt entgegentrat, das mir nur wie das weibliche Element überhaupt vorschwebte; und dieß Element gewann hier den Ausdruck der Heimath, d. h. des Umschlossenseins von einem innig vertrauten Allgemeinen.« Das ersehnte Weib und die Vorstellungen, die er von der Heimat hatte, verschmelzen miteinander. Er wollte von der Frau umgeben, gehegt, geschützt und geliebt sein, in allen Bereichen kritiklos anerkannt. So wie die Heimat Identifikation ermöglicht und Zugehörigkeit vermittelt, so soll Wagners Idealfrau immer da sein, schützen, aufbauen und regenerieren.

Auch nach der Rückkehr nach Dresden 1842 litt das Ehepaar unter Geldsorgen. Minna, die dringend Erholung benötigte, machte in Teplitz eine Kur und unterbreitete Richard brieflich den Vorschlag, sich eine Zeitlang zu trennen. Nach allem, was sie bisher mit ihrem Mann erlebt hatte, teilte sie ihm nun immer häufiger ihre Zweifel an der Zukunft mit. Vermutlich machte sie sich – wie schon einige Male zuvor –

ernsthafte Gedanken über die Möglichkeit des Geldverdienens in ihrem früheren Beruf als Schauspielerin. Weil diese Arbeit aber unweigerlich zu neuen Eifersuchtsszenen ihres Mannes führen würde, wollte sie sich trennen. Eines jedenfalls stand für sie fest: Eine Fortsetzung der Pariser Armut würde sie keinesfalls hinnehmen.

Die Vorstellung einer Trennung muss Richard damals zutiefst erschreckt haben. Die Bindung an eine Frau war für ihn eine elementare psychische Notwendigkeit, da er allein weder materiell noch in kreativer Hinsicht existieren konnte. Er versuchte leidenschaftlich, ihr die Trennung auszureden und schloss seinen Antwortbrief mit dem obigen Zitat aus dem *Holländer.* Dass ihn die innere Ferne zu Minna während der Komposition sehr belastete, zeigt eine spätere Äußerung Cosimas: »Wie Richard des schlimmen Wesens Minna's in Lübeck gedachte, sagte ich zu ihm, wäre ich nur immer bei dir gewesen! Ich stellte mir vor, wie glücklich die Entstehung des *Holländers* mich gemacht haben würde, wie über alle Nöte das Erkennen und Bewußtsein seiner Größe mich getragen haben würde!«[19] Er hatte ihr anscheinend in drastischen Worten von seiner damaligen Not mit Minna erzählt.

In dieser Zeit beschäftigte Wagner ein neues Frauenbild, das weniger die »heimatlich sorgende« Frau, sondern vielmehr das »unendlich weibliche Weib« umfassen sollte. Auf den ersten Blick scheint das ein Widerspruch zu seiner eben geschilderten Sehnsucht zu sein. War denn nicht aus seiner Sicht die heimatlich sorgende Gattin seine Idealvorstellung? Er wünschte sich eine Partnerin, die ihn mit Essen und Kleidung versorgte, die für ihn, wie es Minna tat, die häufigen Umzüge bewerkstelligte, neues Mobiliar herbeischaffte, ihm Morgenmäntel, Vorhänge und Kissen für den Klavierhocker nähte und für den reibungslosen Ablauf im Tagesgeschehen sorgte. Für Minna war ein rundum funktionierender Haushalt die fundamentale Aufgabe und ein Ausdruck der Zuneigung. In Paris hatte sie dies trotz der Geldnot zur Perfektion entwickelt, wie ihre uneheliche Tochter Natalie, die zeitweise bei Wagners wohnte, berichtet: »Wie verstand sie die kleine Häuslichkeit so anheimelnd nett und sauber durch die äußerste Ordnung und Reinlichkeit zu machen. [...] Still und geräuschlos arbeitete sie gleich einer Magd, kehrte, wusch, kochte, putzte ihm seine Kleider und Stiefel, weil sie kein Geld hatten, diese niederen Arbeiten Dienstleuten zu überlassen; dabei sah sie immer rosig, frisch, nett und äußerst sauber aus, daß man nicht ahnen konnte, daß sie alle diese niedern Mägdedienste verrichtete. Wie freute sie sich, wenn sie auf stundenweit entferntem Markt, weil es da billiger zum Einkauf der nöthigen Lebensmittel war, etwas ersparen konnte, um ihren geliebten Richard mit ein paar guten Cigarren und einem Dütchen Schnupftabak zu überraschen und zu erfreuen. Wie freute sich auch Richard jedes Mal über die willkommene Liebesgabe, gleich einem Kinde, und wußte nicht genug seinem dafür besorgten Mienchen mit Küssen zu danken.«[20]

Aber so idyllisch war es eben in Wahrheit nicht. Beide wollten mehr. Minna wünschte sich endlich einen geregelten bürgerlichen Haushalt auf einer ökonomisch sicheren Basis – etwas, das Richard ihr nie erfüllen konnte. Sie hörte sich gerne die Phantasien und Zukunftsvisionen ihres Mannes an, verweigerte ihm aber aufgrund bitterer Erfahrung die unbedingte Gefolgschaft, wenn er neue, verwegene Pläne entwickelte, an die sie nicht glauben konnte, und sparte nicht mit kritischen Einwänden. Ihre Zukunftsängste müssen ihn existentiell berührt und schon in Riga zur Beschäftigung mit dem Thema eines neuen Frauenbilds geführt haben. Wenn Richard sich ein »unendlich weibliches Weib« wünschte, so verstand er darunter nicht nur die Partnerin, die den Haushalt übernahm. Sie sollte darüber hinaus den Ehemann in allem verstehen, ihm folgen und ihm bedingungslos zugetan sein. Eine Aufopferung also, die Wagner unter dem Begriff der »Liebe« der Frau zum Mann subsumierte. Hier nimmt er den Wunsch nach einem liebenden Weib als Symbol für seine Sehnsucht nach dem Neuen. Und das Neue suchte er auch mit dem »Kunstwerk der Zukunft«. Seine Ausführungen lassen vermuten, dass es ihm um beides ging – das neue Kunstwerk sollte die Entfremdung des Komponisten von der Gesellschaft aufheben und der neue Frauentypus sollte dem Künstler das private Umfeld sichern, das er zum Schaffen benötigte. Oft ist zu lesen, dass der *Fliegende Holländer* sich nur um die Figur des Seefahrers drehe, den Wagner zum Symbol für die moderne Künstlerexistenz mache. Aber in der Handlung geht es zuallererst darum, dass ein Mann durch eine Frau erlöst werden möchte. Dies war in der Tat ein zentrales Thema in Wagners Leben und es ist nicht minder berechtigt zu behaupten, dass Wagner sein Werk auch schrieb, um bürgerlichen Frauen mitzuteilen, worin ihre Rolle im Leben bestehen sollte und wo sie hingehörten.

Zunächst scheint die Ouvertüre dafür zu sprechen, dass der Holländer im Mittelpunkt steht, denn sein Motiv wird im Schema des klassischen Sonatensatzes als Hauptthema behandelt, während Sentas Erlösungsmotiv in der Paralleltonart zu hören ist. Trotz der Wichtigkeit ihrer Rolle im Gesamtgefüge begleitet die Frau auf musikalischer Ebene den Mann. Die Ouvertüre beginnt mit stürmischen Läufen in den Streichern, begleitet von Pauken und großem Blecharsenal. Ob die Musik den Holländer beschreibt, die stürmische See, die Seefahrt selbst oder die Seeleute, die gegen die Unbill ankämpfen – auf jeden Fall gehört diese Welt der Abenteuer und der Aktivität zum Dasein des Mannes. Dann aber ändert sich die Stimmung, das Tempo verlangsamt sich, aus dem großen Orchesterklang wird ein Bläsersatz und ein Teil von Sentas Melodie aus ihrer Ballade ist zu hören: »Doch kann dem bleichen Manne Erlösung einstens noch werden, fänd' er das Weib, das bis in den Tod getreu ihm auf Erden.« Aus Moll wird Dur, lange Haltetöne bringen große Ruhe in den Aufruhr hinein und der Klang des Englischhorns dominiert, wobei Oboe und Klarinette die Phrase wiederholen. Nachdem der Sturm wieder eingesetzt hat, erklingt das Erlösungsthema noch einmal, wiederum von Holzbläsern umspielt. Wenige Takte später hören wir es noch ein drittes Mal, nun haben sich alle Bläser vereint. Das Motiv ist periodisch angelegt und demonstrativ schlicht, mit einer fast religiös anmutenden Ausstrahlung. Frauen galten im 19. Jahrhundert als Trägerinnen des Menschlichen und Religiösen und Wagner macht sich auch hier die weibliche Liebesfähigkeit künstlerisch zunutze. Er schuf damit eine fast bilderbuchhaft geschlechtsspezifisch konnotierte Ouvertüre, wie sie plastischer kaum zu formen war.

Um seine Senta zu schaffen, löst Wagner sie aus Heinrich Heines Vorlage heraus und modelliert sie nach seinen Vorstellungen. Während Heine die weibliche Untreue ironisiert, ist die lebenslange weibliche Treue das Kernstück bei Wagner: In seinem ersten kurzen, 1840 auf französisch verfassten Prosaentwurf *Le hollandais volant* wird die Treue bis zum Tod (»être fidèle jusqu'à la mort«) allein sechsmal betont. Heine hat über die Protagonistin kaum mehr zu sagen, als dass sie »schön« sei; Wagner dagegen macht sie mitsamt der ihr innewohnenden Opferbereitschaft und Liebesfähigkeit zum bewegenden Faktor in der dramatischen Handlung. Sentas Entschluss, dem Holländer unbedingt zu folgen, dies als eine von Gott gestellte Aufgabe zu sehen und selbst mit ihm in den Tod zu gehen, erhebt sie folglich zu einer Gestalt, die genauso wichtig ist wie der Holländer selbst. Dabei ist kurioserweise im *Fliegenden Holländer* wirkliche Liebe, die aus Empathie, intensiver Kommunikation und Zuneigung entsteht, gar nicht im Spiel, denn der Holländer gesteht: »Sollt' ich Unseliger [meine Gefühle] Liebe nennen? Ach nein! Die Sehnsucht ist es nach dem Heil!« Auch Senta verliebt sich nicht in den Holländer selbst, sondern in dessen Abbild. Es sind ihr zufolge »des Weibes heil'ge Pflichten«, die sie bewegen, sich dem Mann hinzugeben. So entsteht der Eindruck, als wolle Wagner noch über die eigentliche Liebe hinausgehen und zusätzlich ein unsichtbares Band weben, das die Frau dem Mann für alle Zeiten zuordnet, selbst wenn er gar nicht sonderlich an ihr hängt.

Senta möchte den Holländer durch ihre Liebe erlösen. Noch bevor sie ihn persönlich kennt, liebt sie ihn bereits. Eine ähnliche Konstellation finden wir im *Ring des Nibelungen*, wo Brünnhilde Siegfried schon liebt, als er sich noch im embryonalen Zustand befindet. Auch das ist eine für Wagner typische Phantasie: ewig und ohne Unterlass von einer Frau geliebt zu werden. Er wünschte sich hinsichtlich der Gestalt der Senta, dass ihr träumerisches Wesen »nicht im Sinne einer modernen, krankhaften Sentimentalität aufgefasst« werden möge. Sie sei »ein ganz kerniges nordisches Mädchen«, das trotz seiner für die Umwelt unverständlichen Schwärmerei immer glaubhaft bleibe.[21] Dieses Frauenbild macht verständlich, warum er bei der Gestaltung seines Librettos Heinrich Heines Rahmenerzählung wegließ. Heine schildert das Theaterstück vom *Fliegenden Holländer* aus der Sicht des im Saal sitzenden Zuschauers. Plötzlich hört dieser hinter sich ein Lachen: Als er sich umdreht, wirft ihm ein Mädchen mit verführerischem Blick Apfelsinenschalen an den Kopf. Das Mädchen ist weder gut noch böse, doch es ist keine Jungfrau mehr, sondern »wissend«. Der Erzähler verspürt das Verlangen, es zu küssen, und die Zustimmung der »holländischen Blondine« erklingt »mit entzückendem Wohllaut aus dem Herzen«. Es kommt zu einem erotischen Abenteuer auf einem schwarzen Sofa: »In der eisigen Hülle lauert der heißeste Extrakt. Es gibt nichts Pikanteres als der Kontrast jener äußeren Kälte und der inneren Glut, die bacchantisch emporlodert und den glücklichen Zecher unwiderstehlich berauscht.« Diese Episode, mit der Heine die Erzählung vom düsteren Holländer mit Sinnlichkeit und Ironie anreichert, merzte Wagner aus. Der Gegensatz zwischen einer dem normalen Alltag zugehörigen jungen, abenteuerlustigen Frau und der idealisierten selbstlosen weiblichen Hingabe seiner Figur stieß ihn ab – eine solche sexuell verfügbare und auf Abenteuer lauernde »wunderschöne Eva« passte nicht zu seiner Geschichte. Dafür hielt er sich an die Figur der Katharina (Wagners spätere Senta), deren Gefühle für den Seeman eher romantischen Träumen als der Wirklichkeit entspringen. Auch Heines ironischen Schlusssatz blendete Wagner aus: »Die Moral dieses Stückes ist für die Frauen, daß sie sich in acht nehmen müssen, keinen fliegenden Holländer zu heuraten; und wir Männer ersehen aus diesem Stücke, wie wir durch die Weiber im günstigsten Falle zugrunde gehen«.[22]

Wagner gestaltete gerne gegensätzliche Welten. Daland, Erik und die Spinnerinnen gehören dem bürgerlichen Alltag an und unterscheiden sich stark von der unheimlichen Welt des Seefahrers. Deutlich sind auch die Kontraste zwischen dem Gesang der norwegischen Matrosen und der Spinnerinnen. Die Unterschiede gehen auf Webers *Freischütz* zurück. Beim weberschen Jäger wie beim wagnerschen Matrosenchor geht es um die Beherrschung der Natur: Ob man sich über das erlegte Wild freut oder, wie hier, sich ohne Furcht dem Wind und Sturm entgegenstellt, ob man bei Weber »Jo ho tralala« oder bei Wagner »Hussassa, he! Jollohohe!« singt, ob die Jäger Wein trinken oder die Seeleute Tabak und Branntwein genießen – beide Male gleicht sich die Grundhaltung. Es sind Männer, die im Freien arbeiten und temperamentvoll eine überschäumende Lebensfreude an den Tag legen, und das gesamte Orchester (neben den Holzbläsern und Streichern sind es hier Hörner, Trompeten, Posaunen, Tuba und Schlagzeug) begleitet sie mit abwechslungsreichen Rhythmen und aufwärtssteigenden, kraftvollen Melodien.

Im Gegenzug erheben sich die gefälligen Lieder der weberschen Brautjungfern und der wagnerschen Spinnerinnen kaum über das Volkstümlich-Schlichte. Das sich drehende Spinnrad ist durch ein monoton-gleichbleibendes, drehendes Motiv in der Begleitung charakterisiert. Die Oboe intoniert eine lustige, punktierte Begleitung mit zahlreichen Vorhalten und betont damit den zierlich-neckischen Charakter der emsigen Arbeiterinnen. Wie Wagner später seiner zweiten Ehefrau Cosima verriet, hat ihn die Romanze der Margarethe, »Spinne, arme Margarethe«, aus Boieldieus *Die weiße Dame,* schon als Knabe beeindruckt. Die Diatonik, die monotone Begleitung und der periodische Gesang sind hier wie dort zu finden. Die Räder, die man schnurren hört, sind mit dem Sich-um-sich-selbst-Drehen Ausdruck einer typisch »weiblichen« Tätigkeit, wie sie im Haushalt dutzendfach vorkommt und eher kreisend als dynamisch-vorwärtsstrebend zu bezeichnen ist.

Das Spinnen galt viele Jahrhunderte lang als Ort sozialer Kommunikationsmöglichkeit unter Frauen, aber als Abwertung oder sogar als Schande, wenn Männer es verrichteten.[23] Der 1849 im Zuge des pfälzisch-badischen Aufstandes verhaftete Bonner Professor Gottfried Kinkel musste im Gefängnis Wolle spinnen, was als Demütigung gedacht war. Etwas von dieser leichten Geringschätzung klingt in der eintönig-emsigen Musik auch hier auf. Einmal allerdings lösen sich die Frauen aus ihrer biederen Rolle. Senta hat sich mit der Ballade übernommen, sie bricht ab und sinkt auf einen Stuhl. Die Spinnerinnen haben sich von ihrer Erregung anstecken lassen und beenden die Ballade, indem sie a cappella einen vierstimmigen Gesang anstimmen, der an den Seemann gerichtet ist: »Ach! Wo weilt sie, die dir Gottes Engel einst könnte zeigen? Wo triffst du sie, die bis in den Tod dein bliebe treu eigen?« Auch wenn die Spinnerinnen musikalisch aus ihrer Rolle ausbrechen – inhaltlich wird das bewährte Schema nicht verletzt. Der Wunsch des Holländers nach einem weiblichen Opfer wird hier als berechtigte, von höheren Mächten gewollte Forderung musikalisch inszeniert.

Wie aber passt Sentas großartige Ballade in diese schlichte Welt der Spinnerinnen? Ist sie nicht auch nur ein einfaches Mädchen, das nicht viel mehr kennt als die Spinnstube? Daland preist seine Tochter an, indem er betont, dass sie ihm »mit treuer Kindeslieb' ergeben« sei und fährt fort: »Sie ist mein Stolz, mein Trost im Unglück, meine Freud' im Glück.« Senta soll also durchaus Kindlichkeit ausstrahlen, neben der jungfräulichen Reinheit und Naivität zugleich ein von der Reflexion unberührtes Wesen besitzen. Doch Senta selbst zeigt sich anders: Ihr Gesang besteht aus extremen Melodiesprüngen, die über eine Oktave hinausgehen und die Grenzen des Anmutig-Weiblichen deutlich überschreiten. Der große Ernst, mit dem sie die Erscheinung des Holländers beschreibt, zeigt sie als entschlossene Person. Sie ist sich ihrer Sache vollkommen sicher. Damit aber steht sie im Gegensatz zum traditionell weiblichen Charakter ihrer Geschlechtsgenossinnen. Obwohl Wagner vermutlich keine mächtige Walkürengestalt im Sinn hatte, leistet Senta Widerstand gegen die gesamte bürgerliche Welt, wie Mary, ihr Vater und der sensible Erik sie repräsentieren. Hier droht Wagner, sich in seiner eigenen Schlinge zu verfangen: Will er eine Frau, die nur für ihren Mann da ist und alle selbständigen Regungen opfert? Senta stellt sich gegen ihre Umwelt und handelt damit im höchsten Maße selbständig. Es scheint fast widersinnig, dass eine solche Frau sich dem Willen eines fremden Mannes derart unterordnen und sogar ihr Leben für ihn opfern würde. Als Lösung erfindet Wagner die »weibliche Intuition«, die Senta leitet und zum richtigen Mann führt. In diesem Sinne sind auch die Ängste, dass aus der selbständigen Frau eine zerstörerische Frau werden könnte, die den Mann zu verschlingen droht, gebändigt.

In Sentas Ballade wird musikalisch klar unterschieden zwischen der Beschreibung des verzweifelten Seefahrers, die im stürmischen Anfang der Ballade ihren Ausdruck findet, und ihrem innigen Wunsch, ihn zu erlösen. Das Erlösungsmotiv, das bezeichnenderweise als Sentamotiv bekannt ist, folgt im zweiten Abschnitt. Mit einer innigen Melodie im schlichten Dur, die schon in der Ouvertüre anklang, löst es sich zweimal in die festigende Tonika auf, begleitet von der zartklingenden Oboe und dem Englischhorn – Holzbläser sind bekanntlich immer dann zur Stelle, wenn das gezähmte, fürsorgliche Weibliche umschrieben wird. Choralartige, ruhige Dur-Akkorde deuten auf die himmlische Reinheit Sentas hin, auf das Leben nach dem Tode. Damit unterstreicht Wagner in genialer Weise das doppelte Bild der zum Widerstand gegenüber der Umwelt bereiten und zugleich engelsgleichen Jungfrau.

Dennoch bleibt Sentas Charakter notgedrungen widersprüchlich. Sie kann nicht das Kind sein, für das der Vater sie hält, und gleichzeitig die mutige Retterin. Musikalisch bekommt man einen ersten

Eindruck von ihr, als ihr Vater sie dem Fremden anpreist und sie in wenigen Worten als schön, treu und ergeben umreißt. Er weist sie damit als tugendhaft-braves Bürgermädchen aus. Die Streicher gehen zu niedlich punktierten Streicher-Achteln über und die Oboe steuert jeweils eine Arabeske bei. Für Wagner war die Oboe das Instrument der Reinheit, Natürlichkeit und damit auch Weiblichkeit. »Nicht auf die äußere Schönheit Sentas, mit der Daland den Holländer zu fesseln sucht, deutet der Klang, sondern auf Unschuld und Keuschheit und vor allem auf ihre [...] Naivität«[24], schreibt Egon Voss.

Sentas Ballade hingegen ist voller leidenschaftlicher Dramatik. Hier ist nichts von bescheidener Unterordnung zu spüren. Auch wenn der erste Teil des Gesangs den Seemann beschreibt, durchbricht sie mit ihren Quart-, Quint- und Oktavsprüngen und mit dem Ausruf »Jo-ho-hoe! Jo-jo-ho-hoe!« ihre Rolle als brave Tochter. Hierbei hatte Wagner sicherlich die dramatische Sängerin Wilhelmine Schröder-Devrient vor Augen, die ihn bereits als sechzehnjährigen Jüngling in ihrer Rolle als Leonore in Beethovens *Fidelio* faszinierte und begeisterte. Sie war »jugendlich, schön und warm, wie nie seitdem auf der Bühne mir ein Weib erscheinen sollte«. Immer wieder erlebte er ihre Auftritte, sie exaltierte ihn und erfüllte ihn »von neuem mit Feuer und Glut«.[25] Aber diese Wildheit bleibt in der Oper nicht bestehen, sondern wird in den Erlösungswunsch überführt. Die Leidenschaft fällt augenblicklich von Senta ab; man hört einen reinen Holzbläser-Horn-Satz, der den syllabischen Gesang ruhig begleitet. Die feierliche Verklärung, die dieser Erlösungsteil verströmt, hat Regisseure und Wagner-Exegeten zu der Mutmaßung verleitet, Senta sei somnambul, hysterisch oder leide unter Realitätsverlust.[26] Auch die These, sie würde zwischen der sündhaften und der sakralen Welt vermitteln[27], kann nicht überzeugen, da es ihr nur um den Holländer und um nichts anderes geht. Wagner umgibt ihren Erlösungsgesang mit einer quasi-religiösen Aura, um den Ernst ihres Anliegens zu verstärken, nicht aber, um eine religiöse Aussage zu machen.

Begeht aber Senta nicht ein bitteres Unrecht, wenn sie ihren Verlobten Erik trotz eines früheren Treuegelöbnisses verlässt? Wagner löst dieses Problem, indem er Erik als sensibel-verwundbaren Mann darstellt, der innerhalb einer bürgerlichen Normalität verharrt und gegenüber der eindrucksvollen Erscheinung des Seefahrers abfällt. Seine bittende Arie »Mein Herz voll Treue« ist periodisch gebaut, mit einer gleichmäßig-harmlosen Begleitung. Er wird mit der Soloklarinette (dem Instrument der Liebe) eingeführt und Mordente umspielen auffällig häufig seine Melodien, was ihn als Mann mit schwachem Charakter ausweist. Er beschreibt seinen Kummer mit den Begriffen »Qualen«, »Verderben«, »Jammer« und »Kränkung« und stellt Senta insgesamt sechzehn Fragen, was seine Unsicherheit und Besorgnis verrät. Erik ist hier der Unterlegene und Leidende und deswegen weiblich konnotiert. Wagner zufolge soll sein Gesang jedoch keinesfalls übertriebenes Selbstmitleid, sondern vielmehr Trauer und Wehmut ausdrücken. Die »femininen« Zutaten in der Musik reichten ihm zur Charakterisierung aus. Der geniale Dramatiker lehnte es bekanntlich zeitlebens ab, die musikalische Aussage durch die Interpretation des Sängers zu verdoppeln, was in seinen Augen eine Überakzentuierung wäre.

Senta folgt nur ihrem unbeirrbaren Gefühl, das sie zum Seemann hinführt. Sie ist sich keiner Schuld Erik gegenüber bewusst und befindet sich daher in keinem echten Konflikt. Es gibt zahlreiche Hinweise darauf, dass sie trotz der Rücksichtslosigkeit ihrer Treue zum Holländer ihre traditionell weiblichen Eigenschaften nicht verloren hat. Bei ihrem Treueversprechen »Wohl kenn' ich Weibes heil'ge Pflichten« im zweiten Akt verdoppelt die Flöte in großer Höhe die Melodie der Singstimme; der Holzbläsersatz verleiht den Worten damit einen besonderen Glanz. Als der Holländer »welch holder Klang« singt und Sentas Mitleid meint und mit den Worten »Du bist ein Engel« fortfährt, sind wieder die Holzbläser zu hören, die auf sie verweisen.

In der Schlussapotheose der Oper beherrschen nur noch das Erlösungs- und das Holländermotiv das musikalische Geschehen. Die Erlösung hebt den Holländer aus dem tiefsten Elend sieghaft empor, darum ist sein Motiv breit und gewaltig in strahlendem Dur zu hören. Je weiter er und Senta emporschweben, desto mehr verklärt sich die Freude und das Erlösungsmotiv wird von Harfen umspielt. Ähnlich wird man es wieder am Schluss der *Götterdämmerung* hören.

Wie sehr sich Wagner mit dem Holländer identifizierte, wird aus zwei Tagebucheintragungen Cosimas deutlich. Drei Jahre vor seinem Tod wohnte das Ehepaar einer Aufführung des Werks in München bei, die ihn so ergriff, dass er öfter in Tränen ausbrach. Ihn überwältigten wohl die Erinnerungen an sein früheres Leben, als er Minnas Vertrauen nicht mehr genoss und sich eine neue Geliebte herbeisehnte.[28] Als Cosimas Vater Franz Liszt 1873 zu Besuch in Bayreuth weilte, sang Richard mit einer anwesenden Sängerin die Szene aus dem Finale des zweiten Aufzugs vor, die die Begegnung zwischen dem Seefahrer und Senta enthält. Cosima berichtet: »Abends Musik; R. singt mit Fr. v. St. die Scene aus dem *Fliegenden Holländer* zu tiefstem Eindruck und Ergriffenheit, er selbst erschüttert, gerade diese Scene, in welcher er unsere ganze Situation wiedererkennt, vor dem Vater zu singen. Nachdem sich alle entfernt haben, verharren wir noch lange in gedenkender Erschütterung – niemals werden des Holländers Worte je wieder so gehört werden.«[29] Dass ausgerechnet Franz Liszt, der lange und vergeblich gegen die Eheschließung Cosimas mit Richard opponiert hatte, sich anhören musste, wie das Schicksal zwei Menschen füreinander bestimmt, war für Wagner eine späte Genugtuung. Er ging davon aus, dass Liszt die Botschaft als persönliche begreifen würde, denn dieser hatte die Oper zwanzig Jahre zuvor in Weimar dirigiert und über Senta geschrieben: »Sein [des Holländers] mit Bitterkeit getränkter Hauch seines klagenden Gesanges weckt unser Mitleid und lehrt uns verstehen, wie ein Weib sich berufen fühlen kann, ihr Leben zu opfern, um s e i n Heil zu erringen. Ebenso läßt das hochherzige Walten, die hehre Art Lohengrins uns fühlen, daß einer Frau nur zu sterben übrig bleibt, wenn sie den lichtstrahlenden Helden verloren hat. [...] Wer zweifelt an einer Senta, an einem weiblichen Wesen, welches, um eine große Seele von schwerster Strafe zu erlösen, das eigene Leben opfert?« Und er bezeichnet Senta als »eines der herrlichsten Frauenbilder, die je von der Kunst geschaffen oder von der Poesie geschildert wurden«.[30] Liszt erfasste das Verhalten Sentas als Wink an die Frauen, der verdeutlichen sollte, wo ihre Stellung im Leben sei. An Minnas Stelle war nun seine eigene Tochter getreten – dies hatte er freilich damals nicht ahnen können. Und doch akzeptierte er im Laufe der Zeit die Ehe und schaffte es, seine Tochter mit Senta zu vergleichen. »Sie widmet sich Wagner in rückhaltloser Begeisterung wie Senta im *Fliegenden Holländer* – und wird seine Rettung sein, denn er hört auf sie und folgt ihr klarsichtig«[31], schrieb er, nachdem er das Ehepaar besucht hatte. Damit schließt sich der Kreis von Minna zu Cosima.

Die Frau, die Wagner sich ersehnte, fand er schließlich in Cosima von Bülow, die als »rettender Engel« für ihn ihren Ehemann verließ, Skandale in Kauf nahm und nach seinem Tod nur noch für sein Werk lebte.

Die Erlösungsthematik wird übrigens in Wagners weiterem Schaffen in allen möglichen Varianten fast obsessiv fortgesetzt, mit einer Konstanten: Es ist stets die Frau, die sich für den Mann aufgibt. Wagner nimmt die Frauen aber auch gegen eine falsche Vereinnahmung in Schutz. Im *Fliegenden Holländer* findet sich auch die Kritik an Sentas Vater, der sie an einen älteren Mann veräußern will, weil er an das Geld denkt. Hier ergibt sich eine direkte Parallele zu Wotan im *Rheingold*, der zunächst keine Skrupel hat, Freia an die Riesen zu verkaufen. Wagner zeigt sich wenigstens in diesem Bereich als Sachwalter der Frauen, indem er den Finger auf die Wunde der kommerziellen Verwertbarkeit weiblicher Sexualität legt.

Der Komponist sagt selbst von sich, dass er die Frauen mehr als irgendein anderer Poet oder Künstler verherrlicht habe. Liszt stimmte diesem Verdikt uneingeschränkt zu, bei niemandem sonst sei die Bedeutung der Mission der weiblichen Selbstverleugnung und Hingebung tiefer erfasst als in seinen Dichtungen. Die Selbstverleugnung als weibliche »Mission« hinzustellen hat sich freilich nicht einmal Wagner erlaubt. Liszts Analyse wirkt hier flach und konventionell, denn wie wir gesehen haben, hat Wagner eine Reihe von sich überkreuzenden Diskursen in Senta hineinprojiziert, die eine zutiefst »weibliche«, aber gleichzeitig auch starke und selbständige Frau ist.

Wohin die Vorstellung von natürlicher, opferbereiter Weiblichkeit führen kann, zeigt sich an Friedrich Nietzsche, der die Handlung böse verspottete: »Der fliegende Holländer predigt die erhabne Lehre, daß das Weib auch den Unstetesten festmacht, wagnerisch geredet, ›erlöst‹. Hier gestatten wir uns eine Frage. Gesetzt nämlich, dies wäre wahr, wäre es damit auch schon wünschenswert? [...] In vielen Fällen der weiblichen Liebe, und vielleicht gerade in den berühmtesten, ist Liebe nur ein feinerer *Parasitismus*, ein Sich-Einnisten in eine fremde Seele, mitunter selbst in ein fremdes Fleisch – ach! Wie sehr immer auf ›des Wirtes‹ Unkosten!«[32] Was Heinrich Heine mit den Worten »und wir Männer ersehen aus diesem Stücke, wie wir durch die Weiber im günstigsten Falle zugrunde gehen« milde ironisierte, wird hier zur ernstgemeinten Kehrseite von Wagners Erlösungsgedanken. Viele Frauen begriffen dies freilich nicht und freuten sich an Sentas Bild: »Der fliegende Holländer hat hier einen unbeschreiblichen Eindruck hinterlassen [...] Bei allen frauen habe ich einen gewaltigen stein im brette gewonnen«[33], schreibt Wagner nach einer Aufführung in Zürich.

Wagner liebte es, sich in seine verschiedenen Operncharaktere hineinzuversetzen – die Tagebücher Cosimas sind voller solcher Vergleiche. 1853, dreizehn Jahre nach der Komposition, machte der erfolglose Künstler sich keine Hoffnungen mehr auf eine Verbreitung seiner Opern und sprach Liszt gegenüber von »fürchterlicher Freudlosigkeit«. In dieser Situation identifizierte er sich mit dem traurigen Seemann: »Immer höre ich: ›Ach möchtest Du, bleicher Seemann sie finden!‹ mit dem: ›Doch kann dem bleichen Manne Erlösung einsten noch werden.‹« Doch es gibt neben der Anspielung auf die beruflichen Schwierigkeiten noch einen weiteren Subtext in der Korrespondenz zwischen den beiden Komponisten. Liszt wusste, dass sein Kollege sich inzwischen neu verliebt hatte. Bereits ein Jahr zuvor hatte ihm Wagner von einer »sehr lieblichen Frau« geschrieben, die ihn überredet habe, den *Fliegenden Holländer* in Zürich aufzuführen. Diese Frau war Mathilde Wesendonck, die Ehefrau von Otto Wesendonck, der Wagner finanziell unterstützte. Sie brachte – mehr als Wagners Ehefrau – Verständnis für seine Kunst auf und wurde für ihn zur »Muse«. Zwischen beiden entspann sich eine enge Freundschaft. Viermal wurde die Oper in Zürich bei ausverkauftem Haus gegeben. Ein Jahr darauf gab es wieder ein Festival und er schrieb: »Einer schönen Frau – legte ich das ganze Fest zu Füßen!« Als er den traurigen Seemann zitierte, stand seine Liebe zu ihr in voller Blüte: »Oh, ich liebe! – und ein so göttlicher Glaube beseelt mich, daß ich selbst – der Hoffnung nicht bedarf!«[34], schrieb er an seinen Freund Uhlig.

Fünf Jahre später griff er wieder zu der Metapher des Holländers. Seine damalige Frau Minna war gegen die enge Beziehung der beiden auf den Plan getreten und hatte einen Eklat provoziert. Richard schrieb Mathilde, dass er eine Stimme in sich höre, »die mit Sehnsucht mir nach Ruhe ruft, – nach der Ruhe, die ich vor langen Jahren schon meinen fliegenden Holländer sich ersehen liess«. Er verabschiedete sich von ihr mit den Worten »Leb' wohl, mein lieber, heiliger Engel!«[35]

»Bordellglanz höherer Ordnung«: *Tannhäuser*

»Die Frauen schmettern ihre Frigidität mit hohem C allen Männern in die Ohren, und die Männer selbst träumen sich aus dem langweiligen Alltag der Ehe in die siebenjährigen Ferien des Venusbergs, ins schrankenlose Ausleben, mag auch der Kater dahinter lauern. Wie schwül ist das alles, was für ein Kompott zerkochter und zerquetschter Lüste!« Ähnlich scharf wie Carl von Ossietzky hat Thomas Mann über *Tannhäuser* geurteilt, als er die Venusberg-Musik im Radio hörte: »Durchaus geschlechtliches Produkt zum Schluß mit feuchtem Blicke einlenkend in die Pilgerchor-Sehnsuchtsheuchelei. Die Romantik ist eine unsaubere Welt. Ich will nicht mehr viel davon wissen.« Und Ernst Bloch schrieb vom »Bordellglanz höherer Ordnung, mit Höllenrose.«[1]

Tannhäuser hat von Anfang an die Kritiker zu schlüpfrigen Kommentaren veranlasst und Wagner erhielt schon zu Lebzeiten heftige Reaktionen auf das Werk. Bei einer Probe monierte selbst sein Gönner Otto Wesendonck die »wollüstigen Töne« und Wagner flachste, der Freund befürchte wohl, er habe dessen Frau Mathilde »etwas vorgetanzt«. Es gab aber auch gegenteilige Stimmen, die die Liebe Tannhäusers zu Elisabeth als weltfremd anprangerten, und die Wagner als lächerlich empfand: »Wie albern müssen mir nun die in moderner Lüderlichkeit geistreich gewordenen Kritiker vorkommen, die meinem Tannhäuser eine spezifisch christliche, impotent verhimmelnde Tendenz andichten wollen!«[2] Sexuelle Ausschweifung oder Keuschheit – er hatte sich gegen mehrere Seiten zu verteidigen.

Beim ersten Kennenlernen dieses Werks könnte man meinen, es sei in der Tradition der Aufklärung und Romantik geschrieben, als der Kontrast zwischen bürgerlicher Mädchenwürde und adliger weiblicher Libertinage, wie Hans Mayer es ausdrückt, die bürgerliche Aufklärung prägte, was sich in den Romanen und Theaterstücken Gellerts, Richardsons, Lessings und anderer bis zum Überdruss wiederholt. Auf den ersten Blick scheint es so, dass Elisabeth die typische gesittete, fromme und häusliche Frau ist, die dem Mann lebenslang untertan bleibt, und Venus die böse »femme fatale«, die Männer reizt, sie zugleich aber an sich fesselt und dadurch ängstigt. Doch die Dinge verhalten sich komplexer. Vermutlich hat Wagner auch die Diskussion über die Sexualität, wie sie in der Zeit des »Jungen Deutschland« populär war, angeregt und zu seinen Gedanken über die Verlogenheit im Umgang mit der Erotik geführt.

Vor der Komposition plante er die Handlung zu einer Oper *Die Saracenin*. Inspiriert wurde er von einer Zeichnung, die Friedrich II. darstellt, »umgeben von seinem fast ganz arabischen Hofe, aus welchem namentlich singende und tanzende orientalische Frauengestalten lebhaft meine Phantasie fesselten« – ein Tableau, das ihm später bei der Gestaltung der Blumenmädchen im *Parsifal* wieder in den Sinn kam. Die Handlung der *Saracenin* drehte sich um Manfred, den Sohn Kaiser Friedrichs II. von Hohenstaufen, der Apulien und Sizilien einnahm und dann zum Kaiser gekrönt wurde. Zu diesem historischen Vorgang erfand Wagner eine junge Sarazenin, eine weibliche Hauptfigur »von höchst romantischer Bedeutung«, die als Prophetin am Hof erscheint und Manfred unter ihrem Schutz zum Sieg antreibt und schließlich auf den Thron führt. Bei einem Mordanschlag »fängt sie den tödlichen Stoß mit ihrer Brust auf, bekennt sterbend ihre Identität als Manfred's Schwester, und läßt ihre volle Liebe zu ihm errathen«, schreibt er in der *Mitteilung an meine Freunde*.[3] Das Schicksal der Sarazenin ähnelt der Sentas und Elisabeths, vom Wesen her ist sie Brünnhilde am ähnlichsten. Zugleich greift Wagner mit dem Text auf Irene, die Schwester Rienzis, zurück. Diese thematischen Überlagerungen lassen erkennen, wie intensiv er sich in das Sujet der erlösungsfähigen Frau vertiefte und die künstlerische Umsetzung in immer neuen Anläufen vorantrieb.

Doch konnte er dieser Konstellation schon bald nicht mehr genug abgewinnen, sodass er das Bild Manfreds durch das Tannhäusers ersetzte. Er war für ihn der »Mensch bis auf den heutigen Tag, bis in das Herz eines lebenssehnsüchtigen Künstlers«, wie es weiter in seinem Aufsatz heißt. Über die Gestaltung der Rolle der Sarazenin diskutierte er mit der überragenden dramatischen Sängerin Wilhelmine Schröder-Devrient, die die Senta zu seiner größten Zufriedenheit gesungen hatte. Nicht nur von der künstlerischen Leistung dieser Frau war er beeindruckt. Beide waren vom politischen Tagesgeschehen berührt und sahen ihre Kunst als etwas, das über die Bühne hinausreichte. »Sie war auf die Berührung, auf die Verschmelzung mit dem Ganzen hingedrängt, und dieß Ganze war eben in Leben und Kunst unser soziales Leben und unsere theatralische Kunst«, schreibt er anerkennend. Die Rolle der Sarazenin jedoch wollte Wilhemine nicht so annehmen, wie sie Wagner vorschwebte. Dieser hatte festgelegt, dass die Prophetin »nicht wieder Weib werden« konnte, also nicht gleichzeitig Frau und Prophetin sein konnte. Wilhelmine widersprach ihm in diesem Punkt. Sie konnte sich durchaus eine solche Verbindung vorstellen. Durch diesen Streit, vor allem aber durch den unsteten Lebenswandel der Sängerin wurde das Bild der idealen und hingebungsvollen Frau, das Richard sich von ihr gemacht hatte, zerstört. Wir wissen aus der von ihr autorisierten Biographie, dass es Wilhelmine nie gelang, einen würdigen, ebenbürtigen Partner zu finden und dass sie wie Richard die Sehnsucht durch geselliges, oberflächliches Feiern zu betäuben versuchte. Ihre Biographin Claire Glümer schreibt über ihre Einsamkeit: »Diesem Unglück des Alleinseins zu entgehen, suchte Wilhelmine mit fieberhafter Hast nach einem Wesen, dem sie ihr leidenschaftliches Herz zu eigen geben könnte. Aber sie hatte nicht das Talent in der Liebe glücklich zu sein. Bald glaubte sie nicht die rechte Hingebung zu finden; bald mußte sie erkennen, daß sie den Werth des geliebten Mannes überschätzt hatte. Dann wendete sie sich mit Schmerz und Zorn von ihm ab.«[4]

Richard geriet durch seine Berührungen mit Wilhelmine »auf eine stark beunruhigende Weise [...] in ein Schwanken«. Er beobachtete, wie sie sich in neue, unpassende Liebschaften hineinstürzte und war dabei doch selbst von der Spaltung zwischen seelischen Wünschen und oberflächlicher körperlicher Hingabe betroffen. Es gelang ihm nicht, einen Ausgleich herzustellen zwischen der häuslichen Umsorgung durch Minna und seinem leidenschaftlichen Begehren, das er hin und wieder auslebte, ohne wirklich davon befriedigt zu werden. In dieser Zeit der persönlichen Zerrissenheit entstand der *Tannhäuser.* Er schreibt, er sei in einer Stimmung gewesen, »in der mir die Gestalt des Tannhäusers mahnend wiederkehrte, und mich zur Vollendung seiner Dichtung antrieb. Es war eine verzehrend üppige Erregtheit, die mir Blut und Nerven in fiebernder Wallung erhielt, als ich die Musik des Tannhäusers entwarf und ausführte. Meine wahre Natur, die mir im Ekel vor der modernen Welt und im Drange nach einem Edleren und Edelsten ganz wiedergekehrt war, umfing wie mit einer heftigen und brünstigen Umarmung die äußersten Gestalten meines Wesens, die beide in einen Strom: höchstes Liebesverlangen, mündeten.« Dieses Liebesverlangen, das er in einer nach seinen Vorstellungen idealen Weise nicht erfüllt bekam, brachte ihn dazu, dem »mehr oder weniger auf hastigen Genuß zielenden Trieb« immer wieder nachzugeben. Nachträglich erinnert er sich an diese Zeit: »Bis dahin erhielt sich mein Wesen durch das Gleichgewicht zweier in mir streitenden Elemente des Verlangens, von denen ich das eine durch meine Kunst zu stillen suchte, während ich dem anderen periodenweise durch brünstige, phantastische, sinnliche Ausschweifungen Luft machte.«[5] Sein Wesen sei dadurch von seiner »eigenthümlichen Richtung« abgelenkt worden. Es klingt, als habe er Prostituierte aufgesucht. Wegen des Bevölkerungswachstums der Großstädte nahm ihre Zahl im 19. Jahrhundert zu. Besonders Frauen mit geringem Einkommen wie Dienstmädchen, Modistinnen, Blumenfrauen und Wäscherinnen verdingten sich als Gelegenheitsprostituierte. Und besonders im Bereich des Theaters florierte der Verkauf des weiblichen Körpers. Die freiwillige Prostitution des weiblichen Personals, der Schauspielerinnen, Sängerinnen und Tänzerinnen, wurde in der Kalkulation der Löhne von den Theaterunternehmern geradezu vorausgesetzt.[6] Es gab somit genug Gelegenheiten, um Erfahrungen zu sammeln, zumal Wagner unregelmäßige Dienstzeiten hatte und Minna ihn nicht kontrollieren konnte. Einige Jahre später, als Richard mit Jessie Laussot nach Griechenland fahren wollte, schrieb Minna empört: »Es rappelt bei ihm alle Jahre, doch diesmal am schlimmsten.«[7] Sie war also einiges von ihm gewohnt.

Sein »Trieb« ekelte Wagner nach einiger Zeit selbst an, was ebenfalls der *Mitteilung an meine Freunde* zu entnehmen ist. Die Sehnsucht nach der reinen, idealen Liebe findet im *Tannhäuser* ihren Niederschlag. »Im ›Tannhäuser‹ hatte ich mich aus einer frivolen, mich anwidernden Sinnlichkeit – dem einzigen Ausdrucke der Sinnlichkeit der modernen Gegenwart – heraus gesehnt; mein Drang ging nach dem unbekannten Reinen, Keuschen, Jungfräulichen, als dem Elemente der Befriedigung für ein edleres, im Grunde dennoch aber sinnliches Verlangen, nur ein Verlangen, wie es eben die frivole Gegenwart nicht befriedigen konnte.« Dieser Wunsch nach der Abwendung von der oberflächlichen Erotik geht mit seiner Kritik an der Unterhaltung einher, die der großstädtischen Bevölkerung auf den Theater- und Musikbühnen geboten wurde. In den Großstädten herrschte die Spekulation, das Kapital, das Profitstreben und man inszenierte Stücke minderer Qualität, um gute Einnahmen damit zu machen. Er rügt diese Haltung bei manchen Intendanten, die »heute eine grobe Zote, morgen ein Philisterstück, und am dritten Tage eine pfiffig zugerichtete Delikatesse für Feinschmecker« vorführten. Diese Verurteilung der kommerzialisierten Kunst führte in letzter Konsequenz zu der Errichtung des Festspielhauses in Bayreuth.

So sehr Wagner auch nach »brünstigen Ausschweifungen« Ausschau hielt, in vielerlei Hinsicht blieb er abhängig von seiner Frau Minna. Er brauchte sein »allerbestes Minel« als Stütze im Alltag und als Beschützerin seiner kreativen Arbeit. Im Mai 1843, als *Tannhäuser* in Arbeit war, verreiste sie und Richard überfiel eine große Unruhe. Er schrieb ihr: »Ich muß so viel wie möglich der Zerstreuung ausweichen, u. viel allein spatzieren gehen. […] So muss, u. soll es aber auch fortgehen, wenn mir Deine Abwesenheit erträglich werden soll.« Er versuchte offenbar, ihren vermutlich berechtigten Verdacht der Untreue dadurch zu entkräften, dass er versicherte, abends daheimbleiben zu wollen. Außerdem habe man ihm gesagt, er sähe dick aus. »Siehst Du, das kommt vom soliden

Leben, vom Nicht-Ausschweifen, vom Abends um 10 Uhr, ja oft schon halb 10 Uhr in's Bett' gehen, – u. endlich weißt Du ja, Capaunen werden fett!!?« Dass er seine erotischen Phantasien jedoch immer wieder ausgelebt hat, ist unbestritten. Allerdings führten sie ihn stets in die von ihm sogenannte »furchtbare Öde«, sodass letztendlich ein unauflösbarer Konflikt entstand. In der fiktiven Welt seiner Werke verarbeitete er diesen Konfikt – wie so oft bei Wagner vermengen sich Leben und Kunst.

Es ist daher unwahrscheinlich, dass der *Tannhäuser* allein durch Beweggründe wie das Sinnieren über die Rolle des Künstlers oder des Kunstwerks der Zukunft entstanden ist, wie oft behauptet wird. Es geht Wagner auch, oder sogar hauptsächlich, um die Frauen. Auch wenn es vielen Autoren schwerfällt, den machtvollen Einfluss von Frauen auf das Leben von Künstlern und damit auch auf die künstlerische Produktion zu akzeptieren, bleibt es eine Tatsache: Wagners Sehnsucht »nach dem trauten Schatten der menschlichsten Liebesumarmung« beschäftigte ihn lebenslang und ist damit auch in seinen Werken von zentraler Bedeutung: »Von dieser Höhe gewahrte mein verlangender Blick – das Weib: das Weib, nach dem sich der fliegende Holländer aus der Meerestiefe seines Elendes aufsehnte; das Weib, das dem Tannhäuser aus den Wohllusthöhlen des Venusberges als Himmelsstern den Weg nach Oben wies, und das nun aus sonniger Höhe Lohengrin hinab an die wärmende Brust der Erde zog.«

In der *Mähr von dem Ritter Tannhäuser*, die sich in einer Sammlung von Sagen befand, die Ludwig Bechstein 1837 herausgab und auf die Wagner sich bezog, ist die Erotik weitgehend zurückgedrängt. Wagner hat sich neben Vorlagen von E. T. A. Hoffmann, Ludwig Tieck und anderen auch von Heines großem Gedicht *Der Tannhäuser* beeinflussen lassen, wobei er wie schon im *Holländer* alle Ironie und alles Banale herausstrich. Heine konnte mit dem Themenkreis der Sünde und Erlösung nichts anfangen; seine Verse tauchen ins Trivial-Komische ab. Über Venus heißt es bei ihm beispielsweise: »Sie gab ihm Suppe, sie gab ihm Brot, sie wusch seine wunden Füße, sie kämmte ihm das struppige Haar, und lachte dabei so süße.« Solche Einlagen waren für Wagner nicht zu gebrauchen. In seinem Erstdruck des *Tannhäuser*-Textbuchs beschreibt er Venus und unterstreicht dabei insbesondere die Faszination, die in der Vorlage der germanischen Mythologie von ihr ausging. Es verbanden sich mit ihr »alle Vorstellungen eines unseligen, zu böser, sinnlicher Lust verlockenden zauberischen Wesens«.[8] Er wollte Venus aber nicht zu negativ zeichnen, denn Tannhäuser fühlte sich bei ihr sehr wohl; dennoch sollte die Sündhaftigkeit ihres Tuns deutlich werden. Platz für Ironie war jedenfalls nicht vorhanden.

Einige Jahre nach der Fertigstellung der Oper verfeinerte er in Paris in den Jahren 1860/61 die Venusbergmusik. Seine Lebenserfahrung, die er in der Zwischenzeit gewonnen hatte, weitete ihm dabei den Blick, wie er Mathilde Wesendonck schrieb: »Etwas habe ich auch schon an der Musik meiner neuen Scene gearbeitet. Sonderbar: alles Innerliche, Leidenschaftliche, fast möchte ich's: Weiblich-Extatisches nennen, habe ich damals, als ich den *Tannhäuser* machte, noch gar nicht zustandebringen können: da habe ich Alles umwerfen und neu entwerfen müssen: wahrlich, ich erschrecke über meine damalige Coulissen-Venus!« Er wollte Mathilde damit wohl sagen, dass nur sie die seelischen und sinnlichen Schichten bei ihm wecken konnte, die ihm eine höhere Stufe der kompositorischen Reife ermöglichten. Gegenüber Otto Wesendonck liest man hingegen: »Ich komme noch nicht dazu, die neue Scene zwischen Tannhäuser und Venus fertig zu instrumentiren; die erste – Tanz-Scene, fehlt noch ganz, und keine Idee habe ich noch, wie ich sie machen will.«[9] Während Mathilde erfährt, dass er erst jetzt lebenserfahren genug ist, um erotische Musik zu komponieren, teilt er Otto taktvollerweise mit, dass es ihm an Ideen dazu gebricht.

Der Einbruch der zugleich verlockenden und gefährlichen Erotik in die Welt des Mannes ist auch auf musikalischer Ebene deutlich erkennbar. Die Ouvertüre besteht aus der Melodie des Pilgerchors, Tannhäusers Hymne an Venus und der Beschreibung der Venus. Zunächst erklingen ruhige Bläserakkorde, die den Pilgergesang intonieren. Die Durtonart, der Dreiklang zu Beginn der Melodie, die periodische Anlage und die choralhaften Akkorde lassen eine würdige, feierliche Atmosphäre entstehen. Diese wird immer stärker aufgeladen, bis die Posaunen die Melodie mit größter Emphase wiederholen, begleitet von kurzen Floskeln in den Geigen. Es ist eine klassische Männerwelt, in die jedoch auf einmal die Welt der Erotik einbricht: die abwärtsgleitende Chromatik, die Triller und das Fehlen eines Basses entziehen jetzt der Musik ihre Festigkeit, was durch verminderte Septakkorde, die die Bratsche intoniert, noch verstärkt wird. In der europäisch gewachsenen Musik bildet der Bass üblicherweise das Rückgrat, auf das alles Weitere aufbaut. Während die Musik des Mittelalters und der Renaissance, die aus dem gregorianischen Choral erwächst, auf dem »cantus firmus« beruht – der durchgehenden Melodie, die von Instrumenten oder Gesangstimmen umspielt wird –, verstärkte sich nach 1600 die Tendenz, von einer stützenden Basslinie ausgehend Harmonien aufzubauen. Die entscheidende Neuerung der musikalischen »Klassik« (Haydn, Mozart, Beethoven) war die kadenzbezogene Komposition, die der Durmoll-Tonalität zum endgültigen Durchbruch verhalf. Auf einer Bassführung wurden nun Akkorde aufgebaut, die das Gefühl der Spannung, hervorgerufen durch Dissonanzen, durch die Tonika-Endung auflösen. Das Fehlen der Bassstütze wirkt somit beklemmend. Die Beklemmung setzt sich in der Darstellung der Venus fort: Sie wird durch ungewohnte Klangverbindungen charakterisiert. Das Lied der Venus, das Tannhäuser verführen soll, enthält in der Melodie zwei Tritoni, die die Gefahr vermitteln, die von ihr ausgeht:

6

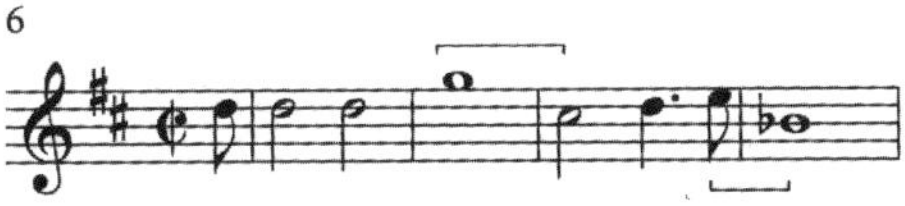

Für das Reich der Venus gibt Wagner Regieanweisungen, deren Kühnheit verblüfft, denn er setzt hier seine Kenntnisse der weiblichen Vaginal-Anatomie um. In einer sich unendlich ausdehnenden Grotte befindet sich ein See mit einem grünlichen Wasserfall, unter dem die Wellen aufschäumen. Tropische Gewächse wuchern drumherum, alles ist in ein zartes rosiges Licht getaucht. Auf der Bühne lagern Jünglinge, die von Nymphen umgarnt werden.

Bezeichnenderweise gefiel Minna Wagner die in Paris vorgenommene musikalische Erweiterung des Bacchanals gar nicht, sie bezeichnete sie als »Venusspukereien«. Baudelaire sprach hingegen treffend von der »Lust in immer neuen Anstürmen«.[10] Wagner setzte nämlich der Musik ein deutlich exotisches Element hinzu. In der nachträglich entworfenen Szene hat er seiner Phantasie keinerlei Zügel angelegt. Die Darstellung des Sexualakts, der damals von der Öffentlichkeit totgeschwiegen und allenfalls in Herrenhinterzimmern durch den Schmutz gezogen wurde, durfte hier nach Lust und Laune ausgeschmückt werden. Triangel, Kastagnetten, Pauken, Becken und Tambourin evozieren eine exotische Klangwelt. Alles dreht sich um die Befriedigung der sexuellen Lust und die Sirenen singen: »Naht euch dem Lande, wo in den Armen glühender Liebe selig Erwarmen still' eure Triebe!« Zu diesen entfesselten, sinnlich-betörenden Klängen gibt Wagner ausführliche Regieanweisungen. Ein Zug von Bacchantinnen naht, die durch »Gebärden begeisterter Trunkenheit« die Liebenden »zu wilder Lust« auffordern. Man stürzt sich »in brünstige Liebesumarmungen«. Satyre und Faune drängen sich tanzend zwischen die Paare, der »Taumel steigert sich zur höchsten Wut«. Mitten in der »höchsten Raserei« erheben sich drei Grazien, die sich bemühen, die Erregung zu dämpfen. Sie rütteln die schlafenden Amoretten auf, die in die Höhe flattern und von dort Pfeile in das Getümmel abschießen. Im Vergleich zu der frommen Pilgermusik am Anfang haben hier die Frauen das Sagen.

In seinen ersten Überlegungen, die Wagner den Wesendoncks schilderte und die er später in seinen Regieanweisungen nicht übernahm, wurde diese utopische Vision mit Szenen der Angst vermischt. Bei den wilden Tumulten sollten Tiger, Panther sowie Phantasiegebilde auftreten, darunter riesige Vögel mit menschlichem Oberkörper oder Wesen halb Löwe, halb Adler. Die Grazien wurden von den Kentauren »bewältigt« und abgeführt, also vergewaltigt. Hier zeigt sich, dass seine Konzeption anfangs widersprüchlich war: Er wollte sowohl den Reiz, der von Venus ausgeht, als auch die grauenerregende Furcht vor der »vagina dentata« darstellen. Wenn Baudelaire bewundernd von der »wahren, furchtbaren, überall herrschenden« Venus spricht, betont er den vereinnahmenden Zug ihres Wesens. Trotz der unendlichen Lust, die sie zu geben bereit ist, ruft sie zugleich Angst hervor, da sie Männer zu vereinnahmen droht. Wagner wollte die Venus jedoch nicht verdammt sehen, Tannhäuser soll sie ausdrücklich nicht schmähen. Diese Ambivalenz zeigt sich auch in Wagners Aufsatz *Über die Aufführung des Tannhäuser*, in dem zu erfahren ist, dass die Sängerin der Venus in Weimar so erfolgreich war, weil sie unbefangen und mit Wärme ihre Aufgabe löste.[11]

Mit der Gestaltung seiner Venus zeigt Wagner sich als Vorläufer der Phantasien ungemein anziehender und zugleich abstoßender Frauen, wie sie bildende Künstler, Schriftsteller und Musiker vor allem Ende des 19. Jahrhunderts entwickelten. Lovis Corinth malte 1890 ein Lust und zugleich Angst auslösendes »Bacchanale«, in dem eine Frau einen Mann zu Boden gestoßen hat und triumphierend den Fuß auf seinen Körper stellt. Auch von Paul Cézanne stammt ein 1885 gemaltes wildes »Bacchanal«, und Alfred-Philippe Roll schuf »Das Fest des Silen« mit eindeutig verschlungenen nackten Paaren. Arnold Böcklin, Maximilian Lenz, Franz von Stuck, William Adolphe Bouguereau – die Liste ließe sich fortsetzen. Die erotisch anziehende, zugleich außerhalb der bürgerlichen Normen stehende Frau ist auch das Thema zahlreicher Opern bis ins 20. Jahrhundert hinein. Von Richard Strauss' *Elektra* und *Salome* über *Samson und Delilah* von Camille Saint-Saëns bis hin zu Alban Bergs *Lulu* spiegeln diese Figuren die Ängste wider, die eine starke, unabhängige, gar sexuell potente Frau damals hervorrief.

Es ist jedoch nicht die Sexualität an sich, die mit der Zurückweisung der Venus im *Tannhäuser* verdammt wird, sondern das Verschlungenwerden durch die Geliebte. Gefangen zu sein ist letztlich unerträglich, selbst wenn dieser Umstand endlose erotische Erfüllung verheißt. Tannhäuser ist weniger der Liebe der Venus überdrüssig, er fühlt sich vielmehr in ihrem Reich als Gefangener, denn sie besitzt einen »übergroßen Reiz«, dem er entfliehen will. Für einen Mann ist es auf die Dauer unerträglich, im weiblichen Territorium eingesperrt zu sein. Er möchte sich mit seinesgleichen messen: auf der Jagd, beim Musizieren, beim Streit. »Mein Sehnen drängt zum Kampfe, nicht such' ich Wonn und Lust!«, ruft Tannhäuser verzweifelt aus und trifft damit eine klassische geschlechtsspezifische Aussage. Sein Gesang ist schlicht und liedförmig, Venus' Partie dagegen in extrem hoher Lage notiert. Durch diese klangliche Palette entsteht der Eindruck flackernder Irrlichter, die höhersteigen. Venus versucht ihn mit den Worten »Geliebter komm, sieh dort die Grotte« erneut zu verführen und entfacht einen faszinierenden Klang mit achtfach geteilten Geigen und einer sich chromatisch windenden Melodie. Sie hat aber keinen Erfolg mehr. Als letzte Zuflucht dient Tannhäuser die Religion, die er wiederum in Form einer Frauengestalt beschwört: »Nicht in Dir finde ich Frieden und Ruh'! Mein Heil liegt in Maria!« Indem Venus daraufhin schreiend zusammensinkt, wird zusätzlich ein Gegensatz zwischen christlichem Glauben und sündiger Unterwelt konstruiert. Nur eine Heilige vermag den Einfluss von Venus zurückzudrängen.

Tannhäuser befindet sich danach in einem lieblichen Tal mit blauem Himmel. Kuhglocken läuten in der Ferne. Ein Hirte spielt auf dem Englischhorn eine volkstümliche Melodie, die mit der a-cappella-Notierung im starken Kontrast zu den aufwühlend-leidenschaftlichen Klängen des Venusbergs steht, und singt dazu ein braves Lob der Liebesgöttin Frau Holda. Hier in der Oberwelt ist der sinnliche Zauber der Liebe verschwunden und das Ländliche herrscht vor – das Land galt im 19. Jahrhundert als Hort des Gesunden und Unverfälschten. Ein Pilgerzug zieht singend vorbei. Klarinetten, Fagotte, Hörner sind zu hören und der tiefe Klang wird durch die Bratschen und Celli bis hin zum vollen Orchester verstärkt, wobei der Posaunenklang hervortritt. Feierliche Akkorde unterstreichen den religiös-kirchlichen Zusammenhang und veredeln den Chor der frommen Männer. Sodann erscheinen der Landgraf und die Sänger in Jägertracht. Für die Jagdszene ist ein Waldhorn auf der Bühne vorgesehen sowie hinter der Bühne neun weitere Waldhörner – ein großer Aufwand für eine kleine Szene. Die Jagdklänge sind bewusst eingesetzt, um den Gegensatz der beiden Welten zu verdeutlichen. Tannhäuser hat sich aus der schwülen Atmosphäre befreit und ist in die Natur gelangt, wo er einer typisch männlichen Tätigkeit nachgehen kann, die ihm Lebensfreude garantiert. Die köstliche Freiheit der Natur ist damit männlich konnotiert, die unterirdische, erstickende Höhle weiblich.

Mit der Arie »Dich, teure Halle, grüß' ich wieder« tritt nun Elisabeth freudig erregt auf. Da sie Tannhäuser, der die Ursache dieser Gefühle ist, nicht nennt, sondern ihre Freude auf die Wände des Raumes projiziert, ahnt man, wie rein sie in Herzensdingen ist. Die Emotionen überwältigen sie jedoch: »Doch welch ein seltsam neues Leben rief Euer Lied mir in die Brust! Bald wollt' es mich wie Schmerz durchbeben, bald drang's in mich wie jähe Lust. Gefühle, die ich nie empfunden! Verlangen, das ich nie gekannt!« Als Liebende, die erotische Gefühle empfindet, ist sie nun nicht mehr unschuldig, sondern »wissend«.

Der Landgraf tritt würdevoll ein und unterhält sich mit ihr; er hat meist diatonische Partien zu singen, die eine herrscherliche Autorität vermitteln. Drei Trompeten auf dem Theater kündigen das bevorstehende Fest an, gefolgt von dem feierlichen Einzug der Gäste zu Ehren des Sängerwettbewerbs. Der Aufzug ist in strahlender Diatonik gehalten, mit punktierten Rhythmen und vollen Akkorden, wobei der satte Streicherklang von den sanften Hörnern ergänzt wird. »Freudig begrüßen wir die edle Halle«, singt der Chor der Ritter und diese Freude wird auch musikalisch umgesetzt. Die Edelfrauen setzen den Gesang fort, was angesichts der männerlastigen Besetzung durch die Sänger, Grafen und Ritter für einen gewissen Ausgleich sorgt.

Elisabeth ist mit einer Mischung aus jungfräulicher Unschuld und souveräner Erfahrung ausgestattet. In E. T. A. Hoffmanns Erzählung *Der Krieg der Sänger*, die den Komponisten beeinflusste, ist die Landgräfin Mathilde verheiratet, aber Wagner benötigte eine Jungfrau. Er verlangte bei Aufführungen, dass die Darstellerin »den Eindruck der jugendlichsten und jungfräulichsten Unbefangenheit mache, ohne zu verrathen, ein wie sehr erfahrenes, feines weibliches Gefühl sie erst zur Lösung ihrer Aufgabe fähig machen konnte«.[12] Diese Verbindung gegensätzlicher, ja fast unvereinbarer Eigenschaften – jungfräulich und zugleich reif – weist auf Wagners Idealbild der liebenden, in der Liebe starken Frau, die sich zugleich dem männlichen Partner unterordnet. Immer wieder erklingt die Oboe in Szenen, die von Elisabeth handeln, so etwa bei ihrem Gespräch mit dem Landgrafen. Als Wolfram sie Tannhäuser gegenüber als »tugendreichste Maid« bezeichnet, unterstreicht die Oboe ihre Tugend. Damit vermittelt der Komponist eine doppelte Botschaft: Elisabeth empfindet tief, zuweilen sogar sexuelles Begehren, bleibt aber zugleich tugendhaft.

Gegen Ende der Oper wird Elisabeths Verwandlung zu einem »Engel« besungen, sie stirbt als ideale Maria-Figur. Im letzten Akt ist sie – vor allem nach ihrem suizidalen Gebet – nur noch eine Chimäre, eine Figur ohne Eigenleben. Sie dient lediglich noch dazu, Tannhäusers Sehnsucht nach dem »höchsten Liebesverlangen« zu personifizieren. Doch bis dahin ist es ein weiter Weg für Elisabeth – ihre anfängliche in der Hallenarie zum Ausdruck kommende Leidenschaftlichkeit steht der Engelhaftigkeit ja entgegen. Sie versteht Tannhäusers Konflikt nicht nur aus einer solidarischen Regung heraus, sondern weil sie selbst das Begehren kennt. Sinnliche Leidenschaft aber war für eine Frau damals tabu. Eine Frau durfte im 19. Jahrhundert keine Lust empfinden, da sie sich damit zu verselbständigen drohte und die männliche Dominanz gefährdete. Dass Elisabeth sich zu ihrem Begehren bekennt, ist also ein Tabubruch, auch wenn er dadurch abgemildert wird, dass ihr Begehren nur dem einen Mann gilt. Wagner akzeptiert durchaus den sexuellen Hintergrund von Elisabeths Leidenschaft und begreift sie als zu ihrem Wesen gehörig, aber nur, wenn sie kanalisiert und auf den einen Geliebten fixiert wird. Als Elisabeth erfährt, dass dieser Mann sich ausschließlich sexuellen Freuden hingegeben hat, ist sie zwar – genauso wie die Ritterschaft – schockiert, aber ihre Liebe ist so stark, dass sie ihre Abscheu überwindet. Sie rettet den Geliebten vor der Ermordung durch die Ritter und hofft auf kirchliche Vergebung, damit es noch zu einer Vereinigung komme. Als die Rettung aus Rom nicht eintrifft, gibt es für sie im Leben keinen Sinn mehr und sie bittet die »allmächt'ge Jungfrau« Maria, ihr zuzuhören. An dieser Stelle bekommt man Elisabeth von ihrer frommen Seite zu sehen und zu hören, die frühere Leidenschaft ist in den Hintergrund getreten und sie wendet sich der »Engelhaftigkeit« zu.

> Mach', daß ich rein und engelgleich eingehe in dein selig' Reich.
> Wenn je, in tör'gem Wahn befangen, mein Herz sich abgewandt von dir,
> wenn je ein sündiges Verlangen ein weltlich' Sehnen keimt' in mir,
> so rang ich unter tausend Schmerzen, daß ich es töt' in meinem Herzen.

Das Gebet ist der französisch-italienischen Preghiera-Tradition angelehnt. Wagner hat eine ähnliche Preghiera im dritten Akt von *Rienzi* komponiert (»Allmächt'ger Vater, blick' herab«), dort von einem Mann gesungen. Der inhaltliche Unterschied ist dem üblichen geschlechtsspezifischen Muster geschuldet: Während Rienzi um Rettung bittet und fest im Diesseits verhaftet ist (»Die Macht, die mir dein Wunder gab, lass' jetzt noch nicht zu Grunde geh'n!«), hat Elisabeth alle Hoffnung fahren lassen und sehnt den Tod herbei. Im Orchester kommen zu ihrem Gebet lediglich Holzbläser zum Einsatz und die einzelnen Zeilen sind weitgehend symmetrisch angelegt, was den Eindruck der Bravheit unterstreicht. Trotz gelegentlicher Chromatik in der Melodieführung, die der Figur Indvidualität verleiht, wird die Tradition des Schlichten und Bescheidenen betont.[13] Klarinette, Bassklarinette und Fagott begleiten die Klage. Die ersten vier Zeilen führen jeweils abwärts – ein deutliches Zeichen für Trauer. Nur im Mittelteil kommt Bewegung auf, als sie von ihrer Schuld spricht (von der man nicht weiß, worin sie bestehen könnte): Die Melodielinie wird mit verminderten Septakkorden angereichert und chromatisiert, die Worte »tausend Schmerzen« werden durch einen Oktavsprung abwärts hervorgehoben, die Harmonik verliert ihre Statik und die weiblich konnotierten Holzblasinstrumente Flöte und Oboe kommen hinzu. Doch sinkt dieses Schuldbekenntnis in der Wiederholung des ersten Teils wieder in sich zusammen und das Gebet endet, wie es begonnen hat: im langsamen, regelmäßigen Zeitmaß, periodisch klar gegliedert, mit einer ausgedünnt-zarten Instrumentation. Nachdem Elisabeth verstummt ist, übernehmen die Holzbläser als Instrumente der weiblichen Sphäre über einen ausgedehnten Zeitraum (neunundfünfzig Takte) ihren Abgang. Wolfram bietet an, sie zu begleiten, was sie ablehnt. Laut Regieanweisung soll sie ihm durch Gebärden zu verstehen geben, dass »ihr Weg sie gen Himmel führe, wo sie ein hohes Amt zu verrichten habe«. Drei Flöten steigen zu einem hohen Ton empor, der mit seiner Helligkeit ihren inneren Höhenflug darstellt. Oboen und Klarinette kommen hinzu, dann das Fagott. Die ausgehaltenen, orgelartigen Akkorde lassen Gefühle von Andacht und Feierlichkeit entstehen. Die abwärtsgleitende Melodie, die reduzierte Begleitung, der dunkle, fremde Klang der Bassklarinette, die spannungslos-einfache Rhythmik, die emphatische Betonung von Leid und Schmerz durch Spitzentöne: Das alles zeichnet eine Frau, die auf Erden an nichts anderes als den Geliebten denkt und für ihn zu sterben bereit ist.[14] Hier finden wir ein weiteres Beispiel dafür, dass Wagner die musikalischen Zusammenhänge stets anhand seiner szenischen und charakterbezogenen Vorstellungen entfaltet.

Das Widersprüchliche an seiner Figur, die Tatsache nämlich, dass Elisabeth eine Frau mit sinnlichen Erfahrungen und zugleich eine reine, engelsgleiche Frau sein sollte, der gemeinhin ja jede sexuelle Erfahrung abgesprochen wird, lässt sich gleichwohl auch im Nacheinander der musikalischen Darstellung nicht ganz auflösen. Die Ambivalenz zeigt sich etwa auch in Wagners Reaktion auf die Madonna von Carlo Dolci (1616–1686), von der er eine Kopie in der Stadtkirche von Aussig zu sehen bekam, während er noch an der Prosafassung des *Tannhäuser* arbeitete, und die das Bild seiner Elisabeth entscheidend prägte. Das Bild entzückte ihn und »hätte es Tannhäuser gesehen, so könnte ich mir vollends ganz erklären, wie es kam, daß er sich von Venus zu Maria wandte, ohne dabei zu sehr von Frömmigkeit hingerissen zu sein. – Jedenfalls steht nun die Heilige Elisabeth bei mir fest.«[15] Die Madonna wirkt mit dem leicht geneigten Haupt und dem gesenkten Blick demütig, aber nicht unsinnlich. Wagner imaginierte seine Elisabeth als Inkarnation der frommen Liebe, die dennoch nicht heilig sein durfte, denn in ein unberührbares Wesen konnte Tannhäuser sich schlecht verlieben. Im Gegensatz zur sexuell aktiven und erfahrenen Venus jedoch bleibt sie unerweckt, unerfahren, kindlich. Ein befriedigendes, geschweige denn realistisches Frauenporträt konnte dabei nicht entstehen.

Man findet in der Wagnerliteratur immer wieder den Hinweis, Elisabeth sei kein zerrissener Charakter. Verglichen mit Tannhäusers Schwanken zwischen zwei Frauen mag dies korrekt sein. Doch würde man wohl kaum eine Frau, die in einen »reinen Engel« verwandelt werden soll, zugleich mit erotischem Begehren ausstatten, wenn sie ein einheitlicher Charakter sein soll. Nimmt man aber die Tatsache, dass Elisabeth nur Tannhäuser im Sinn hat, als Beweis für ihren angeblich einheitlichen Charakter, identifiziert man sich mit der Handlung aus der Sicht Tannhäusers und stellt sie nicht in Frage. Geht man aber von Elisabeth aus, will Wagners Idealisierung ihrer suizidalen Wünsche nicht überzeugen – sie verliert ihre Lebendigkeit und wird zu einem unwirklichen Wesen, einer künstlich geschaffenen Männerphantasie. Dass sie sich gerade Maria zuwendet, ist dabei kein Zufall: Wie Ida Magli herausgefunden hat, verleiht die Mariafigur »dem Künstler, da sie nicht in dem psychotischen Zirkel der theologischen Geschichtlichkeit eingeschlossen ist, die spielerische Freiheit für reine Phantasieschöpfungen.«[16]

Obgleich die Figur der Elisabeth ambivalent bleibt, beherrschen doch auch in diesem Fall die bekannten und zeitüblichen Dichotomien von Geist/Körper, Verstand/Gefühl, Kultur/Natur und damit auch Mann/Frau die Musik. Wenn Wolfram den Abendstern besingt, zielt der weihevoll-traurige Duktus auf die gute, unberührte Frau, und auch wenn in der Wagnerliteratur gern betont wird, dass der Abendstern auch Venus genannt wird, deutet die langausgedehnte, abwärtsgleitende chromatische Melodie eher auf Trauer denn auf Sinnlichkeit. Über allem schwebt der Eindruck des »Anständigen« – Wolfram wahrt bei aller Liebe den Abstand, gleitet nicht in gefährliches Fahrwasser ab, bleibt nobel und würdevoll. Wenn zuweilen davon ausgegangen wird, dass die Ritterschaft einem verkrusteten Dogmatismus anhängt, entspricht dies nicht der Musik. Sie ist positiv konnotiert und lässt die Ritter der Wartburg ehrenhaft erscheinen. Mit der Gegenüberstellung von Jagdgesellschaft und Pilgerchor sind die zwei Seiten männlicher Lebensbewältigung, nämlich körperliche Aktivität und geistige Kontemplation dargestellt. Alles Weiblich-Aktive wird in die sündige, Angst erregende Unterwelt verbannt, weibliche Passivität dagegen erscheint rein und erhaben. Während Tannhäuser als aktiver Part gekennzeichnet ist, der die zur Reifung seiner Persönlichkeit notwendigen Schritte tut, bleibt Elisabeth statisch und wirkt beinahe unlebendig – für sie sind nicht ausgelebte Emotionen, bedingungslose Schicksalsergebenheit und Todessehnsucht kennzeichnend. Was aber hat Tannhäuser von solch einer Frau? Viele Werkinterpretationen lassen die beiden Frauen im Werk einfach außen vor. Hans-Klaus Jungheinrich hebt in einem ansonsten hervorragenden Aufsatz nur Elisabeths Tod hervor: »Was die Liebende ihm nicht spenden konnte […] vermittelt ihm die Tote: den himmlischen Frieden, die Entsühnung.«[17] Was würde aber Wagner dem Publikum mit einer solchen Botschaft sagen wollen? Kein bürgerlicher Mann konnte sich ernstlich den Tod seiner Frau wünschen. Eine tote Geliebte würde auch dem Künstler keine Aussicht auf Erfüllung seiner Wünsche als kreativer Mensch bieten. Der Tod ist vielmehr nur symbolisch zu verstehen – wie auch bei Senta – als ultimatives Zeichen der unerschütterlichen Treue. Deshalb lag Wagner daran, die wichtige Rolle Elisabeths demonstrativ zur Schau zu stellen, und er beschloss in seiner überarbeiteten Fassung, den Sarg auch auf der

Bühne zu zeigen. Die Tote soll darin für das Publikum sichtbar liegen, damit ihr dargebrachtes Opfer noch deutlicher wird. Nicht der Tod war ihm zentral, sondern die Fähigkeit der Frau, den Geliebten mehr als sich selbst zu lieben. Ihr Opfer ist es auch, das Tannhäusers Erlösung herbeiführt: »Gerade das wollte ich durch den neuen Schluß deutlich hervorheben, daß Tannhäuser nicht durch die impotent sich erklärende Kirche, sondern durch die gränzenlose Liebe eines Weibes (trotz der Kirche) erlöst wird. Der grünende Stab entspringt nur dem Opfertode der Elisabeth: er desavouirt die Kirche«.[18] Tannhäuser ist ja auch nicht durch die entrüstete Ritterschaft zur Reue bewegt worden, sondern einzig durch den Schmerz Elisabeths. Ihre über ihren Tod hinaus besiegelte Treue vermag ihn aus seiner Zerrissenheit zu befreien und zu erlösen – ganz wie wir es vom *Holländer* her kennen.

Wagner hat das Ende der Handlung neu gestaltet und die übliche Konstellation verworfen, wonach Tannhäuser sich für Venus entscheidet. Stattdessen wird das Opfer Elisabeths für Tannhäusers Erlösung in den Mittelpunkt gestellt. Die Göttin der Liebe ist Venus; der Gott der Liebe führt Tannhäuser zu Elisabeth – hier herrscht die Welt des Geistes. Die Frauen ziehen also innerhalb der kulturell-moralischen Ordnung wieder einmal den Kürzeren. Elisabeth war aber vor ihrer Wandlung in ein engelsgleiches Wesen eine Frau aus Fleisch und Blut, die es sich leistete, einen Mann zu begehren. Das ist zumindest ein Hoffnungsschimmer, der zeigt, dass Wagner sich nicht ausschließlich auf kulturell fixierte Bilder stützte, sondern sie – wenn auch äußerst vorsichtig – durchbrach. Das ist die gute Botschaft; die schlechte lautet, dass Wagners Musik diesen Vorstoß nicht mitträgt. Die Festlegung der Figuren auf eine ihrem »Geschlechtscharakter« gemäße Vertonung durchkreuzt eine mögliche Neubewertung des wagnerschen Werks.

»Nimm alles, was ich bin!« *Lohengrin*

»Ich kann mich hier nicht genug zerstreuen, denn immer schon gehen mir Entwürfe zu einer neuen Oper so lebhaft im Kopfe herum, dass ich mich nur mit aller Gewalt davon abziehen kann.« Es war der 11. Juli 1845; Richard verbrachte mit Minna einige Wochen in Marienbad, aber die Erholung wurde immer wieder durch die Gedanken an den neuen Stoff unterbrochen. Schon neun Tage später konnte er die Vollendung der Prosafassung zu *Lohengrin* verkünden, zwischen Mai und Juli 1846 arbeitete er an der ersten Kompositionsskizze, gefolgt von der zweiten Fassung, die Partitur wurde Anfang 1848 fertiggestellt. Er wirkt wie ein Getriebener, als wäre es ein persönliches Bedürfnis, ja geradezu ein Zwang, das Thema zu behandeln und das Werk zu beenden.

Ihm zufolge wäre es ein Missverständnis zu glauben, in dieser Oper gehe es um einen Gott, der die irdischen Konflikte scheut und zu seiner göttlichen Pracht zurückkehrt. Lohengrins Problem ist »der Ausdruck des nothwendigen inneren Wesens, des aus herrlicher Einsamkeit nach Verständniß durch *Liebe* Verlangenden«.[1] Er macht damit aus Lohengrin einen Mann, der Forderungen an die Geliebte stellt. Dem Freund August Röckel schrieb er, dass *Lohengrin* »die tiefste tragische Situation der Gegenwart bezeichnet, nämlich das Verlangen aus der geistigsten Höhe in die Tiefe der Liebe, die Sehnsucht, vom Gefühl begriffen zu werden, eine Sehnsucht, welche die moderne Wirklichkeit eben noch nicht erfüllen kann.«[2] Er betont nachdrücklich, dass er sich selbst in der Gestalt Lohengrins wiedererkennt und zeichnet damit im Charakter des Protagonisten seine eigenen Bedürfnisse nach. Es ist wiederum ein autobiographischer Bezug, wenn er Lohengrin nicht historisiert, sondern seine Bedeutung für das moderne Dasein hervorhebt. Lohengrin »konnte nur aus der Stimmung und Lebensanschauung eines künstlerischen Menschen hervorgehen, der zu keiner anderen Zeit als der jetzigen, und unter keinen anderen Beziehungen zur Kunst und zum Leben, als wie sie aus meinen individuellen, eigenthümlichen Verhältnissen entstanden, sich gerade bis auf den Punkt entwickelte, wo mir dieser Stoff als nöthigende Aufgabe für meine Gestalten erschien«. Andererseits schreibt er seinem Bruder, deren Tochter Johanna die Elsa singen sollte, dass diese Frauenrolle »sehr bedeutend u. eigentlich die Hauptpartie ist«.[3] Diese Hervorhebung der Bedeutung Elsas zeigt wiederum, wie sehr ihn neben seiner Sorge um die Anerkennung seiner Kunst durch die Allgemeinheit ebenso die Frage nach der idealen Partnerschaft beschäftigte.

1845, als er sich bereits mit dem *Lohengrin*-Stoff befasste, lebte er noch in Dresden, wo er mit *Rienzi* einen rauschenden Erfolg hatte verbuchen können. Abgesehen von den ständigen Geldsorgen ging es ihm recht gut, und er spricht selbst von seiner »übermütig heiteren Laune«. Das Zusammenleben des Ehepaares hatte durch die harten Hungerjahre in Paris gelitten, doch strahlen seine Briefe an Minna noch viel von der ursprünglichen Zuneigung aus, vor allem dann, wenn er einsam in der Ferne weilte. Die häusliche Zweisamkeit bedeutete ihm viel und war für die kompositorische Arbeit unverzichtbar. »Mein Heimweh ist so groß, als es nur irgend sein kann«, schreibt er ihr aus Berlin, »meine Heimath aber, das bist Du und unser kleiner Hausstand; ich weiß nichts in der Welt, was da entschädigen könnte! [...] Nein, mein Ehrgeiz geht doch nicht weit, – eine schöne Herzensheimath geht mir über Alles! – Nun, mein gutes Kind, – jetzt sind wir ja wohl am längsten getrennt gewesen? Gott sei Dank!!! –!«[4] Doch unter der Oberfläche gärten die Konflikte. Etwas wie das Pariser Elend wollte und konnte

Minna nicht noch einmal erleben, dazu reichten ihre körperlichen und seelischen Kräfte nicht mehr. Dass ihr Mann seinen engeren Familien- und Bekanntenkreis noch immer um Geld anging, bedrückte sie und sie gab ihren Sorgen vermutlich wiederholt Ausdruck. Minna war stets darauf bedacht, eine gute Haus- und Ehefrau zu sein. Bei Umzügen verkaufte sie Möbel und schaffte Neues an, sie war eine Meisterin des Einrichtens geworden, sie kochte gut und nähte ihrem Mann Kleidung nach Maß und Wunsch, sie hörte gerne zu, wenn er von seinen neuen Projekten erzählte. Aber das, wonach er sich sehnte, konnte sie ihm nicht geben – es war die leidenschaftliche Parteinahme für ihn und seine Arbeit, wie er sie später bei Mathilde Wesendonck, Cosima von Bülow und Judith Gautier erfuhr. Sein weibliches Idealbild lag in der Mitte, zwischen der sündigen und der reinen Frau. Wagner dachte an eine Geliebte, die seine Bedürfnisse nach Anteilnahme, mütterlicher Fürsorge und Erotik befriedigte, und die ihm trotz aller Launen und Krisen bedingungslos beistand. Sie musste sich vor allem als Ergänzung des männlichen Lebens begreifen, nicht als eigenständiges Subjekt.

Nicht zufällig entwarf Wagner die Szenarien für alle Opern, die auf den *Tannhäuser* folgten, in den 1840er Jahren, als er mit den Fesseln des ungeliebten Kapellmeisterberufes kämpfte und zugleich Konflikte mit Minna aushalten musste. Elsa, Elisabeth, Eva oder später dann Brünnhilde – in allen Werken leuchtet das Wunschbild eines Wesens hindurch, das nur für den Mann da ist, sei er der Ehemann, Bruder oder Vater. In den gegensätzlichen Frauenfiguren Venus und Elisabeth aus dem *Tannhäuser* hatte er die Bandbreite des Liebesbegriffs von der erotischen Sinnlichkeit bis hin zur eher geistig bestimmten Liebe abgesteckt. In Wagners Phantasie spielte sich der sinnliche Bereich der Liebe meist im Dunkeln ab – das Unberührt-Reine hingegen befand sich auf einer Anhöhe im hellen Licht.

Wagner ging von der statischen Vorstellung einer biologisch bedingten Wesensverschiedenheit der Geschlechter aus. Da ihm so viel an dieser Frauenfigur lag, versuchte er, sich in Elsa hineinzuversetzen. Es gelang ihm auf diese Weise und mit viel persönlicher Ergriffenheit, »das rein menschliche Wesen der Liebe« zu verstehen, wie er in der *Mitteilung an meine Freunde* schreibt. Er fährt fort: »dieses Weib … dieses herrliche Weib […] ich hatte es *jetzt* entdeckt: und der verlorene

Pfeil, den ich nach dem geahnten, noch nicht aber gewußten, edlen Funde abschoß, war eben mein Lohengrin, den ich verloren geben mußte, um mit Sicherheit dem wahrhaft Weiblichen auf die Spur zu kommen, das mir und aller Welt die Erlösung bringen soll, nachdem der männliche Egoismus, selbst in seiner edelsten Gestaltung, sich selbstvernichtend vor ihm gebrochen hat.« Wagner sieht den Mann als gescheitert an, sein Egoismus hat ihn verkümmern lassen. Not taten daher Frauen, die bereit waren, ihr gesamtes Leben für den Mann hinzugeben. Und dann folgt ein Satz, den man nur als eine bewusste Verrätselung bezeichnen kann: »Elsa, das Weib, – das bisher von mir unverstandene und nun verstandene Weib, diese nothwendigste Wesensäußerung der reinsten sinnlichen Unwillkür, – hat mich zum vollständigen Revolutionär gemacht. Sie war der Geist des Volkes, nach dem ich auch als künstlerischer Mensch zu meiner Erlösung verlangte.«[5]

Man kann vermuten, dass Wagner mit der »sinnlichen Unwillkür« auf die natürliche Intuition Elsas anspielt, auf ihre Fähigkeit, ganz und gar zu lieben, sich mit dem Partner zu vereinen, und zwar auf ganz selbstverständliche Weise, weil es ihre »Natur« ist, weil sie nicht nachdenkt, sondern sich auf ihr Gefühl verlässt. Als Wagner dies 1851 niederschrieb, hatte er gerade die Affäre mit Jessie Laussot in Bordeaux hinter sich. So hatte auch sie zunächst gehandelt, bis ihr Mann und ihre Mutter die gemeinsame Flucht des Liebespaares verhinderten: impulsiv, aus der unmittelbaren Empathie des Herzens heraus, bereit, den bedeutenden, aber mittellosen Künstler in ein fremdes Land zu begleiten und jeden Skandal auf sich zu nehmen. Das Natürliche und das Volk vereinen sich in der Figur der Elsa. Sie ist auch bereit, ihre herzogliche Macht an den Geliebten abzugeben, so wie das Volk sich einem »guten« Führer freiwillig und bedingungslos unterordnet.

Der Komponist verfasste die Programmhinweise zum *Lohengrin* selbst, als die Züricher Musikgesellschaft mit finanzstarker Hilfe des Ehepaars Wesendonck 1853 ein Konzert mit Auszügen aus seinen Opern veranstaltete. Sie enthalten eine bemerkenswerte Deutung des Vorspiels. Ihm zufolge beschreibt die Musik, in der die Geigenstimmen achtfach geteilt sind, das von einer Engelschar begleitete Hinabsinken des Grals vom Himmel auf die Erde. Wagner beschreibt diesen Vorgang jedoch nicht in einer sachlichen, sondern vielmehr in einer sehr sinnlichen Sprache, die irritiert. Begriffe wie »verzückt«, »berauschend«, »süße Düfte«, »bebendes Herz«, »wonniger Schmerz« und »Hingebungsdrang« entstammen der sinnlichen Welt, ebenso wie die phallisch besetzten Begriffe »schwellen«, »zucken« und »erbeben«.[6] War ihm bewusst, welche Assoziationen er damit hervorrief? Es ist anzunehmen, denn Wagner hat die Sprache oft genug als Trägerin des Gefühls proklamiert und sich für deren bewusste Verwendung im Kunstwerk ausgesprochen.[7] Diese programmatischen Zeilen bescherten ihm vermutlich eine Art Entlastung, weil sie eine versteckte Botschaft an Mathilde enthielten, die er in dieser Zeit liebte. Das Vorspiel wird in der einschlägigen Literatur durchgehend als Manifestation der überirdisch-vergeistigten Reinheit empfunden und dies wurde auch von Wagner selbst so gedeutet. Damit ist aber die Verwendung des zweideutigen Vokabulars nicht erklärt. Bedenkt man, dass die Motivik des Vorspiels später wiederkehrt – bezeichnenderweise in Elsas Schilderung ihrer Traumvision mit dem Nahen des Ritters, und bedenkt man weiter, dass Lohengrin nicht als Gott, sondern als »warm empfindender Mensch« wahrgenommen werden sollte, lässt sich das Erotische im Vorspiel nicht mehr wegleugnen.

Den zarten Passagen steht mit dem anschließenden Auftritt des Heeres eine pompöse Klangballung gegenüber. Es entsteht der Eindruck strotzender Kraft und gesunden Selbstbewusstseins. Die Auftritte des Königs und des Heerrufers werden breit zelebriert; hier herrschen Macht und Politik. Zugleich wachen diese Vertreter des gesellschaftlichen Gefüges über das Verhältnis zwischen Befehlsgewalt und Unterordnung, gleichsam über die herrschende patriarchale Ordnung, die als legitim, geradezu naturgegeben dargestellt wird.

Vier Trompeter des Königs blasen eine festliche Fanfare, der Heerrufer kündigt König Heinrich an und der Männerchor bejubelt ihn standesgemäß. Mit punktierten Noten, der Durtonart und dem Einschub von Blechbläsertriolen wird Spannung aufgebaut, Angaben wie »feierlich« und »lebhaft« treiben die Handlung voran. Für Egon Voss bilden die Auftritte des Königs und des Heerrufers kompositorisch »durch ihr Festgefügtsein die sichere formale Rundung, das Rückgrat und Gerüst der Oper«.[8] Kurt Overhoff findet deren Musik hingegen

»lärmend, blechbläser-klirrend und so pathetisch wie nichtssagend«.[9] Man täte Wagner aber Unrecht, würde man diese lautstarke Welt als innerlich hohl abtun, denn das Soldatisch-Markige, das in *Rienzi* eine so ausgeprägte Darstellung erhielt, übte zeitlebens eine starke Faszination auf ihn aus, weshalb der Klang schmetternder Fanfaren bei Wagner immer positiv zu deuten ist. Trotz aller revolutionärer Umtriebe blieb er königstreu, eine Gesellschaft ohne ein männliches Oberhaupt konnte er sich nicht vorstellen. Während er sich mit dem *Lohengrin* beschäftigte, befasste er sich auch mit der Forderung, Adelsprivilegien abzuschaffen, wobei er den sächsischen König als Staatsoberhaupt stets befürwortete. »Nun ist es Zeit, des Reiches Ehr zu wahren; ob Ost, ob West? Das gelte Allen gleich! Was deutsches Land heißt, stelle Kampfes Scharen, dann schmäht wohl Niemand mehr das deutsche Reich!«, ruft König Heinrich zu Beginn des ersten Aktes aus. Das Deutsch-Nationale, das sich im Gesang des Heeres und im Erscheinen des Königs zeigt, wird somit bejaht. Der Männerchor klingt forsch und kräftig und Wagner führt die Gesangslinie bei den Worten »der Ungarn Wut« und »Schmach« abwärts, um das Negative hervorzuheben. Bei »Drohen« singt der König ein Tritonus-Intervall abwärts. Demgegenüber erstrahlen die Worte »deutsches Land« und »deutsches Reich« in Diatonik und Ganztonschritten und die Melodie führt bei dem krönenden Satz »Wohlauf, mit Gott für deutsches Reiches Ehr!« zu einem triumphalen Höhepunkt. Mit dieser umfassenden Ehrenbezeigung für den König und sein Heer, mit den vielen Bläsern und militärischen Attributen wird neben der politischen Implikation auch eine Huldigung männlicher Macht vorgeführt. Das Volk, das in den Chören zu Wort kommt, ist immer nur reaktiv tätig. Es kommentiert und akklamiert, aber die unbestrittene Führergestalt ist der König. Während also Lohengrin Elsas Autorität ist, führt der König das Volk und es entsteht musikalisch ein intaktes Weltbild.

Elsa drängt sich nie in den Vordergrund, sondern bleibt sogar hinten, als der König nach ihr verlangt. Als sie dann doch nach vorne treten muss, tut sie dies laut Anweisung »sehr langsam und mit großer Verschämtheit«, obwohl es nichts gibt, dessen sie sich zu schämen hätte. Auch die sie begleitenden Frauen sind bescheiden und zurückhaltend. In den von der Regieanweisung vorgeschriebenen Kleidern in der weißen Farbe der Jungfräulichkeit ist Elsa von jeglicher Sünde unberührt. Wagner wählte einen hellen Flötenklang, um ihre Zartheit und Reinheit zu betonen. Schon Weber, Wagners großes Vorbild, wies darauf hin, dass der Flötenklang »Klarheit und Lieblichkeit« verbreite, der »das Gefühl [...] einer erretteten Unschuld erwecken kann«.[10] Die Flöte wird von anderen Holzbläsern filigran unterstützt. Dieser Kontrast zur Männerwelt der Grafen, Edlen und Soldaten wird musikalisch wirksam genutzt.

Viele Pausen unterbrechen die Fragen des Königs und verlangsamen das Ganze. Als der König Elsa auffordert, sich vor dem Gericht zu verteidigen, verwandelt sich ihre Miene laut Regieanweisung von dem Ausdruck »träumerischen Entrücktseins« zur »schwärmerischen Verklärung« (was sicherlich nicht leicht umsetzbar ist) und es sind Harfenarpeggien zu hören. Sie beziehen sich auf den Ritter, den Elsa gesehen hat. Neben der Harfe sind die silbern glänzenden Klänge der vierfach geteilten Violinen Vorboten seines Erscheinens. Endlich spricht Elsa und sie gibt sich gleich als eine fromme Frau zu erkennen: »Einsam in trüben Tagen hab' ich zu Gott gefleht ...«. Der Komponist wählte hierfür diejenigen Klangfarben, die der Beschreibung einer holden Jungfrau dienen. Periodische, schlicht angelegte viertaktige Zeilen werden von den Holzbläsern gefällig kommentiert. Damit tut sich eine eingegrenzte und übersichtliche Welt auf. Im zweiten Teil ihres Monologs beginnt die Passage mit Anklängen aus der Ouvertüre. Als sie auf Lohengrin zu sprechen kommt (»Er soll mein Ritter sein!«), verändert sich die Diktion, ihr Gesang enthält punktierte Rhythmen und wirkt dadurch plötzlich lebendig. Sie beschreibt, wie er sich auf sein Schwert gestützt präsentiert habe, was mit einem Oktavsprung und einer aufwärtsführenden punktierten Note ausgeführt wird. Aufgrund einer enharmonischen Verwechslung erreicht sie Lohengrins Tonart A-Dur und ist damit gedanklich auf das Engste mit ihm verbunden. Lohengrin selbst wird bei seinem Eintreffen mit der Trompete, dem typischen »Attribut der Herrscher und Helden«[11] geadelt. Diese Gegensätze zeichnen nicht nur flüchtige Stimmungen, sondern ergeben mit den für die musikalische Unterscheidung der Geschlechter typischen Mitteln zugleich Charakterbilder.

Elsas Partie sollte Wagner zufolge »das Reizendste und Ergreifendste von der Welt werden«.[12] »Reizend« ist ein Attribut, das man gemeinhin für junge, unschuldig lächelnde, hübsche Mädchen verwendet. Einen jungen Mann würde man kaum so nennen, dafür gibt es andere Bezeichnungen wie anständig, galant oder rücksichtsvoll. Er schreibt über die Sängerin Köster, die für die Rolle vorgesehen war, sie habe »etwas sehr jungfräuliches, weibliches [...] dazu einen ungemein anmuthigen Zauber in der Stimme«.[13] Das, was Elsa im dritten Akt am Beginn ihres Duetts mit Lohengrin singt, beschreibt er als »deutsch, ohne Leidenschaft, doch innig und warm«.[14] Die Begriffe »innig«, »warm«, »reizend« und »anmutig« stehen ebenso für das Weibliche wie die Vorstellung, die reine Frau sei leidenschaftslos, würde also niemals sexuell begehren. Dieses Frauenideal ist ein Kind der Zeit – ein im Interesse des Bürgertums geschaffenes Modellweib, das die harte Berufswelt dem Gatten überlässt und ihm daheim ein warmes Refugium schafft.

Viele bürgerliche Frauen rebellierten im 19. Jahrhundert gegen eine solche Festschreibung als »reizende« Wesen. Sie protestierten gegen ihre soziale und rechtliche Zweitrangigkeit, während Mediziner, Naturforscher und Philosophen diesen Forderungen entgegentraten und behaupteten, es gäbe eine »natürliche« Rangordnung zwischen den Geschlechtern. Der Gedanke, dass die Frau bei einer Gleichstellung ihre Liebes- und Opferfähigkeit verlieren könnte, wirkte verunsichernd auf viele Männer. Zwei Jahre vor Richards Tod ging er mit Cosima im Bayreuther Hofgarten spazieren und die beiden sprachen über ein Bildnis von Louise Michel, das sie in der *Illustrierten Zeitung* gesehen hatten. Die leidenschaftliche Anhängerin der Pariser Commune, die sich Freiheit und Gleichheit auf die Fahnen geschrieben und auf den Barrikaden gekämpft hatte, wurde 1871 vor Gericht gestellt und zu lebenslanger Haft und Deportation verurteilt. 1873 wurde sie nach Neukaledonien verschifft, wo sie über sechs Jahre blieb. 1880 kehrte sie heim und hielt im November desselben Jahres ihre erste öffentliche Rede: »Es ist das Volk, das uns von den Männern befreien wird, die uns korrumpiert haben, und das Volk wird selber seine Freiheit gewinnen.« Das Porträt dieser Frau schien den beiden herb und unweiblich und Richard kommentierte: »So werden die Frauen; wenn die Männer versinken, flüchtet sich der Heroismus in (sie).« Ein positives Frauenbild ist das nicht und der

Nachsatz lautet: »Aber grauenhaft; von einem Witzling ist noch Erbarmen zu erwarten, von solch einer Witzlosen nicht.«[15]

Auffällig ist dabei der Begriff »grauenhaft«, den Wagner auch im Zusammenhang mit Ortrud benutzt. Er schreibt seinem Freund Franz Liszt über sie: »Ihr Wesen ist Politik. Ein politischer Mann ist widerlich, ein politisches Weib aber grauenhaft: diese Grauenhaftigkeit hatte ich darzustellen. Ihre ›Liebe‹ kann sich nur als Haß gegen alles Lebende, wirklich Existierende äußern. Beim Manne wird solche Liebe lächerlich, bei dem Weibe aber furchtbar, weil das Weib – bei seinem natürlichen starken Liebesbedürfnisse – etwas lieben muß und der Ahnenstolz, der Hang am Vergangenen, somit zum mörderischen Fanatismus wird. Wir kennen in der Geschichte keine grausameren Erscheinungen als politische Frauen. [...] Mit der ganzen Wucht eines – eben nur verkümmerten, unentwickelten, gegenstandslosen – weiblichen Liebesverlangens nimmt diese Leidenschaft sie ein: und daher ist sie furchtbar großartig. Nicht das mindeste Kleinliche darf daher in ihrer Darstellung vorkommen: niemals darf sie etwa nur maliziös oder pikiert erscheinen; jede Äußerung ihres Hohnes, ihrer Tücke, muss die ganze Gewalt des entsetzlichen Wahnsinnes durchblicken lassen, der nur durch die Vernichtung anderer oder – durch die eigene Vernichtung zu befriedigen ist.«[16] Wenn das natürlich gewachsene Liebesbedürfnis der Frau aus welchem Grund auch immer durchkreuzt oder verletzt wird, entsteht ein Ungeheuer, vor dem man erschauern muss. Bekanntlich schätzte Wagner geistig anspruchsvolle Frauen durchaus – seine eigene zweite Ehefrau zählte zu diesen, und er verliebte sich kurz vor seinem Tod in die Schriftstellerin Judith Gautier (allerdings bewunderten ihn beide zugleich grenzenlos[17]). Aber eine Frau, die eigene Wege ging, konnte nach seiner Überzeugung nicht mehr selbstlos lieben.

Ortrud ist demnach gefährlicher als Venus. Letztere gefährdet den Mann, weil sie ihn in den Pfuhl der Sinnlichkeit herabzuziehen droht. Hier jedoch agiert eine Frau auf mörderische fanatische Weise. Richard geriet schon außer sich, wenn seine Partnerin selbst bei Kleinigkeiten eigenständig handelte. Cosima erwähnt häufig Verstimmungen, wenn sie irgendetwas ohne Richard unternehmen wollte – einen Einkauf, eine kleine Reise, gar einen Besuch bei ihrem Vater. Jeder Anflug von Selbständigkeit störte und ängstigte den Ehemann. Da er die machtbewusste Figur Ortruds selber erfunden hatte – auch wenn sie auf die Figur der Matabrune zurückgeht, ist sie ansonsten frei konstruiert[18] –, formte er sie als mythische Figur des Bösen ganz nach seinen Vorstellungen. Es ist weniger die altheidnische, magische Kunst, mit der sie dem Christentum den Kampf ansagte, die Wagner so gegen sie aufbrachte, sondern ihr Machtanspruch.

Der Sängerin Amalie Materna zufolge, die die Rolle 1875 in Wien sang, beschrieb Wagner Ortrud als eine stolze Frau, die erst in dem Augenblick, als sie die Götter um Hilfe zur Rache anruft, zur Teufelin wird.[19] Sie führt einen heimtückischen Kampf gegen Lohengrin, den Vertreter des Guten. Daher mobilisiert die Musik die Affekte gegen sie. Ihr Wesen wird durch den wiederholten Gebrauch des abwärtsfallenden verminderten Septakkords, der ihr Thema in der Gesangsmelodie wie in der Begleitung beherrscht, durch Streichertremoli, gestopfte Blechbläserklänge sowie die tiefsten Instrumente (Celli und Kontrabässe) charakterisiert. Auch die dunkle Färbung stempelt sie zur Außenseiterin, denn die Sphäre Lohengrins wird im Vorspiel von ätherischen A-Dur-Klängen gezeichnet, die eine strahlende Helligkeit besitzen. Ortrud hingegen lebt in einer Welt der Lüge und Gemeinheit. Ihr unheilvolles Tun zeigt sich durch große Sprünge und zerrissene Rhythmen. Die atmosphärisch unheimliche Wirkung verbindet Ortrud als durchtriebene Außenseiterin mit den negativ konzipierten Gestalten späterer Opern wie Mime, Alberich oder Klingsor. Damit wird ein bewusster Kontrast zwischen dem göttlichen Mann und der mit bösen Zauberkräften ausgestatteten Gegenspielerin aufgebaut – man wird an die Hexenverfolgungen des Mittelalters erinnert, als Frauen beschuldigt wurden, mit bösen Mächten zu paktieren. Auffällig sind im zweiten Akt die extreme Höhe ihres Aufschreis und ihres Gelächters (»Gottes Kraft? Ha, ha!«) sowie der krasse Abstieg um fast zwei Oktaven. Die Sekundschritte verkleinern sich noch einmal zur Chromatik. Bei den Worten »Kraft« und »schwacher Gott« setzt Wagner in der Melodie je einen Tritonus ein. All diese Mittel, deren Wirksamkeit weit in die Musikgeschichte zurückgeht und bis in den modernen Spielfilm reicht – zeigen zusammen mit den rhythmischen Brüchen Ortruds hektische Erregung und Boshaftigkeit: Sie bespottet die Obrigkeit und sogar Gott; damit maßt sie sich etwas an, was ihr nicht zusteht – schon gar nicht als Frau.

Ortrud bleibt eine Nachfolgerin der bösen oder rasenden Frauen in Opern des 18. und 19. Jahrhunderts, von Mozarts Elektra und der Königin der Nacht oder Webers Eglantine. Der Unterschied zwischen der Welt Ortruds, die sich im abseitigen fis-moll materialisiert, und der innigen Wesensart Elsas wird nicht nur durch Chromatik und Molltonart für Ortrud, Diatonik und Dur für Elsa dargestellt, sondern reicht bis in kleinste Nuancen hinein, wie im zweiten Akt, wenn sich Elsa auf dem Balkon zeigt. Wo soeben volle Orchesterklänge den Zwiegesang zwischen Ortrud und Telramund begleitet haben, umspielen nun sanfte Holzbläserklänge den Gesang der reinen Jungfrau. Ein weiteres Beispiel: Wenn Ortrud »Elsa!«, ruft, zeichnet dies ein zierlicher Seufzervorhalt, wenn aber Elsa »Ortrud!«, ruft, zerreißt ein Tritonus (das »Teufelsintervall«) die Luft. Auch inhaltlich könnte der Gegensatz zwischen Ortrud und Elsa kaum größer sein. Bei Elsa geht es um Herz, Liebe, Glück, Glaube, Wonne und Treue, bei Ortrud um Stolz, Betrug, Kampf und Waffen.

Als Ortrud Elsa auflauert, um ihr Zweifel an Lohengrins Lauterkeit in die Seele einzupflanzen, schwärmt Elsa von der »Wonne reinster Treu« und eine Oboe begleitet gemütvoll-innig ihren periodisch angelegten Gesang. Das macht diese Stelle zu einer der schönsten der gesamten Oper. »Über die Begegnung müssen die Herzen brechen«[20], sagte Wagner über diese Szene. Man ahnt, wie wichtig ihm die rückhaltlose Hingabe der Frau gewesen sein muss, inspirierten ihn doch Elsas Tugend und Reinheit zu den anmutigsten Klängen; umso stärker mussten ihre Zweifel sie negativ brandmarken. Zweimal wurde Wagner gefragt, ob es nicht zu grausam sei, Elsa sterben zu lassen, und jedes Mal überlegte er lange, ob er sie nicht »retten« könne. Doch er blieb hart. »Die Sühne für Elsa's Vergehen kann nur in ihrer Bestrafung liegen, und selten kann ein Vergehen eine consequentere und somit unerlässlichere Strafe nach sich ziehen, als sie hier in der Trennung ausgesprochen ist«.[21] Damit reihte er sich in die kulturelle Konvention seiner Zeit ein, die die Frau bestrafte, die ihre bürgerlich-passiven Grenzen überschritt.

Auch zwischen Elsa und Lohengrin sind die Gegensätze markant. Lohengrin, eine blendende Figur in seiner glänzenden Rüstung, wird durch die traditionell erhabene Tonart A-Dur als Held vorgeführt.

Er ist zwar aus Fleisch und Blut, denn er begehrt Elsa, zugleich ist er aber ein göttliches Wesen aus einer besseren Welt. Elsa hingegen ist zwar rein und voller Liebesbereitschaft, aber dennoch lässt sie sich von bösen Mächten beeinflussen. Ihre »weibliche« Schwäche führt zum Unglück und letztlich zu ihrem Tod. Aber Wagner fasst diese Figur keineswegs undifferenziert auf, denn Elsa vertraut sich dem Lichthelden ja nicht bedingungslos an.

Meisterhaft sind Elsas nagende Zweifel gestaltet, die erst allmählich von ihr Besitz ergreifen, um sie dann in einer Art Hysterie enden zu lassen. Im Liebesduett herrscht Ungleichheit vor, denn Elsa geht eine Verbindung mit einem Unbekannten ein, von dem sie nichts weiß und der von ihr vollstes Vertrauen verlangt, während er selbst genau in ihre Lebenssituation eingeweiht ist. Sie erniedrigt sich ihm gegenüber und sagt, sie habe bei seiner Ankunft vor seinem Blick »zerfließen« wollen, und wie eine Blume »wollt' ich entzückt mich beugen deinem Tritt!«. Zwischen einem Stiefel und einer Blume besteht ein Machtverhältnis, wie es kaum ungleicher sein kann. Als sie anfängt, ihn zu befragen, werden von Lohengrin die süßen Düfte der Natur beschworen und er vergleicht den Zauber der Natur mit ihrem Zauber. Doch diese Anziehung funktioniert nur in eine Richtung; Elsa kommt umgekehrt an Lohengrin nicht heran: »Ach, könnt' ich deiner werth erscheinen«, seufzt sie. Sie möchte den Abstand durchbrechen, für ihn da sein, ihm helfen und beistehen, und sie bittet ihn um das Vertrauen, das er ihr nicht gewähren kann. Lohengrin bemüht daraufhin seine Autorität. Begleitet von Posaunentriolen und Hörnern belehrt er sie streng: »Höchstes Vertrau'n hast du mir schon zu danken, da deinem Schwur ich Glauben gern gewährt; wirst nimmer du vor dem Gebote wanken, hoch über alle Frau'n dünkst du mich werth.« Damit hat er sie aber missverstanden, denn sie wollte ihm etwas beweisen, er geht aber nur von sich aus. In ihrem folgenden beklommenen Gesang ertönen mehrfach abwärtsgeführte verminderte Dreiklänge – Zeichen für den Vertrauensverlust, den Elsa durch die Schweigsamkeit ihres Geliebten erfährt. Das Negative bleibt damit bei ihr haften, denn sie ist diejenige, die die Unruhe, die Fragerei, letztlich die Zerstörung der Liebe herbeiführt, weshalb sie musikalisch entsprechend düster gezeichnet wird.

Auch im *Lohengrin* wird deutlich, wie eng für Wagner das persönliche und idealerweise liebeserfüllte Umfeld mit seinem Erfolg als Künstler zusammenhängt. Er fühlte sich auf seinem künstlerischen Weg alleingelassen und entwickelte mit dieser Oper eine Parabel des Kunstschaffenden, der unbedingtes Vertrauen benötigt. Dies bestätigt Hans Mayer, für den *Lohengrin* »das Wunder des einsamen Künstlers in einer rationalisierten und skeptischen, auch kunstfeindlichen Umwelt« ist. Ortrud verkörpert »die Widerstände dieser aristokratischen und auch bürgerlich-rechenhaften Umwelt«.[22] Mayer verdrängt aber mit seiner Fokussierung auf die schaffende Tätigkeit des Künstlers die Rolle Elsas, er sieht nur die Gesellschaft, nicht aber die unmittelbare Umwelt des Künstlers, der daheim in der Schreibstube sitzt und im privaten Umfeld Zustimmung, Zuwendung und mütterliche Betreuung ebenso benötigt wie erotische Leidenschaft. Dies ist die Vorbedingung für die spätere gesellschaftliche Anerkennung. Lohengrin ist daher als Symbol des männlichen Künstlers überhaupt aufzufassen, der sein künstlerisches Schaffen über alles stellt und die lebens- und glückspendenden Anteile seines Daseins von der Umwelt und von der Frau fordert. Letzteres bestätigt Wagner selbst, der in Elsa den Geist des Volkes sah, nach dem er als Künstler zu seiner Erlösung verlangte, wie eingangs geschildert. Das Volk, die Umwelt und Elsa als Geliebte verschmelzen hier zu Symbolen für seinen Wunsch, ohne Geldsorgen und Ehestreitereien anerkannt, geliebt und respektiert sein Werk zu vollenden – ein Wunsch, der ihn bis zum Bau Wahnfrieds in Bayreuth verfolgte, um dort endlich Erfüllung im Schoß einer Familie, aber auch in der öffentlichen Akzeptanz seines Schaffens zu finden. Wenn er von dem Protagonisten schreibt, er sähe in Elsa den »anderen Theil seines eigenen Wesens« und wenn er ihr »das Unbewußte, Unwillkürliche, in welchem das bewußte, willkürliche Wesen Lohengrins sich zu lösen sehnt«[23] zuschreibt, dann ist mitnichten eine Geschlechtergleichheit impliziert, vielmehr ist der Gedanke bestimmend, dass die Frau dem Mann beizustehen hat.

Elsa soll Lohengrin um seiner selbst willen lieben. Wagner hat in seiner *Mitteilung* mehrfach darauf hingewiesen, dass Lohengrin nicht Bewunderung, sondern Liebe sucht. Er »suchte das Weib, das an ihn glaubte; das nicht früge, wer er sei und woher er komme, sondern ihn liebe, wie er sei [...] das Weib, dem er sich nicht zu erklären, nicht zu rechtfertigen habe, sondern das ihn unbedingt liebe«. Ihre Neugier, die am Schluss der Oper zur Zerstörung der Beziehung führt, leitet er aus ihrer reinen Liebe zu Lohengrin ab. Damit befreit er sie von jeglicher moralischen Schuld, denn sie befragt ihren Geliebten eindringlich nach seiner Herkunft, gerade weil sie ihn so sehr liebt und alles erfahren möchte.

Aber wie soll das umgesetzt werden? Erwartete Wagner wirklich, dass die Geliebte ihm bedingungslos vertraut, ihm überallhin folgt, ihn in allem, was er von sich gibt, versteht, obwohl sie ihn gar nicht kennt? Hier verrät Wagner sein einseitiges Denken, wenn es um das Thema Liebe geht: Der Mann soll ohne Wenn und Aber der Gegenstand statisch-unverrückbarer Gefühle seitens der Frau sein. Es wird kein Gedanke darauf verschwendet, dass sie einen Anspruch darauf hat, den Menschen zu kennen, dem sie ihre Liebe schenkt. Lohengrin ist Teil eines Männerbundes, er ist von göttlicher Autorität legitimiert und kann dadurch Forderungen an seine Frau stellen. Man kann angesichts dieser Einseitigkeit sogar so weit gehen, Lohengrin zum Schuldigen zu machen, wie es Gottfried Wagner tut. Er »erstarrt zum entmenschlichten Grals-Erlösungsvollstrecker. Er ist nicht fähig, das Gralssystem und damit sich selbst als unmenschlich zu erkennen und sich aus Liebe zu Elsa davon zu befreien. Lohengrin wird schuldig an Elsas Selbstmord.«[24] Im Liebesduett scheint auf musikalischer Ebene Gleichheit zu herrschen, aber da der Komponist die männliche Autorität an weibliche Treue bindet, gestaltet er von vornherein ein Machtgefälle. Wie Adorno schreibt, wird die »Unterworfenheit der Frau in der Ehe« hier »als Demut, als Leistung der reinen Liebe bemäntelt«. Er sieht weiblichen Masochismus am Werke, wenn Elsa der Forderung zustimmt, nie den Gatten zu befragen. »Der Mann, der draußen für den Lebensunterhalt ›kämpft‹, wird zum Heros, so wie ungezählte Damen nach Wagner ihren Gatten sich zum Lohengrin zurechtstilisiert haben mögen.«[25] Wenn er Frauen zusätzlich zu ihrer Unterwerfung noch verhöhnt, geht allerdings der scharfe Analytiker mit Adorno durch.

Elsa begreift sich als ein Teil von Lohengrin und besitzt bei seinem Weggang keine Lebensperspektive mehr. Lohengrin kehrt zurück zu seinem Gral; er ist tieftraurig, aber innerlich unbeschädigt. Elsa hingegen stirbt, als er sie verlässt. Die Liebesszenen sind von ergreifender Schönheit, womit der Verlust, den Elsas Verhalten hervorruft, umso tragischer erscheint. »Die liebend gläubige Frau Elsa mußte sterben, denn die lebende muß ihn fragen. Und alle scenische Pracht und alle Herrlichkeit der Musik scheint sich nur aufzubauen, um den einzigen Wert des einen Herzens in das Licht zu setzen«[26], schrieb Cosima Wagner. Sie stellt damit das Liebesvermögen Elsas in den Vordergrund, es ist stärker als alle Normen und Konventionen und macht sie zu einer Idealfigur. Das entsprach genau den Vorstellungen Richard Wagners, der der bedingungslos Liebenden nach Senta und Elisabeth mit Elsa ein weiteres Mal ein Denkmal setzt. Der Subtext, wonach es von Übel ist, nicht an den Mann zu glauben, fließt allerdings in dieses Idealbild ein und wirkt als erhobener Zeigefinger im Hintergrund.

Sexuelle Verheißung und die Erlöserin: *Tristan und Isolde*

»Kind! Dieser Tristan wird was *furchtbares*!

Dieser letzte Akt!!! – – – – – – – –

Ich fürchte die Oper wird verboten – falls durch schlechte Aufführung nicht das Ganze parodirt wird –: nur mittelmässige Aufführungen können mich retten! Vollständig *gute* müssen die Leute verrückt machen, – ich kann mir's nicht anders denken. So weit hat's noch mit mir kommen müssen!! O weh!«[1]

Was kann Wagner damit gemeint haben, als er bei der Komposition von *Tristan und Isolde* Mathilde Wesendonck diesen Zettel schickte? Gewöhnlich wird angenommen, dass er damit auf die Modernität seiner Musiksprache anspielte. Bedenkt man aber, dass er als Beweggrund, die Oper zu schreiben, »meine Sehnsucht, in ein Meer von Liebe aus meinem erbärmlichen Leben mich zu verlieren«[2] nennt, ist es durchaus auch möglich, dass er den erotischen Subtext der Oper meinte und in Mathilde, der er diese Vorbehalte anvertraute, eine geheime Mitwisserin hatte. Sie wusste, dass sie seine Isolde war und dass er seine Leidenschaft für sie künstlerisch verarbeiten wollte. Thomas Mann hat die Brisanz der Nachricht erkannt – er spricht von einem

»unbuddhistischen Zettel, erfüllt von phantastisch-erschrockenem Gelächter über die lebenstolle Verruchtheit dessen, was er da treibt«.[3] Cosima berichtet übrigens, Wagner habe später behauptet: »Das arme Kind würde erschrecken, wenn es wüßte, was im *Tristan* steckt.«[4] Das muss kein Widerspruch sein. Alle Quellen sprechen dafür, dass es nicht zur körperlichen Vereinigung zwischen Mathilde und Richard kam,[5] obwohl der Wunsch dazu auf beiden Seiten bestand. Man schwor sich sogar Enthaltsamkeit gegenüber den Ehepartnern, was beide jedoch nicht durchhielten.[6] Mathilde wusste, dass die vertonte Liebessehnsucht ihr galt – das war schon sensationell genug, er wird aber vermutlich nicht so weit gegangen sein, ihr zu verraten, dass die Musik zu Isoldes Liebestod der Beschreibung einer veritablen »petite mort« nahekommt.

Die Reaktionen der Nachwelt auf diese Oper zeigen, dass man den sinnlichen Gehalt der Musik und den damit verbundenen Bruch bürgerlicher Tabus von Anfang an herausgehört hat. Bereits 1865 wurde im Berner Intelligenzblatt gemunkelt, das Textbuch sei »so unsittlich, daß man es soliden Frauenzimmern nicht wohl in die Hand geben dürfte.«[7] Thomas Mann fand die Oper »überaus unzüchtig« und fügte hinzu: »Nietzsche gebraucht dafür im *Ecce homo* den Ausdruck ›Wollust der Hölle‹«.[8] Filippo Tommaso Marinetti schreibt: »Tristan und Isolde, die ihren Orgasmus hinauszögern, um König Marke zu erregen. Tropfenzähler der Liebe. Miniatur sexueller Qualität. Ängste. Gewundene Zuckerstange der Begierde. Wollust im Freien. Delirium tremens. Hände und Füße von Betrunkenen. Gemimter Koitus für den Kinematographen. Onanierter Walzer. Buh!« Der Komponist Franz Schreker spricht von dem »süßen Gift des *Tristan*-Chromas«. Der Schriftsteller und Theaterkritiker Julius Bab lief nach einer *Tristan*-Aufführung die ganze Nacht »in heller Empörung« herum und hat »noch wochenlang, wenn mir irgendeine dieser unvergleichlichen, benebelnden, giftsüßen Melodien durch den Kopf ging, einen ganz unklugen, fast physischen und doch in meine allerpersönlichste seelische Substanz reichenden Wutanfall bekommen«. Er wird »von der Brunst dieser *Tristan*-Oper angewidert.«[9] Paul Bekker ist der Ansicht, dass »der triebhafte Drang zu Natur, Weib, Liebe hier sein Ziel gefunden [hat]. Die Verklärung wird zur Orgie, die Dämonie entfesselter Reize umtobt die Phantasie.«

Heinrich Dorn nennt die ganze Oper »eine Musterkarte von harmonischen Ungeheuerlichkeiten«, die harmonischen Kombinationen sind »das Residuum nächtlicher Studirlampe, das ganze Gewebe künstlich aber nicht künstlerisch zusammengefügt, bald hier bald dort aufgeputzt und ausgeflickt«, und der Text ist für ihn »Gequassel und Gequatsche.« Und Bryan Magee glaubt, dass »es in der gesamten großen Kunst kein Werk gibt, das mehr Erotik enthält«.[10]

Während die einen die Vertonung des *Tristan*-Stoffes als obszön empfanden, deuteten ihn andere eher diffus als Angriff auf die bürgerliche Moral. Vielleicht war es die Gegnerschaft zur Neudeutschen Richtung, die die Brahms-Vertraute Elisabeth von Herzogenberg schreiben ließ, es sei »einer der bösesten Einflüsse Wagners, daß er die liebe, frische naive Sinnlichkeit aus der Welt geschafft und eine schwüle, lastende, schwermütige, fatale an deren Stelle gesetzt, die immer nach Todessehnsucht riecht und bei der der Zuschauer immer eine Art schlechten Gewissens hat, als beginge er eine Indiskretion, daß er dabei ist!« Die englische Sängerin und Komponistin Liza Lehmann äußerte ihr Unbehagen anlässlich eines Besuches der Bayreuther Festspiele: »Ich muss gestehen, dass – abgesehen von dem Glanz dieses blendenden und überragenden Genies – ganze Teile der Musik Richard Wagners mich in einer eigenartigen Weise berührten. Irgendeine Qualität, die ihr eingeschrieben ist – ich gehe wohl nicht darin fehl, sie als eine überwältigende Sinnlichkeit zu beschreiben – lässt mich, so sehr ich mich in bestimmten Augenblicken überwältigen ließ, doch mit dem Gefühl einer geistigen Abscheu und mentalen Ekels zurück. Dies trifft besonders auf das große Liebesdrama *Tristan und Isolde* zu. Ich glaube nicht, dass ich so prüde bin, dass die illegale Leidenschaft der unglücklichen Liebenden mein moralisches Gleichgewicht stört; so berührt mich beispielsweise die Musik zu Debussys *Pelléas et Mélisande* gar nicht in dieser Art und Weise, und sein Thema ist ja ähnlich. Nein, ich glaube, dass das Ego des Schöpfers in irgendeiner Weise seine Musik durchdringt; und vielleicht erkennt meine Psyche – man bescheinigt mir eine ›angeborene Hyperempfindlichkeit‹ – unbewusst den Charakter Wagners als Mann und weicht davor zurück: kalkulierend, egoistisch und sinnlich im höchsten Grade.«[11]

Der Plan, aus der Geschichte des tragischen Paares ein musikalisches Bühnenwerk zu machen, entstand im Herbst 1854. In einem Brief an Liszt vom gleichen Jahr wünscht Wagner sich »ein weibliches Gemüt, in das ich mich ganz untertauchen könnte, das mich ganz faßte – wie wenig würde ich dann nötig haben von dieser Welt«.[12] Gleichzeitig verdichteten sich die emotionalen und erotischen Bande zu Mathilde Wesendonck, die er zwei Jahre zuvor kennengelernt hatte. Im Gegensatz zu Jessie Laussot besaß Mathilde in dem wohlhabenden Otto einen toleranten und ebenfalls musikinteressierten Ehemann, der die Begeisterung seiner jungen Frau für das Schaffen des Künstlers respektierte. Man freundete sich an und Richard führte Mathilde in seine eigenen Musikwerke sowie die anderer Komponisten ein. Sie war eine begeisterte Zuhörerin seiner Musik und aus Zuneigung wurde Liebe, die sich zu fast unerträglichem Begehren auf beiden Seiten steigerte.[13] Sein Leiden wurde durch das Bewusstsein, von ihr ebenfalls geliebt zu werden, noch unerträglicher. 1858, als Otto Wesendonck von der wahren Intensität der Beziehung erfuhr, musste Richard sein ein Jahr zuvor bezogenes Heim verlassen, das auf dem Grundstück der Wesendoncks stand. Otto war nicht mehr bereit, den Nebenbuhler bei sich wohnen zu lassen. Dieser erwog sogar, mit Mathilde zu fliehen, bekam aber eine Absage: Für sie wäre das Verlassen ihrer Familie ein »Sakrilegium« gewesen.[14]

Anhand von Wagners Notizbüchern lässt sich die Reihenfolge der Entstehung der Oper nachzeichnen. Demnach entwarf der Komponist im Herbst 1854 im Kopf eine erste Konzeption. Er sah die beiden Protagonisten als traditionelles Liebespaar – die Spiegelung seiner eigenen glücklichen Situation des Verliebtseins und das Wissen darum, ebenfalls geliebt zu werden, hatten ihn hierzu animiert. Im zweiten Schritt, vermutlich im Sommer 1856, verabschiedete er sich von der Verherrlichung der Liebe und rückte die Liebe als Qual in den Mittelpunkt, weil er zunehmend unter der Frustration seiner Beziehung litt. Wenn Wagner Isolde eine über alles bürgerliche Maßhalten hinausgehende Liebesfähigkeit zuspricht, kritisiert er Mathildes Treue und setzt den Eros als Maßstab über die Ethik.

Dass Mathilde seine Liebe erwiderte, lieferte ihm trotz aller Widrigkeiten den so dringend benötigten Anschub an Selbstvertrauen und Schaffenskraft. »Daß Du es vermochtest, in alles erdenkliche Leid der Welt Dich zu stürzen, um mir sagen zu können: ›ich liebe Dich!‹ – das hat mich erlöst, und mir jenen heiligen Stillestand gewonnen, von dem aus nun mein Leben eine andre Bedeutung erhalten hat.« Immer wieder sah er Mathilde als Mit-Gestalterin seines Werks an: »Gib nichts auf meine Kunst! [...] Mit Dir kann ich alles; – ohne Dich nichts! Nichts! [...] Mir fällt alles auseinander, sobald ich die leiseste Unübereinstimmung zwischen uns wahrnehme. Glaub' mir, Du Einzige! Du hast mich in Deinen Händen, und nur mit Dir kann ich – vollenden.«[15]

Es schien manchem Musikforscher wohl zu banal, die Entstehung dieses großen Werkes einer einzelnen Frau zuzuschreiben. Richard selbst hat zu dieser Sichtweise beigetragen, indem er seine Liebe zu Mathilde später herunterspielte. Cosima erfuhr von ihm, dass das Verhältnis bei der Konzeption des *Tristan* ein »liebenswürdig-anmutiges« war: »Mit der Vollendung der Dichtung (bei welcher bereits die Hauptthemen des Werkes entstanden waren) verwandelte sich die Beziehung in eine schwärmerisch-exaltierte.«[16] Dies entspricht nicht der Wahrheit. Die intensive Leidenschaft hatte ihn bereits ergriffen, als er das Werk schrieb, wie seine Briefe an Mathilde verraten. Peter Wapnewski hat immerhin erkannt: »Wagners Isolde ist nicht Mathilde. Aber sie wäre, was sie ist, nicht ohne sie.«[17] Immer wieder wurde aber versucht, dies möglichst unsichtbar zu machen. »Die Wesendonk-Episode [...] mochte, trotz allem, weniger tragisch als tragikomisch sein«, schreibt Hans Mayer. »Die künstlerische Transponierung war es nicht.« Er ist überzeugt: »Dennoch kann die Identifizierung nicht glücken: Mathilde-Isolde, Wagner-Tristan, Wesendonck-Marke.« In seiner Bemühung, Mathilde weitgehend auszuschalten, ist er sich seiner Sache sicher. Warum brach Richard die Komposition des *Rings* ab und begann mit *Tristan und Isolde*? Mayer: »Die Tristanwelt wurde dadurch für Wagner nicht erst begründet: sie war im wesentlichen bereits innerlich vorgebildet. [...] Der Plan zu *Tristan und Isolde* wurde von einem Entbehrenden, nicht einem Liebenden entworfen.«[18] Man spürt förmlich den Widerwillen, eine Frau in irgendeiner Weise an der Entstehung des Werkes beteiligt zu sehen. Mayers Aussagen bedeuten im Kern dreierlei: Die Liebesaffäre war nur eine tragikomische Episode; Wagner hatte die Oper längst vorher im Kopf und sie hat nichts mit Mathilde zu tun. Auch Martin Gregor-Dellin wehrt sich gegen den Gedanken, dass die

Geliebte inspirierend auf den Komponisten gewirkt haben könnte. »Wagner schrieb *Tristan und Isolde* gewiß nicht wegen der Wesendonck und ihr schon gar nicht auf den Leib, es hielt sich ja bisher noch alles in Grenzen. Es war aber auch nicht geradezu umgekehrt, daß er Mathilde geliebt hätte Isoldes wegen: Mathilde war vorher da.«[19] Mit dem »auf den Leib schreiben« ist wohl der Sexualakt gemeint, der Richard von Mathilde aus verschiedenen Gründen verweigert wurde. Mit einem wohlhabenden Ehemann verheiratet, in einen großbürgerlichen Lebenszusammenhang eingebunden, der ihr Verantwortung auftrug, wusste Mathilde sehr wohl, worauf sie sich bei einer erotischen Hingabe eingelassen hätte. Die Ablehnung war sicher nicht leicht – Richards gewaltige Überredungskunst hätte sich fast zu einem Zwang gesteigert, dem sie kaum mehr hätte entkommen können. Sie litt unter der Situation, verstand sie aber zu meistern und blieb Wagner lebenslang verbunden, trotz der späteren Leugnung seiner wahren Leidenschaft in seinen Erinnerungen.

Mathilde selbst hat keinen Hehl aus ihrer Rolle bei der Entstehung und Fertigstellung des Werks gemacht. Es mag auch Stolz mitgeschwungen sein, als sie verriet: »Richard Wagner liebte sein ›Asyl‹, wie er sein neues Heim in der Enge bei Zürich nannte. Mit Schmerz und Trauer hat er es verlassen, – freiwillig verlassen! Warum? Müßige Frage! Wir haben aus dieser Zeit das Werk: *Tristan und Isolde*! Der Rest ist Schweigen und sich neigen in Ehrfurcht!«[20] Richard hingegen hat durch seine Verschleierungstaktik dazu beigetragen, dass die Autoren sich ihrer subjektiven Einschätzung gemäß in Mutmaßungen ergehen. In seinen privaten Äußerungen war er weniger vorsichtig, so als er in einem Brief an die geliebte Mathilde zugab: »Fliegender Holländer, Tannhäuser, Lohengrin, Nibelungen, Wodan, – waren alle eher in meinem Kopf als in meiner Erfahrung. In welch wunderbarer Beziehung ich nun aber jetzt zum Tristan stehe, das empfinden Sie wohl leicht.«[21] Ebenso deutlich zeigt ein Brief, den er im September 1858 aus Venedig an Mathilde schrieb, wie sehr ihm das künstlerische Projekt zur Verarbeitung des leidvoll Erlebten diente und wie sehr Mathilde an der Entstehung des Werks beteiligt war: »Doch, was mich erhob, was bei mir und in mir war, das dauerte: das Glück, von Dir geliebt zu sein! [...] Ja! Ich hoffe, für Dich zu genesen! Dich mir erhalten, heißt mich meiner

Kunst erhalten. Mit ihr – Dir zum Troste leben, das ist meine Aufgabe, dies stimmt mit meiner Natur, meinem Schicksale, meinem Willen, – meiner Liebe. So bin ich Dein! so sollst auch Du durch mich genesen! Hier wird der Tristan vollendet – allem Wüten der Welt zum Trotz. Und mit ihm, darf ich, kehre ich dann zurück, Dich zu sehen, zu trösten, zu beglücken!«

Franz Liszt kannte Richards Liebes- und Schaffenssituation. Als er den Komponisten einmal nach der gegenwärtigen Situation daheim fragte, antwortete dieser: »Das Intimste erfährst Du doch einmal, wenn Du den *Tristan* kennenlernst«. Liszt begeisterte sich für die Oper, als er sie vom Verlag Härtel zugesandt bekam: »Welch wonniglicher Zauber, welch ungeahnte Fülle der Schönheit in diesem flammenden Liebes-Trunk! – Wie mag Dir dabei zu Mute gewesen sein, als Du dies wunderbare Werk geschaffen und gestaltet?«, fragte er.[22] Er ahnte wohl, dass das Komponieren dem Freund half, sich seelisch von der Frustration der sexuell unerfüllten Liebe zu befreien und der Geliebten seine ganz private Botschaft zukommen zu lassen. So schrieb Richard in sein Tagebuch, das für Mathilde gedacht war: »Ich kehre nun zum *Tristan* zurück, um an ihm die tiefe Kunst des tönenden Schweigens für mich zu Dir sprechen zu lassen.« Noch Jahre später nannte er die Oper »gleichsam nur eine Liebesscene«.[23]

Mathilde, die von Felix Draeseke in einem Brief an Richard als »eine merkwürdige Mischung von Geist und Gemüth, Empfänglichkeit und Anregungsvermögen«[24] beschrieben wurde, diente bekanntlich bei der Zeichnung Sieglindes und Brünnhildes als auch Evas und Isoldes als Folie. So verschieden die vier Frauenfiguren in Wesensart und Lebensführung sind, so verbindet sie doch ein Umstand: Die Liebe stürzt ohne ihr Zutun auf sie ein. »Doch nun hat's mich gewählt zu nie gekannter Qual«, bekennt sogar die herzige Eva in den *Meistersingern*. Richard wollte Mathilde mit Hilfe seiner Kunst dazu bringen, ihre Liebe als eine Fügung zu begreifen, aus der es kein Entkommen gibt, da sie in ihrer weiblichen Natur verwurzelt ist. Als er vom *Ring* abließ und sich *Tristan und Isolde* zuwandte, betonte er selber, dass ein Grundthema in beiden Werken erhalten blieb. »Die völlige Gleichheit dieser besteht darin, daß Tristan wie Siegfried das ihm nach dem Urgesetze bestimmte Weib, im Zwange einer Täuschung, welche diese seine That zu einer unfreien macht, für einen Anderen freit, und aus dem hieraus entstehenden Misverhältnisse seinen Untergang findet«.[25] Das Leiden des Mannes, dem eine Geliebte »nach dem Urgesetz« angehört und die er dennoch nicht besitzen darf, war ihm aus eigener, leidvoller Erfahrung nur zu bekannt. Mit *Tristan und Isolde* wollte er die Angebetete von der Unausweichlichkeit ihrer Liebe überzeugen in der Hoffnung, sie würde es Isolde gleichtun, den Skandal in Kauf nehmen und zu ihm ziehen. Er wollte ihr die Unabdingbarkeit einer Vereinigung vorführen, musste sich aber damit abfinden, dass diese (noch) nicht möglich sei. Mathilde war gebunden – ausgerechnet an Otto Wesendonck, von dem er finanziell abhängig war. Diese profanen Verpflichtungen störten ihn, hielt er doch bekanntlich nicht viel von bürgerlichen Moralvorstellungen, Verträgen oder sonstigem Regelwerk.

Um die Konflikte auszuhalten, suchte Wagner offenbar nach Rechtfertigungen für seine Gefühle. Gegenüber Eliza Wille, die die Ereignisse aus nächster Nähe beobachtete, berief er sich auf die höhere Macht der Liebe, die für ihn sogar über den Göttern steht: »Unter meiner Frau und mir hätte alles gut gehen können! Ich hatte sie nur zu heillos verwöhnt und ihr in allem nachgegeben. Sie fühlte nicht, daß ein Mann wie ich nicht mit gebundenen Flügeln leben kann! Was wußte sie von dem göttlichen Rechte der Leidenschaft, welches ich in dem Flammentode der aus der Götterhuld verstoßenen Walküre verkünde! Mit dem Todesopfer der Liebe tritt die Götterdämmerung ein!«[26] Er phantasierte sich eine Partnerin herbei, die von so starker Liebe besessen war, dass sie dafür ihr Leben opferte und selbst die Götter, die die Welt regierten, dabei untergingen. Neben dieser Wunschvorstellung linderte auch das Verständnis der Liebe als naturhafte Gewalt, die den Betroffenen keine Wahl lässt, seine Schuldgefühle – vor allem die gegenüber seiner Frau Minna.

Außerdem konnte er, »von der Denkfigur des Liebestodes angesteckt, […] ein Dasein jenseits eines alltäglichen Verständnisses von Raum und Zeit [imaginieren], und das heißt auch jenseits der kränkenden Beschränkungen symbolischer Kodes und Konventionen.«[27] Während er sich aber eine Liebesvereinigung in einem rechtsfreien Raum mit allen zur Verfügung stehenden musikalischen Mitteln ausmalte, erlebte er in der Realität Frustration und Verzweiflung – in der

Liebe, aber auch in Bezug auf seine Anerkennung als Künstler. Es war ihm eine ständige Wunde in der Seele, dass andere Menschen in Reichtum schwelgten, er aber für seine harte Arbeit nicht genügend entlohnt wurde. Eine weitere Ursache für seine Unzufriedenheit waren die ständigen Konflikte mit Minna, die ihn mit immer größerer Distanz betrachtete. Je mehr er die Hoffnungslosigkeit seiner Lage einsah, umso mehr schien ihm Schopenhauers Philosophie zu helfen. In einem Jahr hatte er *Die Welt als Wille und Vorstellung* bereits viermal durchgelesen. Aus dem politischen Revolutionär war jetzt ein Anhänger des Philosophen geworden, der den Verzicht predigte und sich von der Welt abwandte.

Bryan Magee ist sich mit vielen Musikautoren einig, dass Schopenhauers Einfluss auf Wagner zu dieser Zeit groß war. Doch macht er einen entscheidenden Fehler, wenn er Wagners Liebe zu Mathilde ignoriert. Dabei ist die Querverbindung offensichtlich, fand doch Wagner in Schopenhauers Schriften die Vorstellung wieder, dass die Vernichtung des Willens und die vollständige Selbstverneinung die einzig wahre Erlösung im Umgang mit der Welt war. Dass man sich nach dieser Philosophie von seinen Begierden lösen konnte, ermöglichte es dem Paar offenbar zunächst auch, sich zu treffen, ohne dass Otto Wesendonck einschritt. Mathilde hatte mit ihrem Mann Offenheit vereinbart und es ist anzunehmen, dass sie ihn von dieser Philosophie überzeugen konnte. Wagner selbst vertrat sie in den zahlreichen Abendgesprächen, als er noch bei den Wesendoncks ein- und ausging. Dass eine solcherart mit Erotik aufgeladene Atmosphäre trotz aller philosophischen Bewältigungsstrategien nicht dauerhaft auszuhalten war, sah er offenbar nicht oder wollte es nicht wahrhaben, bis er sein Heim bei den Wesendoncks verlassen musste.

Neben dem Einfluss Schopenhauers finden sich im Werk buddhistische Elemente, Einflüsse von Platon, etwa zur Idee der Einheit der Geschlechter, und anderes, was Wagner gelesen und verarbeitet hatte. Ihm ging es nicht um ein geschlossenes philosophisches System, er nahm sich vielmehr eklektisch das heraus, was ihm passte. Seine Opern sind mit einem Querschnitt durch eine Felsformation vergleichbar: Die verschiedenen Schichten bilden ein Ganzes. Die erotische Substanz von *Tristan und Isolde* bildet den Untergrund und Wagner konnte die musikalische

Gestaltung der körperlichen Aspekte der Sexualität, zu der er sich vorwagte, durch die darüberliegenden Schichten elegant kaschieren. Wer wollte, konnte sie dennoch deutlich heraushören. Es ist spannend, nachzuvollziehen, wie Wagner die Erotik künstlerisch umsetzt.

Bereits die Textvorlage verrät einiges, wenn »das Wunderreich der Nacht« gepriesen wird: Die Sinne »erbeben wonnig«, der »Busen quillt«, es gibt »schmachtender Liebe seliges Glühen«, »jagendes Blut, jauchzenden Mut, Lust ohne Maßen, freudiges Rasen«. Mit dem Glühen, Erbeben und Rasen beschreibt er einen euphorischen Zustand der sexuellen Erregung, der höchstes Wohlgefühl verschafft. Die »süße, hehrste, kühnste, schönste, seligste Lust«, die das Paar besingt, wird von Sexualforschern, die die Wirkung biochemischer Substanzen im Körper bei der Liebesbegegnung untersucht haben, folgendermaßen beschrieben: Der Puls steigt, das limbische System sperrt die für Traurigkeit und Depression zuständigen Hirnareale. Dafür setzen die Lustzentren Dopamin und Endorphine frei, eine Extradosis Adrenalin signalisiert absolute Aktionsbereitschaft und die Hormonzentralen des Gehirns lösen ein Empfinden aus, das einem Drogenrausch ähnelt. Die Muskeln in den Arterien entspannen sich, dadurch steigt die Durchblutung. Das Herz schlägt schneller. Hoden und Eierstöcke produzieren das Hormon Testosteron, das als luststeigernd gilt. Das parasympathische Nervensystem lässt Penis und Klitoris erigieren. Der gesamte Organismus gerät in einen sogenannten »positiven Stress«. Beim Höhepunkt setzt der Körper Opiate, bei Frauen vor allem das Hormon Oxycotin frei – es kommt zu einem kurzen, aber starken Rausch, der süchtig nach Wiederholung macht.

Dieser euphorische Zustand wird von Wagner mit allen Finessen musikalisch beschrieben. Was später Filmmusikkomponisten für die Untermalung von Liebesszenen aufgriffen, hat hier seinen Ursprung. Die schwüle Erotik erinnert an die Venusbergmusik im *Tannhäuser*, doch benutzte Wagner inzwischen ungleich komplexere kompositorische Mittel. Das Nicht-aufhören-Wollen, die Sucht nach Fortsetzung und Steigerung der Spannung ist musikalisch durch Stufenreichtum, Alterationsharmonik und chromatische Stimmführung ausgedrückt. Die Musik zögert die sehnlichst erwartete Auflösung in die Tonika hinaus, bildet harmonische Rückungen, deutet enharmonisch um, alteriert und moduliert mit Hilfe einer dissonanz- und vorhaltsreichen Harmonik. Seufzervorhalte führen in der Einleitung fast jeden Takt an. Verminderte Septakkorde, erregte Streichertremoli, dissonanzreiche Akkorde, die fast unmerklich in andere Verbindungen übergehen, Synkopen, große Legati – alles wird verwendet, was die Spannung aufrechterhält. Die Chromatik löst zusammen mit den variierten, verschobenen und verschränkten Sequenzbildungen einen Hörreiz aus, der eine tonale Schwerelosigkeit impliziert, die in einen unbegrenzten Raum zu führen scheint. Obwohl die musikalische Kühnheit der Komposition hervorsticht, wird der Rahmen der Tonalität jedoch niemals gesprengt. Wagner blieb dem harmonischen System verpflichtet, denn er brauchte es, um verstanden zu werden.

Die Oper ist in zwei Welten eingeteilt, die des Tages, die die Härte des Gesetzes darstellt und mit König Marke assoziiert ist, und die der Nacht, der weiblichen Zauberkräfte und der körperlichen Empfindungen. Am Tag trägt man einen Panzer, den man nachts ablegt. Isolde unterwirft sich völlig der Göttin der Liebe, die in der Dunkelheit haust, und zieht Tristan in diese Welt hinein. Das Paar wünscht sich einen Ort herbei, an dem es hemmunglos und endlos genießen kann. Die alltägliche Vernunft, die Brangäne vertritt und die ihnen einen Weg zurück in die Normalität ermöglichen würde, wird nicht zur Kenntnis genommen, obwohl Tristan immer wieder auch darunter leidet, dass seine Identität bedroht ist.

Auch sprachlich war Wagner bemüht, die beiden Welten zu polarisieren. In seiner Erläuterung des *Tristan*-Vorspiels für Mathilde Wesendonck vom 19. Dezember 1859 bezog er sich selbst auf diese Gegenüberstellung: »Welt, Macht, Ruhm, Ehre, Ritterlichkeit, Treue, Freundschaft – Alles wie wesenloser Traum zerstoben; nur eines noch lebend: Sehnsucht, Sehnsucht, unstillbares, ewig neu sich gebärendes Verlangen, Dürsten und Schmachten; einzige Erlösung: Tod, Sterben, Untergehen, Nichtmehrerwachen!«[28] Die polarisierten Begriffe sind geschlechtlich markiert: Die »obere« Welt ist die des Mannes und die des Sehnens, Klagens und Zagens gehört der Frau. Die Einteilung ruft weitere Assoziationen hervor, denn das Licht bedeutet in der westlichen Kulturtradition Makellosigkeit und Unschuld, das Dunkel Schmutz und Korruption. In dieses Dunkel gehört die Sexualität, die man als gefährlich ansah, jenseits aller bürgerlichen Moral, zugleich aber anziehend und faszinierend. Sie galt im 19. Jahrhundert als unauflöslich mit der Frau verbunden. Der Mann durfte sich nicht zu weit in diese Welt vorwagen, um nicht unterzugehen. Im bürgerlichen Alltag wurde das Sexuelle mit Schweigen übergangen. Es blieb abgespalten, den Bordellen (und dem Schlafzimmer hinter verschlossener Tür) vorbehalten. Die profane Welt des Tages, diejenige Brangänes und Kurwenals, der Hirten, Matrosen und der Jagdgesellschaft dagegen wird bei Wagner diatonisch »normal« gezeichnet, oft mit akkordischer Begleitung, die das Gefühl von Sicherheit und Diesseitigkeit vermittelt. Zusammen mit den klaren Dreiklangsbrechungen der Hörner symbolisiert die Musik des Tages das gesunde, konventionelle, paternale Sittengesetz der Gesellschaft, in dem Vernunft und Geist walten.

Das Werk beginnt mit dem berühmten »Tristanakkord«, der den Musiktheoretikern viele Rätsel aufgegeben hat. Dem ersten Intervall, eine aufstrebende Sexte, folgt eine chromatische Kette, die als Dissonanz unaufgelöst stehen bleibt und wie eine Frage wirkt. Hierdurch wird eine Spannung hörbar, die noch dadurch verstärkt wird, dass eine Stimme nach oben, die andere nach unten strebt. Während der chromatische Aufstieg die Sehnsucht bezeichnet, findet man beim chromatischen Abstieg die Motivik des Leidens. Die Motive sind miteinander verbunden; so erscheint das Leidensmotiv als Umkehrung des Sehnsuchtsmotivs. Ob Wagner bei diesem Aktanfang von a-Moll oder d-Moll ausging, ist wohl absichtlich nicht erkennbar – die harmonische Rätselhaftigkeit scheint die Vergeblichkeit der Liebesbeziehung und ihre Orientierungslosigkeit zu spiegeln.

Anfangs lässt sich Isolde jedoch nicht einfach der Welt des Sehnens und Klagens zuordnen. Als Königstochter besitzt sie noch andere Eigenschaften. Im ersten Akt befiehlt sie dem Wind, sie ist also eine Gebieterin, was auch der Abstand zwischen ihr und der treu ergebenen Brangäne beweist. Sie beauftragt Brangäne, Tristan zu holen: »Befehlen ließ dem Eigenholde Furcht der Herrin ich, Isolde«, singt sie mit einem doppelten Oktavsprung in der Melodie, wobei die Phrase punktiert ist und mit einem Septsprung endet. Damit wird über das Gebot hinaus zugleich ihr Unmut deutlich. Diese musikalisch umgesetzte Anweisung ist für eine Frau ungewohnt. Der herrische Ton taucht in der vierten Szene des ersten Akts wieder auf, als Isolde – verärgert darüber, dass Tristan ihrem ersten Gebot nicht gefolgt war – noch einmal Kurwenal ermahnt: »Du merke wohl, und meld' es gut!« Diesmal sind die Anzeichen von Unmut verschwunden, übrig bleibt ein klarer Befehl, wie er – mit der Punktierung, der Stauung aufgrund der dazwischengeschobenen Pausen und den großen Sprüngen – eher von einem Mann zu erwarten wäre.

Dieser Befehlsduktus verschwindet jedoch im Lauf der Oper. Als »Schatz« und »schmucke Irin« hingestellt, bekommt Isolde von Anfang an zu spüren, dass sie gegenüber Tristan machtlos ist. Noch bevor die Handlung beginnt, wurde sie von ihm bereits gedemütigt. Tristan hat ihren Verlobten ermordet und ihr den abgeschlagenen Kopf geschickt. Als sie das Schwert auf Tristan richtet, um den Mord zu rächen, schaut er ihr in die Augen, woraufhin sie die Waffe fallen lässt. Anstatt sich an ihm zu rächen, verliebt sie sich in ihn. Während Isolde diese Episode Brangäne erzählt, erklingt das Liebesmotiv. Dieser Topos der Frau, die einen Mann zu töten droht, es aber nicht schafft und ihm sogar verfällt, findet sich bis in die Moderne und bezieht sich auf ein besonderes kulturelles Tabu.[29] Daraufhin empfiehlt Tristan sie seinem König zur Gattin, sodass ihr die erzwungene Ehe mit einem ungeliebten, unbekannten Mann bevorsteht. Sie hat den Status eines Tauschobjekts. Von da an muss sie hinnehmen, dass Tristan ihr ausweicht – damit wird sie als die künftige Königin von ihm bloßgestellt. Tristan fühlt sich seinem Onkel, König Marke, verpflichtet; sie als Frau muss zurückstehen. Isoldes Unmut wird durch Kurwenal verstärkt, der das Machtverhältnis durch übertriebene Lobpreisungen Tristans weiter polarisiert. Um die Schmähung Isoldes zu vollenden, bricht Kurwenal in ein Lied aus, das den Tod von Isoldes ehemaligem Geliebten Morold bejubelt, im harten Viervierteltakt, diatonisch, deutlich abkadenziert nach B-Dur, mit festem Untergrund und mit Begleitung vor allem der Hörner. Die Mannen singen den Refrain und verstärken den Unterwerfungsgestus mit ihrem Gesang über den »Helden Tristan«.

Warum erfand Wagner diese Kränkung Isoldes? Er stand vor dem Problem, wie man aus einem Vasallen und der künftigen Gemahlin seines Lehnsherrn ein Liebespaar gestalten konnte. Was im Falle des Gralskönigs Lohengrin und der Herzogstochter Elsa von Brabant leichtfiel und auch bei Tannhäuser und Elisabeth nachvollziehbar war, konnte hier nicht greifen, da Tristan ein Bediensteter und noch dazu ein Totschläger ist. Die hierarchisch-patriarchale Ordnung musste gewahrt werden und deshalb wird Tristans Heldenhaftigkeit umso stärker hervorgehoben. Er wird als »Wunder aller Reiche«, »Held ohne Gleiche« und »hochgepries'ner Mann« gelobt. Als Kurwenal mit den Worten »Ein Herr der Welt, Tristan der Held!« in das Loblied seines Herrn ausbricht, werden diese beiden Ausrufe, die aufwärtsstreben und positiv zu deuten sind, von Hörnern und Trompeten begleitet, den klassischen Instrumenten männlicher Dominanz. Hier gibt es keine ironische Brechung, Wagner meint es ernst. Er geht noch weiter, um den Abstand zwischen den beiden zu verdeutlichen. Obwohl Tristan sich zu Isolde hingezogen fühlt, stellt er seine Pflicht dem König und dem Volk gegenüber höher als seine Liebe zu ihr. Isolde hingegen kann sich von ihrer Liebe zu Tristan nicht lösen. Sie hasst sich selbst dafür, ist bitter, wird von Rachewünschen geplagt und zeigt dies in dramatischen Ausbrüchen. Die Liebe ist es, die sie beherrscht – damit entspricht sie Wagners Idealvorstellungen, der immer wieder betont hat, wie grundlegend und zu ihrer Natur gehörig die Liebe für die Frau ist.

Hinweise Wagners an den Theatermann Eduard Devrient für die Darstellung der Partie Isoldes konkretisieren seine Vorstellung von dieser Figur. »Was sie eigentlich ist, zeigt sie erst in den beiden letzten Akten, ganz liebende und in Liebe vergehende, die im ersten Akte nur auf der Spitze einer ungeheuren Anspannung der verirrten Seelenkräfte stand. Ich brauche Jugendlichkeit in dieser Rolle: der ganze Zauber der ersten ungeheuren Liebe des Mädchens muss das Ganze durchwehen. […] Der Reiz der Jugendlichkeit muß in einem gewissen Sinne die fast voreilig tragische Tendenz des 1. Aktes dämpfen, und dagegen mit Sicherheit das Gefühl bestimmen, dass wir vor einer Verirrung stehen, die gelöst werden soll – wie?«[30] Isoldes herrisches Wesen im ersten Akt erscheint ihm also wie ein Irrweg, das gehört nicht zu ihrem Wesen; er sieht sie vielmehr als ein Mädchen, das »in Liebe vergeht«.

Wenn aber Isolde aus Liebe besteht und nichts als Liebe im Sinn hat, kann sie Tristan gefährden, indem sie ihn zu sich in die »Nacht« herabzieht und damit seinen Untergang verursacht. Thomas Mann sieht in der Thematisierung der Nacht den Einfluss des romantischen Denkens und Empfindens auf Wagner. Die Romantik ist ihm zufolge mit der Nacht verbunden, »mit allem mütterlich-mondmythischen Kultus, der seit menschlichen Frühwelten der Sonnenverehrung, der Religion des männlich-väterlichen Lichtes entgegensteht; und im allgemeinen Beziehungsbann dieser Welt steht Wagners Tristan.«[31] In der Tat entstehen Tristans Probleme in der Nacht und es ist kein Zufall, dass der Dichter das Licht mit dem Männlichen vergleicht und damit implizit die Nacht mit dem Weiblichen. Die Nacht symbolisiert das Unbewusste, im Extremfall den Tod, steht hier aber auch für den Liebestod, für das Abtauchen in eine intime Welt der aufgeputschten sinnlichen Reize. Sie birgt die Erlösung für das »schmachtende Brennen« und das »furchtbare Sehnen«, worunter Tristan so sehr leidet. Isolde ist die Chiffre für Geborgenheit, erotische Lust und tröstende Nähe, aber auch für den gefährlichen Sog des Untergehens, vor dem schon Tannhäuser sich so ängstigte und dem sich Lohengrin und später Parsifal entziehen. Es passt hierzu, dass Tristan im ersten Akt schon erkennt, dass das Verhängnis, in das er verstrickt ist, unausweichlich ist und dass jeder der drei Akte mit einem Suizidversuch von ihm endet.

Im zweiten Akt wollen beide in die Dunkelheit wie in den schützenden mütterlichen Leib untertauchen. Isolde wartet sehnsüchtig auf den Geliebten: »Wann wird es Nacht im Haus?« Sie fleht Brangäne an, das Licht zu löschen: »Frau Minne kenntest du nicht? Nicht ihres Zaubers Macht?« Sie, so Isolde, habe das Geschehen in die Hand genommen. Isolde wirft schließlich selbst die Fackel zur Erde, damit sie verlischt. Damit vollzieht sie die Ineinswerdung mit der Liebesgöttin, die zugleich Herrin über Leben und Tod ist. Brangänes Trank hat die Prioritäten verschoben: Jetzt zählt nur noch das Begehren, die Sinne geraten in Aufruhr. Insgesamt mehr als einhundert Mal erklingen nach der Einnahme des Liebestranks die Worte »Nacht« und »Dunkel« sowie im Gegensatz dazu die Begriffe »Licht«, »Schein«, »Leuchte«, »Sonne« und »Gleißen«. Diese Kontraste bestimmen somit die Dialoge im hohen Maße. Wie sehr die Dunkelheit bewusst mit dem weiblichen Prinzip verbunden wird, zeigt sich daran, dass Tristan ins »dunkel nächt'ge Land« geht, »daraus die Mutter mich entsandt« – er kehrt somit in den mütterlichen Leib zurück. Isolde hingegen singt: »Wie flöh' ich wohl das Land, das alle Welt umspannt?« Es ist ihre weibliche Heimat, die Welt der Zauberkräfte und der entgrenzten Sinne, in die sie gehört.

Beim ausgedehnten Zwiegesang, der passend zu den Worten »höchste Liebeslust« kulminiert und durch den gellenden Schrei Brangänes beim Einbrechen der Männerschar jäh gestoppt wird, ist die gleiche musikalische Steigerung zu hören, die im finalen Akt Isoldes Liebestod beschreibt. Die Entdeckung in flagranti zögert die Vollendung des Liebesakts bis zum Ende der Oper hinaus. Die Komposition dieses Teils der Oper machte Richard übrigens seelisch sehr zu schaffen, wie er Mathilde verriet: »Sehr griff mich noch der zweite Akt an. Das höchste Lebensfeuer loderte in ihm mit so unsäglicher Gluth hell auf, dass es mich fast unmittelbar brannte und zehrte. Je mehr es sich gegen den Schluss des Aktes hin dämpfte, und die sanfte Helle der Todesverklärung aus der Gluth brach, wurde ich ruhiger.«[32]

Die Härte des symbolischen Gesetzes der »normalen«, männlich geleiteten Welt verfügt, dass diejenigen, die sie verlassen, in das Reich des Todestriebs geraten. Für Tristan ist diese Grenzüberschreitung ungleich schwerwiegender als für Isolde, weil er nicht nur dem Auftrag seines Gebieters zuwiderhandelt, sondern auch die Welt des paternalen Gesetzes verlässt. Er tut den Schritt in ein von übermächtiger Weiblichkeit beherrschtes Reich. Es ist insofern auch logisch, dass er sich bewusst Melots Schwert entgegenstellt: Nur durch den von Melot und nicht von Isolde verursachten Tod kann er seine zerstörte Ehre zurückerhalten. Tristan wird nicht nur dafür bestraft, dass er Marke betrogen hat, sondern auch dafür, dass er in die bedrohliche Unterwelt eingetaucht ist.

Im letzten Akt fragt Tristan verwirrt, wo er sich befindet und wird von Kurwenal belehrt, dass es sich bei ihrem Aufenthaltsort um Kareol, die Burg von Tristans Vorvätern handelt. Dazu sind neben der diatonischen Melodie ein punktierter Quartsprung und Marschrhythmus zu hören. Auf Kareol herrschen Gesetz und Ordnung. Als Kurwenal berichtet, wie Haus und Hof während Tristans Abwesenheit versorgt wurden, setzt sich die helle, diesseitige Untermalung fort. Tristan weiß immer noch nicht, was sich um ihn herum abspielt, und fragt, wo er damals hingereist sei. »Hei! Nach Kornwall; kühn und wonnig, was sich da Glanzes, Glückes und Ehren Tristan, mein Held, hehr ertrotzt«, antwortet Kurwenal und wieder bricht die Musik in einen Jubel aus, indem sie motivisch Kurwenals Loblied auf Tristan aufgreift und verarbeitet. Trompeten und Hörner ergänzen die Begleitung aufs Glanzvollste. Als Kurwenal schildert, wie Tristan zur Burg getragen wurde, wird der Marschrhythmus noch einmal bei den Worten »im echten Land, im Heimatland; auf eig'ner Weid' und Wonne, im Schein der alten Sonne« aktiviert; seine Aussage »darin von Tod und Wunden du selig sollst gesunden« endet ausnahmsweise nicht mit einem Trugschluss, sondern mit der Tonika – wiederum ein Zeichen für Sicherheit. Deutlicher lässt sich der Kontrast zwischen der männlich-diesseitigen, gesunden Welt des Mannes und der sinnlich-schwülen der Frau kaum darstellen.

Doch ist die Sicherheit trügerisch, denn Tristan begreift, dass er dem Untergang geweiht ist. Seine Wunde kann im übertragenen Sinn als Kastration verstanden werden: Er ist seiner Männlichkeit beraubt, weil er sich von der väterlichen Welt verabschiedet hat. Er verflucht nun den Liebestrank, der ihm die Sinne vernebelt hat, sowie die Nacht, in die er durch den Genuss desselben geraten ist, und sogar die Geliebte, die an seinem Untergang schuld ist: »Die Wunde, die sie heilend schloß, riß mit dem Schwert sie wieder los, das Schwert dann aber ließ sie sinken, den Gifttrank gab sie mir zu trinken; wie ich da hoffte, ganz zu genesen, da ward der sehrendste Zauber erlesen, daß nie ich sollte sterben, mich ew'ger Qual vererben! [...] Kein Heil nun kann, kein süßer Tod je mich befrein von der Sehnsucht Not; nirgends, ach nirgends find' ich Ruh'; mich wirft die Nacht dem Tage zu.«

Das Werk endet mit »Isoldes Liebestod« – einer der berühmtesten Passagen der Operngeschichte. Cosima war sich übrigens mit Richard einig, dass die deutschen Opernkomponisten »nichts von der Glut der Liebe wissen, die Liebe ist bei ihnen eine gewisse sentimentale Konvention, deren höchster Ausdruck Ottavio in *Don Juan*«[33] sei. Damit gab sie zu, dass Wagner sehr wohl die »Glut der Liebe« musikalisch umzusetzen wusste. Er hatte sie bereits in der Venusbergmusik des *Tannhäuser* geschildert und in der Pariser Fassung hatte er die erotische Komponente noch verstärkt. Hatte er im *Tannhäuser* noch die Liebe in zwei sie verkörpernde Frauen aufgespalten und Venus als ein den Mann verschlingendes Wesen gezeichnet, wird nun Sexualität und aufopfernde Liebe in der Gestalt Isoldes zusammengeführt. Aber die Gefahr des Untergangs lauert nach wie vor und daher müssen beide sterben, obwohl es für Isoldes Tod eigentlich keinen wirklichen Grund gibt.

Wagner kann als der erste Komponist gelten, dem es gelang, sexuelle Tatbestände unverhüllt darzustellen. In »Isoldes Liebestod« lassen sich nach einer langsamen Einleitung drei Abschnitte ausmachen: Erektion (»wie er leuchtet, stern-umstrahlet hoch sich hebt – wie das Herz ihm mutig schwillt, voll und hehr im Busen ihm quillt«), sodann die Penetration (»aus ihm tönend, in mich dringet«) und zuletzt der Höhepunkt (»in dem wogenden Schwall, in dem tönenden Schall, in des Welt-Atems wehendem All – ertrinken, versinken – unbewusst – höchste Lust!«). Nach den Worten »in mich dringet«, beginnen auf musikalischer Ebene die wellenartigen Steigerungen. Die aufeinanderfolgenden Wogen, die sich immer höher auftürmen, treiben die Spannung voran. Der gewaltige Höhepunkt ist bei »in des Welt-Atems wehendem All« erreicht. Damit beschreibt er die beim Sexualakt erfahrbare Entgrenzung. Sie lässt mit dem auskomponierten Abebben der Wogen das Gefühl der Entspannung entstehen. Mit Tristans vorausgegangenem Tod umging Wagner geschickt die Gefahr, wegen Unschicklichkeit angegriffen zu werden. Thomas Mann hat übrigens gewusst, was Wagner da beschrieb: »Der Überschwang einer ungeheuren Lösung und Erfüllung brach herein, wiederholte sich, ein betäubendes Brausen maßloser Befriedigung, unersättlich wieder und wieder, formte sich zurückflutend um, schien verhauchen zu wollen, wob noch einmal das Sehnsuchtsmotiv in seine Harmonie, atmete aus, erstarb, verklang, entschwebte.«[34]

Es wäre ein Missverständnis, Wagners Phantasien von einer Verschmelzung zweier Menschen als eine gelungene Vorstellung von Androgynie zu preisen, wie es oft geschieht. Er dachte eher an ein lebenslang aufeinander bezogenes Liebespaar. Da er der Geschlechterideologie seiner Zeit unterworfen war, kennt Isolde nicht wie Tristan den starken Gegensatz von Tag und Nacht, von Berufspflichten und Liebe, von Tagesidentität und nächtlicher Liebe. Ihre Bestimmung liegt allein in dem Geliebten. Sie stirbt für ihn und gibt sich selbst dabei auf. Tristan hingegen scheitert an diesem Gegensatz. Er stirbt, um der Schmach seiner Schuld zu entgehen, die er durch den ungehemmten Liebesgenuss auf sich geladen hat. Er zerbricht, weil seine Identität in einem anderen Grund wurzelt als die seiner Geliebten. Isolde folgt ihm nach, weil es für sie ohne Tristan keinen Sinn auf der Welt mehr gibt. Damit wird die demütige Unterordnung der Frau als Folge ihrer Liebe ausgegeben und idealisiert – Wagners altbekanntes Thema wiederholt sich ein weiteres Mal.

Als Frau, die ihre Liebesglut offen zur Schau trägt, stellte Isolde allerdings eine Provokation für Teile des damaligen Bürgertums dar. Von der Darstellerin werden extreme Sprünge verlangt sowie eine bis zum äußersten gehende Ausdrucksstärke. Dass sie eine kraftvolle Partie zu singen hat, stand im Gegensatz zu der bürgerlichen Überzeugung im 19. Jahrhundert, wonach der Körper kultiviert-beherrscht zu sein hatte. Die Verbote galten dabei in weitaus stärkerem Maße für Frauen, galt es doch für sie als unschicklich, zu viel Haut zu zeigen. Also trugen die Frauen bis zum Hals hochgeschlossene Kleider, bewegten sich maßvoll und achteten darauf, selbst beim Lachen den Mund nicht zu weit aufzureißen.[35] Unter diesen Voraussetzungen ist Wagners Behandlung Isoldes als offen Begehrende geradezu revolutionär, und es gab zahlreiche Frauen, die sich darüber entrüsteten. Auch Wagners erste Ehefrau, die seine wachsende Leidenschaft für Mathilde hautnah mitverfolgte, bezeichnete den Text der Oper als »abscheulich, fast unanständig liebesglühend«.[36] Wagner selbst erwähnte den bürgerlichen Widerstand gegen die erotische Seite in seinen Werken, als er von einer Frau von Seebach erzählte: »Sie begriff nicht, wie jemand die ungeheure Gluth meiner Conzeptionen übersehen könne, und hielt es für bedenklich, ihre junge Tochter mit in den *Tannhäuser* zu nehmen.«[37] Um wie viel mehr wäre die Dame bei diesem Werk entsetzt gewesen!

»Um ein Gefühl von sich zu haben, muß der Mann geliebt sein«[38], rief Richard ein Jahr vor seinem Tod aus. In *Tristan und Isolde* verarbeitet er sein unerfülltes Begehren und will zugleich die geliebte Mathilde zu der Einsicht bringen, dass die von ihm lang ersehnte sexuelle Vereinigung vorherbestimmt sei, wie die Liebe zwischen seinen Protagonisten. Die Todesthematik spielte in seiner eigenen Biographie keine wirklich bedeutende Rolle, vermutlich wurde sie hier vorgeschoben, um Vorwürfen der Obszönität zu begegnen. Der Tod eignete sich vortrefflich als Chiffre für die idealisierte Liebe zwischen zwei Menschen –

ohne Partner verliert das Leben an Sinn. Später, als er mit Cosima glücklich war, passte der Tod seines Paares nicht mehr in sein Weltbild. »Ich schreibe ein neues Werk«, rief er ihr zu, »es beginnt mit dem zweiten Akt von *Tristan* und endigt mit Hans Sachsens Hochzeit.«[39] Cosima sollte erfahren, dass er sie liebte wie Tristan seine Isolde, dass diese Liebe aber nicht zum Tod führen müsse, sondern einem glücklichen Ende zugeführt werden könne. Der Ausspruch verrät aber auch, dass Wagner es mit dem Todestrieb seines Liebespaares nicht sonderlich ernst gemeint hatte. Indem er der gesellschaftlichen Verfemung der Lust, die bei Tannhäuser und Tristan zum Tod führen muss, ihre musikalisch triumphal ausgestaltete Befeierung entgegenstellte, vermachte er der Welt das Wunderwerk einer Musik, die auf kühnste Weise den Körper in die Welt des Klanges hineinzieht. Er wusste, wem er dies alles zu verdanken hatte, und schrieb Mathilde Wesendonck: »Dass ich den *Tristan* geschrieben, danke ich Ihnen aus tiefster Seele in alle Ewigkeit!«[40]

Isolde ist die Herrin, die Demütigungen ertragen muss, zur offen Liebenden wird und schließlich in einem großangelegten, leidenschaftlichen Schlussteil das Werk beendet. Anfangs hat sie Tristan verflucht, mit einem Schwert hantiert, war bereit, der Konvention die Stirn zu bieten, wollte sich nicht als Objekt einem König verkaufen lassen, obwohl der Prestigegewinn groß gewesen wäre – dies alles sind Beweise von Selbständigkeit und Stärke. Sie werden allerdings zum großen Teil zunichte gemacht durch ihre Liebe zu Tristan, die zugleich ihre Schwäche ist, und dadurch, dass sie als Frau für die Welt der Sexualität, der dunklen Nacht, der Mütterlichkeit, des Mutterleibs, der magischen Heilkunde und der Entgrenzung steht – und damit für das Verlassen der paternalen Welt des Gesetzes, was unweigerlich zum Tode führt.

Die »liebe Muse« Mathilde: *Die Meistersinger von Nürnberg*

Die Idee zu den *Meistersingern von Nürnberg* hatte Wagner schon in seiner Dresdener Zeit ausgearbeitet und eine Handlung lag im Entwurf bereits 1845 vor. Dann aber kam manches dazwischen und zum Weiterarbeiten fehlte der kreative Schub. Erst Jahre später griff er das Thema wieder auf. Nach seinem Auszug aus dem geliebten »Asyl« in Zürich 1858 war er auf Wanderschaft gegangen, wobei er innerlich an Mathilde Wesendonck gebunden blieb. Jahrelang schrieben sich die beiden. *Tristan und Isolde,* sein persönlichstes und intimstes Werk, war beendet, aber mit der Aufführung ging es nicht recht voran. »Ich denke eben zu viel an Sie!«, schrieb er ihr im Juli 1861 und bat immer wieder um ein Wiedersehen. Ein Treffen in Zürich zerschlug sich, ein Besuch des Ehepaars kam ebenfalls nicht zustande. So verabredete sich Richard mit den Wesendoncks zu einer Zusammenkunft in Venedig für den 8. bis 11. November.

Es war kein glücklicher Aufenthalt: Otto Wesendonck suchte die Ablenkung und füllte die Tage mit der Besichtigung verschiedener Galerien und Museen, während Wagner vor sich hin litt. In seinen Erinnerungen beschreibt er die Situation diplomatisch: »Meine Freunde, welche ich in sehr glücklichen Beziehungen antraf, schwelgten im Genuß der Gemälde und schienen es darauf abgesehen zu haben, durch meine Teilnahme am gleichen Genuß mir die Grillen zu vertreiben.« Vermutlich erfuhr Richard von Mathildes Schwangerschaft – ihr fünftes Kind wurde im Juni 1862 geboren – und die Freude des Ehepaars darüber wird seine ohnehin angeschlagene Stimmung weiter eingetrübt haben. In Zürich hatten sich beide sexuelle Enthaltsamkeit geschworen und nun war klar, dass Mathilde zum Alltag zurückgekehrt war. Niemals würde sie sich von ihrer Familie trennen. Er musste miterleben, wie sie versuchte, die Spannungen zwischen den beiden Männern auszugleichen, und litt mit ihr. Gleichzeitig grollte er dem Rivalen und da es zu seinem Naturell gehörte, sich alles gleich von der Seele zu schreiben, schickte er Mathilde Ende 1861 einen törichten Brief, in dem er behauptete, Otto sei ein auffallender Hypochonder, der krank sei und dem Lektüre nicht viel bedeute. Ihr bescheinigte er, »bedrängt, beherrscht, abhängig« zu sein, was sich ebenfalls gegen Otto richtete. Mathilde, die sich in Venedig um eine friedliche Stimmung bemüht hatte, war über diesen aggressiven Seitenhieb verständlicherweise verstimmt.

Die Reise brachte Richard zu einer Einsicht, vor der er lang unbewusst zurückgeschreckt war. Er hatte die Hoffnung einfach nicht aufgeben wollen, trotz allem in Mathildes Nähe wohnen zu können – nun aber habe er eingesehen, dass dies nicht möglich sei, verriet er ihr. Seine Gegenwart könne ihr nichts bieten »und der Gedanke, daß das Elend-Wenige, was ich Ihnen unter solchen Umständen sein kann, eben mit aller Freiheit, mit der eigentlichen Menschenwürde erkauft ist, läßt mich diese Nähe selbst als eine Qual empfinden [...] Das Leben und Alles, was sich darauf bezieht, hat gar keinen Sinn mehr für mich. Wo? und wie? – ist mir gränzenlos gleichgültig.«[1]

Die Erkenntnis, dass Otto den Konkurrenzkampf gewonnen hatte, schmerzte ihn außerordentlich. Die Rückreise von Venedig nach Wien dauerte zwei lange Nächte und einen Tag. Sie war die reine Qual: »Ich saß zwischen Einst und Jetzt hilflos eingeklemmt, und fuhr so recht ins Graue hinein. Eine neue Arbeit mußte es sein, sonst – war's zu Ende!« Dieser Gedanke, sich durch ein neues künstlerisches Projekt seelisch entlasten zu können, erschien ihm nun wie eine Rettung und seine

Kreativität regte sich sofort: »Ich sehe nur noch innere Bilder, und die verlangen nur nach Klang«[2], schrieb er ihr. Einen Monat später war die Prosafassung der *Meistersinger* fertiggestellt und die Vertonung erfolgte in den darauffolgenden fünf Jahren.

Was sprach ihn an dem Stoff auf einmal so an? Als er sich die alte Prosaskizze von 1845 vornahm, sah er, dass alles, woran er so litt, nämlich der Vorgang der inneren Abwendung von der Geliebten, hinzugedichtet werden konnte. Diese Abwendung sollte aber nicht als ein Akt der Verbitterung, sondern der Reife erscheinen. Es war sinnlos, auf Otto Wesendonck als vermeintlichen Rivalen wütend zu sein – damit zerstörte er nur sein eigenes Leben und erreichte nichts außer Verzweiflung. Wenn er hingegen den Akt des Verzichts als Eigeninitiative umdeutete, bekam dieser Vorgang einen heroischen Zug. Eine zum Konkurrenten weggelaufene Frau verletzte die männliche Ehre und beschädigte das Selbstwertgefühl; der Akt des resignativen, aber freiwilligen Zurücktretens – in der vollen Gewissheit, geliebt zu werden – konnte dagegen erhebend wirken. Die Abwendung Mathildes wäre einer Beschädigung seiner Männlichkeit gleichgekommen, seine eigene Abwendung jedoch verlieh ihm Kraft. »Sie glauben nicht, wie leicht es mir nun ist zu wissen, daß Sie wissen, daß ich weiß, was Sie lang wußten!«, schrieb er ihr, während er den Text für die Oper entwarf. Das bezieht sich wohl auf die Gewissheit, dass er von ihr noch geliebt wurde.

Er nahm sich die ältere Fassung vor, die er Mathilde einst geschenkt hatte und die sie ihm nun zurückgesandt hatte und dichtete die Liebe Eva Pogners zu Hans Sachs hinzu. Mathilde erfuhr von ihm: »Der alte Entwurf bot wenig, oder gar nichts. Ja, dazu muß man im Paradies gewesen sein, um endlich zu wissen, was in so etwas steckt!« Das Paradies bedeutete für ihn die liebende Fürsorge von Mathilde, die ihn ihrer Liebe versicherte und ihm den Verzicht erleichterte. Vor diesem neuen Hintergrund musste Sachsens Charakter umgearbeitet werden, was auch geschah. Vier Jahre später schrieb Wagner rückblickend, dass er die Arbeit entworfen habe, um sich aus einer »elenden Erfahrungswelt zu retten«[3], was ein nochmaliger Hinweis darauf ist, dass der Antrieb, die Oper zu vollenden, weniger äußeren Gründen geschuldet als vielmehr privat motiviert war.

»Gegen Sachs halten Sie Ihr Herz fest: in den werden Sie sich verlieben!«, schreibt Richard Ende 1861 an Mathilde. Obwohl Sachs autoritär sein kann, wird er insgesamt als gütig und edel dargestellt. Er ist die stärkste Figur, ein die Geschicke steuerndes Vater-Über-Ich; von ihm als dem Zentrum geht alles Handeln aus. Dazu passt, dass seine Rolle nicht nur die längste ist, die Wagner je für einen Heldenbariton vorsah, sondern dass sie darüber hinaus vielfältige »Ausdrucksnuancen und einen Reichtum an Charakterfacetten aufweist, die sie zu einer der anspruchsvollsten Gesangspartien der Operngeschichte macht.«[4]

Dass Wagner sich selbst in diesen Hans Sachs eingeschrieben hat, wird an einer Stelle besonders deutlich. »Gedenken Sie meiner einmal bei der Einleitung zum 3. Akt«, schrieb er bedeutungsvoll an Mathilde. Während er noch den ersten Akt komponierte, machte er einen Vorgriff auf die Komposition dieses Abschnitts. Die Entstehung des Einfalls geht auf seinen 49. Geburtstag am 22. Mai 1862 zurück. Er saß am Tag davor alleine im Park in Biebrich und versuchte, nicht an Mathilde zu denken, da er ihr »in nichts mehr helfen und nur stille Wünsche noch für Ihr Wohlergehen« hegen durfte. Plötzlich kam ihm die Idee zur Orchestereinleitung. »Wenn der Vorhang aufgeht, Sachs in tiefem Sinnen dasitzt, lasse ich die Bassinstrumente eine leise, weiche, tief melancholische Passage spielen, die den Charakter grösster Resignation trägt.«[5] Ob sich die Begebenheit wirklich genau so ereignet hat, mag dahingestellt bleiben, aber es spricht für sich, dass Wagner die Komposition dieser Stelle mit dem Verzicht auf die verlorengegangene Geliebte verbindet.

Sachs sitzt grübelnd in seiner Stube – er wird von einem edlen Solo der Celli begleitet, das mit der abwärtsführenden Melodie leise Trauer aussendet. Die restlichen Streichergruppen setzen nacheinander ein, ein samtener Wohlklang verbreitet sich im Orchester und führt zu dem von Hörnern feierlich intonierten Choral – durch die edle Stimmung wird Sachs geadelt. Der zweite Teil des Chorals wird zusätzlich durch Posaunen angereichert – Sachs steht somit als Autorität da, die qua Natur die Geschicke bestimmt. Die erhabene Instrumentaleinlage unterstreicht den noblen Verzicht auf Eva. Bedenkt man zudem, dass der Choral angespielt wird, der später zu Ehren von Sachs auf der Festwiese erklingt, liegt es nahe, dass Wagner sich hier in dieser Figur wiedererkennt und idealisiert, zumal er sich in einem Brief an Mathilde selbst als Hans Sachs tituliert.

Es wäre allerdings billig, aus der Tatsache, dass Wagner sich mit Hans Sachs identifizierte, seine Lebensführung jedoch kaum Spuren von Sachsens Edelmut aufweist, einen Widerspruch zu konstruieren. Sachs ist in der kulturhistorisch männlich konnotierten Position des Komponisten, des Schöpfers, und Wagner, der sich in Sachs hineinphantasierte, schafft eine Deckungsgleichheit mit dem Helden, der dem Volk zeigt, wo es ihn zu bewundern und wo es sich unterzuordnen hat. Das wird ihn nach dem durchlittenen Verzicht auf Mathilde vermutlich seelisch entlastet haben. »Indem Wagner sich in einem solchen Ausmaß mit Sachs identifiziert, spielt er Gott und deutet zugleich an, daß es richtig ist, das zu tun«[6], schreibt Michael Tanner.

Dass Wagner sich nicht als enttäuscht Liebenden, sondern als einen mächtigen und eigenständig Handelnden sehen wollte, wird auch in einem weiteren Zusammenhang deutlich: Er sieht sich durch den Schuster hindurch als denjenigen, dem es gelingt, eine aus den Fugen geratene Welt wieder ins Lot zu bringen. Sachs steht zwischen den verschiedenen Parteien und schafft einen wohltuenden Ausgleich, hält alle Fäden in der Hand und vermittelt zwischen der strengen Vorstellung des Meistersangs und Walthers durch Leidenschaft und Liebe entstandenen, überschwenglichen Gesang.

Dass ihm die Liebe Sachsens zu Eva und dessen freiwillig vorgenommener Rückzug bei der neuen Beschäftigung mit dem Stoff als ein zentrales Thema erschien, wird durch einen weiteren Vorfall gestützt. Als er mit den Wesendoncks in Venedig die Galerien und Kirchen besuchte, sahen sie auch Tizians berühmtes Bild der Assunta. Die »›Himmelfahrt der Maria‹ [übte] im großen Dogensaale eine Wirkung von erhabenster Art auf mich aus, so daß ich seit dieser Empfängnis in mir meine alte Kraft fast wie urplötzlich wieder belebt fühlte.«[7] Am unteren Rand des Gemäldes steht eine Gruppe von Männern, die ergriffen Abschied von Maria nehmen und die Hände emporheben, als wollten sie nach ihr greifen. Umgeben von Engeln schwebt sie in die Höhe. Ganz oben schaut Gottvater zu ihr herab. Setzt man Mathilde an Marias Stelle, so schwebt sie davon, für immer unerreichbar, und

Richard ist es, der ihr nachschaut. Das Bild muss ihm verdeutlicht haben, dass er sich mit Würde verabschieden musste, um nicht in Gram und Eifersucht zu vergehen. Mit Cosima kehrte er anlässlich späterer Besuche in Venedig immer wieder zu diesem Gemälde zurück. Einmal sah er darin den »Schmerz der gebärenden Mutter und des Liebes-Entzückens gemischt«, ein andermal kritisierte er die Erscheinung Gottvaters auf dem Bild, da er ihn als störend empfand.[8] Der Hinweis auf Marias Mutterrolle lässt Parallelen zu Mathilde zu, die in Venedig mit ihrem fünften Kind schwanger war. Und die Kritik an der Abbildung Gottes ist ein weiteres Indiz dafür, dass er den Verlust Mathildes durch eine künstlerische Umsetzung überhöhen und veredeln konnte: Gott hatte hier nichts zu suchen, Richard musste aus eigener Kraft handeln. Diese Umwandlung persönlichen Schmerzes in Kreativität war eine bewundernswerte Fähigkeit, die ihm half, die Widrigkeiten des Lebens zu bewältigen und zugleich herausragende Kunstwerke zu schaffen. Es war somit der Gedanke an einen »freiwilligen« Verzicht, der ihn von seiner Not befreite und der ihm half, sich auf seine Kunst zu fokussieren. Nur so vermochte er seine Frustration in Resignation zu verwandeln – eine psychische Meisterleistung. Möglich war sie allerdings nur, weil er sich wiedergeliebt fühlte.

Die musikalische Aufarbeitung des Themas Verzicht beschäftigte Wagner auch über sein eigenes Schaffen hinaus. Er kannte das Streichquartett cis-Moll op. 131 von Beethoven bestens und zwischen dem ersten Satz und Wagners Einleitung zum letzten Akt der Meistersinger lassen sich Ähnlichkeiten entdecken. Insgesamt dreimal schrieb er über dieses Quartett.[9] So behauptet er, dass es alle Stimmungen von Beethovens innerlichem Leben enthalte, »von der schwermuthvollen Morgenandacht eines tiefleidenden Gemüthes, an den Erscheinungen des Anmuthigen, Einnehmenden und Hinreißenden vorüber, durch die Empfindungen der Wonne, des Entzückens, der Sehnsucht, der Liebe und Hingebung, endlich selbst der hervorbrechenden Heiterkeit, des scherzhaften Behagens, bis zur schließlichen schmerzvollsten Resignation auf alles Glück der Erde.«[10] Dies schrieb er anlässlich einer Züricher Aufführung des Streichquartetts 1854, an der Mathilde teilnahm. Schon damals wird er ihr damit eine Botschaft mitgeteilt haben, die er mit den *Meistersingern* wieder aufgreift: Wagner, Sachs und Beethoven: Sie alle mussten resignieren.

Das Ergebnis der aus der Resignation entstandenen Kreativität ist Wagners einziges Lustspiel. In ihm herrscht eine hierarchische Welt mit einem klaren Oben und Unten, und Wagner stellt auf verschiedenen Ebenen klar, dass diese Ordnung organisch gewachsen und damit »natürlich« sei. Zu ihr gehören die Stände, nämlich die Ritter, Handwerker und das Volk ebenso wie die Geschlechter. Männer sind in Zünften organisiert, sie sind die Handelnden, deren Arbeit gesellschaftlich anerkannt wird. Dass es im Mittelalter auch Frauen in Zünften gab, wird von Wagner übergangen. Gleichwohl werden die Männer nicht nur positiv dargestellt – man hat dem Komponisten vorgeworfen, die Meistersinger pedantisch und verschlossen vorzuführen. Dies trifft insofern zu, als er zeigt, dass kreative Menschen auf Hemmnisse stoßen können, wenn überformalisierte Strukturen verkrusten. Wagner hatte sich oft genug über die musikalisch begrenzte Welt der Professoren an Konservatorien geärgert und rächt sich in den *Meistersingern* an den Kritikern seiner Musik. Aber er zeigt auch eine andere, eine positive Seite der Zunft. Dies geschieht durch die Musik: Sie stellt das hohe Ansehen dar, das die Meistersinger genießen. In einem kernig-festen, altehrwürdigen Monumentalstil gestaltet, besitzen die Hauptmotive der Ouvertüre eine blockartig-kräftige Struktur (Notenbeispiel 7).

7

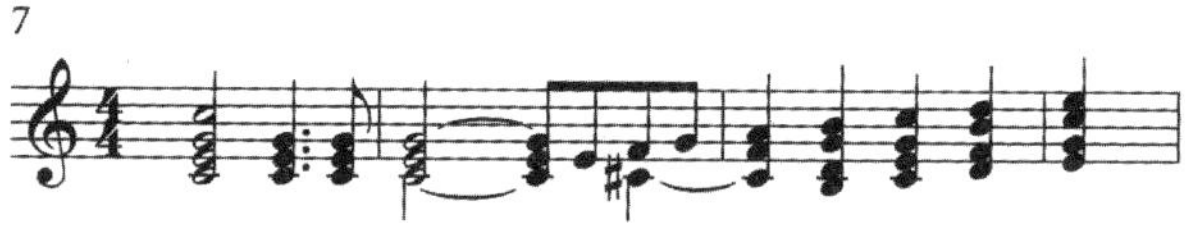

Die Chromatik, die Vorhalte und Alterationen, die *Tristan und Isolde* prägten, wären hier fehl am Platz. Gravitätisch schreitende, ruhige Notenwerte und die akkordische Struktur vermitteln mit dem stolz aufsteigenden Dreiklang des daran anschließenden Motivs, der starken Bläserpräsenz, dem punktierten Marschrhythmus, dem klassischen Fanfarenklang, der diatonischen Entfaltung sowie dem strahlenden C-Dur Werte wie Standfestigkeit, Würde und Erhabenheit. Vor allem die Mittelstimmen sind auf die Kadenz bezogen, die den großangelegten Klang fest stützt. Dieses stabile Gerüst führt mit einer Mischung aus Festlichkeit und Standhaftigkeit in den Habitus einer Welt ein, die das mittelalterliche Ideal der Ritterlichkeit auf die Meistersinger überträgt. Die Annahme, wonach der dritte Teil der Ouvertüre, in dem der Mittelteil dünn instrumentiert erklingt und die Anweisung »sehr kurz gestoßen« trägt, eine Parodie der Meistersinger darstelle,[11] überzeugt nicht, denn die gleiche Stelle ist zu hören, als Beckmesser im dritten Akt sein Preislied anstimmt. Die weniger erhabene Musik bezieht sich somit nur auf ihn, seine Kollegen bleiben mit Würde ausgestattet.

Indem Wagner mit seinen archaisierend-kontrapunktischen Einschüben barocke Stilelemente benutzt und diese mit einer groß aufgebauten Klangballung koppelt, wird die Welt der Repräsentation und Würde als überlegen dargestellt. Die Barockmusik stellt eine beliebte Bastion des Männlichen dar. So bescheinigt der bekannte Musikologe Arnold Schering dem Zeitalter des Barock eine »unbändige Monumentalisierungssucht«, die er mit traditionell männlichen Eigenschaften koppelt: Majestät, Ewigkeit, Schicksal, Seelenstärke, Erhabenes, Heldengröße. Diesem Monumentalen ordnet er das »Geistige« zu. Demgegenüber zieht das Zierliche, Tändelnde, Galante, Schmeichelnde (und man kann hinzufügen: das Sinnlich-Weibliche) den Kürzeren.[12] Damit wird eine genderspezifische Zuordnung geleistet, die auch in den *Meistersingern* greift. Das weibliche Feld der Liebe klingt beim zweiten Thema der Ouvertüre an (Notenbeispiel 8) – die Instrumentation wird reduziert, die Anweisung lautet »sehr zart und ausdrucksvoll« und ein legato-Motiv ist zu hören, das von Holzbläsern umspielt wird, wobei die Klarinette am deutlichsten hervortritt und eine erotische Färbung hinzugibt. Aber auch das Überleitungsmotiv in den Takten 27 bis 40 der Ouvertüre (Notenbeispiel 9) beschreibt sowohl die Bühnenfigur Eva als auch die paradiesische Eva, enthält es doch das Motiv aus dem Abgesang in Walthers Preislied, in dem er die beiden Evas besingt. Die Instrumentation wird auf Holzbläser und Streicher reduziert, die Anweisung lautet »ausdrucksvoll« und »piano«. Nicht zufällig laufen beide Motive Evas abwärts, sie signalisieren damit »weibliche« Schwäche im Gegensatz zum Meistersingerthema, das trotz der anfänglichen Quart insgesamt nach oben strebt.

8

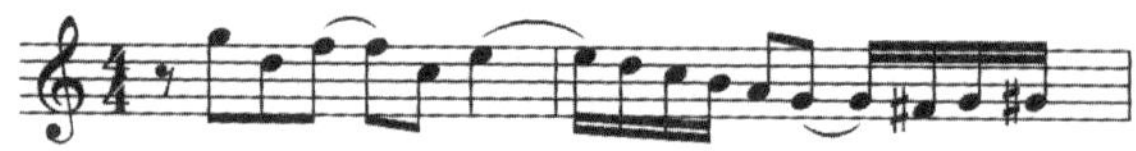

9

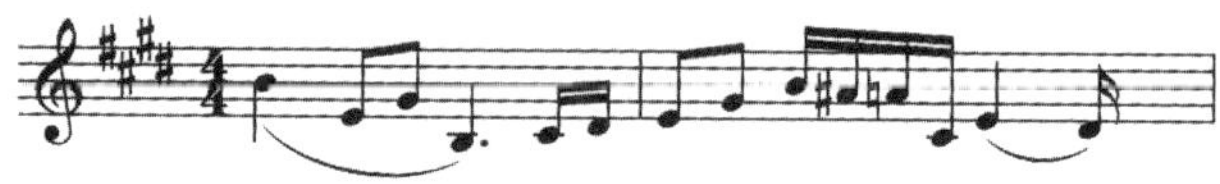

Damit sind die wichtigsten Motive, die Eva kennzeichnen, bereits in der Ouvertüre vorhanden. Der Vorhang öffnet sich: Raffiniert wird zu Beginn des ersten Aufzugs die paradiesische mit der weltlichen Eva verschmolzen, indem kurze Zwischenspiele ritornellartig den Choral in der Kirche durchsetzen. Walther hält Blickkontakt mit Eva, die laut Regieanweisung teils »seelenvoll zu ihm aufblickt« und dann »beschämt die Augen senkt«. Da Frauen ihr Begehren möglichst nicht offen zeigen sollen, ist Eva der Oboenklang zugeteilt. Die Oboe ist geeignet, »das Zarte und Sanfte eindringlich zu machen, denn das Rührend-Ergreifende ihres Klanges entspringt wesentlich der Feinheit und Lieblichkeit derselben.« Auch Scham und Schüchternheit können durch sie wiedergegeben werden und »es versteht sich nach dem Dargelegten von selbst, daß die Oboe vornehmlich Frauengestalten zugeordnet ist.«[13] Auch die Klarinette ist Evas Erscheinen häufig beigefügt.

Obwohl die gesamte Oper von Motivsplittern und -varianten aller Art durchsetzt ist, weisen insbesondere zwei weitere Motive auf Eva. Es sind dies vor allem das Sehnsuchtsmotiv (Notenbeispiel 10), das mehrfach im zweiten Akt erklingt. Die aufsteigende Chromatik bezeugt drängendes Begehren und es verwundert nicht, dass es mit dem Abgesang von »So rief der Lenz« (erster Akt, dritte Szene) verwandt ist, hat doch Walthers Gesang einen unverhohlen erotischen Bezug. Es ertönt auch, als Eva mit Walther fliehen will, wobei es mannigfaltig verändert den weiteren Fortgang der Handlung bestimmt. Die Sequenzen und die Vorhalte deuten auf ihr Begehren hin: Eva ist dann stark und hingabefähig, wenn sie liebt, wobei das Zeigen von Leidenschaft stets als Erwiderung auf die Avancen des Helden erfolgt.

Das Brautmotiv (Notenbeispiel 11) lässt sich aus dem Preislied ableiten und ist in den beiden Gesprächen zwischen Eva und Sachs zu hören. Es wird auf drei Töne reduziert, als Sachs Evas naive Frage verneint, ob er nicht ein Mann für sie wäre. Eine periodisch strukturierte, einfache Floskel erhält im Dialog Evas mit Sachs im letzten Akt konstituierende Bedeutung (Notenbeispiel 12).

10

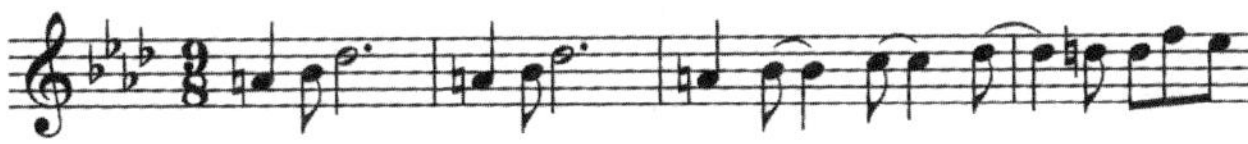

11

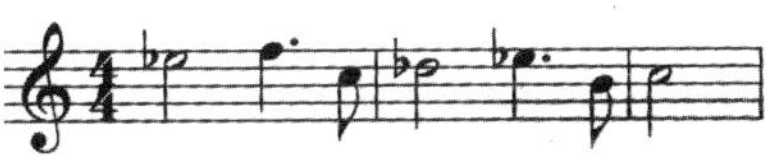

12

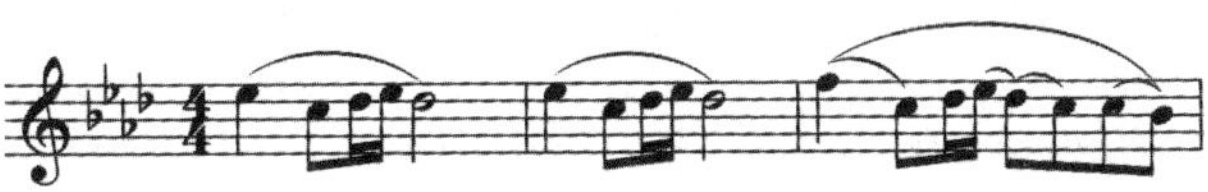

Diese Floskel erklingt in der einfachen, eintaktigen Form mehr als dreißig Mal und wird vielseitig variiert. Wenn Evas Schuh drückt, ist das eine metaphorische Umschreibung für ihre Ratlosigkeit in Bezug auf den Ausgang des Wettbewerbs und auch ihre Empfindungen für Sachs spielen hinein. Das Motiv, das sich fortwährend um sich selbst dreht und durch die häufige Wiederholung monoton wirkt, spiegelt ihre einfache und kleine Welt wider. Es wird allerdings später geadelt, wenn es sich im letzten Akt in das Thema von Evas »Taufspruch« verwandelt.

Eva Pogner erhält mit den ihr zugeordneten Motiven eine erotische (chromatisch, nach oben drängende) und eine idealisierte (diatonisch, nach unten führende) Komponente und entspricht damit dem Stereotyp der traditionellen bürgerlichen Frau. Musikautoren heben Eva gerne in ein abgehoben-reines Reich, so wenn von der »Gottesidee der weiblichen Schönheit« gesprochen wird, die sich in der »lieblichen Gestalt des Evchen« verkörpert.[14] Als Modell einer Idealfrau wird sie allgemein mit Wohlgefallen betrachtet. Dies kann auch der Grund dafür sein, dass so viel Altbackenes über »die reinste der deutschen Jungfrauen«[15] im einschlägigen Schrifttum zu finden ist. Ihre sakrosankte Aura scheint sie vor der allzu kritischen Analyse zu schützen, was erstaunlich ist, da Hans Sachs sie in seinem Schusterlied im zweiten Akt immerhin mit dem Sündenfall der biblischen Eva in Verbindung bringt. Man beschreibt sie unter anderem als lieblich, von rührender Einfachheit und Natürlichkeit, sie gilt als einfaches Bürgermädchen mit besonderer Herzensgüte, das sittsam, volkstümlich, schalkhaft, jugendfrisch und voll echter Naivität sei.[16] Bis in die Gegenwart hinein benutzen deutsche Autoren die Verkleinerungsform »Evchen«, als würden sie sich mit Sachs identifizieren, der Eva gönnerhaft als »Kind« und »Evchen« anspricht und sie nicht sonderlich ernst nimmt. Richard nannte übrigens die damals bereits dreiunddreißigjährige Mathilde Wesendonck oft so: »Das böse Kind will den Meister wohl gar nichts mehr von sich wissen lassen? [...] Wenn nur das Kind vom grünen Hügel schrieb!«[17] Mathilde nahm die Bezeichnung an, als sie ihn einlud, in Zürich einen längeren Urlaub einzulegen und »sich von dem Kinde hegen und pflegen zu lassen«. Auch die fast dreißigjährige Mathilde Maier, die er 1863 bedrängte, ihm den Haushalt zu führen und zu ihm zu ziehen (was sie ablehnte), sprach er in seinen Briefen immer wieder als »Kind«, »liebes Kind« oder »gutes Kind« an.[18]

Beim Gespräch zwischen Eva Pogner und ihrem Vater wird der Unterschied zwischen dem reifen und angesehenen Mann und der »reizenden« Tochter deutlich (zweiter Akt, zweite Szene). »Ein folgsam Kind, gefragt nur spricht's«, antwortet sie ihm, nachdem er beschlossen hat, sie als Preis dem besten Meistersinger zur Ehe zu geben. Ihre Artigkeit entzückt ihn: »Wie klug! Wie gut!« Veit Pogner intoniert gemächlich-feierlich seine diatonische Melodie, darunter ein Streicherteppich mit langgezogenen Haltetönen, wobei die Hörner mit ebenfalls langen Haltetönen dem Ganzen einen festlich-würdevollen Charakter verleihen. Seine Autorität ist der Musik eingeschrieben. Als er sich zur Tochter wendet, erklingen verspielte Verzierungen im Horn und in der Klarinette. Die anschließenden Einwürfe Evas werden von ausgedehnten Arabesken der Klarinetten geschmückt: Das anmutige Bild der Tochter bildet damit einen Kontrast zur väterlichen abgeklärten Lebensklugheit.

Eva Pogner werden zwar vielfältige Motive zugeordnet, aber sie erhält kein eigenständiges Motiv, das sie als Person charakterisiert. Während die Männer handeln, fungiert sie als Objekt, um das gekämpft und geworben wird. Sie steht auch nicht wie die Männer in einem kameradschaftlichen Verbund. Das Bild idealisierter, passiver Weiblichkeit ermöglicht erst die Wahrnehmung und Anerkennung des männlichen Helden und des Männerbündischen und bildet seinen Gegenpol. Daher steht Eva keine einzige Soloszene zur Verfügung, während ihr Gegenpart Walther fünf größere Solo- und Duett-Szenen bestreitet. Walthers Gefühle brechen zunächst unverhohlen aus, um dann veredelt zu werden, er durchläuft also bis zum Preislied eine Entwicklung hin zur Reife. Eva hingegen trägt beide Anteile ihrer Rolle immer in sich. Sie ist sowohl die paradiesische wie auch die weltliche Frau und ist immer nur im Zusammenhang mit ihrer »weiblichen« Wesensart zu sehen, wonach sie erst etwas gilt, wenn ein Mann sie liebt und sie diese Liebe erwidert. Ihre Identität besteht in der Liebe, die sie verströmt. Sie ist ein zu erringender Preis, eine Projektionsfläche, die das männliche Begehren ebenso wie die Idealvorstellung von der Frau spiegelt und zum Adressaten zurückwirft. Wenn Kurt Overhoff mit den Worten »Das ist das Wesen des Weibes, daß es zu bewußtem Eigensein erst in der Liebe erwacht«[19] noch 1967 diesen Tatbestand wohlgefällig kommentiert, so erweist sich, dass das Denken, das den eng begrenzten Handlungsspielraum der Frau legitimiert, bis weit ins 20. Jahrhundert hinein noch unkritisch rezipiert wurde.

Den Frauen steht in dieser Oper allgemein weit weniger Raum zu als den Männern. Sie erscheinen selten auf der Bühne, und wenn, dann in ihrer bewährten Rolle als Zuschauende, Akklamierende oder Friedensstifterinnen. Als sich eine Massenprügelei auf der Bühne ausbreitet, schütten sie Eimer mit Wasser auf die aufgebrachten Männer, um sie zur Vernunft zu bringen. Magdalene und Eva gehören verschiedenen Schichten an und werden daher auch musikalisch konträr charakterisiert. Während in der Operntradition die Frauen aus der Unterschicht (beispielsweise Blonde in Mozarts *Die Entführung aus dem Serail* oder Ännchen in Webers *Freischütz*) durch größere Melodiesprünge und einen syllabischen Duktus gekennzeichnet werden, erhält die bürgerlich Tugendhafte eine eher gebundene Melodie in meist kleinen Intervallen. Die Tradition wird hier weitergeführt: Magdalene hat in ihrem Gespräch mit Walther und Eva zehnmal einen Septsprung zu singen, Eva dagegen nur einmal.

Auch an den Männerrollen lässt sich Wagners musikalische Kunst der Personencharakterisierung trefflich studieren. Im letzten Akt treten der syllabisch plappernde, von Holzbläsern begleitete David und der mit lyrisch-leidenschaftlichen Anteilen ausgestattete Walther (bei dessen Gesang sogar die Harfe bemüht wird) sowie der durch Dissonanzen und rhythmisch abgerissene Phrasen negativ gekennzeichnete Beckmesser auf. Versuche von Musikautoren, die dissonanzreiche Begleitung Beckmessers als fortschrittlich zu bezeichnen, schlagen fehl – zu Wagners Zeiten wurden Dissonanzen bewusst für Unangenehmes eingesetzt und vom Publikum entsprechend wahrgenommen. Der übermäßige Dreiklang ist sein Kennzeichen, ein hässlich klingender Akkord, der auch zu hören ist, als Beckmesser bei der großen Schlägerei verprügelt wird. Während dieser meist nur von seiner kläglichen Laute begleitet wird, verfügt Walther über das gesamte Orchester. Als adeliger Abkömmling erhält er ritterliche Züge sowie ein sicheres Auftreten – dies wird durch sein Motiv mit dem punktierten Auftakt, den staccato-Akkorden und dem aufsteigenden Teil unterstrichen. Meist wird sein Gesang schwungvoll-dahinfließend begleitet, im Gegensatz zu dem seines Gegenspielers Beckmesser, der mit abgerissenen Phrasen, rhythmisch unregelmäßiger Melodieführung und dissonanzreicher Harmonik vorliebnehmen muss.

Während es Beckmesser an musikalischen Zwischentönen fehlt, gibt es an anderen Stellen sogar Spuren von Ironie. Wenn Eva Walther mit David, der Goliath bezwang, gleichsetzt und seine Erscheinung mit einem fiktiven Gemälde Dürers vergleicht, dann sieht sie ihn als blondgelockten Jüngling mit einem Schwert im Gurt, der Schleuder in der Hand. Dieses Bild wird kurz darauf von dem echten David konterkariert, der ein Lineal im Gürtel trägt und ein Stück Kreide an einer Schnur schwenkt. Damit parodiert Wagner das Idealbild eines Helden – angesichts seines Siegfriedkultes im *Ring des Nibelungen* ein bemerkenswertes Unterfangen. In einer weiteren Szene leuchtet Wagners Kritik am Spießbürgertum auf. Walther von Stolzing singt in seinem ersten Anlauf ein Lied, das von sexuellen Andeutungen durchsetzt ist. Es handelt von Lust in der Brust, vom Fließen und Ergießen, es »schwillt und schwallt«. Dafür erntet er deutliche Kritik von Sachs: »Mit solchem Dicht'- und Liebesfeuer verführt man wohl Töchter zum Abenteuer; doch für liebseligen Ehestand man andre Wort' und Weisen fand« (dritter Akt, zweite Szene). Hier wird der bürgerliche Anstand ironisiert. Einen verächtlichen Seitenhieb auf unverheiratete Frauen findet man übrigens auch: Wagner zeichnet einen parodistischen Schlenker auf das Wort »alte Jumbfer«.

Was die Umsetzung der Beziehung Hans Sachsens zu Eva und damit Richards zu Mathilde betrifft, so lohnt sich ein näherer Blick auf das Schusterlied. Sachs singt es im zweiten Akt lauthals, um Beckmessers Werben zu stören, und er erzählt, wie die biblische Eva, die er eine »Sünderin« nennt, aus dem Paradies verstoßen wurde und ihr daraufhin auf dem harten Kies die Füße schmerzten. Gott erbarmte sich ihrer und schickte einen Engel, der ihr Schuhe fertigen musste. Auch Adam erhielt ein Paar Stiefel. Es folgt eine verrätselte Anklage:

> O Eva, Eva! Schlimmes Weib, das hast du am Gewissen,
> daß ob der Füß' am Menschenleib jetzt Engel schustern müssen.
> Blieb'st du im Paradies, da gab es keinen Kies.
> Um deiner jungen Missetat hantier' ich jetzt mit Ahl' und Draht
> Und ob Herrn Adams übler Schwäch' versohl' ich Schuh' und
> streiche Pech.
> Wär' ich nicht fein ein Engel rein, Teufel möchte Schuster sein!

Die letzte Strophe lautet:

> O Eva! hör' mein' Klageruf, mein' Not und schwer Verdrüssen!
> Die Kunstwerk', die ein Schuster schuf, sie tritt die Welt mit Füßen!
> Gäb' nicht ein Engel Trost, der gleiches Werk erlost,
> und rief' mich oft ins Paradies, wie ich da Schuh' und Stiefel ließ'!
> Doch wenn mich der im Himmel hält, dann liegt zu Füßen mir
> die Welt,
> und bin in Ruh' Hans Sachs, ein Schuhmacher und Poet dazu!

Bedenkt man, dass Sachs mit dem Lied die reale Eva mit der biblischen Figur vermengt, ist ihre Bezeichnung als »Sünderin« ein Affront. In der Bibel verleitet Eva bekanntlich Adam, vom Baum der Erkenntnis zu essen, worauf beide von Gott aus dem Paradies vertrieben werden. Sie ist für den sogenannten Sündenfall verantwortlich, – die erste Frau der Welt hat sich mit Schuld beladen. Dient Eva Pogner als Allegorie der Erbsünde, die den Künstler an der Kunst hindert? Hans Mayer macht sie zur Verführerin und Verderberin, denn er schreibt: »Dennoch ist die Rückkehr ins Paradies möglich: doch nicht, wie Walther gedichtet hatte und gesungen, mit Evas Hilfe, sondern trotz der Sünderin. Rückkehr ist möglich: dank der Kunst.«[20]

Wagner selbst beschreibt es so: »Dort (beim Schusterlied) drückte es die bittere Klage des resignierten Mannes aus, welcher der Welt ein heiteres und energisches Antlitz zeigt; diese verborgene Klage hatte Eva verstanden, und so tief war ihr Herz von ihr durchbohrt worden, daß sie hatte fliehen wollen, nur um diesen, dem Anscheine nach so heiteren Gesang nicht mehr zu hören«.[21] Das Schusterlied ist somit bitterernst gemeint: Wagner schreibt sich seine Frustration über mangelnde Anerkennung von der Seele. Einmal sieht sich Sachs selbst als »Engel«, der der paradiesischen Eva die Schuhe macht, in der letzten Strophe wird er, Sachs, von einem Engel ins Paradies gerufen. Das ergibt einen Sinn, wenn man diesen als Metapher für die Muse sieht. Diese Darstellung würde mit Richards Verhältnis zu Mathilde übereinstimmen, hat er doch die Geliebte Mathilde nicht leibhaftig vor sich, sondern muss von Erinnerungen zehren sowie sich von ihr aus der Ferne inspirieren lassen.

Was es bedeutet, Wagners Muse zu sein, wird im Preislied deutlich, dem eine zentrale Rolle in der Oper zukommt. Hier werden bürgerliche Träume vom idealen Weib besungen. Zuerst schwärmt Walther von »Eva im Paradies«, die er begehrt. Dann befindet er sich in einem wachen Dichtertraum und ihm erscheint »das hehrste Weib, die Muse des Parnass«. Zuletzt sieht er das Paradies, von dem er geträumt hat, in wirklicher Gestalt vor sich. Dort befindet sich »der Erde lieblichstes Bild, als Muse mir geweiht, so heilig ernst als mild, ward kühn von mir gefreit, am lichten Tag der Sonnen, durch Sanges Sieg gewonnen Parnaß und Paradies!« Der Parnass gilt in der griechischen Mythologie als

Ort der Lyrik und ist hier als Stätte künstlerischer Kreativität gemeint, wo die Muse den genialen Künstler inspiriert. Wagner hat somit die Frau als Muse errungen. Da er Mathilde nicht im wahren Leben besitzen kann, soll sie ihn wenigstens künstlerisch beeinflussen. Daher spricht er im Zusammenhang mit Hans Sachs so oft von Resignation. Die Frau als Muse muss ein sexuelles Wesen sein und sie muss auf den Parnass, den Sitz der Musen, führen können. Walther wird daher von Eva nicht nur mit Lorbeer, sondern auch mit Myrte bekränzt, »paradiesisches Lebens- und parnassisches Kunstsymbol zugleich«.[22] Wagner vollzieht damit sowohl eine Vergöttlichung der Kunst und des Künstlers als auch eine Verpflichtung der dienenden Frau.

Wie sehr Richard Mathilde als seine »Muse« benötigte, zeigen die folgenden Zeilen, in denen er sie – damals noch als Nachbar – wissen ließ, dass er auf sie wartete. Obwohl er ihren Besuch als freiwillig bezeichnet, liegt in seinen Zeilen ein Druck, der an Zwang heranreicht. »Und meine liebe Muse bleibt mir noch fern? Schweigend harrte ich ihres Besuches; durch Bitten wollte ich sie nicht beunruhigen. Denn die Muse, wie die Liebe, beglückt nur freiwillig. Wehe dem Toren, wehe dem Lieblosen, der, was sich freiwillig ihm nicht ergibt, mit Gewalt erzwingen will! Sie lassen sich nicht zwingen. Nicht wahr? Nicht wahr? Wie könnte die Liebe noch Muse sein, ließe sie sich zwingen? Und meine liebe Muse bleibt mir fern?«[23] Die Muse soll möglichst von alleine spüren, wann sie gebraucht wird, und diese wagnersche Phantasie besingt Walther im Preislied.

Als Eva im dritten Akt erscheint, bewundert Sachs ihr Aussehen. Während die Holzbläser und die Hörner Haltetöne intonieren, winden Streicher ihre girlandenartigen Läufe um Sachsens Lob: Der Klangschmelz stellt ihre Schönheit dar. Evas Wert basiert auf ihrem Aussehen. Es folgt ein Gespräch über ihre Schuhe: Sind sie zu eng, zu weit, oder – wie Sachs bald vermutet – versteckt sich ihre Verwirrung hinter dem Problem? Die Instrumentation dünnt bei ihrem Gesang aus, die Oboe spielt mehrfach eine kleine Floskel, und sie wird nur noch von den Holzbläsern begleitet. Nach dem Auftritt Walthers kommt es wieder zu einem Gespräch zwischen Hans und Eva. Dieses kulminiert in einen Dankesausruf Evas, die darauf hinweist, dass er ihre gesamte menschliche Entwicklung gesteuert habe:

> O Sachs, mein Freund! Du teurer Mann! Wie ich dir Edlem lohnen kann?
> Was ohne deine Liebe, was wär' ich ohne dich, ob je auch Kind ich bliebe, erwecktest du mich nicht?
> Durch dich gewann ich, was man preist, durch dich ersann ich, was ein Geist!
> Durch dich erwacht', durch dich nur dacht' ich edel, frei und kühn, du ließest mich erblüh'n!

Dabei erstrahlt das Orchester förmlich, geballte Triolenakkorde steigern den Klangeindruck noch, bei »erblüh'n« ist der Höhepunkt erreicht. Eva muss erstmalig in dieser Oper extreme Sprünge in der Melodie bewältigen, was das Lob Sachsens noch steigert. Auch in diesem Punkt drängt sich die Nähe Evas zu Mathilde geradezu auf. Mathilde beschreibt in ihren Erinnerungen, wie sie ganz »unbelehrt« in Zürich angekommen sei. Der Meister las ihr seine Operndichtungen vor, ging mit ihr Sonaten von Beethoven durch, spielte ihr abends vor, was er vormittags komponiert hatte, und erläuterte ihr Musikwerke, die in Zürich aufgeführt wurden. Daneben diskutierte er mit ihr Lektüren der Klassiker und führte Monologe, denen sie ergeben lauschte. Sie schrieb: »Ich sah die ganze reiche Welt vor mir, die Sie dem Kindergeist erschlossen, mein Auge hing mit Entzücken an dem Wunderbau, höher und höher schlug das Herz vor innigem Dankgefühl, und ich fühlte, daß mir nichts davon verloren gehen könne!«[24] Sie nahm alles begierig auf und verdankte ihr wachsendes Wissen und ihre wachsende Weltkenntnis zu einem großen Teil Wagner. Damit stand sie in diesen 1850er Jahren zu Wagner im selben Verhältnis wie Eva Pogner zu Hans Sachs. Es trifft daher den Kern, das Verhältnis Evas zu Sachs als »eine hocherotische Vater-Tochter-Beziehung« zu bezeichnen.[25]

Dieser Erotik folgt aber keinerlei Körperlichkeit – zu sehr ist das Thema des Verzichts dominant und zu schnell ordnet Eva sich den männlichen Wünschen unter. Dennoch wäre es zu kurz gegriffen, Eva als asexuell zu bezeichnen.[26] Vielmehr ist sie eine Figur, die zwischen den Polen der tugendhaften und der begehrenden Frau steht, wie Wagner sie auch mit Brünnhilde beispielsweise geschaffen hat. Überzeugt davon, dass die Liebe zwei Menschen überfällt und sie dem machtlos ausgesetzt sind, musste Wagner der Frau auch sexuelles Begehren zugestehen. Artig, ja, das ist Eva – aber sie ist zugleich auch mit Begehren ausgestattet. Dennoch unterscheidet sich die musikalische Umsetzung dieser »unerfüllten« Liebe von anderen vergleichbaren Konstellationen in Wagners Opern. Das Sachs zugeeignete Entsagungsmotiv wird von dem warmen und innigen Klang der Streicher intoniert, und nicht, wie im Falle von Elisabeth, Brünnhilde, Wotan oder König Marke, von der eher depressiv klingenden Bassklarinette. Damit ist Sachs weniger ein Leidender, als vielmehr ein von Herzensgüte und Weisheit geprägter Mensch, der zwar alles um sich herum registriert und wahrnimmt, sich aber vom Strom der Geschäftigkeit und Eitelkeit entfernt.

Während Wagner die Weiblichkeit immer wieder als Muse bezeichnete und Musik und Weiblichkeit parallelisierte, wie es im 19. Jahrhundert üblich war,[27] suchte er im wirklichen Leben intensive Beziehungen zum weiblichen Geschlecht. Mit Cosima beispielsweise besprach er Literatur, Musik, die zeitgenössischen geistigen Strömungen und er wehrte sich gegen eine primitive Herabwürdigung von Frauen. Doch in seiner Oper ist von dieser Wertschätzung der Frauen nicht allzu viel zu spüren. Zwar stöhnt Eva: »Was mit den Männern ich Müh' doch hab!«, doch als Gegenstand des Preisliedes bleibt sie ein Objekt. Ihr Werben um Sachs entsteht aus dem Moment heraus und ihr Einverständnis, mit Walther zu fliehen, entspringt der Liebe zu ihm. Dass sie bereit ist, alles für den Geliebten zu tun, geht mit der Aufgabe ihrer Selbständigkeit einher: Nur das gilt, was der Geliebte will oder tut. Und dass fast alle Motive, die mit ihr zu tun haben, vom Preislied abgeleitet sind, spricht für sich.

Ist aber Eva nicht häufig aktiv? Immerhin reagiert sie auf das Werben Walthers. Sie versucht von Hans Sachs mehr zu erfahren, sie lässt sich auf eine Flucht ein, die von ihm vereitelt wird, sie weint, als Walther sie mit seinem leidenschaftlichen Meisterlied grüßt, sie lässt Hans wissen, dass sie sich von ihm stark gefördert fühlt und sie verleiht schließlich Walther den Kranz. Diese Tätigkeiten werden zwar durch Männer ausgelöst, doch Eva lässt sich nicht zu einem Objekt männlicher Wünsche herabwürdigen, stellt sie sich doch durch die Flucht gegen die väterliche Autorität. Sie offenbart ihre subtile und komplexe Beziehung zu Sachs und erreicht am Ende das, was sie will. Freilich ginge es zu weit, Eva eine deutliche menschliche Entwicklung im Lauf des Werkes zuzugestehen. Mary Cicora gibt der Liebe zwischen Eva und Hans eine besondere Gewichtung und glaubt, dass Eva in ihrem Monolog im dritten Akt (»O Sachs, mein Freund! Du teurer Mann!«) Stärke zeigt und damit einen Entwicklungsschub erfahren habe.[28] Tatsächlich häufen sich jetzt extreme Intervallsprünge in der Melodie – Eva muss bis zu anderthalb Oktaven überbrücken. Doch sie ist nur deswegen leidenschaftlich, weil sie Sachs dafür lobt, dass sie durch ihn so viel gelernt hat. Die Musik beschreibt nicht irgendeine kraftvolle Willensentscheidung ihrerseits, sondern ihre Gefühle für den geliebten Mann. Wagner schmückt damit eher Sachs als sie. In der Schlussszene schweigt sie wieder und erscheint nur noch als angebetetes Objekt. Als Muse wird die Frau aufgewertet, idealisiert, doch zugleich verschwindet der Handlungsraum für die reale Frau.

Da Wagner davon ausging, dass Kunst sich verbergen und als Natur erscheinen müsse, ist es naheliegend, dass er ebenso mit der Gestaltung der Geschlechterrollen vorging – sie erscheinen als naturgegeben. Auch die Botschaft, dass die Rolle der Frau als Dienerin männlicher Interessen natürlich ist, wird musikalisch vollzogen. Die Frau erhält durch die oft ausgedünnte Instrumentation einen ähnlichen Status wie das Volk, das durch die volkstümlichen Lieder und Tänze ebenfalls niedriger steht als der weise Mann, der zum Herrschen prädestiniert ist.

Wagner war ein Anhänger der Schriften des zeitgenössischen Publizisten Constantin Frantz, und als die mit Cosima befreundete Malwida von Meysenbug zu Besuch kam und von der Teilnahme der Frauen an der Gesetzgebung sprach, las ihr Richard aus dem Buch *Die Naturlehre des Staates als Grundlage aller Staatswissenschaft* von 1870 vor. Das Kapitel lautet »Ein Beispiel der Verwirrung in der Emancipation der Frauen«, darin wird eine Gleichstellung der Geschlechter abgelehnt, da eine solche die naturgegebene Andersheit der Frau ignoriere. »Aus dieser Verschiedenheit des männlichen und weiblichen Wirkens, wodurch das Eine das Andere ergänzt, beruht alle Schönheit wie alle Gesundheit des menschlichen Daseins«, schreibt Frantz. »Wir müssen die klassische Klarheit der Form und die Schärfe der Gedanken bewundern«, kommentiert Cosima.[29] Würde Eva, statt Walther zu ergänzen und zu stützen, lieber eigenen Bedürfnissen nachgehen, würde sie ihrer positiven Ausstrahlung verlustig gehen.

Wagners Darstellung des Mannes ist eng verknüpft mit seiner Überzeugung vom besonderen deutschen Wesen. Die Schlussszene mit ihrer Ehrung der deutschen Meister und der heiligen deutschen Kunst spiegelt diese Überzeugung. Der 1867 hinzugesetzte Text zu Hans' Schlussmonolog »Habet Acht! Uns drohen üble Streich«, der die Gefahr des Zerfallens des Volkes thematisiert und vor dem Einfluss von »wälschem Dunst mit wälschem Tand« warnt, verschärft den versöhnlich-bürgerlichen Tonfall des früheren Prosaentwurfs durch seine ressentimentgeladene Abwehr. In seinem Aufsatz *Was ist deutsch?* (1865–78) nennt Wagner einige Charakteristika der Deutschen. Sie sind angeblich reinmenschlich, Sprache und Sitte bewahrend, konservativ; dem Deutschen liege mehr am Erhalten als am Gewinnen, er begehre nichts von außen und nehme Religion ernst. Mit Johann Sebastian Bach wird ein Komponist genannt, dessen Musikstil er in den *Meistersingern* anklingen lässt, und der für ihn ein Beispiel darstellt, »was der deutsche Geist in Wahrheit ist«,[30] womit er seinen Landsleuten eine besondere Geistigkeit und einen Hang zur Größe zuspricht.

National-hegemoniale Diskurse sind bekanntlich historisch durch Geschlechterdualismen strukturiert. Parlamentarische Demokratie oder Werte wie Aufklärung, Rationalität, Emanzipation existieren darin nicht. Wenige Wochen vor seinem Tod gedachte Wagner Walther von Stolzings und sagte zu Cosima: »Der hätte doch Gobineau freuen müssen, so durchaus Ritter, trotzig, bis Hans Sachs kommt und ihn mit Weisheit lenkt.«[31] Die ungebrochene Einheit von Handwerk und Technik im alten Künstler, die sich in Sachs findet, und die Verschmelzung von Bach, Sachs und Wagner sind nicht zufällig. Wagner entwirft ein Bild schöpferischen Tuns, das sich von Natur aus ausschließlich auf den (deutschen) Mann bezieht, was durch die wohlgefällig-affirmative musikalische Zeichnung der Meistersinger verstärkt wird.

Die Oper behandelt aber auch in vielfältiger Weise das Thema »Liebe«. David und Magdalene, die dem unteren Stand zugehörig sind (David gehört der »Lausbuben-Zunft« an), leben eine funktional ausgerichtete Beziehung, die beiden nützt. Eva und Walther entbrennen füreinander und obwohl sie sich erst seit einem Tag kennen, sind sie fest entschlossen, sich zu binden. Im Falle Walthers ist es der übergroße Sexualtrieb (»die süße Noth«), der ihn entflammen lässt. Bei Eva ist es eher ein Geschehen, das sie passiv erfasst. So macht sie Hans in einem von Tritoni durchsetzten, bewegten Ausruf klar, dass sie nicht anders konnte: »Doch nun hat's mich gewählt zu nie gekannter Qual; und werd' ich heut vermählt, so war's ohn' alle Wahl: – das war ein Müssen, war ein Zwang! – Euch selbst, mein Meister, – wurde bang« (dritter Akt, vierte Szene). Dieser leidenschaftlichen Verliebtheit stellt der Komponist in der Beziehung zwischen Sachs und Eva eine langjährige Zuneigung entgegen, die liebende Fürsorge beinhaltet. Diese Bindung enthält auch Elemente eines Vater-Tochter-Verhältnisses. Sachs weiß, dass er zu alt für Eva ist, und dass seine Liebe anders geartet ist als die Leidenschaft, die das junge Paar umtreibt. Es darf aber nicht vergessen werden, dass Sachs die Frau mehrfach mit der Sündenfallthematik koppelt und auf ihre Sündhaftigkeit anspielt: Hier schimmert nicht nur die traditionelle Sicht auf die Frau durch, sondern darüber hinaus eine aggressive Haltung Wagners gegenüber der Geliebten (Mathilde), eine Enttäuschung über ihre Entscheidung, bei ihrem Ehemann zu bleiben, die sich trotz aller Idealisierung des Verzichtsdenkens nicht gänzlich unterdrücken ließ.

Obwohl das Schlussdatum der Kompositionsskizze des letzten Akts den Wortlaut trägt »7 Febr 1867 Am heil'gen Richardstage eigens für Cosima gefertigt«, war es die jahrelang beherrschende Liebe zu Mathilde, die den eigentlichen Anstoß zur Komposition der *Meistersinger* gab. Im Juni 1863, vier Jahre nach seinem Weggang aus Zürich, schrieb Richard an Eliza Wille, eine Freundin Mathildes: »Ich will dieser Tage endlich einmal wieder Wesendoncks schreiben. Allein, – ich kann nur ihm schreiben. Ich liebe die Frau zu sehr, mein Herz ist so überweich und voll, wenn ich ihrer gedenke, daß ich unmöglich an sie in der Form mich wenden kann, die nun zwingender als je mir gegen sie auferlegt sein müßte. Wie mir's um das Herz ist, kann ich ihr aber nicht schreiben, ohne Verrat an ihrem Manne zu begehen, den ich innig schätze und wert halte. Was ist da zu tun? Ganz in meinem Herzen verheimlicht kann ich's auch nicht halten: ein Mensch wenigstens muß wissen, wie es mit mir steht. Drum sag' ich's Ihnen: sie ist und bleibt meine erste und einzige Liebe! Das fühl' ich nun immer bestimmter. Es war der Höhepunkt meines Lebens: die bangen, schön beklommenen Jahre, die ich in dem wachsenden Zauber ihrer Nähe, ihrer Neigung verlebte, enthalten alle Süße meines Lebens. [...] Sie bleibt mir immer schön, und nie wird meine Liebe zu ihr erkalten; aber ich darf nicht wieder mit ihr zusammentreffen.«[32] Er kannte Mathilde nun schon elf Jahre lang und doch hatten seine Gefühle für sie nichts an Intensität eingebüßt. *Die Meistersinger* sind auf das Engste mit ihr verbunden.

Später tauschte er die weibliche Identifikationsfigur aus. In ihrem Tagebuch notiert Cosima, wie Richard ihr zurief: »Ich habe die Eva geheiratet«. Elf Jahre zuvor hatte er ihr lachend gesagt: »Ich habe es anders gemacht als Wotan und Sachs, ich habe gleich Brünnhilde und Eva geheiratet; ich lasse die Guten vortreffliche Dinge sagen, hüte mich aber, sie zu befolgen.«[33] Mit anderen Worten: Sachs habe verzichtet, er jedoch habe das nicht befolgt. Vergessen und verdrängt war inzwischen, dass er sich damals, als er das Werk schrieb, sehr wohl mit Sachsens Verzicht identifiziert hatte.

Cosima urteilte verständlicherweise recht unbarmherzig über Richards Beziehung zu Mathilde: »Un amour né de l'ennui, de la vanité et du besoin d'argent.« (»Eine aus der Langeweile, aus Eitelkeit und Geldnot geborene Liebe.«)[34] 1866 zog Cosima mit ihm nach Tribschen am Vierwaldstättersee, wo sie sechs Jahre blieben – Jahre der quälenden Schuldgefühle, aber auch der intensiven Zweisamkeit. 1867 wurde ihre Tochter Eva geboren, ein Jahr darauf wurde Cosima von Bülow geschieden. Richard schuf umgehend eine Analogie zwischen der eigenen Tochter und der Bühnengestalt: »Richard spielt am Morgen das Duett des zweiten Aktes der *Meistersinger* und sagt, er könne das nicht spielen, ohne in die Zeit versetzt zu sein, wo er das schrieb und ich Evchen im Schoße trug.« »Beim Erwachen höre ich die Klänge des Meisterliedes, die Weise, die Eva zur Welt brachte und mit welcher mich R. bei meinem Geburtstag (1866) begrüßte.« »Eva's Geburtstag; die Weise wird gespielt!«[35]

Dennoch war es Mathilde Wesendonck, die die charakterliche Gestaltung des Sachs veranlasste: Ein Mann verzichtet auf eine junge Frau, weil er mehr an sie denkt als an sich – ein Anspruch, den Wagner selbst nicht einzulösen vermochte, den er aber seinem erzwungenen Verzicht auf Mathilde überstülpte. Die Liebe wird auf eine geistige

Sphäre gehoben. Wie später die Marschallin in Richard Strauss' *Rosenkavalier* verzichtet ein reifer Mensch und verfällt nicht in Aggression oder Selbstmitleid, sondern bewältigt den Schmerz mit Würde und Größe. So wuchs Wagner über sich selbst hinaus und schuf mit der herausragend komponierten Musik samt ihrer Komplexität ein Meisterwerk, das andererseits freilich mit der massiven, blockartigen Struktur, die die Meistersinger beschreibt, und der heldenhaften Lobpreisung des starken Mannes auf der Festwiese eine »natürliche« männliche Dominanz fortschreibt.

Der Ring des Nibelungen: Entstehung und Vorspiel – *Ring I*

An seinen Freund Liszt schrieb Wagner 1852: »Mit mir geht es von tag zu tag einem tieferen verfalle zu: ich lebe ein unbeschreiblich nichtswürdiges leben! Vom wirklichen Genusse des lebens kenne ich gar nichts: für mich ist ›genuß des lebens, der liebe‹ nur ein Gegenstand der Einbildungskraft, nicht der Erfahrung. So mußte mir das Herz in das Hirn treten, u. mein leben nur noch ein künstliches werden: nur noch als ›Künstler‹ kann ich leben, in ihm ist mein ganzer ›mensch‹ aufgegangen.«[1] Diese Klage ist sicherlich auch auf dem Hintergrund der gescheiterten Romanze mit Jessie Laussot in Bordeaux zu sehen. Dabei hatte die Beziehung so vielversprechend begonnen: »Ich lernte jetzt die vollste, edelste und schönste Liebe kennen, die einzig wirkliche Liebe, die nicht Bedingungen aufstellt, sondern ihren Gegenstand ganz so umfaßt, wie er ist und seiner Natur nach nicht anders sein kann. S i e hat mich auch der Kunst erhalten!«[2] Er war nah daran gewesen, die Verwirklichung einer solchen Liebe zu erleben, aber Jessie machte im letzten Augenblick einen Rückzieher. Enttäuscht und mit leeren Händen kehrte Wagner nach Zürich zurück. Ein Jahr später hören wir wieder ganz andere Töne von ihm: »Freund! ich bin im Wunder! Eine neue Welt legt sich mir offen. Die große Scene im Rheingold ist fertig: ich sehe einen Reichthum vor mir, wie ich ihn nicht zu ahnen wagte. Ich halte mein Vermögen jetzt für unermeßlich: alles wallt und musizirt in mir. Das ist – oh, ich liebe! – und ein so göttlicher Glaube beseelt mich, daß ich selbst – der Hoffnung nicht bedarf!«[3] Richard Wagner hatte sich mittlerweile in Mathilde Wesendonck verliebt. Die Beziehung zu ihr setzte seine schöpferischen Kräfte frei. Nach einer fünfjährigen Komponierpause, in der er nur Aufsätze, Programm- und Aufführungshinweise, zwei Textentwürfe zum *Ring* sowie Leserbriefe verfasst hatte, flossen die Ideen nur so und ihre Niederschrift konnte ihm nun nicht schnell genug gehen. Mit dem eigentlichen Komponieren des *Rheingolds* begann er Anfang November 1853 und im Herbst 1854 war das gesamte Vorspiel zur Tetralogie fertig – er hat also rasch und konzentriert gearbeitet.

Zahllose Interpretationen des *Ring des Nibelungen* wurden verfasst, seit Wagner dieses alle Maße sprengende, vier Abende beanspruchende Werk 1876 in Bayreuth der Öffentlichkeit präsentierte und es die Opernhäuser in aller Welt durchlief. Bernard Shaw legte als Erster eine vollständige Theorie vor, nach der es sich beim *Ring* um eine umfassende Kritik des Kapitalismus handelt. Man kann, so man will, den *Ring* als eine Parabel sehen, »in der die Geschichte einer durch Politik ruinierten Welt erzählt wird«[4]; andere Autoren thematisierten die psychologischen, literarischen oder mythologischen Implikationen in immer neuen Ansätzen. Zweifellos gestattet der gewaltige Stoff die verschiedensten Auslegungen, doch keine davon kommt an dem einen überragenden Thema vorbei: dem Konflikt zwischen dem Liebes- und dem Machtbedürfnis des bürgerlichen Mannes. Die Wichtigkeit dieses Themas zeigt sich auch in der Geschichte der Entstehung und Reifung des *Rings*, die einige Jahrzehnte in Anspruch nahm, in denen der Schöpfer sein Werk je nach aktuellem Lesestoff und persönlichem Erkenntnisstand mehrfach umarbeitete.

Bevor Wagner 1846 mit umfassenden Studien der Mythologie und der germanischen Götter- und Heldensage begann, nahm er sich einige historische Stoffe vor, die ihm für eine opernhafte Bearbeitung geeignet erschienen. Kaiser Friedrich Barbarossa hatte es ihm besonders angetan – wie so oft beflügelte ein bedeutender Mann seine Phantasie.

»Der Begriff des Herrschers war hier in seiner kraftvollsten und ungeheuerlichsten Bedeutung aufgefasst«, schrieb er. In dem Entwurf geht es um traditionell männliche Handlungsräume: die kaiserliche Gewalt, die Eroberung Mailands, »Reichstag und große Hofhaltung in Mainz, Versöhnung mit dem Papste, Annahme des Kreuzes und Aufbruch nach dem Morgenlande«.[5] Man kann froh sein, dass er den Plan zur Vertonung wieder fallengelassen hat und schließlich die Nibelungen- und Siegfried-Saga für eine musikalische Umsetzung wählte.

Das erste Schriftstück zum Thema ist sein Aufsatz *Die Wibelungen* von 1848. Wagner war von dem kaiserlichen Helden Friedrich Rotbart begeistert und es drängte ihn, daraus einen Opernstoff zu gestalten. Der Kerngedanke kreist jedoch um das Wesen des Eigentums. Der sagenhafte Hort gibt demjenigen Macht, der ihn besitzt, und wird von den Nachkommen des göttlichen Helden begehrt. Es zeichnet ihn aus, »daß er nie in träger Ruhe, durch bloßen Vertrag, sondern nur durch eine ähnliche That, wie die des ersten Gewinners es war, von Neuem errungen wird«.[6] Wagner dachte damals schon an Siegfried, der durch unermüdliche Aktivität zu Recht den Hort beanspruchen kann, im Gegensatz zu anderen, die es mit List und Tücke versuchen. Bezeichnend ist auch das abschätzige Urteil über das Vertragswesen – es zeigt, dass Siegfried als positive Gegenfigur zu den pedantischen Rechtswahrern gedacht war. Mit den *Wibelungen* entwarf er »das vollständige Bild des Fluches der Geld-Gier und des Unterganges, welcher daran geknüpft ist«[7] – man darf hinzufügen: und die Gegenwelt der Liebe, denn er stellt diese dem materiellen Besitz als heilende Kraft entgegen.

Da das Thema ihm letztlich für die Oper ungeeignet erschien, entstand im Oktober 1848 der erste Prosaentwurf zur *Ring*-Dichtung: *Der Nibelungen-Mythus*. Obwohl die Proportionen noch nicht hergestellt sind, kommt das Geschehen der späteren Konzeption schon recht nahe. Bereits in der ersten Fassung steht die hierarchische Ordnung fest: Die Riesen und Nibelungen stehen als untergeordnete Wesen den Göttern gegenüber. Diese bilden die oberste Instanz, doch aufgrund ihres fehlgeleiteten Handelns, das auf Gewalt und List gründet, gefährden sie ihren eigenen Status. Nun muss der »rechte Held« geboren werden, der einen freien Willen zu kühnen Taten besitzen soll. Siegfried ist der Retter für eine Welt, in der die Götter bereits fehlerhaft agieren, und steht somit im Mittelpunkt des Geschehens. Er erschlägt zuerst den Riesenwurm und dann Mime. Auch das Treffen mit den Gibichungen ist im Prosaentwurf bereits vorhanden, ebenso der Betrug an Brünnhilde. Sie ist beschrieben, wie sie auch später erscheint, als Walküre, die Siegfried in Liebe verfällt und durch den Verlust ihres göttlichen Status »ohnmächtig wie ein gewöhnliches Weib« wird. Nebenbei bemerkt: Dass für Wagner normale Frauen »ohnmächtig« sind, ist eine verräterische Aussage.

Es gibt aber auch Unterschiede zur endgültigen Fassung. In der Prosaskizze bezeichnet Brünnhilde den sterbenden Siegfried als »rein«, die später aufscheinende Kritik an ihm (»alle Eide, alle Verträge, die treueste Liebe – trog keiner wie er«) fehlt hier durchgehend, er wird nur positiv gesehen: »Nie wurden Eide treuer gehalten, als durch ihn.« Brünnhilde betrachtet sich selbst als Schuldige: »Jetzt hab' auch ich gebüßt: rein und frei bin ich: denn Er, der Herrliche nur, hatte mich gezwungen.« Eine solche Idealisierung des Helden war Wagner später wohl doch zu viel.

Ein entscheidender Unterschied findet sich auch am Schluss: Im Prosaentwurf geht Wotan nicht unter und Brünnhilde geht nicht in den Tod, sondern sie geleitet den toten Siegfried nach Walhall. Den Ring gibt sie an die Rheintöchter zurück und idealisiert dann Wotan sowie Siegfried: »Nur Einer herrsche, Allvater, herrlicher, du! Daß ewig deine Macht sei, führ' ich dir diesen zu: empfange ihn wohl, er ist dess' werth!« Nach Siegfrieds Tod will sie zusammen mit seiner Leiche auch »ihren Leib den Göttern opfern«. Die Flammen des Scheiterhaufens leuchten auf und man sieht plötzlich Brünnhilde im Waffenschmuck zu Ross, wie sie – zurückverwandelt in eine Walküre – Siegfried an der Hand von dannen geleitet. In dieser Frühfassung erlangt sie ihr Wissen wieder und wird wieder zur Göttin. Sie hat jedoch noch nicht den weiblichen Vorbildcharakter, den ihr Wagner später gab, als er sie vermenschlichte.

In der Versausführung von *Siegfrieds Tod* ist dieser Schluss genauso gestaltet, später jedoch wurde er gestrichen. Auffällig ist in diesem Entwurf die Ausführlichkeit, mit der sich Wagner mit dem Tod Siegfrieds und den Umständen, die zu ihm führen, befasst. Seine Phantasie entzündete sich an dem mit übernatürlichen Kräften ausgestatteten Mann, dem alles gelingt, und der sich nur aufgrund böser Intrigen in der Welt verstrickt. Es ist ein phallozentrischer Blick, wie er auch im 20. und 21. Jahrhundert in den populären Western-, Superman- und Actionfilmen zu finden ist. Wagners Beschreibungen von Siegfried besitzen eine fast homoerotische Färbung. »Ich war mit der Konzeption des Siegfried bis dahin vorgedrungen, wo ich den Menschen in der natürlichsten, heitersten Fülle seiner sinnlich belebten Kundgebung vor mir sah; kein historisches Gewand engte ihn mehr ein [...] er war mir der männlich verkörperte Geist der ewig und einzig zeugenden Unwillkür, des Wirkers wirklicher Thaten, des Menschen in der Fülle höchster, unmittelbarster Kraft und zweifellosester Liebenswürdigkeit. Hier, in der Bewegung dieses Menschen, war kein gedankenhaftes Wollen der Liebe mehr, sondern leibhaftig lebte sie da, schwellte jede Ader und regte jede Muskel des heiteren Menschen zur entzückenden Bethätigung ihres Wesens auf.«[8] Ebenso deutlich wird auch, dass Wagner mit Brünnhilde wieder eine Frauengestalt im Sinn hatte, die – wie Senta, Elisabeth, Elsa und Isolde – ihre Identität aus der Liebe zum Mann schöpft. In dieser zutiefst autoritätshörigen Fassung gab es für Wagner keinen Zweifel daran, dass die patriarchale Dominanz ein »natürliches« Phänomen sei. Wotan herrscht unangefochten als Allvater und Siegfried – der zweite Mann im Staate – wird durch die Frau entsühnt und erlöst. Fricka fehlt noch in diesem Entwurf, dafür sind »Wodan's Wunschmädchen« als »Schildjungfrauen«, die die toten Helden in sein Reich führen, bereits vorhanden. Die Erwähnung der Jungfräulichkeit ist wichtig, da dies ihre positive Zeichnung bedingt.

Diese erste Fassung befriedigte Richard nicht völlig. Er sagte Cosima später, er habe den *Nibelungen-Mythus* und *Siegfrieds Tod* damals mehr »im antiken Sinn«, entworfen, dann aber nach den Jahren in Zürich »den Untergang Wotan's ins Auge gefasst; da sei er mehr eine Art Fliegender Holländer«.[9] Wotan wird nun vermenschlicht, er ist nicht mehr der über alles regierende Gott, sondern er geht unter, weil Macht und Liebe unvereinbar sind und er von der Macht nicht lassen kann. Und Brünnhilde kehrt nicht in ihr kämpferisches Walkürenleben zurück, sondern bleibt die liebende, sich opfernde, sehr weibliche Partnerin des Helden. Die liebende Frau ist wichtiger als alles Geld und Gold. Und auch die Gestalt Siegfrieds wird modifiziert: Wagner erlaubte sich ein wenig Kritik an dem Helden, ohne freilich seinen herausragenden Status grundsätzlich in Frage zu stellen.

1851, als er gerade dabei war, die »große Dramendichtung« zu verfassen, wurde ihm bewusst, dass er die ursprüngliche Handlung erweitern musste, um sie zu verlebendigen, und er erkannte das weit größere Potential des Stoffes. Die Darstellung von Siegfrieds Tod erforderte dramaturgisch die Schilderung seines vorangegangenen Lebens. Es erschien ihm geradezu eine Sünde, »das hinreißend ergreifende des stoffes, den ich somit für die darstellung gewinne, und der mir einen reichthum für künstlerische bildung zuführt, ungenützt zu lassen«. Und er zählte auf, wer und was hinzukommen könnte: »Denke Dir den inhalt der Erzählung der Brünnhilde – in der letzten scene des jungen Siegfried – das schicksal Siegmund's und Siegelinds, der kampf Wodans mit seiner neigung und der Sitte (Fricka); der herrliche trotz der Walküre, der tragische zorn Wodan's mit dem er diesen trotz straft: denke Dir dieß in meinem sinne, mit dem ungeheuren reichthum von momenten, in ein bündiges drama zusammengefaßt, so ist eine tragödie von der erschütterndsten wirkung geschaffen, die zugleich alles das zu einem bestimmten sinnlichen eindrucke vorführt, was mein publikum in sich aufgenommen haben muß, um den jungen Siegfried und den tod – nach ihrer weitesten bedeutung – leicht zu verstehen.«[10] Diese Darstellung ist insofern bemerkenswert, als sie hier bereits die Personen benennt, die Wagner um Siegfried herumgruppiert. Es sind in erster Linie zwei Paare: Siegmund und Sieglinde sowie Wotan und Fricka. Sie stellen das Bild der idealen Liebe und das Gegenstück der Liebesentfremdung dar. Im Verhältnis von Wotan zu Brünnhilde scheint der Kampf zwischen Liebe und Pflicht bzw. Liebe und Macht auf. Siegfried bleibt als überragender Held das Zentrum des gesamten Geschehens, obwohl Wotans Rolle im Vergleich zur früheren Fassung verstärkt wird, vor allem durch die Wanderer-Szenen.

1856 erfolgte die Hinwendung zu Schopenhauers Philosophie und der Schluss der *Götterdämmerung* wird nun umgeformt. Die Liebe ist dem Philosophen zufolge ein blinder Drang, der sich in eine Tragik verstrickt, aus welcher nur die Selbstverneinung herausführt. Diese Ansicht stand aber Wagners Konzeption des *Siegfried* entgegen, die Begegnung zwischen Siegfried und Brünnhilde ist ja geradezu die Apotheose der Liebe. Wagner konnte den letzten Akt zunächst nicht komponieren und brach ab. Schließlich gelang es ihm, die Philosophie Schopenhauers für sich so umzudeuten, dass sie die Liebe doch nicht unmöglich machte. 1858 schreibt er in sein Tagebuch für Mathilde Wesendonck, dass er im Gegensatz zu Schopenhauer einen «Heilsweg zur vollkommenen Beruhigung des Willens durch die Liebe« nachweisen könne, »und zwar nicht einer abstrakten Menschenliebe, sondern der wirklich, aus dem Grunde der Geschlechtsliebe, d.h. der Neigung zw. Mann und Frau keimenden Liebe.«[11] Seine Briefe an sie aus dieser Zeit machen deutlich, dass er diese Überzeugung durch seinen Verzicht auf sie gewonnen hatte. Er begehrte sie zwar, war sich aber klar darüber, dass sein Werben immer erfolglos sein würde und musste sich einreden, durch den bewussten Verzicht auf Mathilde seine Enttäuschung hinter sich lassen zu können. Er wusste, dass er von Mathilde geliebt wurde und dies gab ihm – so war er jedenfalls überzeugt – die Kraft, zur Ruhe zu kommen. Wie in den *Meistersingern*, so spielt auch in der Entstehung des *Rings* die Verzichtsthematik und die Frage nach der Möglichkeit oder Unmöglichkeit der Liebe eine zentrale Rolle. Dies wird besonders an den zahlreichen Umarbeitungen des Schlusses deutlich.

In einem Schreiben an August Röckel erläutert Wagner, wie er seine *Nibelungen*-Dichtung ursprünglich mit dem Ziel schuf, eine bessere Welt zu entwerfen. Er war davon ausgegangen, dass die Menschen eine gute Welt aufbauen könnten, wenn sie nur wollten. Dann aber schien es ihm sinnvoll, zu zeigen, dass aus dem einen ersten Unrecht »eine Welt des Unrechtes entsteht, die deshalb zu Grunde geht, um – – uns eine Lehre zu geben, wie wir das Unrecht erkennen, seine Wurzel ausrotten und eine rechtliche Welt an ihrer Stelle gründen sollen.« Wagner wollte nicht länger eine optimistische Sicht auf die Liebe geben, sondern eine pessimistische auf den unguten Ist-Zustand der Welt. Dafür jedoch fand er keinen geeigneten Schluss des Werks und so beschloss er, dennoch »gewaltsam« die Liebe als höchste Macht durch die folgenden Verse, die er Brünnhilde in den Mund legte, zur Geltung zu bringen:

Nicht Gut, nicht Gold, noch göttliche Pracht;
nicht Haus, nicht Hof, noch herrischer Prunk:
nicht trüber Verträge trügender Bund,
noch heuchelnder Sitte hartes Gesetz:
Selig in Lust und Leid lässt – die L i e b e nur sein! –

Diese Worte empfand er aber im Nachhinein als »tendenziös«, also zu direkt, und vor allem nicht der Handlung entsprechend, denn er hatte ja zunächst in schopenhauerscher Manier die Liebe Brünnhildes und Siegfrieds nicht mehr als erlösend, sondern als »recht gründlich verheerend« dargestellt.[12] Daher strich er diese Passage wieder, obwohl ihm das Lob der Liebe als Essenz des gesamten *Rings* klar geworden war. Er schuf eine neue Fassung, die mit den Worten schließt: »Trauernder Liebe tiefstes Leiden schloß die Augen mir auf: enden sah ich die Welt.« Aber auch diese wurde gestrichen. Letztlich konnte sich Wagner doch nicht ganz von dem Gedanken an die beseligende Liebe trennen. In der Endfassung besingt Brünnhilde ihre Liebe für den Helden, dem sie alles verziehen hat. Es passt hierzu, dass Wagner für die Szene, in der Siegfried Brünnhilde entdeckt, den starken Bezug auf die Liebe neu erfand: So liebt Brünnhilde Siegfried, bevor sie ihn zu sehen bekommen hat. Das ist so in der Völsunga-Saga nicht enthalten.[13]

Wie zentral die Liebesthematik für Wagner war, erkennen auch Autoren an, die sich mit den philosophischen Einflüssen auf den Komponisten befassen: »Unsere primäre und fundamentalste Sehnsucht, so Wagner, ist die, die unsere Persönlichkeit und unser Leben am stärksten prägt: es ist die Sehnsucht nach Liebe.«[14], schreibt Bryan Magee. Auch Sandra Corse zeigt detailliert auf, wie Wagner die zentrale These Hegels von der Kraft der Vernunft durch die von der Kraft der Liebe ersetzt.[15] Das Gold ist eine unheilstiftende Macht und damit »das eigentliche Gift der Liebe«. Wer eine solche Macht anstrebt, ist egoistisch und verliert die Fähigkeit zu lieben.

Die Themen Macht und Liebe können als Dichotomien gesehen werden, die sich in die geschlechtsspezifische Aufteilung, wie wir sie bisher verfolgt haben, einfügen. Der Mann strebt nach Macht und Vorherrschaft, während die Frau Spenderin sexueller Freuden und der Liebe ist. Mit Ausnahme von Siegmund sind es die Frauen, die die

»natürliche« Gabe besitzen, bedingungslos zu lieben. Nur Frauen, die Machtstreben nicht kannten, konnten nach der Überzeugung des 19. Jahrhunderts Eigenschaften wie Empathie und mütterliche Fürsorge entwickeln und auch die Fähigkeit, auf das männlich-sexuelle Begehren einzugehen, sprach man nur diesen Frauen zu.

Diesen Grundgedanken finden wir in Wagners Bearbeitungen, nicht aber in den alten Vorlagen – den skandinavischen Sagen, der Völsunga-Saga, der Edda. Wagner hat die Vorlagen in der gleichen Weise verwendet, wie er auch auf die Ideen von Philosophen oder die kompositorische Tradition zurückgriff: Er betrachtete das Material als Steinbruch, klopfte es auf seinen Nutzen für sein Schaffen ab und übernahm nach Bedarf. Es ging ihm nicht darum, alte Mythen zu revitalisieren, vielmehr sollten seine Kunstwerke moderne Werke sein, die das Publikum innerlich ansprachen und mit den eigenen Problemen konfrontierten. Aus der Walküre Brünnhilde wurde in der endgültigen Fassung eine Modellfrau des 19. Jahrhunderts, die noch dazu mit der Fähigkeit, die Männer zu erlösen, ausgestattet war. Damit erneuert Wagner die Figuren Sentas, Elsas und Elisabeths und zeigt, welche elementare Bedeutung diese Idealkonstruktion für ihn hatte. Das war es auch, was er mit der »anderen, weiteren und entscheidenderen Deutung der allwissend gewordenen Brünnhilde«[16] meinte.

Obwohl die Liebe von Wagner geschlechtsspezifisch betrachtet wird, entsteht zunächst der Eindruck, als sei er von einer Gleichheit der Geschlechter ausgegangen. »Die Liebe in vollster Wirklichkeit ist nun bloss innerhalb des Geschlechtes möglich: nur als *Mann* und *Weib* können wir Menschen am wirklichsten lieben, während alle andere Liebe nur eine von dieser abgeleitete, von ihr herrührende, auf ihr sich beziehende, oder ihr künstlich nachgebildete ist.« In der Vereinigung von Mann und Frau könne der Mensch sinnlich und metaphysisch erzeugt werden. In der Erscheinung des geliebten Gegenübers würde die Welt erst wahrhaftig real. So weit, so klar, doch dann kommt der entscheidende Satz: Siegfried ist ohne Partnerin »nur die Hälfte, erst mit *Brünnhilde* wird er zum Erlöser« und »das leidende, sich opfernde Weib wird endlich die wahre wissende Erlöserin: denn die Liebe ist eigentlich ›das ewig Weibliche‹ selbst«.[17] Damit hat er die Essenz seiner Komposition beschrieben: Die Frau hat sich zu opfern, sie hat zu leiden, denn sie personifiziert die Liebe selbst. Damit wird auch deutlich, dass machtbewusste, unabhängige Frauen ihn zutiefst irritieren mussten, weil sie nicht in sein Geschlechtermodell passten.

Wagner war überzeugt, den Frauen mit diesem Werk ein großes Denkmal gesetzt zu haben. Er plante, der Großherzogin von Weimar einen Prachtband der *Ring*-Dichtung zu ihrem Geburtstag zu schenken. Liszt sollte sie dazu bringen, einen Blick darauf zu werfen. Die Verherrlichung, die »noch nie dem Weibe so widerfahren sei«[18], bestand aber vor allem darin, dass er mit Brünnhilde eine Frau geschaffen hatte, die ihre Selbstvernichtung »aus Sympathie« für den Geliebten betrieb.

Betrachten wir die Frauen und Männer dieses Werks einmal genauer. Wenn sich der Vorhang hebt, leiten drei Rheintöchter das Vorspiel zum *Rheingold* ein. Ihrer Herkunft aus der niederen Geistermythologie gemäß sind sie Naturwesen, die in das Geschehen nicht eingreifen können und auch keine Seele besitzen. Gleich die ersten kindischen Worte (»Weia! Waga! Woge, Du Welle ...«), die die Wellenbewegung der Einleitung aufnehmen, weisen sie als naturverbunden und geistig zurückgeblieben aus. Wagner entnahm sie dem *Nibelungenlied*, das mit diesen Figuren an die uralten Schwanenjungfrauen anknüpft,[19] und im ersten Entwurf des Dramas stellte er sich folglich »drei Meerfrauen mit Schwanenflügeln« vor. Weil sie ein Teil der Natur und damit ungefährlich sind (man konnte mit ihnen flirten und sich necken, aber sie beanspruchten nie irgendwelche Macht oder Autorität), werden sie musikalisch von dem Wellenmotiv charakterisiert, das sich um sich selbst dreht – ein Bild der Wasserbewegung und zugleich der Ziellosigkeit, mit der sie ihren Tag verbringen.

Ganz so genügsam und fröhlich, wie sie zunächst wirken, sind die Rheintöchter aber nicht: Sie gehen recht gemein mit Alberich um und verhöhnen ihn. Wie die Sirenen, die Odysseus zu betören versuchten, sind auch sie Mischgestalten aus Mensch und Tier. Mit ihrer flirtenden Attitüde liefern sie ein Bild sogenannter »leichter Mädchen«, die sich mit Männern und deren Begierden auskennen und sie gerne mit ihrer erotischen Ausstrahlung bis zur Weißglut necken. Dies wird später von Fricka bestätigt, die von den Rheintöchtern behauptet, sie hätten schon manchen Mann verführt. Selbst die Sprache, mit der sie das

Rheingold preisen, ist mit erotischen Anspielungen durchsetzt: »Wonnige Spiele spenden wir dir: flimmert der Fluß, flammt die Flut, umfließen wir tauchend, tanzend und singend, im seligen Bade dein Bett! Rheingold!«

Es bereitet ihnen eine diebische Freude, Alberich mit ihren »weiblichen« Mitteln zu umgarnen. Flosshilde parodiert eine opernhafte Liebesszene, die Harfe, die in dieser Szene erklingt, ist ironisch gemeint, ebenso wie die Solovioline, die sonst bei innigen Begegnungen zu hören ist. Die erotische Macht der Frau ist überall greifbar, aber auch ihre Fähigkeit zu verhöhnen und zu beschämen. Alberich wird von den Mädchen als »garstig«, als »lüsterner Kauz«, »Krötengestalt«, »haariger, höckriger Geck« und »schwarzes, schwieliges Schwefelgezwerg mit struppigem Bart« beschrieben. Er ist ein Außenseiter, vermutlich dem damaligen Negativbild des ärmlichen Ostjuden nachgebildet. Sein Begehren erweist sich als sexuell im primitiven Sinne, wenn er beschreibt, wie ihm »brünstige Glut wild und mächtig in den Gliedern brennt und glüht« oder dass ihm das Herz »zagt, zuckt und zehrt«. Er schwankt zwischen charmanten Begriffen wie »fräuliches Kind«, »holdeste, süßeste Maid« und aggressiven Beschimpfungen wie »kalter, grätiger Fisch«, »schmählich schlaues, lüderlich schlechtes Gelichter«, »treuloses Nickergezücht«. Die Beleidigungen erfolgen somit von beiden Seiten.

Der Tonfall ändert sich schlagartig, als Alberich das Gold entdeckt. Die Lust auf den Goldschatz wird mit musikalisch negativen Zeichen umschrieben – es erklingen viele Tritoni – man ahnt daher frühzeitig, dass der Schatz Unglück bringen wird. Nach dem Verschwinden Alberichs und der Rheinmädchen in der Tiefe des dunklen Flusses hellt sich die Gegend auf. War die Welt der niedrigen Instinkte an die Rheinmädchen gekoppelt, beleuchtet nun »ein hervorbrechender Tag mit wachsendem Glanze eine Burg mit blinkenden Zinnen«: Der Auftritt Wotans und Frickas steht bevor.

Mit Wotan und Fricka knüpft der Komponist an die Edda an, eine isländische Liedersammlung, die ihrerseits auf verschiedenen Quellen fußt. Darin wird die Heldensage mit der Göttersage verflochten und Wagner entnahm diesem Werk die Figur Odins.[20] Odin, also Wotan, der Vater aller Götter und Menschen, ist mit Frig, der späteren Fricka, verheiratet. Er ist der höchste und älteste Gott, herrscht über alle Dinge und Wesen, auch über andere Götter. Seine Wohnung besteht außen wie innen aus reinstem Gold. Darüber befand sich ein Gebäude, das als Aufenthaltsort für die Göttinnen diente – die erste Erwähnung von Frauen. Obwohl die Göttinnen selten genannt werden, ist zu erfahren, dass ihre Macht nicht geringer als die der männlichen Gottheiten war.

Die Figur des Wotan muss Wagner besonders am Herzen gelegen haben – die autobiographischen Bezüge sind auffällig. »Die menschlichsten Züge freilich trägt der menschenfernste, der erhabenste der Götter, trägt Wotan. In ihn, den leidenden, aufbegehrenden, den tätiggefesselten, den traurigen und den trauernden Gott hat Wagner Wesenszüge, Gefühle und Stimmungen projiziert, die seinem Gefühl von sich selbst entsprechen«[21], schreibt Peter Wapnewski. Wagner hat sich zunehmend mit dieser Figur identifiziert: »Sieh Dir ihn recht an! er gleicht uns auf's Haar«[22], schrieb er an August Röckel. Er wollte einen lebendigen Menschen, keine blutleere Figur schaffen. Wotan ist »die Summe der Intelligenz der Gegenwart« – also ein auch rational denkender Herrscher, der Verträge schließt und mit ihnen leben muss. Er ist weit mehr als ein alltäglicher Mann. Als All-, Heer-, Wal- und Siegvater bezeichnet lenkt er die Armeen, kann über Leben und Tod in der Schlacht bestimmen und ist der Herr der Siege. Selbst wenn Wotan lügt und betrügt, malt die musikalische Darstellung immer noch seine Rolle als männlicher Gottesherrscher aus.

Dieser Gott ist verstrickt in ein Netz aus Geldgier, Machtgier und Vertragsbrüchen und müsste eigentlich als negative Figur gelten. Aber die Darstellung zeichnet einen zum Herrschen prädestinierten, würdevollen Mann des Respekts mit bedeutender Ausstrahlung. Wagners Sympathien liegen eindeutig bei diesem Gott, der die Liebe eines Geschwisterpaars über die Konvention stellt, obwohl er auch ein Tyrann ist.[23] Das sogenannte Walhallmotiv, das ihn bei seiner Einführung und auch später häufig begleitet, ist ebenso ein Wotanmotiv, denn es erklingt im ersten Akt der *Walküre* mehrfach bei seiner Erwähnung. Es tritt auf beim Gespräch mit Fricka, später bei seinem Gespräch mit Erda, als Sieglinde erzählt, wie Wotan in ihrem Haus erschien, während der Auseinandersetzung mit Siegfried, wo man Wotan das letzte

Mal auf der Bühne zu sehen bekommt, und es ist auch bei Waltrautes Erzählung zu hören, als sie erregt Wotans Unglück schildert. Das Motiv beschreibt aber zugleich die aufragende, imposante Burg und Wotans Lob des Bauwerks drückt sich musikalisch mit heiligem Ernst und kirchlich-feierlichem Duktus aus. Er wird also trotz aller seiner Verfehlungen mit musikalischen Mitteln positiv charakterisiert. Wagner hat übrigens lange nach dem richtigen Motiv für Walhall gesucht, das ihm wichtig war, wohl auch deswegen, weil es neben der Burg auch den führenden Gott Wotan beschreibt.[24]

Dass Wotans Macht auf einem System von Gesetzen und Verträgen beruht, die er selbst eingeführt hat, untermauert seine Bedeutung als Mann, denn im 19. Jahrhundert waren Frauen nur in geringem Maße vertragsberechtigt. Das Symbol der politischen, juristischen und phallischen Macht Wotans ist sein Speer, der im Lauf des Dramas Bedeutung erhält. In einer ausführlichen Textpassage (»Aus der Welt-Esche weihlichstem Aste schuf er sich einen Schaft«) wird die Machtstellung erläutert, die er durch die Waffe innehat. Wagners Vorliebe für hierarchische Strukturen findet hier den geeigneten Platz. Während Alberich und später Hagen die bösen, nach Macht gierenden Gegner Wotans sind, bleibt dieser auch trotz seiner Fehler edel. »Seine Welt verkörpert zahlreiche Werte, die der westlichen Zivilisation an verschiedenen historischen Zeitpunkten nahestehen: Recht, gegenseitiger Respekt, aristokratischer Adel und die Kontrolle der Natur durch die gesellschaftliche Entwicklung, die Unantastbarkeit sozialer Institutionen.«[25] Das Walhallmotiv symbolisiert diesen Gedanken der natürlichen Ordnung: Der männliche Gott ist zum Herrschen prädestiniert, im Guten wie im Schlechten. Wie so oft in der abendländischen Kulturgeschichte wird dem Erhabenen ein symbolisch männliches Geschlecht zugeordnet, obwohl mit Fricka und Freia auch Göttinnen vorhanden sind, die auf einer Stufe mit Wotan stehen müssten.

In der Edda spielt Frig keine bedeutende Rolle. Obwohl sie Odins Ehefrau ist, besitzt sie nicht die gleichen Rechte wie er. Sie weiß über das Schicksal aller Lebewesen Bescheid und Odin sucht oft ihren Rat. Es gibt Hinweise darauf, dass sie die Göttin der Ehe ist, aber auch, dass sie sich sexuell promisk verhält und Kinder hat. Wagner änderte einiges am Mythos, um eine Gattin zu präsentieren, die eher den moralischen Vorstellungen seiner Zeit entsprach. So strich er ihre sexuellen Aktivitäten wie auch die Kinder und übernahm ihren Status als Hüterin der Ehe. Ihre Aufregung über Wotans Beziehung zu Erda, die »wilder Minne Bund dir gebar«, ist Wagners Erfindung, ebenso wie ihre Empörung über die inzestuöse Verbindung zwischen Siegmund und Sieglinde.

Als Wotan und Fricka auf einer blumigen Berghöhe erwachen, wird dies von erhabenen Klangballungen mit langen Notenwerten und festlichen Bläserklängen begleitet, um die Burg zu beschreiben, die von Wotan mit den Worten »Mannes Ehre, ewige Macht ragen zu endlosem Ruhm« gefeiert wird. Mit der Verkoppelung der Worte »Macht – ewig – Ehre – Mann« wird wieder eine geschlechtliche Markierung gesetzt, die Wotan über Fricka erhebt. Die Bläser setzen zu einer majestätischen Steigerung an: Drei Trompeten, eine Basstrompete, drei Posaunen, eine Kontrabassposaune, fünf Tuben ergeben einen massiven Klang. Als höchstem der Götter verleiht das Walhallmotiv Wotan Bestimmtheit und Selbstgewissheit. Der festliche Bläserklang der Götterwelt unterscheidet sich damit deutlich von der musikalischen Beschreibung der flirtenden Rheintöchter. Frickas a-cappella-Ausruf »Wotan, Gemahl! Erwache!« hebt sich ebenfalls von der Klangmassierung der Bläser im größtmöglichen Kontrast ab. Während Wotan Dreiklangsbrechungen intoniert, wird Fricka, die ihn unterbricht und auffordert, das Träumen zu lassen, von unregelmäßigen Notenlängen begleitet, wobei zwei Tritoni ihre Melodie verunzieren. Die Musik trägt also auch dazu bei, dass die Gestalt Frickas in so vielen *Rheingold*-Analysen als unsympathisch erscheint.

Wagner will mit dem Streitgespräch zwischen Wotan und Fricka zeigen, dass »das feste Band, das beide bindet, dem unwillkürlichen Irrthume der Liebe« entsprungen ist und zur »gegenseitigen Qual der Lieblosigkeit« führt – eine Erfahrung, die er selbst gemacht hatte. Liszt gegenüber hatte er geklagt, dass eine »vorschnelle Heirath im 23sten Jahre mit einer achtungswerten, aber mir ganz unangehörigen Frau« ihn unglücklich gemacht habe. Die Parallelen sind unübersehbar. Seine Liebe zu Mathilde Wesendonck, die sich zu voller Blüte entwickelt hatte, machte ihm gerade während der Komposition der *Walküre*, die zeitnah zu der des *Rheingolds* erfolgte, unerbittlich klar, dass die eheliche Bindung an Minna ihn zutiefst fesselte. Er schrieb Liszt, dass er sich lange mit dem Traum zu helfen gewusst habe, vermögend oder berühmt zu werden, um die Öde seines Herzens zu verdecken. Es habe bis 1849 gedauert (dem Jahr, in dem sich Minna wegen seiner Revolutionsumtriebe innerlich von ihm löste), bis er sich dieser Leere bewusst geworden sei.[26] Seine Worte offenbaren die innere Entfremdung des Ehepaares, die ihm nun immer deutlicher wurde.

Als er den Streit zwischen Wotan und Fricka komponierte, traf ein Brief von Minna ein, die sich in Berlin befand und wohl vermutete, er würde sich mit Mathilde Wesendonck treffen, anstatt zu arbeiten. Das veranlasste ihn zu der Bemerkung: »Als ich gestern Deinen etwas mistrauischen Brief bekam, hatte ich gerade das Auftreten der Fricka zu componiren; das stimmte gar nicht übel zusammen.« Auch seine gute Freundin Eliza Wille wurde flugs mit Fricka gleichgesetzt, als sie bei einer Lesung der Tetralogie in ihrem Hause den Raum verlassen musste, um nach ihrem kranken Sohn zu schauen. Wagner fasste ihren Weggang als böse Kritik auf und gab ihr den Namen der ihm unsympathischen Göttin. Er verlieh Fricka auch Eigenschaften, die ihm von seiner Ehefrau nur zu gut bekannt waren. In Dresden hatte sie ihm aufgebracht vorgehalten, von politischen Wirrköpfen beeinflusst zu sein. Auch Fricka meint, dass Loge einen schlechten Einfluss auf Wotan ausübe. Die Göttin nennt Wotan einen bösen Mann – Minna hatte dem Hauspapagei Knackerchen beigebracht, »Wagner ist ein böser Mann« zu plappern. Richard ließ daraufhin an einer Nachttischlampe, die er ihr schenkte, die Worte »Er ist doch ein guter Mann« anbringen.[27]

Und noch etwas erinnert an das Ehepaar Wagner: Fricka leidet unter dem Ehebruch ihres Mannes, während dieser freimütig dazu steht: »Ehr' ich die Frauen doch mehr, als dich freut!« Minna schrieb einer Freundin einmal, dass sie vieles in dieser Richtung schweigend ertragen würde; das Thema war also dem Ehepaar nicht unbekannt. Auch der Hinweis, dass Fricka den Prachtbau nur gutheißt, um Wotan vor neuen Liebschaften zu schützen, erinnert daran, dass Minna sich mit dem Luxus, mit dem Richard sich gerne umgab, nur schwer abfinden konnte. Als sie 1854 eine Kur in ihrem geliebten Seelisberg am Vierwaldstättersee absolvierte, war sie mit ihrem kleinen Zimmer sehr zufrieden: »Keine seidenen Möbel drücken mich hier, wozu auch dieser laute Tand.«[28]

Frickas Frage nach dem Gold »Taugte wohl des goldnen Tandes gleißend Geschmeid auch Frauen zu schönem Schmuck?« wirft zusätzlich ein schlechtes Licht auf sie. Aber bei Loges Worten, dass sie sich der Treue ihres Wotans versichern könnte, wenn sie den Ring besäße, fragt sie sofort: »Gewänne mein Gatte sich wohl das Gold?« Es geht ihr also vornehmlich darum, Wotans Treue wiederzuerlangen. Was sie eigentlich umtreibt, ist der Handel, den ihr Ehemann mit ihrer Schwester Freia plant. Er hat diese den Riesen als Lohn versprochen, wenn sie die Burg Walhall bauen. Wagner gestaltete Freia nach der berühmten namensgleichen germanischen Göttin, aber er setzte noch einige Eigenschaften der Göttin Idun hinzu. In der Vorlage war sie verheiratet und auch sexuell aktiv. Beides streicht er und macht stattdessen aus ihr eine Göttin der Jugend und Liebe, die rein und tugendhaft zu sein hat. Das geht auf Grimms *Mythologie* zurück, der sie als »frohe, erfreuende, liebe, gnädige« Göttin bezeichnet.[29] Sie wurde als die schönste aller germanischen Gottheiten angesehen, und Froh, Fasolt und Wotan preisen denn auch ihr Aussehen. Wagner hat sie außerdem mit Eigenschaften aufgewertet, die er bei Grimm der Frau Holda entlehnte; Holda war jung und schön, freundlich zu Menschen, liebte Musik und Gesang. Der Grund für diese positive Zeichnung ist klar: Obwohl sie anscheinend eine Nebenrolle spielt, hat Wagner sie als Göttin der Liebe ausgewiesen.

So ist auch das bestimmende Thema des Freiamotivs die Liebe. In diesem Punkt gab es in der Wagnerforschung allerdings einige Unstimmigkeiten. Deryck Cooke weist darauf hin, dass sich die Fachwelt von Wolzogens Zweiteilung des Freiamotivs irreführen ließ, was zu unzähligen Fehldeutungen führte. Wolzogen ließ sich von Freias aufgeregtem Auftritt leiten und gab dem zweiten Teil des Motivs die falsche Bezeichnung »Fluchtmotiv«. In anderen Werken erhält es gar den Namen »Angstmotiv«.[30] Dies führt zu einem fatalen Missverständnis, weil dadurch der musikalische Hinweis unerkannt bleibt, wonach die Liebe den Gegenpart zur Macht bildet und das zentrale Motiv des gesamten *Ring des Nibelungen* bildet. Der erste Teil dieses Freiamotivs meint in Loges Erzählung eher den sexuellen Aspekt der Liebe und taucht in der *Walküre* bei Siegmunds begeistertem Ausruf »Seligstes

Weib!« auf, sowie im *Siegfried* an der Stelle, an der dieser Brünnhilde sucht. Der zweite Teil bezeichnet die Liebe in ihrer umfassenden Form und ist daher einer der zentralen und fruchtbarsten Gedanken der gesamten Tetralogie. Das abgespaltene Motiv erscheint in vielfältiger Kombination, um verschiedene Aspekte der Liebe darzustellen: Sehnsucht, Frustration, Erfüllung, Ekstase. So kommt es unter anderem bei der Flucht Siegmunds und Sieglindes vor. Das wichtige Thema wird bis zur *Götterdämmerung* beibehalten und es zeigt, welchen Stellenwert der Komponist der Macht der Liebe verleihen wollte (Notenbeispiel 13).

13

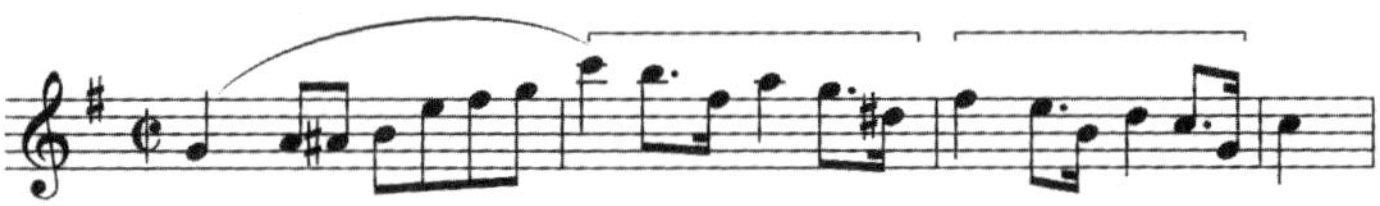

Es lohnt sich, anhand des *Rheingolds* zu verfolgen, wie Wagner die Liebe musikalisch umschreibt. Zunächst verflucht Alberich die Liebe, wobei er einen Septsprung abwärts singt und die Holzbläser zusammen mit den Hörnern schreckhafte, fast gewalttätig wirkende schnelle Triolensprünge intonieren. Danach aber wird im Lauf der Handlung die Liebe – und die Frau, die unabdingbar dazugehört – mehrfach positiv beschrieben. Als Fricka ihrem Mann vorwirft, »Liebe und Weibes Wert« leichtfertig zu verspielen, singt sie einen emphatischen Aufschwung und die Celli intonieren die abwärtsgleitende Melodie der Rheintöchter zu »Minne Macht versagt«. Als der Riese Fasolt darauf pocht, Freia als Lohn zu erhalten, besingt er des »Weibes Wonne« und die Oboe verziert die Gesangsstimme durch das liebliche Freiamotiv. Den musikalischen Höhepunkt bildet jedoch Loge. Er hat die ganze Welt durchstöbert, überall geforscht und fragt nun, »was wohl dem Manne wichtiger ist als die Liebe der Frau«. Er stellt fest, dass niemand »von Lieb' und Weib« lassen will und bezieht sich damit ausschließlich auf das männliche Begehren. Bei seiner Klage, dass er niemanden finden konnte, der auf »Weibes Wonne und Wert« verzichten wollte, setzen bei den tiefsten Streichern nacheinander wellenartige Triolen- und Achtelpartien im Piano ein. Das Freiathema ertönt, was wiederum beweist, dass es weniger die Göttin persönlich, sondern vor allem die Liebe ausdrücken will, die Frauen qua »Natur« zu geben imstande sind. Die Triolenpartien wandern über die Celli und Bratschen bis zu den Violinen, die weiter in die Höhe steigen und noch von den Flöten überboten werden, die ein strahlendes a''' intonieren und von einem Klangteppich der Holzbläser unterstützt werden. Holzbläser sind traditionsgemäß für den Bereich »Liebe« zuständig. Mit langen Haltetönen gesellen sich die Hörner dazu. Die diatonische Streicherfläche ist überaus wohlklingend und kantabel, sie vermittelt den Eindruck von Süße und Glück. Vorhalte, Holzbläser und Mordente gehören auch zu den Mitteln, mit denen Wagner liebende Frauen zu charakterisieren pflegt. Der Liebesbegriff wird somit in erster Linie verstanden als das, was die Frau dem Mann zu geben vermag. Das Wort »Wonne« kulminiert in einem Triller und einem Mordent als Verzierung; die Begleitung erreicht mit Vorhalten, Holzbläsern und mit dem Freiamotiv mittendrin eine emphatische Süße.

Wie wichtig Wagner diese Stelle im *Rheingold* war, zeigt sich in seinen Zeilen, die er an Marie von Sayn-Wittgenstein richtete, als er ihr von der Beendigung der Komposition schreibt: »Es gibt einen recht traurigen Zug, der durch meine Musica geht: ›Nur wer der Minne Macht versagt‹ heißen die Worte der schauerlich tiefen, oft herzzerreißenden Klage; derselbe melodische Gedanke bildet sich aber auch zu dem ›Weibes Wonne und Wert‹ um.«[31] Mit dieser Zuweisung wurde Frauen eine schwere Hypothek auferlegt. Alles Glück der Welt wird der ihr entströmenden Liebesfähigkeit zugewiesen; die Frau garantiert Freude, Entzückung und Seligkeit und dieses Glück ist angeblich der Freude am schnöden Mammon weit überlegen. Wer aber solchen Verheißungen und Erwartungen ausgesetzt ist, ist zugleich gefährdet, denn die Sehnsucht nach der Frau kann bei Nichterfüllung in Frustration umschlagen, und die Hörigkeit, die solche Glücksverheißung herstellt, muss auch zwangsläufig zu aggressiven Reaktionen führen, die letzlich auch den Tod der Frau in Kauf nehmen, als Rache dafür, dass sie Abhängigkeiten schafft, auch ohne ihr Zutun.

Wotan willigt in den Rücktausch Freias gegen Gold ein. Mit ihrer Darstellung als Tauschobjekt gelingt eine auffällige Kritik an einer Gesellschaft, die Frauen verdinglicht, zu Objekten macht. Als er schließlich den Ring ebenfalls für Freia einsetzen soll, den er eben Alberich abgenommen hat, weigert sich Wotan. Niemand kann ihn umstimmen, bis plötzlich die Göttin Erda aus einer Felskluft hervortritt, um ihn vor der verderblichen Macht des Rings zu warnen. Zusammen mit den Nornen gehört sie zu den seherisch begabten Frauengestalten, wobei sie als Gebärerin Brünnhildes den anderen überlegen ist. Grimm zufolge erlangen in der deutschen Mythologie Schicksalssprüche aus dem Munde von Frauen größere Heiligkeit, die Weissagung ist eine weibliche Gabe. »Männer verdienen durch ihre thaten, frauen durch ihre weisheit vergötterung.«[32] Als Überbleibsel vergangener Zeiten errät Erda intuitiv Dinge, hat aber nichts mit der Gestaltung der Welt zu tun. Ihr Motiv unterstreicht musikalisch das Aufsteigen aus der Erde, darüber hinaus betont es durch seine Ähnlichkeit mit der Anfangsmusik des *Rheingolds* ihre Nähe zu den Rheintöchtern. Als sie Wotan mit den Worten »Weiche Wotan! Weiche! Flieh des Ringes Fluch!« eindringlich warnt, wirken die punktierten Noten und der Oktavsprung wie ein Befehl, wobei sich der Befehlston durch die Verbindung mit Periodik (4 + 4 Takte) und Diatonik sowie durch die Molltonart abschwächt. Beim Wort »Fluch« findet sich passenderweise ein Tritonus. Harmonisch wird auf Nebenstufen verzichtet, was die Geradlinigkeit und Eindringlichkeit ihrer Botschaft insgesamt verstärkt. Und Wotan hört auf sie.

Der Konflikt scheint beigelegt, glücklich überschreiten die Götter die Brücke zur prächtigen Burg. Obwohl man aufgrund der Bemerkungen des vernunftbestimmten Loge weiß, dass ihre Konflikte keineswegs zu Ende sind (»ihrem Ende eilen sie zu, die so stark im Bestehen sich wähnen«), ist die musikalische Begleitung dieser Szene mit vollem Bläserarsenal und großem Aufwand Wotan angemessen. Als er die Burg grüßt, hört man zweimal einen riesigen Aufbau des Schwertmotivs – vermutlich als Warnung gedacht, aber musikalisch prunkvoll. Das Trällern der Rheintöchter ist trotz ihrer Verachtung der um das Gold streitenden Männer (»Falsch und feig ist was oben sich freut«) harmlos – die Harfen wirken anmutig. Der Des-Dur-Abschluss im fortissimo ist pompös-affirmativ: Fünfzehn Takte hindurch erklingt ein Tonikaakkord in größter Lautstärke und das Regenbogenmotiv, gespielt von Posaunen, Tuben, Trompeten und Hörnern, steigt mehr als anderthalb Oktaven in die Höhe. Bekanntlich wirkt die Musik stärker als der gesungene Text und so entsteht der Eindruck von männlich bestimmter, großartiger Macht, während die Rheintöchter und Erda als Naturwesen am Rande des Geschehens stehen.

Am Schluss des *Rheingolds* haben die Frauen scheinbar gesiegt. Fricka hat Freia gerettet, Freia wurde von den Riesen befreit und Erda hat Wotan mit ihrer Warnung so beeindruckt, dass er den Ring, wenn auch widerwillig, hergab. Aber bereits beim zweiten Erscheinen Erdas hat sich die Lage verändert, Fricka löst in der *Walküre* mit ihrem Protest gegen Wotan die Tragödie Siegmunds und Sieglindes aus und Freia geht mit den Göttern am Ende unter. Da sich die Frauen nur durch inständiges Bitten (Fricka), Flehen um Hilfe (Freia), Warnungen (Erda) oder Klagen (Rheintöchter) äußern können, bleiben sie von vornherein den Männern unterlegen, die aktiv ins Geschehen eingreifen und sich trotz ihrer Fehler als kompetent erweisen.

Wotan und die Walküre – *Ring II*

Wie er Seidenstoffe und schöne Tapeten kaufte, um seine sinnlichen Bedürfnisse zu befriedigen, brauchte Wagner zum kreativen Schaffen auch eine erotische Anregung. »Ich bedarf nur des nötigen Lebensreizes, um zu der unerläßlichen heiteren Stimmung zu gelangen, aus der mir die Motive willig und freudig hervorquillen sollen«[1], verriet er Liszt. Die Liebe zu Mathilde Wesendonck war ihm ein großer Ansporn; jetzt, da er mit der Komposition der *Walküre* begann, inspirierte ihn die junge Frau zu der schönsten Liebesszene, die er je komponiert hat. Sie ist deswegen so anrührend, weil in keinem anderen seiner Werke das langsame Aufblühen einer Liebe zwischen Mann und Frau derart im Sinne einer organischen Entwicklung dargestellt und musikalisch ausgestaltet wird wie bei Sieglinde und Siegmund. Tristan und Isolde verlieben sich aufgrund eines Zaubertranks und bei Siegfried und Brünnhilde steht die Fixierung aufeinander von vornherein fest.

Das Komponieren bereitete ihm jetzt Freude. Er sprach von der »völligen Wiedergeburt nach einer stattgehabten Seelenwanderung«[2] und geriet nun in einen Fanatismus, »der mich links und rechts nichts andres erkennen und beachten ließ«. Noch drängender als das Komponieren des *Rheingolds* war ihm die Komposition der *Walküre*, die ihm »ganz herrlich in den Gliedern lag«. Um damit endlich anfangen zu können, unterbrach er sogar die Schreibarbeit der *Rheingold*-Partitur: »Ich hab keine Ruhe, bis ich die Walküre anfange.« Und kurz danach schrieb er an Liszt: »Die Walküre ist angefangen: Du, jetzt geht es doch erst los!«[3] Der Grund für die freudige Eile liegt auf der Hand, denn neben dem *Tristan* besitzt kein anderes Werk so durchschlagende autobiographische Züge. Der Komponist suchte den inneren Kontakt zu seiner Geliebten, indem er siebzehn geheime Botschaften an sie in die Kompositionsskizze des ersten Aktes zur *Walküre* eintrug. Sie zeigen die Parallelen zwischen ihrer Lage und der von Sieglinde und Siegmund auf und beziehen sich deshalb auf den Eingangsakt. Die Kürzel sind nirgends aufgelöst, aber leicht zu entziffern. Die erste Notiz steht über dem Vorspiel zum ersten Akt: »G. s. M!« (Gesegnet sei Mathilde!); andere lauten »I. l. d. i. m!« (Ich liebe dich immer mehr!), »S. m. g., M!« (Sei mir gut, Mathilde!) oder »L. d. m?« (Liebst du mich?). Als Hunding Siegfried mit dem Tod droht und dann den Raum verlässt, schreibt Wagner »G.w.h.d.m.verl?« (Geliebte warum hast du mich verlassen?). Die letzten vier Eintragungen sind dem Glück gewidmet, das die beiden besingen. Zu den Worten »Auf lach' ich in heiliger Lust« schreibt Wagner »O. w. i. d. l.!« (O wie ich dich liebe!). Mehrfach ist an diesen siebzehn Stellen das Liebesmotiv zu hören. Es fällt auch auf, dass allein sieben dieser Eintragungen die Blicke zwischen dem Paar betreffen, was angesichts der Situation Mathildes und Richards plausibel ist: Sie mussten sich verstellen und konnten sich in der Öffentlichkeit lediglich durch Blicke verständigen. An Liszt hatte Wagner im März 1852 geschrieben: »Ein feuchtglänzendes frauenauge durchdringt mich oft wieder mit neuer Hoffnung.« Nun ließ er Siegmund ausrufen: »Ihres Auges Strahl streifte mich da: Wärme gewann ich und Tag!«

Thematisiert wird wieder einmal die Liebe, die den Menschen plötzlich überfällt, die keine Grenzen kennt und gegen die niemand sich wehren kann. Sieglindes Handlungen, die daraus folgen – der Liebesakt, die Flucht vor dem Ehemann –, sind Ausdruck dieses plötzlichen Einbruchs in ihr Leben. Wagner stellt dies als etwas Natürliches dar, Konventionen wirken dagegen wie falscher Tand. Die Eintragungen in die Skizze und der Hinweis, dass ihn das Komponieren so sehr erschüttere, weisen auf sein Bedürfnis hin, Mathilde von der Notwendigkeit einer gemeinsamen Flucht oder zumindest von der Unabdingbarkeit ihrer Liebe zu überzeugen. Bei Jessie Laussot schreckte er vor nichts zurück, ebenso wenig wie später in seinem Leben, als er den Skandal wegen Cosimas Ehebruch in Kauf nahm und seine Umgebung jahrelang betrog. Auch jetzt träumte er davon, mit Mathilde zusammenleben zu können. Wenn *Tristan und Isolde* von der Sehnsucht handelt, die keine Erfüllung kennt, lebte er hier noch in der Phantasie einer Vereinigung. Aus dem gesellschaftlich verfemten Inzest wird eine reine Liebe, die auf einem wirklichen gegenseitigen Verständnis aufbaut. So sah es auch Cosima Wagner, der die Verbindung zwischen Bruder und Schwester »wie eine Naturnotwendigkeit erscheint, an der sie alle zugrunde gehen, so daß damit doch nichts Unmoralisches dargestellt ist«.[4]

Wagner hat die beiden Hauptpersonen mit Motiven ausgestattet, die sie sowohl in ihrer Wesensart als auch in ihrer momentanen emotionalen Situation beschreiben. Während Siegmunds Melodie eine übermäßige Sekunde erhält und der Abstand zwischen h-f und gis-d zweimal einen Tritonus ausmacht (Notenbeispiel 14), ist Sieglinde mit anmutig klingenden Terzparallelen ausgestattet (Notenbeispiel 15). Ihr Motiv verläuft aufwärts, da sie aus männlicher Sicht zu einer Hoffnungsträgerin geworden ist, das von Siegfried hingegen abwärts, da er unglücklich ist.

14

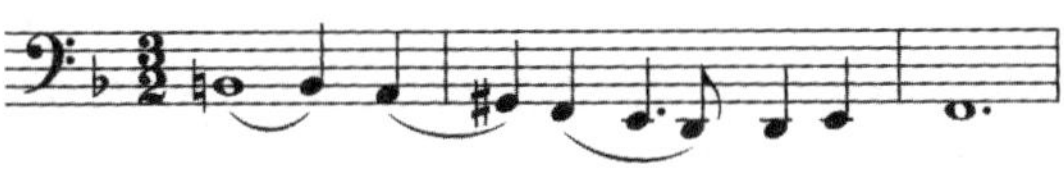

15

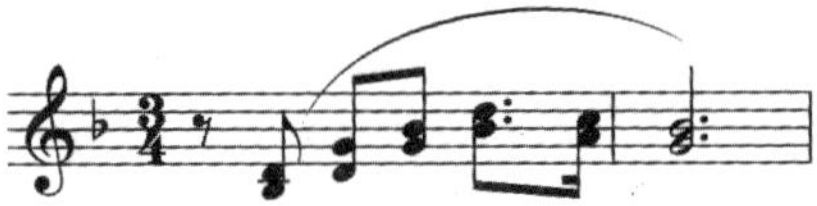

Als die Geschwister sich eingangs in der Hütte treffen, ist Siegmund durstig und Sieglinde eilt, Wasser zu holen. Zum ersten Mal erklingt ihr aufsteigendes Motiv mit Terzparallelen in den Geigen. Als sie ihm das Wasser reicht, ertönt ein anschwellendes Cellosolo, das sich auf mehrere Streichergruppen verteilt. Es wird zweimal wiederholt, sodann intoniert ein Celloquartett zusammen mit zwei Kontrabässen einen ruhigen Streichersatz, der das Solocello sanft begleitet und Sieglindes Motiv in leichter Abänderung erklingen lässt. Das sich über dreiundzwanzig Takte erstreckende Zwischenspiel (»sehr ruhig und ausdrucksvoll«) erzeugt eine schwärmerische Atmosphäre, ohne ins Sentimentale abzugleiten. Bei Siegmunds Worten »Die Sonne lacht mir nun neu« weiß man sofort, dass er sich damit auf die Begegnung mit Sieglinde bezieht, denn ihr Motiv wird viermal in den Violinen gespielt, Fagott, Hörner und Klarinetten wiederholen den ersten Teil im Triolenrhythmus und steigern damit die Intensität. Etwas später reicht Sieglinde ihm Met, wobei zwei Klarinetten die bekannten Terzparallelen intonieren – musikalisch wird damit vorausgenommen, dass sie sich ineinander verlieben werden. Er will das Haus verlassen, weil er sich als verflucht empfindet. Sie verrät ihm, dass sie auch im Unheil lebt, wodurch deutlich wird, dass sie ein unglückliches Los teilen. Sofort erklingen das Liebesmotiv und Sieglindes Motiv, was Wärme und Zärtlichkeit vermittelt. Immer wieder wird Sieglinde durch die Klarinette begleitet – das klassische Instrument der Liebe wird hier seiner Funktion gerecht.

Das Liebesmotiv des Paares geht auf den zweiten Teil des Freiamotivs zurück. Es wurde bereits darauf hingewiesen, dass es in der Fachliteratur falsch bezeichnet ist und nicht Freia persönlich, sondern die Liebe allgemein darstellt. Zwischendurch ist das sogenannte Geschwisterliebemotiv zu hören – mit dem abwärtssteigenden Tritonus verheißt es nichts Gutes. Und schließlich wirkt das sogenannte Wälsungenleidmotiv durch die Mollfärbung und den abwärtsgeführten Dreiklang trübe. Dadurch ahnt man, dass die Beziehung trotz des aufblühenden Glücks Probleme birgt. Dieser Eindruck verstärkt sich bei der Ankunft von Sieglindes Ehemann Hunding: Die Hörner spielen ein militärisch-punktiertes Motiv, das von zwei Tenortuben, zwei Basstuben und einer Kontrabasstuba aufgegriffen wird und im unisono-Rhythmus erklingt, was eine ungewöhnliche, fast brutale Härte verursacht. Harmonisch wird das zweitaktige Motiv durch einen verminderten Septakkord gestützt. Es ist eine der wenigen Stellen in Wagners Werk, wo militärische Anklänge negativ wirken sollen – Wagner steht hier auf Seiten des Liebespaares. Hundings erste Frage: »Du labest ihn?« ist mit einem Tritonus durchsetzt, was das Gefühl von Bedrohung verstärkt. Hundings schwere Bassstimme kontrastiert zudem mit dem hellen Timbre Siegmunds. Das Bedrohliche nimmt kontinuierlich zu, etwa in Hundings Gesang, der häufig abwärts läuft – allein in dem ersten Einwurf »Wie gleicht er dem Weibe …« findet man drei Tritoni. Trotz des sachlichen Textes wirkt er beängstigend.

Nachdem Sieglinde Hunding mit einem Schlaftrunk mattgesetzt hat, erzählt sie Siegmund von dem Helden, der sie erretten soll. Das Schwertmotiv ist starr aufwärtsgerichtet, die Trompeten lassen es durchdringend erschallen. Es ist gleich dreifach männlich konnotiert: durch die Trompeten, den Aufwärtssprung und die Funktion des Schwertes als Phallussymbol. Kampf, Potenz und Stärke werden hier gemeinsam evoziert. Sieglindes Begehren wird offenbar, als Siegmund das Schwert aus dem Baum zieht und sie sich »in höchster Trunkenheit« befindet. Streicherkaskaden und ein riesiges Blecharsenal lassen Assoziationen an eine sexuelle Verbindung entstehen. »Siegmund heiß ich, und Siegmund bin ich«, singt er jubelnd: Sieglinde hat ihm mit ihrer Liebe die ersehnte Identität gegeben. Männer brauchen Frauen, um vollständig zu werden – diese Überzeugung, die Wagner im Januar 1854 dem Freund Röckel schrieb,[5] wird hier umgesetzt. Sieglinde bringt Siegmund Erfrischung, sie schützt ihn vor Hunding und versteht ihn, und der plötzliche Umschwung von der stürmischen Dunkelheit in die frühlingshafte Vollmondnacht am Ende des ersten Aktes symbolisiert auch das Lebenspendende, das sie an Siegmund zurückgibt.

Wotan als Herrscher und Gott des Universums ist überzeugt, dass Siegmund – und nach dessen Tod Siegfried – eine Weltordnung einrichten kann, in der nicht Gewalt, sondern Liebe herrscht. Ein freier, furchtloser Held soll das erreichen, was Wotan selbst verwehrt ist: Fafner den Ring zu entwinden und den Rheintöchtern zurückzugeben. Siegmund ist eine erstaunliche Kreation, denn er stellt wie Tristan (der allerdings erst nach dem Genuss eines Liebestranks dazu bereit ist) die Liebe zu einer Frau über alles und ist bereit, sein Leben dafür zu opfern. Er ordnet sein Leben der Liebe zu Sieglinde unter und will sie beschützen, selbst nachdem er erfahren hat, dass der Schutz, den er durch das Schwert genoss, abgezogen wurde. Er würde eher in die Hölle fahren, als auf sie verzichten zu müssen: »Muß ich denn fallen, nicht fahr ich nach Walhall – Hella halte mich fest!« Brünnhilde begreift in diesem Augenblick, was Liebe bedeuten kann. Eine solche wahrhaftige Liebe findet man sonst nicht bei Wagners männlichen Figuren.

Man könnte meinen, dass Siegmund durch diese übergroße Liebe in die weibliche Domäne rutscht und damit in die Gefahr der Abwertung gerät. Dadurch, dass er die Liebe an die erste Stelle setzt und damit eine traditionell weibliche Eigenschaft vorweist, wird er in der Tat feminisiert. Und er entspricht nicht dem Bild des starken Sohnes, den sich der Vater wünscht. Schon sein erster Auftritt ist belastet: Er ist ein Flüchtling, der Angst vor Verfolgung hat, dem es nicht gut geht und der leidet – wobei man nicht erfährt, vor wem er flieht und aus welchem Grund. Das Schwert kann er nur aus dem Stamm ziehen, weil Wotan ihm übermenschliche Kräfte verliehen hat. In der Dichotomie zwischen Stärke und Schwäche steht er damit eher auf der weiblich konnotierten Seite. Wagner hat jedoch gegengesteuert und einiges getan, um ihn aufzuwerten. Entgegen den Quellen in der Mythologie hat er den Gott Wotan selbst zu Siegmunds Vater gemacht, was ihm eine übermenschliche Aura verleiht. Dass er durch Zufall auf die eigene Schwester stößt, erscheint wie die Erfüllung eines göttlichen Planes, der ihm Legitimation gibt. »Der von beiden bewußt akzeptierte Inzest erhebt sie über menschliche wie göttliche Moralgesetze«, schreibt Dagmar Ingenschay-Goch.[6] Trotz dieser Aufwertung ist ihm kein glückliches Ende beschieden – Männer, die sich der Liebe zu einer Frau voll und ganz hingeben, sind notwendigerweise dem Tod geweiht. Tristan wird es später genauso ergehen. Nur unter dem Vorzeichen des Unglücks können Männer bedingungslos in einer Frau aufgehen. Theodor Adorno, der in seinem *Versuch über Wagner* an vielen Stellen überzieht, hat diesmal mit seiner Einschätzung Siegmunds das Besondere dieser Gestalt erkannt: »Er versagt sich dem heroischen Ideal, das er doch besser vertritt als die wohlbestallten Helden, die gesiegt schon haben, ehe sie kämpfen.«[7]

Im zweiten Akt erscheint erstmals Brünnhilde, Wotans Lieblingstochter. Ihr »Hojotoho!« umfasst eine Oktave und strahlt Kraft und Lebensfreude aus. Mit einem über zwei Takte währenden hohen Triller und dem Sprung auf den hohen Schlusston versprüht sie unbändige Lebenslust. Sie solidarisiert sich mit ihrem Vater, als sie Fricka nahen sieht und kündigt deren Ankunft mit ironischem Unterton an. Fricka fährt »zornig zum Zank« und schwingt eine Peitsche, sodass die armen Tiere, die ihren Wagen führen, »vor Angst ächzen«, sie geht brutal mit ihnen um. Brünnhilde gesteht Wotan, dass sie zwar mit den Schlachten mutiger Männer umgehen kann, nicht aber mit einer streitenden Fricka. Solche Vorankündigungen befrachten die Ehefrau Wotans, bevor sie überhaupt selbst ein Wort gesagt hat. Wie schon bei ihrem ersten Auftritt im Rheingold kommt sie auch hier, um die Moral zu vertreten. Diesmal ist ihr Auftritt gewichtiger und ihr Anliegen ernster, denn sie ist entrüstet, dass Wotan den Ehebruch Sieglindes gutheißt. Wotan verachtet den Treueeid, der Menschen bindet, die sich nicht mehr lieben, und merkt an, dass er das Menschenpaar im Übrigen brauche, um einen Helden zu zeugen, der sich ohne göttlichen Schutz vom Göttergesetz löst. »Stets Gewohntes nur magst du versteh'n«, wirft der Gott Fricka vor; eine solche Begrenztheit kritisierte Wagner übrigens auch an seiner Frau. Fricka entgegnet, dass Wotan durch die Unterstützung Siegmunds die geburtsständische Ordnung übergehe und dadurch seine Macht verlieren werde. Aufgebracht beschwört sie ihn, dem Sohn das »zuckende Schwert« wegzunehmen – ein Symbol der Macht und der männlichen Potenz zugleich. Sie klagt über die Schande des Inzests, Sieglindes Ehebruch, Wotans ehebrecherisches Handeln und auch darüber, dass er sich mit den Walküren herumtreibt. Sie ermahnt ihren Mann einzusehen, dass Siegmund nicht dieser Held sein kann, der losgelöst vom Göttergesetz die heldischen Taten vollbringen soll.

Die Unmut- und Zornmotive, das Verzweiflungs-, das Unruhe- und das bedrohliche Hundingmotiv beherrschen ihre Klagen. Durch diese Ballung negativer Motive erhalten ihre Äußerungen einen unangenehmen Unterton, der sie unsympathisch erscheinen lässt. Wotan dagegen, der die Liebe verteidigt, wird von dem süßlichen Liebesmotiv und dem Lenzliedmotiv begleitet (»Winterstürme wichen dem Wonnemond ...«), daher wirken seine Worte positiv. Allmählich aber macht sich Bitterkeit breit, weil er einsieht, dass er seine Pläne aufgeben muss. Am Ende der Auseinandersetzung zeigt Fricka Würde, was ihrem Stand als Göttin auch entspricht. Ihre Aufforderung »Deiner ew'gen Gattin heilige Ehre schirme heut' ihr Schild!« wird feierlich durch Akkorde der Geigen im Triolenrhythmus begleitet. Das Englischhorn, bei Wagner oft für das Bittende und Klagende zuständig, erklingt dazu mit eindringlichen langen Haltetönen.

In einer Interpretation wird die Göttin als konservativer Charakter gesehen, der nicht bereit sei, »den Wandel und die Auflösung einer vorindustriellen Wirtschafts- und Sozialverfassung hinzunehmen«.[8] Wie so oft wird bei der Rezeption dieser Gestalt die Tatsache übergangen, dass Fricka weiblich ist. Kann es nicht sein, dass Wagner weniger die Probleme der Industrialisierung plagten als das Wirken fortschrittlicher Frauen seiner Zeit, die sich häufig als moralische Instanzen fühlten? Bettina von Arnim schrieb 1843 *Dies Buch gehört dem König*, einen Bericht über das Elend in Preußen, der an Friedrich Wilhelm IV. gerichtet war, viel Aufsehen erregte und in Bayern zeitweilig sogar verboten war. Die wachsende Kompetenz und Erfahrung vieler bürgerlicher Frauen auf sozialem Gebiet brachte ihnen Anerkennung, gleichzeitig aber auch Feindschaften ein. Denn hier und da machten sie den Männern die Zuständigkeit streitig. Richard und Cosima haben sich mehr als einmal über »Emanzipierte« kritisch ausgelassen. Richard mochte Emma Herwegh, eine Vorkämpferin der Revolution und Freundin Minnas, nicht sonderlich. Er war zwar mit Malwida von Meysenbug befreundet, begegnete ihr aber ebenso mit kritischer Distanz wie der Lebensgefährtin Liszts, Fürstin Carolyne Sayn-Wittgenstein, die er in seinen Briefen ironisch als »Kapellmeisterin« tituliert.

Liszt kam 1856 mit seiner Geliebten und deren Tochter Marie nach Zürich, wo anlässlich seines Geburtstags im Hotel Baur au Lac der erste Akt und die Streitszene aus dem zweiten Akt in einer halböffentlichen Aufführung dargeboten wurde.[9] Heinrich Porges, der bei der Inszenierung der Streitszene durch den »Meister«, wie er Wagner zu nennen pflegte, anwesend war und dessen Anordnungen notierte, merkt zu Fricka an, dass sie im Laufe des Streites einen gebieterischen Charakter annehmen soll. Sie ruft »mit schneidigster Schärfe«, ihr »Drängen« wird »immer herrischer«, ihre Rede ist »in harten Tönen« sowie »in größter Leidenschaft« gehalten, sie spricht im Tonfall »erhabener Entrüstung«. Sie soll also nie zänkisch wirken (obwohl Wagner andererseits anlässlich der Uraufführung Frickas Auftritt von links haben wollte und dazu anmerkte: »Der Teufel kommt immer von links«[10]). Es musste der Eindruck eines großen Konflikts hervorgerufen werden, bei dem der Zuschauer sich auf die Seite Wotans stellen sollte. Fricka darf als Genossin des obersten Gottes ihre Würde wahren, dennoch wirkt sie mit ihren Anklagen hart und unnachgiebig, während Wotan von Porges mit charakterlich umfassenderen Begriffen beschrieben wird. Er habe einen »mit immer furchtbarer werdender dämonischer Energie hervorbrechenden und von überströmender Gefühlsgewalt erfüllten Ausbruch«. Sein Zustand finde »erschütternden Ausdruck«. In seinem »von einer geheimnisvollen Erhabenheit ungebenen Schweigen« vollziehe sich »eine tiefe Selbstbesinnung«.[11] Diese große emotionale Bandbreite und die bei aller Wut vorhandene Überhöhung seiner Person sollte dazu führen, dass das Publikum mit ihm und nicht mit seiner Ehefrau sympathisiert.

Als das Zwillingspaar vor Hunding flieht, ergibt sich eine weitere geschlechtsspezifische Asymmetrie. Während Siegmund noch von seiner Liebe überwältigt ist, nimmt Sieglinde alle Schuld an dem Inzest auf sich. Sie nennt sich selbst »entweiht«, »unheilig«, »geschändet« und ehrlos«; sie empfindet Grauen und Schauder wegen der »grässlichsten Schande« und bezeichnet sich als »schmählich« und »verflucht«. Siegmund nennt sie hingegen den »reinsten Mann« und den »Edlen«. Es ist kennzeichnend, dass sie die Männer, die Siegmund ermorden wollen, mit der Aufforderung aufzuhalten versucht: »Mordet erst mich!« Siegmund will nicht in das frauen- und damit liebelose Walhall. Aber wie Will Humburg es treffend formuliert, können »in der Welt, für die Wagners Ring steht, Waffe und Weib, d. h. Krieg und Liebe nebeneinander eben nicht gleichzeitig bestehen.«[12] So wie später Brünnhilde nicht als reitende Walküre zugleich eine liebende Partnerin sein kann, verbietet sich auch hier eine Verbindung – ein Aufgehen in der Welt der Liebe ist Männern bekanntlich nicht möglich und Siegmund muss sterben.

Ein neuer Held muss erstehen – Brünnhilde teilt Sieglinde mit, dass sie ein Kind in sich trägt und dass es sich bei diesem Kind um einen

Helden handelt. Zum ersten Mal ertönt das triumphierende Siegfriedmotiv: »Den hehrsten Helden der Welt hegst du, o Weib, im schirmenden Schoß!« Der Quartsprung mit aufwärtssteigendem Sextakkord umfasst eine None und wird gefolgt von Sieglindes hymnischem Ausruf »Oh hehrstes Wunder! Herrlichste Maid!« Brünnhilde übergibt der werdenden Mutter Siegmunds zerschmettertes Schwert. Dazu erklingen das Siegfried- und das Schwertmotiv. Ein plötzlicher Ruck fährt durch die Schwangere. Mit einem Mal ist sie stark, denn sie wird den größten Helden gebären – etwas Erhebenderes kann es für sie nicht geben, als dafür auserwählt zu sein. Brünnhilde hat dazu beigetragen, dass es so kommen konnte und so ergießt sich Sieglindes Dankbarkeit auf sie. »Für ihn, den wir liebten, rett' ich das Liebste: meines Dankes Lohn lache Dir einst!«

Das zu den Worten »O hehrstes Wunder« erklingende Erlösungsmotiv (Notenbeispiel 16) hat Anlass zu den verschiedensten Interpretationen gegeben. Mit dem Ausruf ist Brünnhilde gemeint, jedoch nur, weil sie den männlichen Nachkommen schützt, der so wichtig ist für den Fortgang der Handlung. Es klingt aber auch Autobiographisches mit. Wagner konnte sich bekanntlich über die Geburt seines einzigen Sohnes kaum beruhigen und projizierte so viel in ihn hinein, dass dieser mit der schweren Last kaum zurechtkam. Das Lob der Mutterschaft, die Geburt eines Helden, das Zeugnis einer überragenden Liebe, das alles ist in dem Ausruf vereint. Das Erlösungsmotiv wird noch dadurch geadelt, dass es erst am Schluss des gesamten *Rings* wieder aufleuchtet, als Brünnhilde sich von der Welt verabschiedet: »Siegfried! Siegfried! Sieh! Selig grüßt dich dein Weib!« Beide Male ist Siegfried der Auslöser der Begeisterung und folglich auch des Motivs.

16

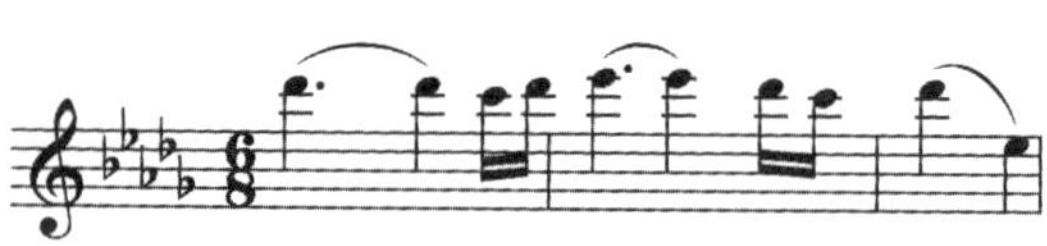

Nach dem dramatischen Geschehen um Siegmunds Tod werden im dritten Akt die Walküren vorgestellt. Sie haben keine eindeutige mythologische Herkunft, sondern kommen in Mythologien, Märchen und im Volksglauben wiederholt als starke und unabhängige Frauengestalten vor. Einmal besitzen sie übernatürliche Kräfte, ein andermal sind sie die Töchter und Schwestern von Königen. Odin entsandte die Valkyrien, auch Wunschmädchen genannt, in die Schlacht, wo sie die im Kampf gefallenen Helden empfangen und in seinen Himmel geleiten. Wotan nennt Brünnhilde daher auch »Wunschmaid«. Die Vorstellung, dass der Tod nicht das Ende sein muss, stammt aus dem Altertum und hat sich in verschiedenen Erzählungen gehalten. Wagner entnahm zahlreiche Hinweise aus der Edda, aus Ludwig Frauers Monographie *Die Walkyrien der skandinavisch-germanischen Götter- und Heldensage* sowie aus Jakob Grimms *Mythologie* von 1838. Von Grimm stammen die Informationen über ihre Anzahl, ihre Rüstung – sie tragen einen Speer, Schild, Helm und Brünne – und auch, dass sie durch die Luft fliegen und mit den Wolken assoziiert sind. Wotan ist für das Schicksal von Helden und für das Kämpfen zuständig. Indem die Walküren die Gefallenen nach Walhall (bei Grimm in den Himmel) begleiten, setzen sie seine Wünsche um, sie sind unselbständig und untergeordnet.[13]

Ihre Abhängigkeit von der männlichen Autorität steht von vornherein fest. Dennoch müssen die Walküren das Publikum des 19. Jahrhunderts befremdet, wenn nicht gar schockiert haben, übernehmen sie doch Aufgaben, die sonst Männern zustanden. Sie sind mit Pferden vertraut, reiten in die Welt hinaus, helfen ihrem väterlichen Kriegsherrn, die Helden zu Kriegshandlungen zu animieren und nehmen die Toten mit nach Walhall. Damit wirkten sie als Wunschbild für manche Frauen, die wie die Dichterin Karoline von Günderrode dachten. Sie schrieb 1801, noch vor Wagners Geburt: »Schon oft hatte ich den unweiblichen Wunsch, mich in ein wildes Schlachtgetümmel zu werfen, zu sterben – warum ward ich kein Mann!«[14] Da der Frauenkörper im 19. Jahrhundert mit strengen Regeln bedacht wurde und bürgerliche Frauen angehalten waren, auf Sport und körperliche Anstrengungen zu verzichten und ihren Leib in möglichst allen Lebenslagen bedeckt zu halten, stellten die auf ihren Pferden dahinjagenden, bewaffneten Walküren für so manchen eine Provokation dar.

In der Operngeschichte gibt es durchaus Vorläuferinnen dieser starken Frauen. Die venezianische Oper des 17. Jahrhunderts enthält nicht wenige kriegerische Amazonen. Es war damals modisch, sich mit tapferen Kriegerinnen zu befassen und zwischen 1650 und 1730 gab es etwa hundertzwanzig Opern mit einer solchen Thematik, die insgesamt fünfzehn Prozent der Aufführungen ausmachten. Die typischen Eigenschaften der Amazonen in diesen Werken erinnern stark an die Brünnhildes. So ist die Amazone stets alleinstehend, im Lauf der Handlung erkennt sie aber, dass es unbefriedigend ist, ohne Mann zu sein und am Schluss entsagt sie ihrer ursprünglichen Berufung, heiratet und ordnet sich dem Ehemann unter.[15] Die Walküren sind nicht zur Liebe, sondern zum Kampf geschaffen. Grimm zufolge waren sie auch an der Kampfentscheidung beteiligt – so weit geht Wagner allerdings nicht. Auch Ludwig Frauer meint, dass der Dienst, den sie verrichteten (etwa das Reichen von Getränken), eher eine Huldigung der männlichen Tapferkeit war als ein kämpferisches Tun. Ihre Asexualität verhinderte, dass von ihnen ein angsterzeugendes Begehren ausging. Damit konnte Wagner die Walküren mit traditionell männlichen Attributen ausstatten, ohne dass sie von vornherein lächerlich wirkten. Freilich regten sie später mit ihren gepanzerten Brüsten und Helmen oft zu Witzen und Karikaturen an.

Dass sie von Wotan abhängig sind, heißt allerdings nicht, dass die ihnen zugeteilte Musik kraftlos wäre. Der Walkürenritt, der zusammen mit Siegfrieds Trauermarsch zum Populärsten aus dem *Ring* gehört, lässt zuvorderst die rasche Bewegung der galoppierenden Pferde Klang werden. Vielleicht wurde Wagner von Jakob Grimm beeinflusst, der von den Göttern schrieb: »Ihr reiten und fahren pflegt als so heftig dargestellt zu werden, daß ein lautes geräusch dadurch verursacht und der schall der elemente daraus erklärt wird.«[16] Dies wird durch den punktierten Rhythmus, das rasche Tempo, die Streicherkaskaden und das aufwärtsstrebende Motiv erreicht. Das Walkürenmotiv ist aufwärtsgerichtet und kommt kraftvoll daher. Trompeten begleiten mit aufwärtsstrebenden Terz- und Quartsprüngen ihre Jubelrufe und bei dem mit großen Intervallsprüngen ausgestatteten Walkürenruf wirken die großen Terzen des übermäßigen Dreiklangs großartig. Der punktierte Rhythmus, der Aufstieg der Melodie, das »Heia-ho« der Frauen, das schiere Lebenslust ausdrückt, die extremen Sprünge in der Singstimme, das im punktierten Militärrhythmus begleitende Blech – das alles wirkt mitreißend. Perkussionschläge dröhnen, die Frauen lachen gemeinsam auf. »Arbeit gab's«, singt Siegrune – die Walküren werden gebraucht, haben Freude am Tun. Die Mittel, die sonst traditionsgemäß den Männern angeheftet werden, gelten auf einmal den Frauen. Obwohl die Musik nicht den Charakter, sondern die Tätigkeit der Frauen beschreibt, suggeriert sie Dinge, die vielleicht nicht im Sinne Wagners waren: Hier sind Frauen am Werk, die einen anderen Lebenszuschnitt haben, als im Zeitalter der Korsettstangen üblich und diesen auch noch von Grund auf genießen. »Verbotene Leidenschaften konnten den Göttern zugeordnet werden, ohne auf die Empfindlichkeit [des Publikums] in Bezug auf moralisches Verhalten im Leben Rücksicht nehmen zu müssen.«[17], schreibt McGlathery. Das trifft hier genau zu, denn Wagner weicht vom allgemeingültigen Geschlechtscharakter der Frau seiner Zeit ab, indem er dieses wilde Musikstück voller Lebensfreude und Aktivität der göttlichen Walküren präsentiert. Dies geht wohlgemerkt nur, weil die Walküren von der männlich-väterlichen Autorität abhängen.

Das Stück besitzt nur zwei Motive – das Walküren- und das Rittmotiv. Beide sind sich sehr ähnlich, man kann sogar von einem einzigen Motiv sprechen, was dem Ganzen etwas Unkompliziertes gibt und auch ein Grund für die rasche Popularität gewesen sein mag. In den ersten sechzehn Takten spielen sechs Harfen mit, aber die Vermutung, sie seien mit der »fanatischen Kriegsbegeisterung der Walküren« im Zusammenhang zu bringen,[18] überzeugt nicht. Zum einen kommt eine allgemeine Lebenslust zum Ausdruck, zum anderen stehen Harfen meist für traditionell gefühlvolle Belange und sind daher eher mit Frauen in Verbindung zu bringen. Vielleicht sollen sie daran erinnern, dass die Walküren trotz ihres ungewöhnlichen Auftritts weiblich sind.

Wotan hat inzwischen durch die Überredungskunst Frickas seine Meinung geändert und sieht in Siegmund nicht mehr den erhofften Helden. Brünnhilde befiehlt er, statt Siegmund nun Hunding zu schützen. Doch sie widersetzt sich dem Befehl. Als Wotan ihr – zornig über diesen Ungehorsam – nachjagt, scharen sich die Walküren um ihre Schwester, um sie zu schützen. Sie sind mit ihr solidarisch. »Wie der Schwester träfe uns selber der Schimpf«, singen sie. Letztlich aber müssen sie doch nachgeben, da die Autorität des Vaters zu stark ist. Wotan entpuppt sich als zutiefst brutal – er will seine Lieblingstochter zur Vergewaltigung durch einen Fremden freigeben, nur weil sie seinen geheimsten Willen erraten und sich danach verhalten hat. Er droht ihr außerdem mit dem Schreckgespenst ihrer »Verweiblichung«. Sie soll nicht mehr durch die Lüfte reiten dürfen, sondern einem »herrischen Mann« gehorchen müssen. Er will sie demütigen, was für einen liebenden Vater eigentlich unvorstellbar ist. Schlimmer noch, er malt ihre künftige Situation detailliert aus: Die jungfräuliche Blume wird verblühen, sie wird sich dem Mann fügen müssen und am Herd sitzen und spinnen, »aller Spottenden Ziel und Spiel«. Wagner betrachtete also das Spinnen – immerhin eine Tätigkeit, die zu seiner Zeit vielen Menschen den Lebensunterhalt sicherte – als verachtenswerte Frauenarbeit.

Das Orchester verklingt, einzelne Holzbläser sind zu hören, dann nur noch die Klarinette. »War es so schmählich, was ich verbrach?«, fragt Brünnhilde. Wagner wählt den a-cappella-Gesang gewöhnlich für ungute Situationen, so auch hier. Als sie ihren Vater bittet, ihr zu sagen, worin genau ihre Schuld besteht, unterstreichen Oboen den Ton der Bitte. Es ist kein Zufall, dass ihre Frage »War es so niedrig, was ich dir tat …?« dreimal eine Septime abwärts enthält. Das Septintervall wird sich später, wenn Brünnhilde ein neues Motiv erhält, als Symbol für die liebende Frau erweisen. Ein kirchenmusikähnlicher, zart getönter Holzbläsersatz kommentiert ihre Aussage. Bei den Worten »Daß diese Liebe mir ins Herz gehaucht« erfolgt eine große Steigerung im gesamten Orchester und wieder singt Brünnhilde einen Septsprung abwärts bei dem über drei Takte ausgedehnten Wort »Liebe«, denn Liebe hat sie bei ihrer Entscheidung geleitet.

17

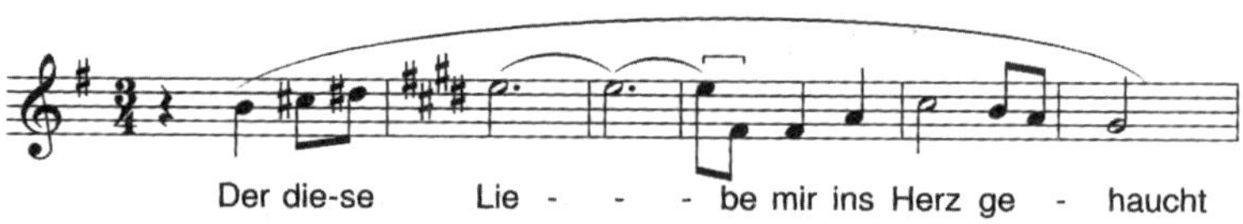

Brünnhilde soll zur Strafe in einen dauerhaften Schlaf versetzt werden und nur erwachen, um sich mit einem Mann zu vermählen und ihm zu dienen. Aus der »fühllosen Maid« wird dann, wenn sie aufwacht, das leidende, sich opfernde Weib, wie Wagner schreibt.[19] Brünnhilde spricht entsetzt von einem »feigen Prahler« und vom »feigsten Manne«, dem sie zur leichten Beute werden könnte. Anscheinend hatte Wagner eine ähnlich schlechte Meinung von ängstlichen Männern wie von spinnenden Frauen.

Zu den ergreifendsten Szenen im gesamten *Ring* gehört der emotionale Umschwung, als Wotan sich von der geliebten Tochter trennen muss. »Leb' wohl, du kühnes, herrliches Kind!«, bricht aus ihm heraus, nachdem er sie auf ihre angeblichen Untaten hingewiesen hat. Die Musik ist majestätisch angelegt und macht deutlich, dass sein Ausruf aus tiefster Seele kommt. Wotan hat nie zuvor so gesungen und wird es auch nie mehr tun. Er ahnt, dass er seine Tochter nicht mehr sehen wird, er muss sich von dem Liebsten, das er besitzt, trennen – die Tochter bedeutet ihm mehr als die eigene Frau. Es berührt, dass Wagner, der seinen Sohn den Töchtern vorzog, hier eine so bewegende Liebesszene zwischen Vater und Tochter gestaltete. Wotan weiß, dass Brünnhilde ihm bei den Mahlzeiten den Becher nicht mehr reichen wird; sie wird ihn nicht mehr begrüßen oder neben ihm reiten. Er spricht zu der so bitter Bestraften wie zu einer Geliebten. Er ist hier mitnichten der »strikte Machtpolitiker«, der »skrupellose Gott, besessen von Machtobsessionen«, wie Udo Bermbach ihn nennt und als der er oft dargestellt wird, sondern ein Liebender. Mit einem Feuer, das die Schlafstätte umgibt, schließt die Oper.

In diesen ersten beiden Teilen des *Ring des Nibelungen* hat Wagner den beiden männlichen Antipoden Wotan und Alberich drei gegensätzliche Frauenfiguren gegenübergestellt. Fricka wirkt in ihrem ersten Auftritt im Rheingold starr und unnachgiebig. Beim zweiten Auftritt erhält sie mehr Würde, bleibt aber aus Sicht der Wagner-Autoren eine eifersüchtige, unsympathische, kalte Verteidigerin von Recht und Eid. Dabei ist sie diejenige, die Inzest und Ehebruch anprangert – Dinge, die doch auch dem aufgeklärten Bürgertum hätten missfallen müssen. Sie ist letztlich humaner als ihr Gatte, denn während Wotan seine Stellung verteidigen und auf Kosten anderer sogar ausbauen will, setzt sie sich für ihre Schwester ein. Wagner erreicht jedoch, nicht zuletzt mit Hilfe der Musik, dass sich das Publikum, aber auch die Kritiker und Fachleute mit Wotan identifizieren, trotz seiner negativen Eigenschaften, und dass sie sich in Brünnhilde wiederfinden, der Trägerin liebender Empathie. Er bleibt damit seinem Vorhaben treu, in diesem Werk die Ermöglichung der Liebe zu zeigen: »nicht aber der gedachten, abstrahirten, unsinnlichen (jetzt uns einzig nur möglichen) Liebe, sondern der Liebe des ›Ich‹ und ›Du‹«.[20] Seine eigene Notlage in Bezug auf Minna, Mathilde und Otto Wesendonck führte dazu, dass er sich in dem Konflikt Sieglindes, Siegmunds und Hundings wiederfand und dazu eine besonders glutvolle, leidenschaftliche Musik schrieb. Daher zeigt er auch besonderes Mitgefühl für das Schicksal Sieglindes, die zu einer Ehe mit einem ungeliebten, herrischen Mann gezwungen worden ist, und adelt mit Siegmund einen Mann, indem er ihn mit traditionell weiblichen Liebeseigenschaften ausstattet, die dieser jedoch mit dem Tod bezahlen muss. Sieglinde belädt sich mit Schuldgefühlen und zeigt sich damit als typisch weibliche Trägerin des Leidens. Brünnhilde macht die größte Wandlung durch. Eine kämpferische Frau wurde im 19. Jahrhundert nur akzeptiert, wenn sie asexuell und weisungsgebunden war. Jetzt, wo sie gelernt hat, was »Liebe« bedeutet, muss sie ihre Rüstung ablegen, sich vom Vater trennen und sich dem Geliebten unterordnen – eine Tat, die dem gesamten *Ring des Nibelungen* einen Sinn gibt.

Siegfried und die Frauen – *Ring III*

»O Heil dem Tag, der uns umleuchtet, Heil der Sonne, die uns bescheint! – – –« Das waren die an den dritten Akt von Siegfried angelehnten ersten Worte Cosimas nach der Geburt ihres Sohnes. Als die Hebamme ihr zu einem »Knäblein« gratulierte, weinte, lachte und betete sie im Taumel ihres Glücks. Sie wusste, dass sich ihr Ehemann mehr denn alles andere einen Sohn wünschte und war selig, als sie ihm endlich nach zwei Töchtern einen strammen Jungen gebären konnte. Sie sei groß, wahrhaft groß, lobte er sie. Das ließ Cosima so nicht stehen: »Groß kann aber an mir nur die Widerspiegelung seines Wesens sein.«[1] Der Vater war geradezu vernarrt in seinen ersten und einzigen Sohn, der ihm weit wertvoller erschien als die beiden Töchter. Siegfried, so behauptete er, gäbe ihm ein neues, langes Leben, das endlich einen Sinn gefunden habe.[2] Das *Siegfried-Idyll* komponierte er aus dem Bedürfnis heraus, das überschäumende Glücksgefühl künstlerisch umzusetzen. Den Text zu Beethovens neunter Sinfonie dichtete er um und sang: »Wem der große Wurf gelungen, dieses Weibes Mann zu sein, ja wer gar von ihr einen Jungen …« und nannte das seinen Hymnus an die Freude. Wenn Siegfried ihn anlächelte, war er ganz ergriffen und meinte, wenn dieser Junge nicht besser und größer werde als er, dann lüge alle Physiognomik. Der Säugling wurde mit übergroßen Erwartungen befrachtet: »Er soll dann die Sachen, die ich nicht habe machen können, zu Stande bringen.« Immer wieder befasste sich der Vater mit der Zukunft Siegfrieds, überlegte, wie er sich zu entwickeln habe, was von Cosima getreulich aufgezeichnet wurde. Er nannte ihn Fidi der Olympier und glaubte, er würde »etwas Ungeheures werden und uns viel Not machen!« Er sollte, wie jeder Knabe, eine wilde wüste Jugendzeit durchleben: »Freilich braucht diese Periode nicht so kleinlich wie bei mir auszufallen, und kann sie schön veredelt werden, wie z. B. durch Kriegszustände, an denen man teilnimmt (1813), oder durch Reisen, mit persönlichen Strapazen verbunden, nach Norwegen oder so wo hin.« Er plante, mit ihm zusammen Latein zu lernen und quoll förmlich über vor Plänen: »Zur Zeit, wo er zum Mann wird, muß er unter Menschen kommen, da muß er die Adversität kennenlernen, sich herumbalgen, die Ungezogenheiten begehen, sonst wird er zum Phantasten, vielleicht zum Crétin, wie wir so etwas an dem König von Bayern sehen. Er sollte von Nietzsche unterrichtet werden, zweimal die Woche Freitisch haben, und alle Sonnabende werden wir Berichte erwarten.«[3]

Reisen, Militär, Hausbesitzer, Gelehrter – das waren die exaltierten Vorstellungen, die den Vater im Zusammenhang mit der Zukunft des Knaben beschäftigten. Selbstverständlich sollte er einen viel gewichtigeren Lebenszuschnitt als die Schwestern erhalten. Diese Bevorzugung des männlichen Nachfahren stand im Einklang mit den Vorstellungen seiner Zeit. Richards Faible für den Sohn scheint aber darüber hinaus überzogen, ja fast obsessiv zu sein. Parallelen zum *Ring des Nibelungen* sind nicht von der Hand zu weisen. Es verbindet den realen mit dem fiktiven Siegfried, dass in beide etwas hineinprojiziert wird, an beide werden hohe Erwartungen gerichtet. Es fällt auf, dass »keine Figur Wagners die Emotionen seines Schöpfers so herzerwärmend besetzt zu halten scheint wie Siegfried.«[4] Auf ihm lagen die Hoffnungen für eine bessere Welt, wie auch Wagner vom eigenen Sohn geniale Taten erwartete. Der schwertschwingende Held bildete für Wagner den ersten Schaffensantrieb und war zentral für seine Beschäftigung mit dem Stoff. Um diesen Gegenspieler und Geliebten Brünnhildes rankten sich seine Pläne für eine Oper, ehe er das Material in vier Werke aufteilte, und er widmet Siegfrieds Reifung ein eigenes Drama, während diese in den Vorlagen, die er zur Inspiration benutzte, meist nur in der Vorgeschichte vorkommt.[5]

Siegfried soll dastehen als freier, strahlender Bezwinger, ehe er durch äußere Umstände auf einen falschen Weg geleitet wird. Schon in der Abhandlung *Die Wibelungen*, der ersten Beschäftigung des Komponisten mit dem Stoff, nimmt der junge Mann breiten Raum ein. Wagner begann den ersten Entwurf zum gesamten Projekt mit *Siegfrieds Tod* und *Der junge Siegfried* und klassifizierte die erste Fassung von 1848 als große Heldenoper. »Mein Held [soll] nicht den Eindruck eines gänzlich Bewusstlosen machen: im Siegfried habe ich vielmehr den mir begreiflichen vollkommensten Menschen darzustellen gesucht, dessen höchstes Bewusstsein darin sich äußert, dass alles Bewusstsein immer nur in gegenwärtigstem Leben und Handeln sich kundgiebt«, so erklärt Wagner diese Gestalt. Er ist für ihn der »wirkliche, nackte Mensch, an dem er jede Wallung des Blutes, jedes Zucken der kräftigen Muskeln, in uneingeengter, freiester Bewegung« erkennen durfte, er ist »der wahre Mensch überhaupt«.[6] Das unterschied ihn deutlich von der bürgerlichen Frau des 19. Jahrhunderts, denn diese sollte niemals kräftige Muskeln vorweisen: Die eng geschnürten Korsetts sorgten für Luftmangel und eingeschränkte Bewegungsfähigkeit. Dass Wagner den Jüngling vor dem größten Leiden beschützt – Leiden, das Brünnhilde bis zur Neige auskosten muss – zeigt die Fürsorge, die er seiner Figur wie ein echter Vater angedeihen lässt.

Wotan wünscht sich einen Helden, der frei und unabhängig vom Willen eines anderen lebt und der der größten Taten fähig sein soll. Hegels Idee von der höchsten individuellen Stufe des Bewusstseins macht sich hier bemerkbar. Der Junge beginnt sein Leben also als Naturmensch, der fern der Zivilisation lebt und dem später alles intuitiv gelingt, bis er auf die Gesellschaft stößt und dort mit ihr in Konflikt gerät. Die Geradlinigkeit, die der junge Held verkörpert, bewirkt musikalisch eine gewisse Simplizität, was viele Kritiker als Oberflächlichkeit deuten. Siegfried gilt zuweilen als einfältig, als impulsiver, unreifer Kindskopf, als grobschlächtiger Knabe mit beschränkten intellektuellen Fähigkeiten, als »heldischer Kraftprotz mit dem Bären an der

Leine.«[7] Zuweilen wird er hinter Wotan und Brünnhilde in die zweite Reihe der Handelnden gestellt,[8] obwohl er mit seinen Erlebnissen und Abenteuern eine führende und breit angelegte Rolle spielt. Wagner jedoch hielt ihn für einen Übermenschen. Im ersten Überschwang seiner Begeisterung für König Ludwig II. verglich er den göttlichen Herrscher mit seiner Bühnenfigur: »Bin ich Wotan so ist er mein Siegfried«,[9] schrieb er. Würde er seinen Gönner, der ihn in den ersten Jahren des Kennenlernens so innig liebte und großzügig versorgte, mit einem naiven Tölpel verglichen haben?[10] Einen weiteren Beleg für die Größe Siegfrieds liefern die Aufzeichnungen von Heinrich Porges, der bei der Inszenierung der Tetralogie durch Wagner zugegen war und dessen Anweisungen notierte. Die erwünschte Natürlichkeit des Ausdrucks war nicht mit einem Sichgehenlassen zu verwechseln. Es dürfe nicht der Eindruck entstehen, dass Siegfried das Gegenteil eines Kulturmenschen sei. Die knabenhaften Züge solle man als »unwillkürliche Kundgebungen einer ihrer ureigensten Natur nach heldenhaften Persönlichkeit« interpretieren und dementsprechend darstellen. Porges beschreibt Siegfried als »energisch-heroisch«, der zugleich »ein tiefinniges Gemütsleben« besitze.[11]

Im Verlauf des Dramas vermittelt der Protagonist durchgehend den Eindruck von Stärke und Kraft. Er spielt ohne Angst mit Bären, die er auf wundersame Weise zähmt, er schmiedet ein Schwert und wird dadurch allmächtig. Er erschlägt einen Drachen, tötet den verhassten Mime, zerschlägt Wotans Speer und geht durchs Feuer als stärkster Held aller Zeiten. Später wird er durch einen Zaubertrank vom rechten Weg abgebracht, ist also im Grunde seines Wesens unschuldig und geradlinig – eine aufrechte Person, die mit sich selbst im Reinen ist. Keine Person im gesamten *Ring* wird musikalisch so durchgehend lebensbejahend-optimistisch gestaltet. Wagner wünschte, dass das Siegfriedmotiv stets mit der ihm gebührenden beherrschenden Größe ertönen sollte.[12] Das aufwärtsgerichtete, mit Quartsprung einsetzende Dreiklangsmotiv umspannt eine None, also eines der größten Intervalle, was höchste Aktivität und Unternehmungslust bedeutet, und geht dann in die liebliche Durparallele über. Durch den Marschcharakter und die Doppelpunktierung wird eine rhythmische Straffung erreicht, was das männlich-kämpferische Element unterstreicht (Notenbeispiel

18). Das Motiv weist Ähnlichkeiten mit dem aufwärtsstrebenden, militärisch punktierten Schwertmotiv (Notenbeispiel 20) auf, und beide erklingen oft zusammen: »Siegfried ist gleichsam ohne das Schwert nicht denkbar.«[13] Dem jugendlichen Helden werden insgesamt sechs Motive zugeordnet, die alle zu Beginn aufwärtsgerichtet sind, wobei Quart- und Quintsprünge vorherrschen. Es handelt sich um das Siegfried-, das Horn-, das Schwert-, das Jugendkraft- und Arbeitsmotiv und das Motiv aus dem Schmelzlied, das auch Schmiedemotiv genannt wird (Notenbeispiele 18 bis 23). Keine andere Figur im *Ring* wird so vielfältig beschrieben, so rundum positiv gezeichnet, so mit positiv-männlicher Identität aufgeladen – die Motive vermitteln allesamt Entschlossenheit und sieghafte Zuversicht. Später, in der *Götterdämmerung*, gesellt sich das feierlich-großartige Heldenmotiv dazu (Notenbeispiel 24).

18

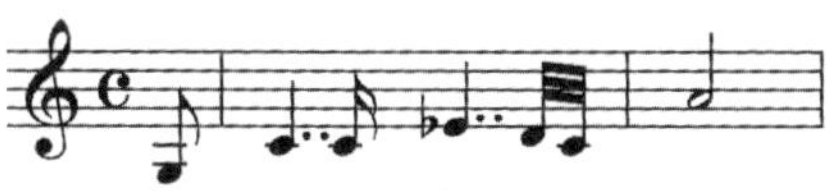

19

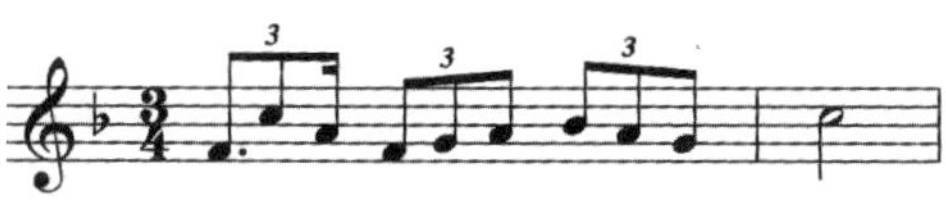

20

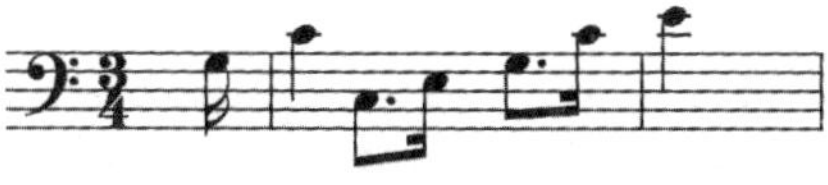

21

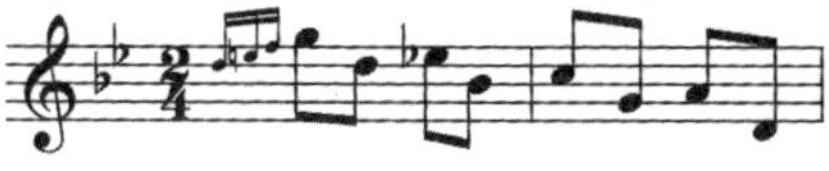

22

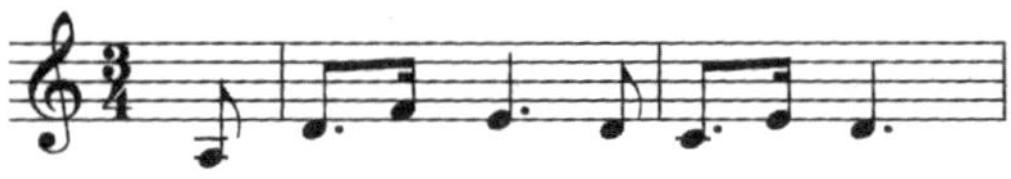

23

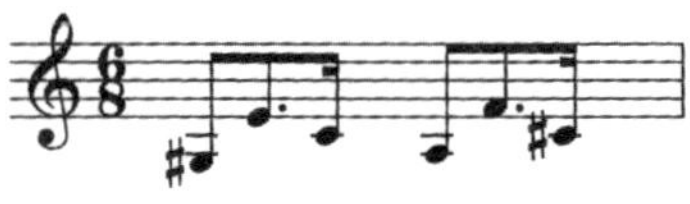

24

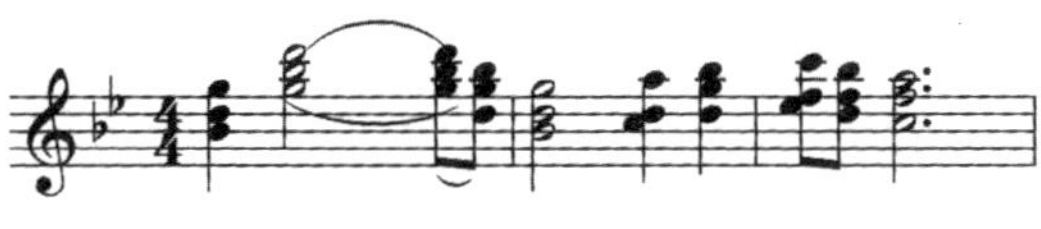

Es passt zum heroischen Gesamteindruck, dass sich das Schwertmotiv im Gegensatz zu zahlreichen anderen Motiven kaum verändert. Damit unterstreicht Wagner die innere Entschlossenheit und Stabilität des Helden. Das hat aber auch damit zu tun, dass Siegfried im Gegensatz zur Vorlage des Nibelungenliedes sein Schwert nicht vom Zwerg Regin erhält, sondern als ein Geschenk des göttlichen Verwandten, was seine göttliche Überhöhung unterstreicht. Nothung-, Siegfried- und Schwertmotiv sind männlich-kämpferisch konnotiert. Das Horn wiederum gehört zur Jagd, also zum Töten von Tieren, mit dem Schwert als phallischem Symbol bezwingt man Frauen. Auch die Jugendkraft bezieht sich auf die Potenz. Häufig erklingt C-Dur im Zusammenhang mit dem Schwert, was charakterlich zu Siegfried passt, ist das doch gemeinhin die Tonart des Heroischen. Diese Attribute männlicher Daseinsfreude werden von Wagner extensiv genutzt, um Siegfried wohlgefällig auszuschmücken.

Gleich zu Beginn treffen der als »rosiger Held« und »blühender Knabe« bezeichnete Jüngling und der als skrupellos dargestellte Mime aufeinander. Der Kontrast ist markant. Der Fortissimo-Höhepunkt dieser strahlenden ersten Präsentation Siegfrieds liegt dreieinhalb Oktaven über dem Ausgangston: »Das ist Helden-Musik!«,[14] kommentiert Ulrich Drüner. Auffällig oft enthält Siegfrieds Gesang eine diatonische Melodieführung und aufsteigende Dreiklänge – ein Zeichen für Tatendrang und Dynamik. Mime hingegen, der beim Entstehungsvorgang der Tetralogie noch als kluger und tüchtiger Schmied vorgesehen war, mutiert zur negativen Figur.[15] Siegfried beschimpft ihn als garstig, griesig und grau, klein und krumm, höckrig und hinkend, mit hängenden Ohren und triefigen Augen. Mime ist weiblich semantisiert: »Sitz ich daheim in Fleiss und Schweiss, nach Herzenslust schweifst du umher«, beschwert er sich bei Siegfried. So könnte sich eine Frau bei ihrem Mann beklagen, denn die Situation passt zu einer traditionellen Familienkonstellation. Mime hat Siegfried von klein auf aufgezogen, gefüttert, gekleidet, er kocht und ordnet das Bett. Später mischt er Gift – auch das eine Tätigkeit, die traditionell mit Frauen in Verbindung gebracht wird. Und er versagt beim Schmieden eines Schwertes – eine Arbeit, die Kraft erfordert. Das weibliche Element soll ihm einen zusätzlichen unsympathischen Zug verleihen, den der Schwäche. Er erhält ein Motiv, das einen durch kleine Intervalle geprägten melodischen Duktus hat und sich um sich selbst dreht. Sein einfaches Lied (»Als zullendes Kind …«) ist an den Synagogengesang angelehnt,[16] sodass sich in seiner Figur sexistische mit antisemitischen Elementen vermengen. Vorhalte bedeuten stets etwas Neckisch-Kindliches, etwas Unmännliches, und – wenn ein Mann sie singt – meist etwas, das mit der Liebeswerbung zu tun hat. Hier wirken sie lächerlich. Mimes Äußerungen sind von zerrissenen, oft chromatischen Partien geprägt. Seine Musik ist der Form nach konventionell, mit zahlreichen strophischen und melodischen Wiederholungen, die ihm etwas Obsessives verleihen. Die ABA-Form, die Wagner als Formalismus der Operngeschichte kritisierte, wird hier bewusst negativ eingesetzt.

Siegfried begegnet dieser »Ersatzmutter« mit Hass. Vor dem gekochten Essen ekelt er sich, er kann in dem Bett nicht schlafen, das Mime ihm bereitet. Er liebt die Tiere mehr als Mime und einige Male droht er, ihn umzubringen. Der Jüngling steht kurz vor der sexuellen Erweckung und ist begierig, mehr zu erfahren. Er sehnt sich nach einer Frau und träumt von seiner Mutter. Als er nach ihr fragt, hebt eine zarte Melodie an. Kleinschrittige Intervalle und Seufzermotive zeigen, dass der Komponist sich hier etwas Ergreifendes vorstellte – von der Mutterliebe hatte er stets emotionale, ans Sentimentale reichende Vorstellungen.

In der nächsten Szene trifft Wotan auf Mime. Wotan erhält choralartige, stimmungsvoll-diatonische Partien, die ihm Würde, göttliche Größe und Respekt verleihen und mit den abgerissen-sprunghaften Partien Mimes stark kontrastieren, die zudem instrumental ausgedünnt sind. Wotan kennzeichnen Macht und Größe, wie sie Königen und Helden zukommen. Edle Posaunen- und Trompetenklänge, gemessene Diktion und ausgedehnte Töne begleiten den Auftritt des Gottes. In seinen Probenanweisungen zur Bayreuther Uraufführung verlangte Wagner, dass Wotan »ruhige Würde mit einer überlegenen, manchmal etwas spöttischen Ironie paaren«[17] sollte. Ironie deshalb, weil Wotan den Schmied nicht ernst nimmt und sich ihm überlegen weiß. Mime stellt Wotan zunächst mit drei Fragen nach den Nibelungen, den Riesen und schließlich den Göttern auf die Probe. Die musikalische Steigerung gibt die hierarchische Ordnung wieder. Die Nibelungen und die Riesen gehören einer unteren Schicht an, was sich in der Circulatio-Figur bei Mimes Motiv in der ersten Frage, das dem der unterirdisch arbeitenden Nibelungen übrigens ähnelt, sowie an dem klobig-schwerfälligen Motiv der Riesen in der zweiten Frage zeigt. Bei der dritten Frage nach den Göttern zeigt Wotan seine Überlegenheit. Zu seiner Antwort »Auf wolkigen Höh'n wohnen die Götter. Walhall heißt ihr Saal« intonieren fünf Tuben sowie eine Kontrabassposaune das feierliche Walhallmotiv, während drei Posaunen und eine Basstrompete einen bei feierlichen Märschen beliebten Triolenrhythmus hinzusetzen, der die erhaben-weihevolle Stimmung verstärkt. Wotans Auftritt hebt sich damit markant vom hysterisch anmutenden Duktus Mimes ab. Bei den Worten »Mit seiner Spitze sperrt Wotan die Welt« findet sich ein typisches Beispiel für die Darstellung von Macht. Die Sprünge, die syllabische Diktion, die Pause als Stauung und die Kadenz als Abschluss vermitteln insgesamt den Eindruck von großer Weisheit und Reife (Siehe Notenbeispiel 5, S. 29).

Bei den drei anschließenden Fragen, die diesmal Wotan stellt, geht es zuerst um die Wälsungen, dann um das Schwert und schließlich darum, wer das Schwert wieder zusammenfügen wird. Wotan zeigt Emotionen, indem er zugibt, dass das Geschlecht der Wälsungen ihm »das liebste« sei, was ihn ein weiteres Mal sympathisch erscheinen lässt. Bei der letzten Frage, die Mime nicht beantworten kann, hört man das Jugendkraftmotiv, das Siegfrieds übermenschliche Kräfte darstellt. Mime verzweifelt an der Frage nach dem Schwert und steht als Versager da. Damit wird in dieser Szene über den reinen Dialog hinaus der unüberwindbare Machtanspruch des (männlichen) Gottes weiter gefestigt.

Die Schmelz- und Schmiedeszene im letzten Teil des ersten Akts zählt wie das Erschlagen des Wurms und die Entdeckung Brünnhildes zu den musikalischen Höhepunkten der Oper. Bekanntlich dient das Schwert (oder der Degen oder Säbel) bis heute als Symbol des wehrhaften, überlegenen Mannes. Das Schwert ist, angefangen bei den Sagen keltischer und germanischer Herkunft über die historischen Abenteuerromane bis hin zu den neuzeitlichen Fantasygeschichten, die Waffe des Helden, mit der der Sieg von vornherein feststeht. Das Schwert ist hier mit magischen Eigenschaften versehen und man ahnt, dass Siegfried damit eindrucksvolle Taten vollbringen wird. Das Schwert adelt zudem denjenigen, der es schwingt. Bezeichnenderweise ist das Versagen Mimes und der Erfolg Siegfrieds beim Schmieden in den skandinavischen Quellen nicht enthalten. Der gesamte Dialog dieser Szene stammt von Wagner selbst, sowohl was die Beschäftigung mit der Furcht betrifft als auch die heroischen Worte, die Siegfried singt, als er das Schwert schmiedet. Nur er besitzt die übernatürliche Fähigkeit, es herzustellen. Während Mime laut Regieanweisung gelegentlich aufspringt, lebhaft umhertrippelt oder vor Schreck zu Boden fällt, steht Siegfried fest am Amboss und arbeitet. Das Gebräu, das ihm Mime zur Herstellung des Schwerts anbietet, lehnt er ab: »Fort mit dem Brei! Ich brauch' ihn nicht: mit Bappe back' ich kein Schwert!« Auch sein Essen will er nicht: »Brenn' ich hier Stahl, braust du dort Sudel?« Und er verhöhnt ihn: »Mime, der Künstler lernt jetzt kochen, das Schmieden schmeckt ihm nicht mehr.« Immer wieder werden traditionell weibliche Tätigkeiten in abwertender Weise herangezogen, um Mime zu beschreiben.

Die Schmiedegesänge machen mit lautstarker Orchesterbegleitung und großangelegter Periodik Siegfrieds übermenschliche Körperkraft sinnlich erfahrbar. Dabei sind phallische Assoziationen vermutlich beabsichtigt, wenn Siegfried den flüssigen Stahl in eine Stangenform gießt und es heißt: »Starr ward er und steif, herrisch der harte Stahl ...«. Es scheint fast, als würde Siegfried sich mit seinem Phallus unterhalten, der anschwillt und steif wird. »Mit starken Schlägen streckt' ich dich, nun schwinde die rothe Scham, werde kalt und hart wie du kannst«. Der Akt kulminiert in einer gewaltigen Explosion von Kraft und Macht. Siegfried »zähmt« das Schwert, macht es sich untertan. Körperliche Stärke und technisches Können vereinen sich zur Herrschaft über die Materie. Die Musik begleitet diesen groß angelegten Gesang mit einer Steigerung der Spannung von Strophe zu Strophe. Beide Teile des Schmelz- und Schmiedeliedes besitzen eine variierte Strophenform. Beim Vorgang des Einschmelzens reihen sich die periodisch aufgebauten Blöcke aneinander. Der ekstatisch gerufene Refrain »Ho-ho, Ho-ho Ho-hei!« wird vom vollen Orchester begleitet, wobei die einzelnen Strophen jeweils eine Anreicherung erfahren: Während die Streicher in der zweiten Strophe mit raschen Zweiunddreißigsteln begleiten, kommen in der dritten Strophe sechs Harfen hinzu und die Holzbläser intonieren Sechzehntel-Sextolen. Wagner hat sich mit diesen Gesängen lange abgemüht, wie seine mehrfach überarbeiteten Kompositionsentwürfe zeigen.[18]

Der Dreivierteltakt des Schmelzliedes geht nun in den Viervierteltakt des Schmiedeliedes über und es kommt zu einer weiteren Steigerung ins Monumentale, unterbrochen nur durch grotesk vorgetragene Einwände Mimes. Die Schläge auf den Amboss werden vom Orchester verstärkt, die Kraft droht in reine Brutalität überzugehen. Das Nothungmotiv besteht aus einem Oktavsprung – ein aus lediglich zwei Tönen bestehendes Motiv drückt mit seinem großen Umfang das Höchstmöglichste an Intensität aus. Die pompöse Begleitung ist so angelegt, dass sie zugleich die Großartigkeit des Mannes betont, der am Amboss arbeitet.

Wagner war selbst von den Schmiedegesängen begeistert. Er beschrieb seiner Freundin Mathilde Maier, dass sein Nachbar ihn singen und spielen hörte, als er sie komponierte, und wissen wollte, was das für eine furchtbar majestätische Musik sei. Er sagte ihm, dass Siegfried dabei »mit einem großen Schmiedebalge die Gluth nähre, welche die Stahlspäne des von ihm zerteilten Siegschwertes, (das einst in den Händen seines sterbenden Vaters in zwei Stücken zersprungen) zu Brei zerschmelzen sollte. Dazu hatte er nöthig im Walde zuvor die mächtigste Esche zu fällen und zu Kohle zu verbrennen; die Funken der Zornigen sprühen ihn an. Es hilft ihr nichts: sie muß brennen und ihm den Stahl schmelzen. Daraus wird denn ein furchtbar hartes Schwert, das dazu taugt, die kühnste Tat zu verrichten. ›Sie sehen‹, sagte ich, ›eine schreckliche Art von Künstler, drum klingt auch sein Gesang fast wie majestätische Klage.‹ Das Schmelzlied weckte in ihm eine erhabene Stimmung. Mit Orchester klang es gar furchtbar schön!«[19]

Wuchtig, mächtig, furchtbar hart, schrecklich, majestätisch, erhabene Stimmung, furchtbar schön: Wagner fand sichtlich Wohlgefallen an der Körperkraft und Potenz seines Protagonisten. Die Esche kann nicht groß genug sein, das Schwert soll die größtmögliche Schärfe besitzen – das Bild eines neuzeitlichen Superman drängt sich auf. Mit dem musikalischen Aufbau eines bombastischen Klangereignisses werden Eigenschaften wie Dominanzstreben und Gewaltherrschaft unter musikalisch positive Vorzeichen gestellt. Ebendiese Wirkung ist musikalisch einkalkuliert. Wagner erregte sich einmal über einen Tenor, der die Schmiedelieder mit faden italienischen Gesangsmanieren wiedergab[20] – das musste ihm geradezu Abscheu einflößen. Er hatte früher einmal die italienische Opernmusik mit einer »Lustdirne« verglichen, die französische mit der »Koketten«, also mit bestimmten negativen Frauentypen. Der Musikstil dieser Opern wirkte auf ihn weibisch. Dazu passt übrigens, dass er bei den Proben zum ersten *Ring* verlangte, die Schmiedelieder »mit der wuchtigsten Kraft«[21] wiederzugeben.

Auch im zweiten Akt treten ausschließlich männliche Protagonisten auf. Nach einer Begegnung zwischen Wotan und Alberich wird nun Siegfrieds Tapferkeit zur Schau gestellt. Zunächst fragt er sich, wie wohl seine Mutter ausgesehen habe, er denkt an ihren schmerzhaften Tod und sofort verändert sich die heldische Musik, was wiederum Wagners Vorstellung von der Gleichstellung der Frau – und hier besonders der mütterlichen Frau – mit der Liebe unterstreicht. »Ach möcht' ich Sohn meine Mutter sehen!«, wünscht er sich inbrünstig und das Wort »Mutter« wird überlang ausgedehnt. Seine Stimme wird weich, die Sologeige löst die sanft klingende Klarinette ab – die zurückgenommene Instrumentation signalisiert gefühlige Weiblichkeit. Das Freiamotiv erklingt wiederum als Symbol für die weibliche Liebe.

Das Motiv des Riesen Fafner, der sich in einen gefährlichen Drachen verwandelt hat, wirkt durch den abwärtsgerichteten Tritonus furchterregend. Siegfried wird von Mime vor dem Drachen gewarnt:

> Siehst du dort den dunklen Höhlenschlund?
> Darin wohnt ein greulich wilder Wurm:
> Unmaßen grimmig ist er und groß;
> Ein schrecklicher Rachen reißt sich ihm auf;
> Mt Haut und Haar auf einen Happ
> Verschlingt der Schlimme dich wohl …
> Giftig gießt sich ein Geifer ihm aus;
> Wen mit des Speichels Schweiß er bespeit,
> dem schwinden wohl Fleisch und Gebein.

Dabei geht es auch um eine männlich-sexuelle Initiation, werden doch hier im Grunde genommen »Angst-Geographien über die weibliche Vagina«[22] beschrieben. Während Siegfried sich zum Streit rüstet, erklingen das Horn- und Siegfriedmotiv gleich mehrfach – ein Ausdruck für Aufbruch und Lebensfreude. Man ahnt, dass er mit seinem Wagemut erfolgreich sein wird. Der Erfolg wird auch während des Kampfes vorweggenommen, als wieder das Schwert- und das Hornmotiv erklingen, um den künftigen Sieg über den Drachen zu beschreiben. Siegfried erhält Dreiklangsmelodik, der Drachen aber Chromatik – eine geradezu klassische Gegenüberstellung von »gut« und »böse«. Die Tötung Fafners ist in der germanischen Mythologie nicht vorgesehen und dient hier dazu, den Mut des Helden weiter aufzuwerten.

Ob Siegfried das Schwert schmiedet, mit einem Bären spielt, einen Drachen tötet, der Stimme eines Vogels lauscht, eine Flöte herstellt und spielt, sich mit dem Horn musikalisch unterhält, den Wanderer attackiert oder eine Frau erobert – die Musik begleitet den jugendlichen Helden bei seinen Abenteuern stets in bejahender Weise. Sie walzt die Abenteuer des jungen Helden breit aus. Als symptomatisch kann die kleine Szene gelten, die sich an den Dialog mit dem Waldvogel anschließt, kurz bevor Siegfried auf Fafner stößt. Er bläst »eine lustige Weise« und man hört nacheinander das Hornmotiv, sein Siegfriedmotiv und wieder das Hornmotiv. Sie vermitteln die schiere Lebenslust und Freude am Dasein.

Obwohl Siegfried mit seinem Mord an Mime eine gehörige Portion Brutalität offenbart, gelingt ihm einfach alles. Er wird auf mehrere Weise vom Ruch des Totschlägers entlastet. Selbst als Fafner besiegt im Sterben liegt, bezeichnet er seinen Mörder als »helläugigen« und »blühenden« Knaben und wertet ihn damit auf. Da Mime seinerseits plant, Siegfried umzubringen, handelt es sich bei dem Mord an dem Ziehvater um eine Art Notwehr, und Mime wird so überzeugend als hinterlistiger Bösewicht charakterisiert, dass sein Tod fast gerechtfertigt erscheint. An Siegfried bleibt jedenfalls kein Blut kleben.

Der letzte Aufzug entstand fünfzehn Jahre nach der Fertigstellung des ersten und zweiten Akts. 1857 beschloss Wagner, zwischendurch *Tristan und Isolde* zu komponieren, und auch die *Meistersinger* wurden fertiggestellt, sodass sich seine Kompositionskunst in der Zwischenzeit ausdifferenziert hatte. Das erregte Vorspiel mit seiner symphonischen Verarbeitung miteinander verwobener Motive (es sind insgesamt sieben) zeigt den veränderten Umgang mit der Materie. Der Aufruhr kann dem aufkommenden Gewitter geschuldet sein, das in einem effektvollen Donnerschlag auf der Bühne kulminiert, aber das Ganze wird insgesamt von dem Erda- und dem Naturmotiv beherrscht. Da beide Motive fast identisch sind, zeigen sie damit Erdas Nähe zur Natur auf.

Der Dirigent Hans Richter war übrigens von der Instrumentation dieser Einleitung überrascht und fragte bei Wagner nach, der lachend antwortete: »Ja, es klingt kindlich und kreischend; wie das Jungfräuliche, das nie geliebt hat, nie Mutter geworden ist, neben dem heilig Hehren etwas dämonisch kindlich Kreischendes hat; man kann sich eine Hexenstimme nur hoch und kindlich denken; der bebende Ton des Herzens klingt nicht darin.«[23] Eine kindlich-kreischende Hexenstimme ist nicht unbedingt das, was einem angesichts der Würde Erdas und ihrer Altlage in den Sinn kommt, und die Erwähnung einer unfruchtbaren Jungfrau, die nie Mutter geworden sei, erstaunt angesichts der acht Töchter, die Erda geboren hat.

Wieder erscheint Wotan, diesmal, um mit Erda zu sprechen, da er sich um die Zukunft sorgt. Er möchte sie darüber befragen und befiehlt ihr, an die Erdoberfläche zu kommen. »Kundiger giebt es keine als dich«, singt er und nennt sie »der Welt weisestes Weib«, er ist also von ihrer überragenden Klugheit überzeugt. Doch Wotan ist es, der letztlich das Sagen hat. Die melodische Aufwärtsbewegung stellt Erdas Auftauchen aus der Erde dar. Während sie singt, gleitet die Begleitung allerdings abwärts und wird von ruhigen Notenwerten bestimmt – ein Zeichen von Kraftlosigkeit, als würde Erda die Augen vor Schläfrigkeit kaum öffnen können. Sie selbst wird durch einen fahlen Bläserklang charakterisiert, vor allem durch den des Englischhorns. Dadurch wirkt sie schmächtig im Vergleich zu Wotan mit seinen stürmisch und polternd gestellten Fragen. Seine Partien sind lebhafter und haben über die Situation hinaus verwobene Motive und eine vielfältigere Instrumentation. Er erzählt vom »wonnigsten Wälsung« und dem »kühnsten Knaben«, der »liebesfroh, ledig des Neides« ist – wiederum eine semantisch positiv aufgeladene Beschreibung des Helden. Strahlend-optimistisch und aufwärtsgerichtet erklingen dazu die Siegfried- und Schwertmotive mehrfach zusammen mit dem jubelnden, ebenfalls aufwärtssteigenden Siegfriedliebemotiv – und das, obwohl Siegfried gerade seinen Ziehvater erschlagen hat. Auf der anderen Seite wird durch die Vermengung des aus der Tiefe aufsteigenden Erdamotivs mit dem Naturmotiv die im 19. Jahrhundert vorherrschende Gleichstellung der Frau mit der Natur unterstrichen und damit ihre Passivität verstärkt. So wird insgesamt wieder ein geschlechtsspezifischer Abstand geschaffen zwischen dem aktiven Mann und der schlafmüden, der Natur zugehörigen Frau.

Erda gibt zu, dass sie einmal durch die Liebe besiegt wurde und man hört das Walhallthema, das auf Wotans sexuellen Übergriff anspielt. Sie macht keinen Hehl aus ihrer Kritik: »Männerthaten umdämmern mir den Muth, mich Wissende selbst bezwang ein Waltender einst. Ein Wunschmädchen gebar ich Wotan.« Sie ist somit ein Opfer des Gottes, der sie gewaltsam schwängerte. Das nahm ihr den Lebensmut, nun ist sie schläfrig und passiv. Sie wirft dem Gott seine Widersprüchlichkeit vor und denkt nicht daran, seinen Wünschen zu entsprechen: Wie kann er Brünnhildes Entscheidung bestrafen, wenn er sie zu Taten ermutigt hat? Wie kann er, der die Rechte wahrt, durch Meineid herrschen? Als sie ihn nur an die Nornen und an Brünnhilde verweisen kann, die ihm nicht dienen können, schickt er sie verärgert »zu ew'gem Schlaf« wieder in die Unterwelt hinunter. Obwohl sie also laut Wagner die unerbittliche Stimme des in Wotan selbst waltenden, durch Nichts zum Schweigen zu bringenden Gewissens darstellt, ist zugleich klar, wie abhängig sie von ihm ist. Sie kann nur wieder in die Verborgenheit zurück, wenn Wotan es will.[24]

Auf wessen Seite steht Wagner hier, der normalerweise recht deutlich für seine Charaktere Partei ergreift? Sandra Corse glaubt, dass Erda Erinnerungen an die Frau hervorruft, die sich weder als Sklavin Wotans noch als sich aufopferndes Weib begriff, sondern eine ältere Macht besaß, und sieht in der nachteiligen Schilderung Wagners emotionale Abwehr einer matriarchalen Macht.[25] Man könnte aber ebenso eine Kritik an Wotan herauslesen, dem die erotische Leidenschaft wichtiger war als die Macht des Wissens und der die Wissende gegen ihren Willen überwältigte. Damit würde Erda moralisch weit über Wotan stehen, weil sie weder lügt noch betrügt und sich aus den Dingen der Welt heraushält. Doch sind an dieser Sichtweise Zweifel angebracht, denn letztlich ist es die Musik, die die Sympathien verteilt, und die sprechen für Wotan.

Nach Erdas Verschwinden kommt es zum ersten und einzigen Treffen zwischen Wotan und Siegfried. Wotans Speer dient ihm als Symbol seiner Autorität, doch er muss sich eingestehen, dass der Jüngere ihm überlegen ist. »Wer sie [Brünnhilde] gewänne, machtlos macht' er mich ewig!«, singt er, ahnend, dass seine Vorherrschaft gefährdet ist. In einem Brief gibt Wagner einen wichtigen Grund für den Streit zwischen den beiden an: Wotan ist eifersüchtig auf Siegfried. »Er ist vor seinem Untergange so unwillkürlicher Mensch endlich, daß sich – gegen seine höchste Absicht – noch einmal der alte Stolz rührt, und zwar (wohlgemerkt!) aufgereizt durch – Eifersucht um Brünnhilde; denn diese ist sein empfindlichster Fleck geworden«.[26] Siegfried haut Wotans Speer mit seinem scharfen Schwert in zwei Stücke und der Weg ist frei, endlich den Flammenwall zu durchschreiten und sein »liebes Gesell« zu entdecken.

Ein wichtiger autobiographischer Hinweis trägt zur Deutung der nun folgenden Liebesszene bei. Noch 1856 wollte Wagner unter dem Einfluss Schopenhauers zeigen, dass die Liebe im Verlaufe der Tetralogie »recht gründlich verheerend« auftrete.[27] Er stand zu der Fassung, die er 1852/53 entworfen hatte. 1858 – nach der räumlichen Entfernung von Mathilde Wesendonck – sah er es jedoch anders. Er begann einen Brief an Schopenhauer, von dem ein Bruchstück erhalten ist, um dem Philosophen klarzumachen, dass es doch die größte Seligkeit sei zu wissen, dass man geliebt werde.[28] Es hatte sich somit in seinem Denken eine wichtige Wandlung vollzogen. Zuvor hatte er geglaubt, vermutlich unter dem Einfluss des Debakels um Jessie Laussot, zeigen zu müssen, dass die Liebe in einer von Verboten und Geboten besetzten Welt, in der außerdem das Böse herrsche, keine Zukunft habe; jetzt ging es darum zu zeigen, dass die Liebe zwischen zwei Menschen ein großes Glück sei, auch wenn sie ihr entsagen mussten, denn er wusste, dass Mathilde ihn liebte. Auffällig ist dabei die Betonung der »Geschlechts«-liebe in seiner Tagebucheintragung.[29] Er schloss also bewusst das Begehren ein. Im *Tristan* galt es zu demonstrieren, dass auch Frauen begehren konnten, womit er mutig ein großes Tabu seiner Zeit durchbrach. Der agape-Form der Liebe ein Denkmal zu setzen wäre ihm zu wenig gewesen. Es hieß, gerade die erotische Anziehungskraft, von der zwei Menschen getroffen werden konnten, in allen Details darzustellen und auch musikalisch zu untermalen.

Nur etwa fünfzehn Prozent der Zeit, die die gesamte Oper dauert, bleiben für Brünnhilde übrig,[30] doch handelt es sich bei der Begegnung zwischen ihr und Siegfried – dies mag die Kürze wettmachen – um den intensivsten und musikalisch farbigsten Akt. Vieles wurde aus der Völsunga-Saga übernommen. So bringt Sigurd dort den Drachen Fafnir um und reitet mit seinem Ross Grani, bis er zu einem Feuer kommt. Sigurd sieht ein Wesen in voller Ritterrüstung schlafen, nimmt ihm den Helm ab und entdeckt ein Weib. Er reißt mit seinem Schwert den Panzer auf und zerschneidet ihn wie ein Kleid. Auch der Gesang Brünnhildes ist von der Vorlage beeinflusst. Dort ruft sie aus: »Heil dir, Tag, Heil euch, Söhne des Tags ... Heil dir, du vielspendende Erde!« Und sie erzählt Sigurd: »Ich fällte den Halmgunnar (dem Odhin den Sieg verheißen hatte) im Kampf: aber Odhin stach mich mit dem Schlafdorn zur Strafe dafür, und sagte, ich solle niemals ferner Sieg haben, und ich sollte vermählt werden. Aber ich that das Gelübde dagegen, mich keinem zu vermählen, der sich fürchten könne.«[31] Es besteht also eine weitgehende Übereinstimmung zwischen der Vorlage und Wagners Bearbeitung.

Ludwig II. gegenüber unterstrich Wagner die Bedeutung dieser Liebesbegegnung: »Das ist keine Familienkinderszene: das Schicksal der Welt hängt von dieser göttlichen Einfalt und Einzigkeit des furchtlosen Einzigen ab! – Ja! – Mein Siegfried ist schön, Sie teurer Edler! Mein König! –«[32] Zu Cosima sagte er, dass die Szene das höchste Glück durch die Verbindung zweier vollendeter Wesen darstelle.[33] Beide sind vollendet, Siegfried ist darüber hinaus schön, göttlich und einzigartig – damit zeigt sich nochmals, dass es sich keinesfalls um einen tölpelhaften Flegel handelt.

Die Flammen lodern vor Brünnhildes Schlafstätte auf. Das Anschwellen der Glut wird mit dem sexuellen Verlangen Siegfrieds assoziiert, wie überhaupt Wagner sich im Folgenden einer erotisierenden Sprache bedient. Siegfried stürzt sich in das Feuer und setzt sein Horn an, das mehrfach erklingt. Das ähnelt der Jagd und dem Erlegen von Wild. Er ist derjenige, der Brünnhilde das Licht bringt und ihr die Augen öffnet. Eine Soloharfe läutet mit ihren Arpeggien diese letzte Szene ein, gefolgt vom Freiamotiv, das die Liebe zur Frau schlechthin darstellt, und dem Waberlohemotiv, das mehrfach wiederholt wird, eine Septe umfasst und die weibliche Liebesfähigkeit darstellt. Als er vor der Liegenden steht, will er ihren Panzer lösen: »Komm, mein Schwert, schneide das Eisen!« Da sie ihre mythisch-göttliche Kraft erst dann verliert, wenn ihre Rüstung aufgeschnitten wird, symbolisiert das phallische Schwert zugleich den Verlust ihrer Jungfernschaft. Das Walkürenmotiv bezieht sich auf ihr Vorleben, aber als er den Panzer öffnet, ist das Schwertmotiv zu hören – er siegt damit über die Walküre.

Bei den Worten »Wer ist der Held, der mich erweckt?«, erklingt das Siegfriedmotiv und feierliche Bläserakkorde werden mehrfach durch Streichertriller unterbrochen. Wagner verwendet Triller selten, hier beschreiben sie die neu entdeckte Liebe. Vor allem die Harfen begleiten, wie bei Frauengestalten traditionell üblich, Brünnhildes erste Worte. Der opulente Klangjubel ist ergreifend, denn die Szene ist als Apotheose konstruiert. Zunächst wird Siegfrieds Mutter von ihm gefeiert und gepriesen (»O Heil der Mutter, die mich gebar«), was Brünnhilde wiederholt (»O Heil der Mutter, die dich gebar«) – ein erneuter Beweis für den Vorrang Siegfrieds, da ihre Mutter Erda ausgespart wird.[34] Er begrüßt sie als »prangenden Stern«, sie ihn als »siegendes Licht« und »strahlendes Leben«. Sie ist somit für ihn ein Objekt, er ist für sie das Leben selbst. Brünnhilde hat sich ihren Geliebten im Voraus erträumt, wie auch Elsa und Senta es taten. Sie gesteht, dass sie ihn immer geliebt habe, und später, dass sie ihn auch von jeher gekannt habe – ein männliches Wunschbild, da sie vor der Versetzung in den Schlaf lediglich wusste, dass Sieglinde schwanger war. Nun schöpft sie ihre Kraft und ihr Vermögen aus der bedingungslosen Liebe zu Siegfried: »Was du nicht weißt, weiß ich für dich: doch wissend bin ich nur – weil ich dich liebe.« Lässt man diese Unlogik beiseite, hat Wagner Mann und Frau insofern auf eine Ebene gestellt, als die Liebe beide gleichermaßen erfasst hat. Sie befinden sich in einem rauschhaften Zustand. Es ging ihm darum zu demonstrieren, wie stark die erotische Kraft zwischen Mann und Frau wirken kann und er stellt mit der Entfesselung eines glanzvollen Jubels die Phantasie einer Verschmelzung, einer Leib-Seele-Vereinigung dar.

Diese Traumwelt ist aber brüchig, denn jenseits des Rausches ist das Paar keinesfalls in der gleichen Verfassung. Brünnhildes neues Leben ist von einem schrecklichen Verlust begleitet. Das gepanzerte Äußere, ihre Abenteuer hoch zu Ross, das Zusammensein mit den Schwestern, ihr göttlicher Status – alles ist ihr genommen. Jetzt, wo sie keine Göttin und keine Walküre mehr ist, wird ihr die eigene Schutzlosigkeit offenbar. Dies wird auch dadurch deutlich, dass sie kein eigenes Motiv besitzt, das etwa mit dem Siegfriedmotiv vergleichbar wäre. Das Walkürenmotiv, das ihr sowieso nicht alleine gehörte, bezeichnet nur noch Vergangenes, und das Brünnhildemotiv, das sie in der *Götterdämmerung* kennzeichnen wird, taucht erst im letzten Teil der Tetralogie auf. Das »Weibmotiv« ist falsch betitelt, denn es bezieht sich auf Siegfried und Brünnhilde. Es kommt nur in dieser Szene vor, ist auf beide gleich verteilt und verschwindet dann. Es beschreibt somit die Verbindung der beiden und könnte eher Vereinigungsmotiv heißen.

Siegfried ist über sein eigenes sexuelles Begehren erstaunt: »O Weib, jetzt lösche den Brand! Schweige die schäumende Wuth!« Brünnhilde hingegen überkommen Ängste: »Er brach mir Brünne und Helm: Brünnhilde bin ich nicht mehr!« Sie erlebt ihren Identitätsverlust als entwürdigend. »Sonnenhell leuchtet der Tag meiner Schmach! O Siegfried! Siegfried! Sieh' meine Angst! […] Zertrümmre die Traute dir nicht! […] So berühre mich nicht, trübe mich nicht.« Diese Bitte um Schonung und Wahrung ihrer sexuellen Unschuld wird mit kleiner Besetzung im Orchester begleitet, im Gegensatz zu der stürmischen Musik, die Siegfried umtost. Hier beginnt die musikalische Ungleichheit, denn es ist die erregte Musik, die positiv erlebt wird, während Gefühle wie Angst und Abwehr, die Brünnhilde zugeordnet sind, musikalisch entsprechend negativ umgesetzt werden. Eingetaucht in eine völlig neue Welt, ängstigt sie sich vor der unbekannten Sexualität. Sie wählt ein drastisches Vokabular, spricht vom Schrecken, vom traurigen Dunkel, von der Schmach, die ihren Blick trübt. Ihre bisherige Welt der Walküren war eine andere. Als sie sie erwähnt, hört man kriegerische Klänge, Marschtriolen und sie singt: »Kein Gott nahte mir je! Der Jungfrau neigten scheu die Helden.« Die Männer wichen vor den Walküren zurück, sie galten als unberührbar – das ist jetzt vorbei. Ihre bisherige Identität ist zerstört, sie hat noch keine neue, stabile Vorstellung von sich selbst.

Dann jedoch spürt sie, wie sie immer erregter wird. Sie fragt Siegfried, ob er das »wilde Feuer« und die Blutströme nicht merkt, die ihm entgegenstürmen: »Fürchtest du nicht das wild wütende Weib?« Hierzu erklingt zuerst das Walkürenmotiv, das an ihr früheres Leben erinnert. Auf ihre Frage hin, ob er sie fürchtet, ertönt das Siegfriedmotiv; die Antwort ist also von der Musik gegeben, seine Dominanz bleibt ungefährdet. Im abschließenden Duett singt sie weitsichtig von der bevorstehenden Götterdämmerung, während er sich weiterhin nur auf sie bezieht. Cosimas Bemerkungen, als Richard ihr diesen letzten Akt auf dem Klavier vorspielte, sind unangebracht und geradezu falsch: »Brünnhilde's Furcht Ahnung des Untergangs; ihre jungfräulich reine Liebe zu Siegfried ächt deutsch.«[35] Weder ist Brünnhilde »deutsch« noch ist ihre Liebe jungfräulich rein, zumindest nicht in diesem kurzen Augenblick. Dass eine Frau eigenes Begehren zeigt, verletzte die bürgerlichen Normen ihrer Zeit und es ist insofern erklärlich, dass Cosima davon nichts wissen wollte. Robert Donington ist vermutlich auf der richtigen Spur, wenn er aus den letzten beiden Worten des Paares: »lachender Tod!« auf den »kleinen Tod« schließt, der die Oper musikalisch triumphierend schließt.[36]

Brünnhilde verströmt zum einen die fürsorgliche, mütterlich-empathische Liebe, die dem geliebten Menschen gilt und dessen Wünsche und Sorgen errät. So wie ihr Mitleid bei Siegmund geweckt war und sie Sieglinde aus Fürsorge errettete, so hat sie auch jetzt mütterliche Gefühle: »Du warst mein Sinnen, mein Sorgen du!« Daneben gesteht Wagner Brünnhilde sexuelle Wünsche zu, allerdings werden diese schon bald von Angst überlagert. Die freudige Aufladung des Begehrens, wie man sie bei Siegfried erleben kann, kann für sie nicht gelten, weil sie durch die Annahme der Sexualität ihren hohen Status verloren hat.

Während Siegfried im jubelnden Schlussgesang sein Glück besingt, Sonne, Tag, Licht und Welt lobt, sich also seines Daseins freut, verabschiedet sich Brünnhilde von ihrem früheren Leben: »Fahr' hin, Walhall's leuchtende Welt!« Sie will mit der Götterpracht nichts mehr zu tun haben, ihr Geschlecht soll enden. Die Nornen sollen ihr Seil zerreißen, alles kann vergehen – bis auf ihre Liebe. Es sind düstere Worte, die in einem seltsamen Gegensatz zu dem Glück ihres Partners stehen. Ihr gesamtes bisheriges Leben ist wie ausgelöscht, es gilt nur noch »leuchtende Liebe, lachender Tod«. Sie ist ihrem Geliebten ausgeliefert. Wenn die Musik dazu als das »Hochgefühl zweier Seelen, die den Idealtypus des neuen Menschen darstellen sollen«[37] bezeichnet wird, bleibt die Zähmung der Frau und ihre Reduzierung auf den Mann unberücksichtigt. Zuende gedacht bedeutet eine solche Auslegung, dass die aus dem 19. Jahrhundert stammende, ausschließliche Ausrichtung der Frau auf den Mann immer noch als selbstverständlich hingenommen wird.

Am Schluss dieses letzten Aktes klingt kaum hörbar das Siegfriedmotiv in das Siegfriedliebemotiv hinein, sodass Siegfrieds Liebe zu Brünnhilde thematisiert wird und nicht umgekehrt. Wir nehmen alles aus seiner Sicht wahr, zumal das Siegfriedmotiv insgesamt sieben Mal aufklingt. Bezeichnenderweise beschließt es auch die gesamte Oper und erklingt in dem Moment, als sich Brünnhilde in seine Arme stürzt. Wenn also Wagner über Brünnhildes Erweckung schrieb: »Nicht eher sind wir das, was wir sein können und sollen, bis – das *Weib* nicht *erweckt* ist«, muss man den zweiten Teil hinzudenken, den er einige Monate später nachtrug: »Das Schöpfungswerk dieses höchsten, selbstvernichtenden Willens ist der endlich gewonnene furchtlose, stets liebende Mensch: Siegfried.«[38] Die Frau sollte die geistige Größe des Mannes erkennen und bewundern, damit dieser das, was wir sein können und sollen erreicht: die höchste Stufe der menschlichen Entwicklung.

Die Götterdämmerung – Ring IV

Eine komplexe Verwebung verschiedener Motive leitet den letzten Teil der Tetralogie ein. Die drei Nornen, die in Erscheinung treten, leben ebenso abseits vom Tagesgeschehen wie die Rheintöchter in ihrem feuchten Element. Wie Erda sind sie ein Teil der Natur und sie können nicht in die Abläufe eingreifen, sondern sie lediglich kommentieren. Ihre Machtlosigkeit steht von vornherein fest. In der Welt derer, die nach Macht streben (auf der einen Seite Wotan, auf der anderen Alberich) haben Frauen nichts zu entscheiden.

Eine schläfrig-schwermütige Stimmung breitet sich aus, ähnlich der im *Siegfried*, als Erda von Wotan ihres Schlafes beraubt wurde. Üblicherweise signalisiert ein aufsteigendes Motiv ein positives Lebensgefühl, hier aber gleicht es eher dem Aufstieg Erdas aus der Unterwelt, denn es wird durch die düster eingefärbte Mollterz der Holzbläser geprägt.

Das Wellenmotiv taucht auf, das schon die Rheintöchter begleitete, was die Nähe der Nornen zur Natur nochmals unterstreicht. Sie flechten in traditionell weiblicher Manier an einem Seil und beklagen dabei den Zustand der Welt. Weil das Licht so trüb ist, sehen sie schlecht und finden die Fäden nicht mehr. Es wird falsch geflochten, das Seil ist zu locker, überdies sind ihre Sinne verwirrt. In ihren Gesängen rekapitulieren sie die Vergangenheit, erzählen von der Zukunft und sorgen sich mit dunklen Andeutungen: »Weißt du, wie das wird?« Der fahle Klang des Englischhorns als Ausdruck der Klage und der Trauer ist oft zu hören, zusammen mit der Bassklarinette oder dem Fagott, die ebenfalls Düsteres vermitteln. Die Mollstimmung hellt sich erst auf, als die erste Norne sich an die Weltesche erinnert – das Orchester erhebt sich zu einem – wenn auch kurzen – triumphalen Höhepunkt, denn es geht um Wotans Herrschaft. Dass Wotan einen Ast von dem gewaltigen Baum absägte, um daraus den Schaft seines Speers zu machen, wird nicht kritisiert. Im Gegenteil, er wird als »kühner Gott« bezeichnet und damit überhöht. Dafür beklagt die Norne ihr eigenes Unbehagen: »Trüben Sinnes ward mein Gesang«. Die zweite Norne beschreibt, wie Wotan und Siegfried sich bekämpften, was das Orchester erregt kommentiert. Dann übernimmt die dritte Norne den Gesang: »Es ragt die Burg, von Riesen gebaut« – ein Anlass, um eine prachtvolle Klangentfaltung vorzunehmen. Selbst als die Norne sich ausmalt, wie die Scheite der Weltesche zu brennen anfangen und der Saal zerstört wird – wie also die Götter untergehen –, bleibt die Musik, die sich auf Wotan und Siegfried bezieht, heroisch-großartig. Während die Frauen häufig nur eine fahle Bläserbegleitung zugeordnet bekommen, erklingen bei den Männern Posaunen und Trompeten. Vergleicht man die Erda und den Nornen zugehörigen Klänge mit dem strahlenden Schwertmotiv Siegfrieds, das die »leuchtende Dur-Terz« enthält (vgl. Notenbeispiel 20, S. 171), und bedenkt man, dass die negativ konnotierten Naturwesen weiblich sind, wird klar, dass Wagner den nach Freiheit strebenden Mann damit der Frau entgegenstellt, die der Tier- und Pflanzenwelt nahesteht.

Alberichs Raub des Rheingolds wird kurz erwähnt, dann reißt das Seil. Damit endet die Funktion der Nornen, sie sind zu nichts mehr fähig. Nachdem Siegfrieds Horn aus der Ferne fröhlich erklungen ist, sinken sie hinab zu ihren Müttern in die Erde und werden nicht mehr gesehen. Mit ihrem »dunkelumflorten Rückblick«, wie Wapnewski ihren anfänglichen Gesang beschreibt, sowie der Schilderung des Unglücksszenarios in Walhall hinterlassen sie insgesamt eine triste Atmosphäre.

Das ist so beabsichtigt, denn die Nornen symbolisieren die aus dem Tritt geratene Welt, die auf ihr Unglück zusteuert. Und wieder sind es Frauen, die dem Vorurteil entsprechen, das man dem weiblichen Geschlecht gegenüber immer wieder gepflegt hat: Sie seien passive Naturwesen, die die Aktivität den Männern überlassen und sich mit dem Klagen begnügen. Mit der Erwähnung Siegfrieds und Wotans, die in das Geschehen eingreifen können, wird ihrer Machtlosigkeit und Spannungslosigkeit die Dramatik und Aktion der männlichen Welt gegenübergestellt. Die Nornen spinnen ein – unbrauchbares – Seil, die Helden hingegen hantieren mit Speer und Schwert.

Anschließend intoniert das Orchester eine Übergangsmusik, die mit den feierlich intonierten Blechbläserakkorden bedeutungsvoll daherkommt. In ihr wird dem Heldenmotiv, das hier erstmalig vorgestellt wird, das ebenfalls neue Brünnhildemotiv gegenübergestellt (vgl. Notenbeispiel 4, S. 24). Brünnhilde hat ihren Status als Walküre verloren. Aus der Amazone ist die bedingungslos Liebende geworden. Während das männlich konnotierte, aufsteigende Walkürenmotiv Aktivität und Aufbruch signalisierte und in allen Szenen auftauchte, die zwischen Brünnhilde, ihren Schwestern und ihrem Vater stattfanden, verschwindet es nun fast völlig, nachdem Brünnhilde in den Schlaf versetzt worden ist. Das neue, »weibliche« Brünnhildemotiv ist fast ausschließlich von Holzbläsern, Streichern und in kleiner Besetzung gespielt zu hören.[1] Es besteht aus der Umspielung eines Tons und einem Sextsprung, dem eine abwärtsgerichtete Septime folgt. Das ergibt einen neckisch-romantischen Ton, der die Weiblichkeit mit der Liebe gleichsetzt und durch den Abwärtssprung das spätere Leiden vorausahnen lässt. Die absteigende Septime als Ausdruck für weibliche Liebesfähigkeit kommt im Zusammenhang mit liebenden Frauen im *Ring* immer wieder vor, so auch in der *Walküre*, als Brünnhilde sich vor Wotan wegen ihrer Rettung Siegmunds verteidigen muss. Dass große Abwärtssprünge meist Konflikthaftes signalisieren, ist kein Widerspruch zu dem Ausdruck weiblichen Liebesglücks, denn die liebenden Frauen werden im *Ring* nun mal vom Unglück verfolgt. Das Motiv Freias, das nicht nur ihr gehört, sondern die weibliche Liebe allgemein meint, enthält gleich zweimal den Septimensprung, ebenso wie das sogenannte Erlösungsmotiv.

Eine melodische, harmonische oder rhythmische Verzerrung des neuen Brünnhildemotivs tritt stets dann ein, wenn Brünnhilde sich in einem Konflikt befindet, so beispielsweise, als Siegfried, der inzwischen durch einen Trank sein Gedächtnis und damit seine Liebe zu ihr verloren hat, sie in Gestalt Gunthers überwältigt. Der Sextaufschwung in ihrem Motiv wird durch einen sogenannten »Mitleidsmordent« (die verzierende Umspielung eines Tons) abgeschwächt. Da der Mordent in *Parsifal* den mitleidsvollen Blick des Heilands und im *Fliegenden Holländer* Sentas Empathie für den Seefahrer beschreibt,[2] ist davon auszugehen, dass auch hier Brünnhildes Mitleiden mit dem Partner gemeint ist, das zu ihrer neuen Rolle als liebendes und fürsorgendes Weib gehört. Ihr neues Motiv bedeutet musikalisch einerseits eine Schwächung gegenüber dem stark aufwärtsstrebenden, punktierten Walkürenmotiv, es erfährt aber durch ihre neue Rolle als liebende Partnerin auch eine Veredelung.

Auf den ersten Blick könnte man meinen, dass die nun einsetzende Übergangsmusik, die der Liebesszene zwischen Siegfried und Brünnhilde vorangeht, beide Partner als gleichwertig darstellt, doch dieser Eindruck täuscht. Das Gegenteil ist der Fall: Hier wird deutlich, wie unterschiedlich der Komponist Mann und Frau bewertet. Das Siegfried zugeordnete Heldenmotiv ist tonikal ausgerichtet, klar umrissen, hat einen blockartigen, aus aufeinandergetürmten Dreiklängen bestehenden Satz, ist in einer eindeutigen Tonart gehalten, wird von den Hörnern unisono gespielt und ist mit der Bezeichnung »kräftig« überschrieben. Die üppige Entfaltung dient der Darstellung seiner Stärke, denn aus dem Naturburschen ist ein prachtvoller Held geworden. Brünnhildes Motiv dagegen wird von einer zarteren, typisch »weiblichen« Instrumentation – Holzbläser, Geigen und Celli – gespielt und hat eine dominantische Ausrichtung. Die Tonart ist schwankend, die Motive beginnen und enden nicht prononciert wie bei Siegfried, sondern fädeln sich ineinander ein, erhalten dadurch etwas Kettenartiges und sind mit der Bezeichnung »sehr weich« überschrieben. Während das Heldenmotiv den Anfang und den Schluss des Vorspiels bildet, erklingt das Motiv der Frau in der Mitte. Auffällig ist auch die Entfaltung des Heldenmotivs. Es erfährt eine ungeheure fortissimo-Steigerung und wird zweimal im vollen Orchester (mit acht Hörnern, drei Trompeten, vier Posaunen und sechs Harfen) glanzvoll präsentiert. Im Hintergrund klingt bei einigen Bläsern ein Teil des Walkürenmotivs auf, das in diesem Fall das Pferd meint, das Brünnhilde Siegfried überlassen wird. Obwohl Brünnhildes Motiv mehrmals wiederholt wird und das Siegfrieds nur zu Beginn und zum Schluss vorkommt, erlangt Siegfried aufgrund der Beschaffenheit, der Instrumentation und Präsentation der Motive eine Vorrangstellung. Dafür erhält Brünnhilde eine »natürliche« weiblich-liebende Kraft. Indem sie den männlichen Helden anerkennt, wird sie als liebevolle, aber deutlich dem Mann untergeordnete Frau dargestellt. Dies fällt vielen Wagnerautoren bis heute nicht auf. So behauptet beispielsweise Wapnewski, dass die Melodien der beiden Motive sich »in liebevoller Einigung« fänden, gerade so, als könne man sie auf eine Ebene stellen. Eine solche Bewertung fußt auf der Vorstellung biologisch bedingter Charakterunterschiede zwischen Männern und Frauen und ist daher obsolet.

Brünnhilde verabschiedet sich liebevoll von Siegfried, der in die Welt auszieht, um seine Abenteuer zu bestehen. Er nimmt mehr als ihr Pferd mit, was sie auch besingt: »Meiner Stärke magdlichen Stamm nahm mir der Held, dem ich nun mich neige. Des Wissens bar, doch des Wunsches voll; an Liebe reich, doch ledig der Kraft.« Wie eine bürgerliche Hausfrau bleibt sie daheim, während er zu seinen Taten aufbricht. Wagner will auch an dieser Stelle zeigen, dass die liebende Frau neben Gehorsam und Einfühlung noch die Fähigkeit hat, sich dem Geliebten so zugehörig zu fühlen, dass das eigene Leben dem des Mannes untergeordnet wird. Das erklärt die innige Verzierung des Brünnhildemotivs ebenso wie den Septsprung abwärts, der Schwächung und damit auch die freiwillige Unterordnung beinhaltet.

Es kommt zu musikalisch schönen Partien der gegenseitigen Liebesversicherung, wobei der Dialog Brünnhildes Verwandlung thematisiert: Ihre einzige Sorge ist, dass sie dem »teuren Helden« zu wenig gilt, weil sie keine kämpferische Walküre mehr ist. Sie hat ihm die Weisheit der Runen vermittelt, was ihr Kraft entzogen hat, und sie bittet ihn, sie nicht zu verachten. Siegfried antwortet, dass sie nicht böse sein solle, wenn er ihre ihm geschenkte Weisheit nicht beachte. Er habe eines gelernt, nämlich an Brünnhilde zu denken. Brünnhilde kontert sofort und sagt ihm, er solle doch lieber seiner eigenen Taten gedenken –

an seinen Gang durch das Feuer und das Aufbrechen ihrer Rüstung. Brünnhilde nimmt somit ihre eigene Geringschätzung vorweg. Indem sie ihn über sich selbst erhebt, stellt sie eine für das 19. Jahrhundert typische Hierarchie her. Siegfried schenkt ihr daraufhin den Ring, den er bei dem Drachen fand, mit dem Wunsch, dass der Ring ihr Kraft verleihe. Dafür gibt ihm Brünnhilde ihr Ross, das ihm überallhin folgen soll. Eine starke, zum Widerstand gegen den Vater fähige Frau unterwirft sich hier dem Mann und gibt ihr Pferd, das ihre Selbständigkeit symbolisiert, freiwillig ab. Damit ist sie idealtypisch den Repräsentationen und Definitionen des Weiblichen der damaligen Zeit angepasst.

Nun beginnt der erste Akt und man taucht in das Reich Gunthers, Hagens und Gutrunes ein. Die Gibichungen sind schwache Menschen, darüber hinaus intrigant und korrupt. Ihre Welt ist eine der leeren Konvention und des Betrugs. Seit die Königin der Gibichungen sich dem Schwarzalben hingab und von ihm einen Sohn bekam, ist das gesamte Geschlecht befleckt, denn sie hat es aus Geldgier, also aus niedrigen Motiven getan. Gutrune wird von den Männern manipuliert, ist aber bereit zu lügen, um einen Mann zu gewinnen, den sie kraft ihrer eigenen Ausstrahlung nicht bekommen hätte. Wagner verleiht ihr ein verhalten wirkendes Thema, mit drei fallenden Quinten versehen, was eine gewisse Begrenztheit symbolisiert und sie nicht besonders sympathisch erscheinen lässt. Hagens Motiv besteht aus einem Tritonus-Sprung abwärts, ein untrügliches Zeichen für das Böse, während Gunther nicht einmal ein eigenes Motiv besitzt.

Beim Gespräch zwischen Gunther, Hagen und Gutrune klingt das Walkürenmotiv kurz auf, als Hagen von Brünnhilde erzählt. In seiner Schilderung liegt sie noch schlafend vom Feuer umgeben; zu diesem Zeitpunkt war sie in der Tat noch eine Walküre. Siegfried wird von Hagen als »herrlichster Held«, auch als »heit'rer« und »teurer« Held beschrieben, der »wonnig umher«schweift und seine Wundertaten werden ein weiteres Mal erzählt. Dadurch verfestigt sich sein vorteilhaftes Bild. Es bleibt sogar positiv, als Siegfried Brünnhilde verrät. Der Verrat wird moralisch nicht verurteilt, denn Siegfried wurde durch den Zaubertrank dazu gebracht und begeht damit keine selbstverschuldete Tat. Ihm wird Absolution erteilt und er behält seinen heroischen Status.

Nach Einnahme des Tranks beginnt das Verschachern der Frauen: »Gutrune gönn' ich dir gerne«, sagt Gunther und Siegfried erwidert »Brünnhilde bringe ich dir.« Hier ist eine der seltenen Stellen, wo das Walkürenmotiv noch einmal aufklingt; Siegfried denkt somit nicht an die liebende Frau, da seine Sinne vernebelt sind, sondern an die fremde Walküre – moralisch eine apologetische Taktik Wagners, der Siegfried auf diese Weise erneut von Schuld entlastet.

In der Zwischenmusik, die den Übergang zu der Steinhöhe begleitet, auf der Brünnhilde sitzt und laut Regieanweisung Siegfrieds Ring mit Küssen bedeckt, erfolgt ein Umschlag aus der Männerwelt in die der Frau. Zweimal spielt die Klarinette Brünnhildes Thema: Oboe und Streicher wiederholen es, auch die Harfe ist dabei. Zwei Klarinetten schwelgen in seligen Terzenparallelen, was die Bedeutung der Frau als Hort der Fürsorge unterstreicht. Die starke Präsenz der Holzbläser soll ihre Liebesfähigkeit ein weiteres Mal betonen. Nun erscheint die Walküre Waltraute, um erregt ihre Schwester zur Rückgabe des Rings zu bewegen, den sie von Siegfried erhalten hat, damit die Welt vom Fluch erlöst werde. Beide Frauen dienen Männern: Waltraute dem Vater, Brünnhilde dem Geliebten. Es ist dies der längste Dialog zwischen zwei Frauen, den es im gesamten *Ring* gibt. Er ermöglicht es, durch Brünnhildes Gesang ein Loblied auf das dem Mann treu ergebene Weib zu gestalten. Die Musik enthält zwei größere Höhepunkte, die von Brünnhildes Liebe zu Siegfried handeln. Sie erzählt, wie Wotan sie zum Schlaf verurteilt habe, es aber zu einem guten Ende gekommen sei. »So zum Seligsten schuf mich die Strafe: der herrlichste Held gewann mich zum Weib; in seiner Liebe leucht' und lach' ich heut' auf«. Die Musik untermauert ihre Zugehörigkeit zu Siegfried. Der zweite Höhepunkt tritt ein, nachdem Waltraute detailliert beschrieben hat, wie Wotan in Walhall stumm auf seinem hohen Sitz sinniert. Für Brünnhilde ist aber der Ring, um den die Schwester sie flehentlich bittet, ein Liebespfand, das sie für nichts in der Welt hergeben möchte: »Mehr als Walhalls Wonne, mehr als der Ewigen Ruhm – ist mir der Ring [...] Denn selig aus ihm leuchtet mir Siegfrieds Liebe«. Sie bezeichnet es als das Höchste, Siegfried zu lieben, und an dieser Stelle erklingt in einem großen Bogen das jubelnde Siegfriedliebe-Motiv (Notenbeispiel 25).

Es ist ihr recht, wenn die Götter eingehen, das Seil der Nornen zer-

25

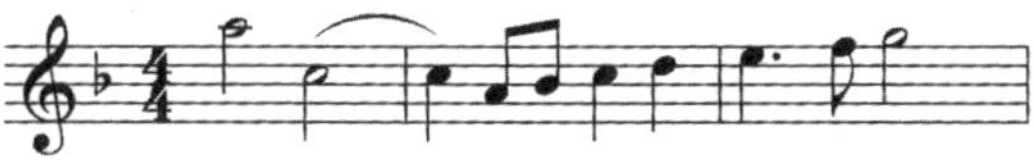

reißt, die Nacht der Vernichtung hereinbricht und die Götterdämmerung heraufzieht – sie gehört alleine Siegfried, nur das zählt. Er ist für immer und ewig ihr »Erb' und Eigen, Ein und All'«. Sie nimmt den Untergang Walhalls in Kauf, das Vergangene interessiert sie nicht mehr. Sie verabschiedet sich von der Götterwelt, und zwar radikal. Die Worte »Zerfall' in Staub deine stolze Burg!« zeigen die endgültige Lösung vom ehedem so überaus geliebten Vater. Es mutet übrigens angesichts des früher engen Vater-Tochter-Verhältnisses befremdlich an, dass sie seinen Untergang in Kauf nimmt. Das gibt ihrem Charakter eine unvermutete Härte. Wagners alter Freund August Röckel fand denn auch 1853, als der *Ring* noch in Arbeit war, ihr Verhalten »hart und eigensinnig«, worauf Wagner meinte, dies sei eine Verkennung ihrer Person, da sie sich von Wotan und allen Göttern um der Liebe willen getrennt habe: »Seit vollends Siegfried sie erweckt, hat sie kein andres Wissen mehr als das Wissen der Liebe. Nun – das Symbol dieser Liebe ist – da Siegfried von ihr zog – dieser Ring: da ihn Wodan von ihr fordert, tritt ihr nur noch der Grund ihrer Trennung von Wodan entgegen (weil sie aus Liebe handelte), und nur eines weiss sie jetzt noch, dass sie allem Götterthume entsagt hat um der Liebe willen. Sie weiss aber, dass die Liebe das einzig Göttliche ist: so möge denn Walhall's Pracht zu Grunde gehen, aber den Ring – (die Liebe) – opfert sie nicht.«[3] Sechsmal erwähnt Wagner die Liebe, von der Brünnhilde durchdrungen ist, und sein Missfallen über Röckels Verkennung der Situation ist entsprechend deutlich.

Ein radikaler Umschlag ereignet sich, nachdem Waltraute sich entfernt hat und Brünnhilde freudig die Rückkehr Siegfrieds erwartet, dann aber mit einem bedrohlichen Unbekannten konfrontiert wird. Diese Szene ist bereits recht deutlich in der ersten Prosafassung vom *Nibelungen-Mythus* enthalten: »Durch Siegfried bereits des Magdthumes beraubt, hat [sie] auch ihre übermenschliche Kraft eingebüßt, alles Wissen hat sie an Siegfried – der es nicht nützt – vergeben –; sie ist ohnmächtig wie ein gewöhnliches Weib, und vermag dem neuen, kühnen Werber nur fruchtlosen Widerstand zu bieten«.[4] Als Walküre hätte sie sich wehren können, als ein »gewöhnliches Weib« ist sie hilflos einem Übergriff ausgesetzt. Ausgerechnet der Verlust ihrer Jungfräulichkeit, der eigentlich den Beginn des Erwachsenenseins markiert, beraubt sie ihrer Stärke. In dem Augenblick, als Siegfried in Gestalt des Fremden ihr den Ring entreißen will, wehrt sie sich und ringt mit ihm, wird aber überwältigt. Mit gestopftem Blech wird das Unheimliche klanglich verstärkt. Noch als Gunther verkleidet verbringt Siegfried die Nacht mit ihr, legt aber sein Schwert zwischen sie. Auch wenn er eigentlich der Mann ist, den sie liebt – die Tat bleibt in jedem Fall ein Gewaltakt, denn sie musste ja glauben, neben einem fremden Mann zu liegen.

Bis ins ausgehende 20. Jahrhundert beschränkte sich die Darstellung sexueller Gewalt in der Literatur und in der Oper meist auf den metaphorischen Verweis. Die Tat selbst wurde nicht beschrieben oder gezeigt, die Eroberung der Schlafstube ereignete sich abseits der Handlung. Die Andeutungen reichten aus, um klarzumachen, worum es ging. Auch hier beschränkt sich Wagner auf die Anspielung. Sexuelle Gewalt gegen Frauen wurde erst gegen Ende des 20. Jahrhunderts als ein Delikt gegen das Selbstbestimmungsrecht der Frau anerkannt.[5] In vielen Opern erhöht das Leiden unschuldiger Frauen die voyeuristische und akustische Lust beim Publikum, beispielsweise wenn Gilda in Verdis *Rigoletto* stirbt. Hier jedoch beschreibt die Musik die Vergewaltigung als barbarische Tat, wobei es nebensächlich ist, ob das Schwert als phallisches Symbol den Sexualakt verhinderte oder ob er stattfand. Mit ihrem Aufschrei »Was könntest du wehren, elendes Weib?« verdeutlicht Brünnhilde ihre Hilflosigkeit. Soeben hatte sie sich aus Liebe zu Siegfried geweigert, den Ring an Wotan zurückzugeben und nun erfolgt der schändliche Angriff auf ihren Körper.

Brünnhildes Entsetzen hat nichts mit Eifersucht oder verletzter Eitelkeit zu tun, wie zuweilen zu lesen ist, sondern sie ist in ihrer neuen Identität beschädigt worden. Der Grund hierfür liegt in der sie alles beherrschenden Liebe zu Siegfried. Durch die Vergewaltigung ist sie innerlich zerstört und muss sich rächen. Als ein Künstler einmal eine kleine Skulptur von Brünnhilde nach Bayreuth schickte, fand Cosima sie verfehlt und bedauerte, dass der Bildhauer »nicht die barmherzige liebende Walküre Brünnhilde – die eigentliche Schöpfung Richard's – gewählt hat, sondern die düstre Rachebrütende, die ebenso gut die Geibel'sche oder Hebbel'sche sein könnte; denn in dieser Empfindung ist sie in Richard's Dichtung nicht mehr sie selbst.«[6] Nach der brutalen Szene ist Brünnhilde in der Tat nicht sie selbst. Und als Richard Cosima diese Szene, die er gerade als Skizze entworfen hatte, am Klavier vorspielte und -sang, erlebte sie die feierliche Ansprache Siegfrieds als »furchtbar«.[7] Man könnte die Vergewaltigung als Schwächung von Siegfrieds Heldenstatus interpretieren, und in der Tat ist sein Verhalten im Vergleich zu dem seines zartfühlenden und innig liebenden Vaters Siegmund brutal. Trotzdem wird er moralisch nicht verurteilt, er ist durch den Trank verwirrt worden. Siegfried wird nicht auf eine Stufe gestellt mit Hunding beispielsweise, für den Frauen Besitz sind.

Nach dem Gespräch zwischen Hagen und Alberich kehrt Siegfried zu den Gibichungen zurück und kündigt das Kommen Brünnhildes und Gunthers an. Hagens Mannen singen in einem gewaltigen Chor und rüsten sich zur Hochzeitsfeier. Während sie »jauchzend an die Waffen schlagen«, folgt Brünnhilde »bleich und gesenkten Blickes« Gunther. Es fällt auf, dass das Walkürenmotiv, das so gut wie verschwunden ist, in dem Moment noch einmal auftaucht, als Brünnhilde den vollen Betrug begreift. Sie ist erschüttert und das groß ausgreifende, von Glück strahlende Siegfriedliebemotiv gibt ihrer Klage eine bewegende Dimension: »Ach, Jammer! Jammer! Weh'! ach Wehe! All mein Wissen wies ich ihm zu: In seiner Macht hält er die Magd; in seinen Banden hält er die Beute, die, jammernd ob ihrer Schmach, jauchzend der Reiche verschenkt!«

Indem Wagner ihre Zerrissenheit darstellt, ergreift er für sie Partei. Ihr Entschluss, zu Siegfrieds Ermordung beizutragen, indem sie die Stelle am Rücken verrät, an der Siegfried verwundbar ist, ist zunächst erschreckend, auch weil sie an einem »Racheschwur« zusammen mit Gunther und Hagen teilnimmt. Betrachtet man jedoch ihre Verwandlung, so erscheint ihr Handeln nicht als billige Rache, sondern vielmehr als eine logische Folge. In ihrer neuen Rolle begreift sie sich als Teil des Geliebten; nachdem er sie betrogen hat, gibt es in ihrem Leben keinen Sinn mehr. Sein Tod ist auch ihr Tod. Obwohl sie an einem Mordkomplott beteiligt ist, bleibt sie dadurch moralisch ohne Makel.

Es trifft nicht zu, dass das Vorspiel zum dritten Aufzug »nichts Arges ahnt«,[8] wie man es in der Fachliteratur lesen kann, denn dem fröhlichen Klang des Horns wird sofort das unheilbringende Wehemotiv entgegengesetzt. Damit kontrastiert die jugendliche Lebensfreude Siegfrieds musikalisch mit dem Bösen in Hagen, was das positive Bild des Helden nur verstärkt, gleichzeitig aber auf das kommende Unglück hinweist.

Im dritten Aufzug unterhält sich Siegfried mit den Rheintöchtern. Cosima schreibt hierzu: »[Richard] zeigt mir, wie die Mädchen zu Siegfried ganz nahe kommen, dann wieder untertauchen, jubelnd und lachend ihn dem Verderben weihen, mit der ganzen kindlichen Grausamkeit der Natur, die nur die Motive zeigt und gleichgültig das Individuum preisgibt; und darin wiederum die größte Weisheit zeigt, die nur durch die Weisheit des Heiligen überboten wird.«[9] Wie die Nornen sind die Rheintöchter zwar fähig, die Dinge vorauszusehen, selbst eingreifen können sie aber nicht. Weil Siegfried ihnen auch nicht glaubt, können sie keinen Einfluss auf ihn nehmen. Wagner nennt sie weise – gemeint ist damit aber keine Weisheit, die sich aus der Reife erlebter Handlungen und Entscheidungen ergibt, sondern – wie auch bei den Nornen und Erda – etwas, das aus ihrem Mund tönt. Sie wirken wie Sibyllen aus der antiken Mythologie oder wie die Schwanenfrauen aus dem Nibelungenlied, die ebenfalls voraussagen können, aber unfähig sind, in das Schicksal einzugreifen – eine für das männliche Geschlecht recht angenehme Spezies Frau, die noch dazu zum Flirten bereit ist. Durch sie lernt Siegfried »Weiberart«, wie er es nennt.

Die Regie verlangt, dass die Rheintöchter »wie im Reigentanze im Kreise umherschwimmen« sollen – ihrer Wesensart gemäß drehen sie sich ziellos um sich selbst. Dies wird musikalisch durch allerlei Wassermotive unterstrichen: Das Naturmotiv geht in das Motiv des Rheintöchtergesangs über, das Wasserspielmotiv ahmt die Wellen nach. Klarinetten spielen süßliche Terzketten. Mit den aufwärtsgerichteten Dreiklangbrechungen des Horns, die demgegenüber Siegfried zugeordnet sind, wird der Held ein weiteres Mal musikalisch aufgewertet. Er flirtet mit ihnen, hätte sich gerne eine Nixe »gezähmt« und verhält sich teilweise herrisch, teilweise neckend-erotisch. Er lädt sie sogar zur Prostitution ein und bietet den Ring als Bezahlung: »Ich geb' ihn euch, gönnt ihr mir Lust.« Mit dem Helden, der Brünnhilde wachküsste, hat das nicht mehr viel zu tun, aber Siegfried steht ja noch unter dem Einfluss des Vergessenstranks. Wagner entschuldigte Siegfrieds Verhalten ein weiteres Mal in seiner Vorstudie *Der Nibelungen-Mythus*, indem er zu dieser Szene schrieb, Siegfried habe schuldlos die Schuld der Götter übernommen, »ihr Unrecht büßt er an sich durch seinen Trotz, seine Selbstständigkeit«. Obwohl es in der Neufassung Brünnhilde ist, die letztendlich die Schuld der Götter büßt, bleibt die positive Zeichnung Siegfrieds auch hier bestehen.

Hagen erscheint mit dem Tross der Mannen und die abwärtsgleitende Sekunde seines Unheilmotivs klingt bedrohlich gegenüber dem naiv-lustigen Hörnerklang. Hagen gibt ihm mit einem weiteren Trunk sein Gedächtnis zurück und stößt ihm einen Speer in den Rücken. Als Siegfried sich schwer verwundet an Brünnhilde erinnert, wird ihr Thema von sechs Harfen gespielt, also nochmals verweiblicht: Es ist zweimal mit Oboe und Harfe zu hören, während sein Motiv mit Blech ausgestattet ist. Wagner denkt und komponiert aus der Sicht Siegfrieds, indem er dessen Liebesgefühle für Brünnhilde hörbar macht. Er wollte ihn »entsühnt«, also von Schuld befreit sterben lassen und daher bereut der Held zum Schluss sein Verhalten.

Als musikalischer Höhepunkt zeigt die Ausschmückung des Trauerzuges ein weiteres Mal die herausragende Rolle des Helden der Zukunft. Man muss nicht gleich vermuten, dass Wagner den gesamten *Ring* auf diesen Trauermarsch angelegt hat, wie es Hans Mayer tut (wobei er unbewusst dem Kult des Männlichen huldigt), aber seine Bedeutung ist zumindest für diesen Teil der Tetralogie immens. Ursprünglich sollte es einen großen Klagegesang von Frauen- und Männerstimmen geben, aber Wagner verwarf den Gedanken wieder. Er ließ sich von Beethovens »Marcia funebre« aus der *Eroica* inspirieren. Einige Wochen, bevor er den ersten Entwurf zum *Jungen Siegfried* verfasste, schrieb er seine Programmnotizen zu Beethovens dritter Symphonie, die nach seiner Überzeugung das großartige männliche Individuum beschreibt, das die warme Liebe der Frau empfängt, und seine musikalische Gestaltung des toten Helden trägt deutliche Spuren dieses Heldenbilds.

Der Trauermarsch beginnt mit dem Einsatz eines gewaltigen Blecharsenals: Heftige Stöße der Basstrompeten, der Hörner und Tuben verbreiten eine tragische Stimmung. Wälsungen-, Todes- und Wehwaltmotiv vermitteln Trauer. Dann erscheint im Englischhorn überraschenderweise das Motiv Sieglindes. Mit Klarinette und Oboe wiederholen es die klassischen Instrumente der Weiblichkeit und das Liebesmotiv unterstreicht diesen Übergang noch, wodurch die sanfte, leidgeprüfte Sieglinde als Schwester, Mutter und Ehefrau in Erinnerung gerufen wird. Vermutlich soll das Aufgreifen ihres Motivs durch einzelne Holzbläser das »Umschmiegen« des Mannes durch die liebende Frau darstellen, was Wagner bei Beethoven so gefiel: »... um dieses Thema, welches wir als die feste männliche Individualität betrachten können, winden und schmiegen sich vom Anfange des Satzes herein all' die zarteren und weicheren Empfindungen, die sich bis zur Kundgebung des reinen weiblichen Elementes entwickeln, welches [sich] an dem – durch das ganze Tonstück energisch dahinschreitenden – männlichen Hauptthema [...] als die überwältigende Macht der Liebe offenbart«.[10] Das Blech ist hingegen für Siegfried reserviert, ebenso die Celli und Bässe. Darin sieht Thomas Grey eine Geschlechtergleichheit von Wagner angestrebt, die als symbolische Stimme der kollektiven Menschheit wirke.[11] Eine solche Interpretation erscheint jedoch abwegig, da die Zentrierung auf Siegfried von Wagner selbst klar bezeugt ist; adäquater erscheint eine Erläuterung des Regisseurs Peter Mussbach: »Der Trauermarsch der *Götterdämmerung* beweint den Komponisten, welcher um seinen Helden trauert, den er aber schon längst um die Ecke gebracht hat.«[12]

Das letzte Mal erklingt Brünnhildes Motiv, als Gutrune, die in der Halle der Gibichungen auf die Rückkehr Siegfrieds wartet, fragt, ob sie wach sei. Es hat an dieser Stelle keine gestalterische Wirkung mehr, denn es passt nicht länger zu der Frau, die sich für Siegfried in die Flammen wirft. Ihre Autorität wächst, grandios schleudert Brünnhilde Gutrune ihr »Armselige, schweig'! Sein Eheweib warst du nie« entgegen.

Da aus der Sicht Wagners allein die Liebe das Wesen des Weibes ist, gibt es nun keine Funktion mehr für die Partnerin auf Erden. Wie Brünnhildes Rolle im gesamten *Ring* zu deuten ist, erschließt sich vor allem in ihrem Schlussgesang kurz vor der Verbrennung. Trotz der vielen Motive (es klingen insgesamt zehn verschiedene in diesem Schlussteil an) bleiben zwei Motive vorherrschend: das strahlende, von Wolzogen als »Erlösungsmotiv« bezeichnete Thema und das Siegfriedmotiv. Alle fünf Einzelskizzen, die Wagner zur Vorbereitung dieses Schlussteils auf einem losen Blatt notierte und auf denen er das motivische Material festlegte, enthalten das Erlösungsmotiv. Es sollte auf jeden Fall dabei sein und ist daher für das Verständnis seiner Konzeption besonders aufschlussreich. Es kommt zuvor im gesamten Werk nur einmal vor, und zwar als Sieglinde Brünnhilde preist, weil sie bereit ist, die Schwangere und damit den kommenden Helden, den sie im Schoß birgt, zu retten (vgl. Notenbeispiel 16, S. 160).

Die Zahl der Interpretationen des Motivs ist Legion. Mal gilt es als »weibliche Melodie« (Catherine Clément) oder als »Chiffre der Geburt und Wiedergeburt des paradiesischen Urzustandes« (Sabine Henze-Döhring). Für Thomas Grey bildet es den »roten Faden« des gesamten Werkes und er sieht darin »das ewig Weibliche« festgeschrieben. Carl Dahlhaus mutmaßt, dass es die »›Erlösung‹ aus der Welt ›trügender Verträge‹« darstelle – zugleich deutet er es als »Ausdruck seliger Liebe«, als »Darstellung ›entzückter‹ Selbst- und Weltverneinung«. Interessant ist seine Bezeichnung als »Siegfried-Motiv«. Auch Sieghart Döhring verweist auf Siegfried »als Vorboten des ›neuen Menschen‹«. Lawrence Kramer ist der Ansicht, dass es richtungslos (»undetermined«) sei – also keinen inneren Sinn habe – eine Fehlinterpretation, die krasser nicht sein kann. Für Dieter Borchmeyer kündigt es »die Reinigung der Welt« an. Die Annahme, wonach es »als Ankündigung einer neuen, besser gefügten und gerechteren Weltordnung die Tetralogie versöhnlich und voller Hoffnung« beschließe (Mischa Meier), findet man bisweilen ins Gegenteil verkehrt: »Was fehlt, ist die Perspektive einer zukünftigen, neuen menschlichen Ordnung« (Bermbach). Kitcher und Schacht konzedieren immerhin, dass das Thema mit Liebe zu tun hat: »Trotz allem kann die Liebe eine Form des Triumphes darstellen; es verleiht dem, was sonst eine Leere und eine bittere Niederlage auslösen würde, Bedeutung und Wert.« Thomas Mann bringt das Motiv in Zusammenhang mit Goethes Gretchen im Faust und vergleicht den Schluss beider Werke: »Das Ewig-Weibliche zieht uns hinan.« Also doch die Frau im Mittelpunkt des Ganzen? Die Dirigentin Simone Young bezeichnet die

Stelle, an der es vorkommt, als einen Tod aus Liebe: »Das ist kein Schmerz, das ist auch kein Sonnenaufgang, das kann nur Liebe sein! Eine irre Musik!« Die absurdeste Deutung stammt von Bernard Shaw, der dem Motiv nachsagt, dass es »schwärmerisch daherkommt« und »die geschwätzigste Phrase der gesamten Tetralogie« sei.

Dass das Thema mit Brünnhilde zu tun hat, ist durch zahlreiche Quellen belegt. Cosima antwortete in Richards Auftrag auf eine Anfrage: »Das Motiv, welches Sieglinde der Brünnhilde zu-singt, [ist] die Verherrlichung Brünnhilden's, welche am Schluss des Werkes gleichsam von der Gesammtheit aufgenommen wird.«[13] In ihren Tagebüchern finden sich noch weitere Hinweise. »Am Morgen singt Richard mir das Thema von Sieglinde an Brünnhilde und sagt mir: ›Das bist Du – –‹« Bei der Hauptprobe am 23. April 1875 ist Cosima »namenlos erschüttert, der ganze Schluß eigentlich die Paraphrase der nicht komponierten Worte: ›Nicht Goldesglanz etc., selig in Leid und Lust läßt Liebe nur sein.‹ – Die gesamte Götter-Welt, die Naturmächte, die Heroen alle dienen gleichsam einzig dazu, das edelste Weib zu verherrlichen!« Und Richard meint: »Ich bin froh, daß ich Sieglinden's Lob-Thema auf Brünnhilde mir reserviert habe, gleichsam als Chorgesang auf die Heldin.«[14]

Ist damit der Fall eindeutig? Wagner rang lange mit dem Schlusstext der gewaltigen Tetralogie und verwarf zwei Entwürfe, bevor er sich für den dritten entschied. Verse wurden gestrichen, neue hinzugesetzt. In der ersten Version wird die Liebe über Haus, Hof, Verträge und Gesetze gestellt. Diese Fassung war ihm zu direkt. Dass er aber die Aussage des Textes behalten wollte, zeigt sein Entschluss, die Zeilen nur deshalb wegzulassen, weil sie bereits mit höchster Bestimmtheit ausgesprochen worden seien.[15] 1856 ersetzte er diese Worte durch Brünnhildes Beschreibung ihrer bevorstehenden Flucht in eine andere Welt. »Alles Ew'gen sel'ges Ende, wißt ihr, wie ich's gewann? Trauernder Liebe tiefstes Leiden schloß die Augen mir auf: enden sah ich die Welt.« Auch dieser Schluss war ihm nicht recht, da er wiederum zu direkt auf die Liebe als stärkste Macht hinweist. Aber er kehrte immer wieder dahin zurück, denn selbst die finalen Worte, für die er sich entschied und die Brünnhilde singt, bevor sie sich in das Feuer stürzt, verherrlichen ihre Liebe zu Siegfried. Sie spricht ihr Pferd Grane an, das sie ins Feuer führen wird, wo sein Herr, ihr seliger Held liegt. Es verlangt sie danach, wieder mit ihm vereint zu sein; sie möchte ihn umschlingen und von ihm umschlossen sein und sie stürzt sich mit den Worten »Siegfried! Siegfried! Sieh'! Selig grüßt dich dein Weib!« in die Flammen. Ihr gesamtes Denken ist demnach auf den Geliebten gerichtet. Der erlebte Betrug, der Gewaltakt auf dem Hügel, als ihr der Ehering entrissen wurde und sie mit dem Unbekannten ein Schlafzimmer teilen musste, die Demütigung der zerstörten Liebe – dies alles ist verziehen. Brünnhildes Inneres ist von Siegfried ausgefüllt – wie eine russische Puppe birgt sie ihn in sich und ähnelt damit Sieglinde, die mit Siegfried schwanger war und deswegen musikalisch geadelt wurde.

Bei der Stelle »vermählt ihm zu sein« kurz vor Schluss verstärkte Wagner im Vergleich zu früheren Skizzen die jubelnde Überhöhung Siegfrieds, indem er die Melodie nach oben führte und er verbreiterte die letzte Zeile durch eingefügte Pausen und eine stärkere Ausdehnung des »selig« in »Selig grüßt dich dein Weib!«, was sich wiederum auf Siegfried bezog.[16] Es ist zwar ein Allgemeinplatz innerhalb der Wagnerforschung, dass es zum Verständnis der Musik nicht ausreiche, sich auf die Motive zu beziehen. Wagner hat jedoch an dieser Stelle gerade mit Hilfe der Motivtechnik Brünnhildes ekstatischem Schlussgesang eine musikalische Grundierung verliehen, die sein Anliegen plastisch hervorhebt. Bei »Grane, mein Ross, sei mir gegrüßt!«, bei »Weißt du auch, mein Freund, wohin ich dich führe?« sowie bei »Dem Freunde zu folgen wieherst du freudig?«, erklingt das Walkürenmotiv. Es ist ein folgenschwerer Irrtum, aus dem Erklingen des Walkürenmotivs abzuleiten, dass Brünnhildes Identität als Walküre bestehen bleibt.[17] Wie der dazugehörige Text zeigt, bezieht es sich jedes Mal auf Brünnhildes Pferd, das in den Scheiterhaufen springt, wird also situativ verwendet. Wagner benutzte seine Motive durchaus auch koloristisch, nicht immer symbolisch. Dies ist wichtig, denn das Walkürenmotiv enthält mit dem Dreiklangsaufbau und dem punktierten Rhythmus traditionell männliche Eigenschaften, die trotz des Mutes und der Entschlossenheit Brünnhildes nicht zu ihrem jetzigen Status passen würden. Es ist daher eine willkürliche Umformung, wenn in Inszenierungen Brünnhilde im Schlussbild des *Ring der Nibelungen* als Walküre verkleidet erscheint.

Auffällig ist die präzise Parallelisierung von Motiv und Text. Bei »Fühl' meine Brust auch wie sie entbrennt« steht das Erlösungsmotiv, ebenso wie bei »Helles Feuer das Herz mir erfasst«, »Siegfried! Siegfried! Sieh'! Selig grüsst dich dein Weib!«, »Ihn umschlungen, umschlossen von ihm« und »in mächtigster Minne vermählt ihm zu sein!«. Siegfried- und Erlösungsmotiv erklingen bei »Im Feuer leuchtend liegt dort dein Herr«, »Siegfried, mein seliger Held« und »Heiajo! Grane! Grüss' deinen Herren!«. Das Feuerzaubermotiv ist zu hören bei »Lockt dich zu ihm die lachende Lohe?«

Streicht man die situativen Motive (das Walkürenmotiv sowie das Feuerzaubermotiv, das das auflodernde Feuer beschreibt), bleiben nur noch das Erlösungs- und das Siegfriedmotiv übrig. Jedes Mal, wenn das Erlösungsmotiv erklingt, wird Siegfried besungen. Brünnhilde hat nur den Helden im Sinn. Es charakterisiert demnach nicht Brünnhilde als Person, sondern ihre Fähigkeit, alles für den Einzigartigen zu opfern. Es schließt vor allem Siegfried mit ein, und deutet regelrecht auf ihn.

Es lohnt sich ebenfalls, die Motivfolge bei der Schlussapotheose nach dem letzten Ausruf »Zurück vom Ring!« genauer zu betrachten. In den letzten achtzig Takten hört man keinen Gesang mehr, sondern klangschöne Versionen von vier Motiven, die wie ein orchestraler Schlusskommentar wirken: die Welt der Rheintöchter, die Burg Walhall in eindrucksvoller Großartigkeit, das kraftvolle Motiv des freien Helden und das Erlösungsmotiv. Walhall weist auf Wotan, den tragischen Helden, der trotz seiner Fehler immer sympathisch blieb; ihm gebührt die Majestät einer Götterburg. Das Walhallmotiv hat nicht nur die größte Präsenz, sondern wird auch zusammen mit dem Siegfriedmotiv großartig instrumentiert. Während das Rheintöchtermotiv von Holzbläsern gespielt wird und weiblich semantisiert ist, leisten die Trompeten, Posaunen, Hörner und Tuben sowie ab Takt 1532 auch die beiden Harfen alles an virtuoser Spielkunst, um sowohl Wotan (dem das Walhallmotiv gehört) als auch Siegfried in den Vordergrund zu rücken. Das Erlösungsmotiv wird von Flöten und Streichern, also mit reduziertem Instrumentarium gespielt, hat aber eine so strahlendhohe Lage, dass es eine besondere Qualität erhält. Die häufig zu lesende Annahme, wonach es eine neue Weltordnung ankündigt und die Trilogie voller Hoffnung beschließt, ignoriert, dass das Motiv sich speziell an Brünnhildes Fixierung auf Siegfried heftet und die Liebe hervorhebt, die sie als Weib zu geben vermag. Die Feststellung, wonach Brünnhildes Tat Herrschaft aufhebe und Liebe an ihre Stelle setze,[18] übersieht, dass mit der Liebe von Frauen zu ihren Männern keine neue Gesellschaft zu schaffen ist. Im Gegenteil: Diese können gestärkt durch Liebe ihrer auf Machtstreben gestützten Herrschaft weiter nachgehen. Der von Wolzogen erfundene Begriff der »Erlösung« trifft nur in einem spezifischen Sinne zu: Brünnhilde erweist sich als das Idealweib des 19. Jahrhunderts, weil sie zwar eine starke Frau ist, zugleich aber den Männern freiwillig den Vorrang einräumt. Sie versteht sich zunächst als Sprachrohr ihres Vaters, sodass sie seine geheimsten Gedanken errät. Mit dem Geliebten fühlt sie sich selbst nach dessen Betrug so eng verbunden, dass sie nicht ohne ihn weiterleben kann. Dass Brünnhilde Kraft zufließt, wenn sie liebt, ist im 19. Jahrhundert kein Zeichen von Ichstärke und Selbständigkeit, sondern im Gegenteil ein Beweis für die Aufgabe eigener Bedürfnisse zugunsten der Erlösung des Mannes.

Interpretiert man demnach das ätherisch wirkende, von den Violinen mit innigem Melos gespielte Erlösungsmotiv kontextuell, dann bezieht es sich auf Brünnhilde und die beiden wichtigsten männlichen Protagonisten. Indem Wagner Wotan mit den choralartigen Posaunenmelodien musikalisch veredelt und indem er Siegfried mit den aufwärtssteigenden Motiven der Stärke zum jungen Helden stilisiert, bestätigt und verstärkt er die patriarchale Grundordnung. Brünnhilde kann hier nicht mithalten, ihr »weibliches« Motiv, das sie nach der Erweckung durch Siegfried erhalten hat, klingt am Schluss kein einziges Mal auf und das Walkürenmotiv, das ihr sowieso nicht allein gehörte, betrifft nunmehr ihr Ross. Das Erlösungsmotiv bezieht sich genauso auf die Männer, denn es beleuchtet die Liebesfähigkeit der Frau mit gleichzeitigem Blick auf den Empfänger dieser Liebe.

Was bleibt also von Brünnhilde? Trotz allem sehr viel, denn ihre Stärke ist ihr Gesang. Wie die Analyse ergab, ist Wagner bemüht, die Zweiteilung Brünnhildes in die Kämpferische und die tugendhaft Liebende nacheinander zu präsentieren und nicht gleichzeitig. Die neue Brünnhilde ist nur um den Preis der alten zu haben. Dennoch gibt es eine Instanz, die diese Zweiteilung transzendiert, und das ist die

Stimme. Wotan ist verstummt und Siegfried ist tot; sie aber hat ihre Stimme und diese ist mächtig. Sie erklettert die höchsten Höhen, sie singt mehrfach die Melodie des Erlösungmotivs, sie steigert sich von Takt zu Takt; wir hören eine großartige Apotheose musikalischer Darstellungs- und Ausdruckskunst, ein breites Spektrum emotionaler Vielfalt. Große Sprünge, hohe Intensität, zwingende Deklamation – das alles hebt Brünnhilde weit über die einer Frau im 19. Jahrhundert zugewiesene Rolle hinaus und riss auch viele der zeitgenössischen Zuhörerinnen zu ekstatischer Begeisterung hin.

Sowohl Brünnhildes Stimme als auch ihr Körper sind untrennbar mit ihrem weiblichen Geschlecht verbunden, ist doch die Stimme der Ort, wo sich der Körper eines Individuums gegenüber der Gesellschaft artikuliert. »Die lyrische Kodierung der Stimme spricht uns an in unseren Rollen als biologische Wesen, als psychologische sowie kulturelle Artefakte«,[19] schreibt Nelly Furman. Wagner wusste sehr wohl um die Wirkung des Gesangs, für ihn war die Stimme ein bei weitem schöneres und edleres Tonorgan als jedes Instrument des Orchesters.[20] Brünnhilde wirkt dort stimmlich am intensivsten, wo sie, von mächtigen Blechbläserklängen begleitet und große Intervalle umfassend, Siegfrieds Betrug begreift. Da sie als bedingungslos treu beschrieben wird, demonstriert ihr Entsetzen über den vermeintlichen Ehebruch, dass ihre Identität zerrüttet wurde und es fortan keinen Lebenssinn für sie gibt. Insgesamt gelingt eine Charakterisierung Brünnhildes, die zweierlei enthält: die ideologische Überzeugung von der »natürlichen« Weiblichkeit, die angeblich humaner und gefühlvoller ist als der männliche Gegenpart, und zugleich einen Anflug von Großartigkeit und menschlicher Stärke, die – freilich immer im Dienst des Mannes – sich zur höchsten Reife entfalten darf. Ihr kämpferischer Jubel ist als Walküre ebenso überzeugend wie ihr Jubel in der Liebe. Brünnhildes Stimme ist ihre Stärke und ihre Kraft.

Was ist zusammenfassend dem *Ring des Nibelungen* zu entnehmen? Wagner kritisiert die Gier nach Geld und Macht und die fatalen Folgen für den, der danach greift. Er stellt die Liebe als stärkste Macht hin, wobei er den männlichen Machtanspruch in der Liebesbeziehung bestehen lässt, er ist ihm selbstverständlich. Brünnhilde bildet die opferbereite Gegenfigur, die sich von der väterlichen Abhängigkeit löst, um in eine erneute Abhängigkeit einzutreten und daran zugrunde zu gehen. In den ersten Fassungen begleitet Brünnhilde Siegfried nach Walhall, wo beide überleben; in der endgültigen Fassung verbrennt sie sich freiwillig, nachdem Siegfried gestorben ist. Ihr Leben und Sterben ist somit engstens mit dem des Helden verwoben. Die Nornen und die Rheintöchter treten in Gruppen auf; sie besitzen als Naturwesen keine Individualität. Auch Erda ist naturverbunden und trotz ihres eindrucksvollen Auftretens letztlich machtlos. Die Walküren sind ebenfalls ungefährlich, da sie als Jungfrauen asexuell und weisungsgebunden sind. Und Gutrune reagiert mehr, als dass sie agiert. Die Frauen sind somit nicht Handelnde, sondern bestenfalls Reagierende, und entsprechen damit der Ideologie des Jahrhunderts, in dem das Werk entstand.

Dennoch prangert Wagner auch Gewalt gegen Frauen an. Freia wird um ein Haar für den Gegenwert einer Burg verschachert. Sieglinde ist gegen ihren Willen eine Ehe mit einem ungeliebten, gewalttätigen Menschen eingegangen – Wagner zeigt hier das Scheitern eines konventionellen Liebes- und Ehebegriffs. Mit der angedrohten Vergewaltigung Brünnhildes wird der brutale Übergriff auf einen Frauenkörper nachgezeichnet, was ein kritisches Potential offenbart. Brünnhilde verweigert sich dem Opferstatus und kämpft gegen die ihr von zwei Männern zugedachte Rolle als Gewaltopfer, sie rächt sich durch die Zustimmung zur Ermordung Siegfrieds. Das ist angesichts des stereotypen Frauenbildes des 19. Jahrhunderts eine große Leistung. Dennoch wird ihr die aktive Gestaltung der weiteren Handlung abgesprochen: Sie wird von der Ausschließlichkeit ihrer Liebe zu Siegfried eingeholt und hat keine weitere Option als zu sterben. Wagner gibt seiner Figur Handlungskraft, die aber eine bestimmte Grenze nicht überschreiten darf: Sie muss sich am Ende hingeben und damit in die konventionelle weibliche Rolle zurückfallen. Insofern ist anzuzweifeln, dass sie sich – wie in der Wagnerforschung zu lesen ist – zu einer »selbstbestimmten, eben emanzipierten Heldin« entwickelt.[21]

Obwohl diese oft subjektiv gefärbt sind, lohnt es sich zuweilen, Berichte von Zeitgenossen Wagners heranzuziehen. So hat die Ehefrau eines russischen Musikschriftstellers, Valentina Serow, anlässlich eines Besuchs Wagners im August 1869 eine Interpretation geliefert, die aufhorchen lässt. Wagner zufolge soll Siegfried das Beste des deutschen Volkes früherer Zeiten verkörpern, nämlich Kraft, Urwüchsigkeit und Innigkeit. Er wurde dann gefragt, warum Brünnhilde untergehen müsse, worauf Wagner antwortete, dass Wotan »die Gewalt über seinen eigenen Willen verlor, als sie ihm widersprach. Deshalb ergrimmte er nicht gegen Brünnhilde, sondern gegen sich selbst. Brünnhilde ist ja nur ein Name; der tiefere Sinn liegt aber in seinem inneren Zwiespalt.« Auf die Frage, warum Siegfried untergehen müsse, erwiderte Wagner: »Weil das Böse immer und überall über das Gute siegt. Die Kraft Alberichs ist unüberwindbar; er ist der Geist des Bösen; er hat immer fest und sicher seine finsteren Ziele verfolgt und diese Festigkeit auch seinem Sohn Hagen vermacht. Nur das eine Weib, Brünnhilde, sühnt mit ihrer Heldentat das Böse und versöhnt uns schließlich mit allen Freveltaten und Ränken der Menschen. In den Armen des liebenden Weibes sind alle Elemente vereint, die unsere Laster veredeln.«[22] Wagner entwertet Brünnhilde zunächst, indem er sie zu Wotans Willen und damit unselbständig macht. Dann aber kommt er auf sein zentrales Thema zu sprechen, der Erlösungsfunktion der liebenden Frau. Brünnhilde zeigt in diesem Bild eine zweifache Unselbständigkeit: Während sie als Wille Wotans kein persönliches Profil besitzen kann, wird sie als Gegnerin des Bösen idealisiert und überhöht, was sie zugleich mundtot macht und ebenfalls einer eigenen Identität beraubt.

Brünnhildes Liebe ist human im Gegensatz zu dem berechnenden Verschieben von Menschen, das Wotan betreibt. Die meisten Analysen des *Rings* sind sich hier einig, vergessen jedoch geflissentlich, dass der Liebesbegriff im 19. Jahrhundert eine je unterschiedliche Bedeutung für die Geschlechter hatte. Für den Mann mochte das Heroische als Vorbild dienen, für die Frau bedeutete Liebe die liebevolle Fürsorge, gepaart mit sexueller Bereitschaft, dem einen und einzigen Partner gegenüber. Somit erweist sich die Botschaft der Tetralogie als historisch überholt. Denn die Fähigkeiten der Sensibilität, der Intuition, der Friedens- und Ausgleichsfunktion und der Nächstenliebe sollten nicht nur den Frauen abverlangt werden, sie sind Eigenschaften, die ebenso für Männer zu gelten haben. Wenn Wagner also schreibt »Nicht eher sind wir das, was wir sein können und wollen, bis – das Weib nicht erweckt ist«[23], so wird damit das alte Leitbild der Frau als Dienerin männlicher Interessen aufgewärmt und mitnichten der Frau als Vorbild gehuldigt.

Brünnhilde ist kein Vorbild für das Verhalten der Frau dem Mann gegenüber, denn jede Idealisierung zieht die Herabsetzung nach sich. Aber sie könnte ein Vorbild sein, wenn man beispielsweise den Konflikt zwischen Liebe und Macht, der im *Ring* herrscht, im 21. Jahrhundert auf den zwischen Umwelt- und Industrieinteressen bezieht. Steht nicht hinter dem Wirtschaftsstreben der alleinige Profit als Wert an sich, und hinter den Sorgen um die Umwelt die Liebe zur beschädigten und ausgebeuteten Natur, die sich nicht wehren kann? Wagner, der aus seiner Tier- und Naturliebe nie einen Hehl machte, hätte sich sicherlich beim Kampf einer gebeutelten Umwelt gegen den auf Gewinnstreben ausgerichteten Kommerz für die Natur eingesetzt (freilich ohne Abstriche bei seinen eigenen luxuriösen Wünschen zu machen). Daher lohnt es sich, darüber nachzudenken, ob nicht unter diesen Prämissen der *Ring des Nibelungen* eine hochaktuelle Botschaft enthält. Bis jetzt hat Alberich stets den Sieg davongetragen; Brünnhildes sorgende Liebe hat niemals die Oberhand gewinnen können. Diese sollte nicht nur auf den Partner bezogen sein, sondern auch der sie umgebenden Welt gelten, nicht als Liebe der Frau zum Mann (diese wird oft genug kulturell gepredigt), sondern als neu zu entdeckende Liebesfähigkeit des Mannes: zur Frau, zur Natur, zur Umwelt.

Zwischen Eva und Kundry: »Kein weibliches Wesen mir zur Seite!«

Wagners Phantasien von Frauen, die eine unerschöpfliche Liebesfähigkeit besitzen und bereit sind, für den Geliebten zu sterben, waren zweifellos von dem Frauenbild seiner Zeit beeinflusst. Im Gegensatz aber zu anderen Zeitgenossen, die die ideologischen Vorgaben ironisch brachen, war es ihm bitterernst mit der Opferbereitschaft Sentas, der Lauterkeit Elisabeths und der unerschöpflichen Liebe Brünnhildes. Zwischen der beginnenden inneren Abwendung von Mathilde Wesendonck um 1861 und der Entscheidung Cosima von Bülows, für immer an Richards Seite zu leben, vergingen etwa sieben turbulente, teilweise schreckliche Jahre, in denen Wagner verzweifelt nach einer Partnerin suchte. Er litt tief und durchlebte von der kurzen sexuellen Befriedigung bis hin zur seelisch-geistigen Liebe viele Varianten der Begegnungen mit Frauen. Es war die Zeit, in der der *Parsifal* in ihm reifte, und die mit ihrem großen Leid vielleicht dazu beitrug, dass er in diesem letzten Werk das weibliche Geschlecht so entwertete. Zu fragen ist im Folgenden, ob und gegebenenfalls wie diese dramatischen Jahre sein Schaffen beeinflussten.

Wagner besaß in seinen schriftlichen Äußerungen die verblüffende

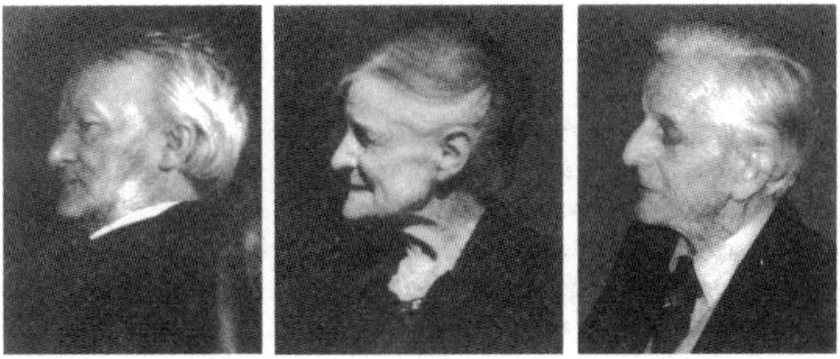

Fotos der Tochter Verena Weidmanns und des Enkels lassen eine verblüffende Ähnlichkeit zu Wagner erkennen.

Fähigkeit, sich chamäleonartig den jeweiligen Adressaten anzupassen. Er konnte im hohen Ton mit Mathilde Wesendonck konversieren und gleichzeitig eine sexuelle Beziehung zu seinem Wiener Stubenmädchen unterhalten, mit dem er Geheimnisse um Unterwäsche und Parfüm teilte. Er lud Mathilde Maier zu sich nach Starnberg ein, nachdem er mit Cosima Liebesschwüre ausgetauscht hatte, und er schwängerte vermutlich sein langjähriges Hausmädchen Vreneli Weidmann, während er bereits eine sexuelle Beziehung zu Cosima unterhielt.[1] Sein Verhalten jedoch als unmoralisch abzutun, wäre verfehlt. Er beanspruchte für sich eine eigene Moral, lehnte die sittlichen Normen ab und kritisierte kleinbürgerliche Denkweisen, so etwa, als er Mathilde Maier zum Zusammenleben ohne Trauschein überreden wollte. »Ihr führt mir die Wirtschaft. Was dann? Was sagen dann die Basen? – Ach! geh!! Ihr seid zu erbärmlich – Ihr da! Zu erbärmlich! Etwas muß doch gewagt werden, wenn man mit dem Wagner zu thun hat!«[2]

Als der Komponist Ende März 1859 von seinem Aufenthalt in Venedig in die Schweiz zurückkehrte, war er müde und deprimiert. Mathilde Wesendonck wollte nicht wegen eines mittellosen Künstlers Haus, Ehemann und Kinder verlassen. Sie schrieb ihm liebevoll und schickte ihm regelmäßig Geschenke, aber als Partnerin konnte er sie nicht betrachten. Es fehlte ihm ein Heim, in dem eine Frau auf ihn wartete. In Luzern angekommen, beschloss er, in einem Hotel oder Gasthof den *Tristan* fertigzustellen. Nachdem er vergeblich nach geeigneten Räumen in einer Privatpension gesucht hatte, stellte man ihm in der »bel étage« des großbürgerlichen Hotels Schweizerhof einen noblen Salon mit Schlafzimmer bereit. Auf einem Balkon, der um das ganze Stockwerk herumlief, erging er sich in seinem venezianischen Morgenrock, was die Spaziergänger bewundernd nach oben schauen ließ. Sein vertrauter Erard-Flügel wurde aufgestellt, seine Chaiselongue, die Minna vor der Abreise bei einer Firma abgestellt hatte, wurde geliefert und Frau Wesendonck musste neue Bettwäsche aus Zürich schicken, da die grüne Farbe der Seidenbezüge aus Venedig nicht mehr passte.

Zur Verfügung standen ihm in Luzern der Hoteldiener Joseph Ackermann und das Zimmermädchen Verena Weidmann. Am 3. August 1832 in Embrach bei Zürich als Kind einer Bauernfamilie geboren, war Vreneli, wie sie sich nannte, in erster Anstellung im Hotel Schweizerhof tätig. Sie sprach außer deutsch noch französisch und entsprach gar nicht dem gängigen Klischee von der ungebildeten unteren Schicht. Wagner zufolge war sie »von nicht unangenehmem Aeusseren«, er fand sie dazu noch intelligent, treu, sorgsam, geschickt, ergeben, aber zugleich auch stolz. »Ich sehe und spreche buchstäblich keinen Menschen, ausser der Dienerschaft«, schrieb er Minna. Die Abgeschiedenheit bedeutete, dass Joseph und Vreneli viel Zeit mit dem so kommunikationsfreudigen Künstler verbrachten, vermutlich auch ihre Freizeit. Vreneli war von ihm, der exotische Hauskleider trug und immer Interessantes zu erzählen hatte, zutiefst beeindruckt. Sie half ihm beim Ausmessen des neuen Bettbezuges, er sang ihr einen selbstkomponierten Vers zu einer Volksliedmelodie vor und bezeichnete sie als seinen »Schutzengel«, weil sie Lärm von ihm fernhielt.[3] In diesen Wochen muss es zu einer engen, auf einer deutlichen Hierarchie aufbauenden Freundschaft gekommen sein; vermutlich verliebte sich die Siebenundzwanzigjährige in ihn. Nie sah Vreneli sich als etwas anderes denn als Dienende. Da Richard noch mit Minna verheiratet war, kam eine Eheschließung mit ihr nicht in Frage. Dies nahm Vreneli hin. Der Abstand zwischen ihr und Richard erschien ihr so selbverständlich, dass sie auch nie erwogen hätte, Kritik an der Situation zu äußern.

Da Richard in Paris noch einen letzten Versuch machen wollte, mit Minna zusammenzuleben, konnte er Vreneli schlecht bitten mitzukommen – das hätte unausweichlich Konflikte gegeben. »Für den weiblichen Theil [des Hauspersonals] will ich nichts gern beschließen«, schreibt er an Mathilde Wesendonck, »sonst hätte ich bereits Vreneli die Pariser Colonie eröffnet.« Vor seiner Abreise bat er Mathilde trotz seiner notorischen Geldknappheit, etwas Hübsches für Vreneli zu besorgen und schlug ein Kleid aus Wolle und Seide vor: »Sie soll ein gutes Geschenk haben, koste es was es wolle«.[4] Da er ein Geschenk für Joseph nicht erwähnt, wollte er sich wohl bei ihr für besondere Dienste bedanken. Man täte Vreneli aber Unrecht, wollte man sie zu einem leicht verführbaren Stubenmädchen herabwürdigen; es spricht vieles dafür, dass sie sich Wagner hingab aus dem Bedürfnis heraus, einem geliebten Menschen zu helfen. In ihren Erinnerungen schrieb sie viele Jahre später: »In meinem ganzen Leben habe ich keinen Menschen getroffen, der für Alles, was man ihm erwies, so voll Dankbarkeit war wie Richard Wagner.«[5]

Minna schlug er vor, in Paris eine Gesellschafterin einzustellen, denn sie sollte ihn nicht mit ihren Klagen stören. Das musste zwangsläufig scheitern und Minna schrieb verbittert: »Ich bin hier nicht Frau, was mir auch recht ist, dazu fehlt die Liebe und mußten nicht solche Rohheiten von meinen Mann mir angetan worden sein.«[6] Die Sexualität spielte zwischen ihnen keine Rolle mehr. Sie bereute, überhaupt gekommen zu sein, blieb bis Ende 1861, dann stand fest, dass sie in Dresden einen Hausstand einrichten würde. Richard versprach halbherzig, irgendwann dorthin zu ziehen, was nie passierte. Er ging nach Wien und lernte 1861 Seraphine Mauro kennen, die Verwandte seines Freundes Josef Standhartner, mit der es alsbald zu intimen Kontakten kam. Empört darüber, dass die schwarzhaarige »Puppe«, wie er sie nannte, aus Gründen der Moral nicht zu ihm ziehen konnte, schrieb er seinem Freund und Kollegen Peter Cornelius: »Ich fänd so ganz und gar nichts darin, wenn das Mädchen mit zu mir käme und mir wär', was sie gerade ihrer kleinen, netten Natur nach mir sein kann. Wie nun aber den ›terminus socialis‹ finden?«[7] Für Mathilde Wesendonck wählte er freilich einen anderen Tonfall, aber seine Verzweiflung war echt: »Es ist mir nicht bestimmt, meine Muse im Schoosse einer traulichen Häuslichkeit zu pflegen: von innen und aussen wird jeder Versuch, trotz aller Ungunst meines Schicksals einem mir so stark eingeborenen Verlangen zu willfahren, immer bestimmter vereitelt, und jeden künstlichen Schein wirft mein Lebensdämon über den Haufen.«[8] Gerade Mathilde, die er so oft als seine Muse bezeichnet hatte, wird geahnt haben, wie nötig er eine Frau brauchte, um künstlerisch aktiv sein zu können.

Im Februar 1862 lernte er bei einer Soirée des Verlegers Schott in Mainz die gebildete Neunundzwanzigjährige Mathilde Maier kennen. Obgleich seine Briefe an sie nicht den ekstatischen Impetus besitzen wie die an Mathilde Wesendonck, hätte er sie gerne als Geliebte und – wenn Minna rechtzeitig gestorben wäre – auch als Ehefrau besessen. »Ich liebe Dich tiefinnigst! [...] Du bist mein! Das Übrige – wird sich finden!«, schrieb er ihr, aber als unverheiratete Frau (und gewiss auch Jungfrau) aus gutem Hause war es für sie ausgeschlossen, sich in ein solches Abenteuer zu stürzen. Er musste daher anderweitige Entlastung finden. Im Herbst 1862 unterhielt er eine Liebesaffäre mit der Schauspielerin Friederike Meyer, die er im Frankfurter Stadttheater auf der Bühne bewundert hatte. Sie verlebten einige Wochen in Wien zusammen, wo Friederike hoffte, ein Engagement am Burgtheater zu bekommen, trennten sich dann aber, obwohl sie einen großen Eindruck auf Richard gemacht hatte und er sie zu seinen interessantesten Frauenbekanntschaften zählte.

Im Januar 1863 klagt Wagner gegenüber Mathilde Maier zum wiederholten Male sein Leid über das Fehlen einer Partnerin. Und er erwähnt nun das Luzerner Stubenmädchen Vreneli, erzählt, dass sie trotz ihrer Intelligenz treu und ergeben, sorgsam und geschickt sei und wie ein »Hündchen« an ihm hinge. Bei seiner Abreise nach fünf Monaten Aufenthalt sei sie »elend« und »untröstlich« gewesen und wollte kündigen und zu ihren Eltern zurückkehren.[9] Die anschließenden zweieinhalb Zeilen wurden von Mathilde geschwärzt und einiges durch Ausschneiden eliminiert – er machte wohl Andeutungen über die Art ihrer Anhänglichkeit, sodass Mathilde begriff, dass es um mehr als nur ein Dienstverhältnis ging. Komprimittierendes wollte die taktvolle Freundin nicht der Nachwelt überlassen.

In seiner Verzweiflung verschwimmt die Unterscheidung zwischen einer Haushaltshilfe und einer Mätresse. Er schreibt Mathilde, ihm fehle ein weibliches Wesen, »das sich entschlösse, trotz Allem und Jedem mir das zu sein, was unter so jämmerlichen Umständen ein Weib mir sein kann, und – muß sage ich, wenn ich ferner gedeihen soll«. Er regt sich über die »bürgerliche Bigotterie« auf und informiert sie über andere Gesellschaften, in denen es gar nicht als unschicklich gelten würde, unverheiratet zusammenzuleben. Ihm erschien das Alleinsein wie eine »klaffende Lücke«. Aus Wien schrieb er an Hans von Bülow, dass er immer stärker den Wunsch verspüre, »ein weibliches angenehmes Wesen« um sich zu haben. »Wo hernehmen und nicht stehlen? Die unglückliche Friederike M. käme gern zu mir: aber welchen Abgrund von Schwierigkeiten u. Sorgen würde gerade diess wieder bereiten!«

Im Mai desselben Jahres überlegte er, Vreneli zu sich zu holen. Er war missgestimmt, weil Karl Tausig ihm einen »Engel« versprochen hatte, aber zu krank war, um ihm diesen vorstellen zu können. »Das mit dem Frauenzimmer ist ein Elend, daß sich's nicht sobald entscheiden soll: bekomme ich einen zusagenden Brief von der Schweizerin, so lass' ich die doch wohl kommen, und dann ist's mit der Andren aus. Ich hätte gern, ehe ich mich entscheide Deinen verhiessenen ›Engel‹ kennen gelernt. Nun soll ich warten bis Du wieder auf den Beinen bist! Immer Pech!«, schrieb er verärgert an Tausig. Hinter dem »Engel« stand wohl mehr als nur eine reine Haushaltshilfe. Vreneli konnte wegen einer anderen Anstellung erst in vier Monaten kommen und er nahm daher wohl Tausigs Angebot an, denn ab August führte eine junge Frau namens Maria Völkl Wagners Haushalt in Penzing bei Wien. Sie gewann rasch seine Zuneigung und wurde sein »bester Schatz«.[10] Ein einziger Brief an sie ist erhalten geblieben, in dem er sie bittet, bis zu seiner Heimkehr von einer Reise alles recht schön im Haus einzurichten, das Kabinett aufzuwärmen und zu parfümieren: »Ach Gott was freue ich mich darauf, endlich einmal wieder mit Dir dort mich auszuruhen. (Die Rosa-Höschen sind doch hoffentlich auch fertig???)« Die Putzmacherin Bertha Goldwag wurde nach Penzing bestellt und gebeten, »einige elegante Damennegligés« zu nähen.[11] Als er später aus Wien fliehen musste – wieder einmal vor seinen Gläubigern, die ihm mit Gefängnisstrafe drohten – schenkte er Maria verschiedene Möbel. Diese wurden jedoch gepfändet, bis er imstande war, sie auszulösen und ihr erneut zu schenken.

Noch von Wien aus unternahm Wagner eine Reise nach Deutschland, die ihn unter anderem nach Berlin führte. Dort übernachtete er bei seinen alten Freunden Hans und Cosima von Bülow. Er hatte Cosima Jahre zuvor in Paris als gehemmt-schüchterne Tochter Franz Liszts und der Gräfin Marie d'Agoult kennengelernt und später in Zürich als Hans von Bülows Ehefrau wiedergesehen. Damals hatte es bereits eine »wunderbar ergreifende Trennung« von ihr gegeben. Bereits 1862 wird im Gegensatz zu späteren Briefen das vertrauliche »Du«, benutzt: »Adieu! Adieu! Liebe Cosima! Sei mir gut und behalt mich lieb!«[12] Am 28. November 1863 traf er das Ehepaar in Berlin. Cosima erlebte ihre eigene Ehe schon lange als peinigend und war von seiner Musik tief ergriffen. Will man seinen Schilderungen glauben, schauten sich beide an und bekannten sich gleich zueinander, wobei ihnen noch unklar war, wie es weitergehen sollte.

Richard ging es schlecht. »In diesen Tagen muß etwas Bedeutendes mit mir vorgehen, oder es hat für alle Mal ein Ende«, schrieb er im Februar 1864 an Karl Tausig. Auch Mathilde Maier erhielt eine ähnliche Botschaft. Viel Hoffnung hatte er nicht, da er kurz darauf den Plan entwickelte, eine reiche Frau zu heiraten. Mit einem solchen Coup hätte er gleich noch die drückenden Geldsorgen gelöst. Den Plan ließ er wieder fallen, weil er Minna eine Scheidung nicht zumuten wollte – sie hatte ihm diesbezüglich bereits eine schroffe Absage erteilt. Im März flüchtete er aus Wien in die Schweiz, wo er sich für einige Zeit in der Nähe des Wesendonckschen Anwesens am Züricher See bei Eliza Wille aufhielt. Seine Hoffnungen, doch noch bei dem Ehepaar Wesendonck unterzukommen, zerschlugen sich.

Das Bedürfnis, immer ein weibliches Wesen um sich herum zu haben, liegt nicht nur darin begründet, dass eine Hilfe für die damals arbeitsintensive Haushaltsführung gebraucht wurde. Die Masturbation oder »Onania« galt seit dem Beginn des 18. Jahrhunderts in moralischen, philosophischen und pädagogischen Schriften als körperschädlich und moralisch verwerflich. Philantropen wie Christian Gotthilf Salzmann und Johann Heinrich Campe geißelten die »Selbstbefleckung« und es wurden sogar Geräte und Korsetts hergestellt, um Jugendliche an diesem Laster zu hindern. Man fürchtete Krankheiten wie Gehirnerweichung, Rückenmarksschwund oder Blindheit. Im 19. Jahrhundert steigerte sich die Hysterie gar und man entwickelte radikale Therapien. Wagner selbst hielt Nietzsche für einen »Onanisten«, der die Selbstbefriedigung (und die Homosexualität) dem Koitus mit einer Frau vorziehe, und er ging sogar so weit, dies auszusprechen.[13] Er denunzierte Nietzsche gegenüber dessen Arzt und schilderte diesem seine Beobachtungen. Daraus kann man schließen, dass Wagner selbst auch deshalb zeitlebens um eine Partnerin bemüht war, um sich die oben genannten Krankheiten nicht einzuhandeln. Aber bei ihm kam noch der elementare Zwang, ein Liebesobjekt zu besitzen, hinzu – nicht nur aus einem körperlichen Begehren heraus, sondern als psychische Notwendigkeit. Andere Komponisten wie Beethoven oder Brahms mochten ohne Geliebte auskommen – ihm wollte dies nicht gelingen, seine seelische Disposition verlangte nach einer Frau.

Im Mai 1864 geschah dann das Wunder: Er wurde von dem jungen König Ludwig II. von Bayern nach München gebeten und dort mit allen finanziellen Mitteln ausgestattet. Nach seiner Berufung – eine schicksalhafte glückliche Fügung, die ihn von den drückenden Schulden befreite – versuchte er, sein Wiener Stubenmädchen Maria Völkl zum Umzug in das neue Starnberger Domizil bei München zu bewegen, jedoch vergeblich. Möglicherweise war sie durch die vorübergehende Pfändung der ihr zuvor geschenkten Gegenstände verunsichert und wollte sich nicht erneut einer solchen Situation aussetzen. Es gibt übrigens keine Hinweise, dass er Seraphine Mauro zu sich nach München holen wollte. Er hatte ihr eine Gipskopie seiner gerade hergestellten Büste zugesagt, dann aber wohl nicht geschickt. Sie beschwerte sich zunehmend darüber, dass er sich nicht mehr bei ihr meldete: »Ich finde es geradezu abscheulich von dem lieben Manne, daß er nun der armen Puppe so ewig lange kein Lebenszeichen gibt. […] Ich bin schon traurig, böse habe Dich gar zu lieb, und erwarte mit der größten Sehnsucht Nachrichten vom guten Manne, ja Dein Kind ist sehr ungeduldig aber Du bist immer so gut hast mich verwöhnt, jetzt musst Du schon die bösen Folgen davon tragen Du lieber angebeteter Mann …«[14] Noch 1864 gab er den Briefkontakt zu ihr auf. Seraphine ließ sich nicht auf den Status eines Dienstmädchens herabwürdigen und als Geliebte hätte sie Richard wohl kompromittiert.

Am Starnberger See, wo man ihm ein Haus zuwies, wurde er trotz der Freude über die finanzielle Sicherheit schon nach kürzester Zeit unruhig. Besonders heftig kommt dies in einem Schreiben an Mathilde Maier vom Juni 1864 zum Ausdruck, in dem er sich beschwert, dass er selbst die Möbel ein- und auspacken müsse: »Kein weibliches Wesen mir zur Seite!« Da die bürgerliche Mathilde nicht als seine Konkubine auftreten konnte, betonte er in dem Brief die haushälterischen Pflichten einer Frau. Viel mehr als eine Haushaltshilfe benötigte er aber eine liebende Frau, um künstlerisch tätig sein zu können. Das Fehlen einer solchen »war im ganzen letzten Jahr die Hauptnoth, und der Grund warum ich nicht zum Arbeiten kam«. Apodiktisch forderte er von ihr »sanftes Ausruhen und Umfasstwerden«.[15] Sein Liebesschwur Cosima von Bülow gegenüber war in diesen Monaten in den Hintergrund getreten. Dass ausgerechnet er, der sich als Verherrlicher der Frauen begriff, ohne Partnerin lebte, wollte ihm nicht einleuchten.

Als er den besagten Brief an Mathilde Maier schrieb, war Cosima gerade mit den Kindern und dem Kindermädchen in München angekommen. Ludwig II. hatte auf Richards Wunsch ihren Ehemann Hans nach München berufen, der Cosima Ende Juni vorschickte. Sie und Richard waren eine Woche lang allein und die 1865 geborene Isolde war eine Frucht dieser ersten Begegnung. Nachdem Cosima wieder abgereist war, klagte er Eliza Wille gegenüber sein Leid und es klingt ernst: »Ich läugne nicht, dass mir diese vollständige Einsamkeit jetzt sehr verderblich wird: glauben Sie mir, es ist ein Elend, an dem ich mich verbluten werde.«[16] Seine Sehnsucht nach einer Partnerin war von nun an auf Cosima fokussiert. Da sie verheiratet war und zwei kleine Töchter zu versorgen hatte, gestalteten sich die folgenden Jahre bis zur Vermählung im August 1870 konfliktreich für alle Beteiligten. Glaubt man der Aussage des Dienstpersonals, hat Hans von Bülow sehr wohl um die Beziehung gewusst und schwer daran getragen. Dies würde Cosimas anhaltende Schuldgefühle ihm gegenüber erklären, die sie ihrem Tagebuch jahrelang anvertraute.

Im August 1864 wollte Wagner die neue Wohnung in München beziehen und bat sein Luzerner Vreneli, doch zu ihm zu ziehen. Er wolle Personen um sich haben, »die mich lieb haben, und denen es Freude macht, mir das Leben angenehm zu machen. Sie sehen, dass auch ich nach so vieler Zeit immer wieder an Sie denke, und Sie nicht vergesse.«[17] Sie kam tatsächlich und brachte die von ihm bestellte

Luzerner Tracht aus Seide mit einem farbigen Atlasmieder und silbernen Ketten mit.

Die großen Summen, die Ludwig II. Wagner schenkte, mussten laufend aufgestockt werden und die Angriffe der Presse auf ihn stiegen in dem Maße, wie er protegiert wurde. Abgesehen von diesen eher äußerlichen Problemen überstieg die leidvolle Liebe zu Cosima seine psychischen Kräfte beinahe. Sie gab sich ihm körperlich hin, wurde ihm dann aber aus Rücksicht auf ihren Vater wieder entzogen, oft für Monate. Eingeklemmt zwischen Vater, Ehemann und Geliebtem waren ihre Botschaften an ihn teilweise widersprüchlich. Die Zeugnisse dieser Jahre sind spärlich, denn Cosima verbrannte später ihre Briefe an ihn. Einen Teil der Briefe von Richard an Cosima hat ihre Lieblingstochter Eva nach Cosimas Tod vernichtet, weil sie sie kompromittierend fand. Es sind nur vierundzwanzig Schreiben aus den Jahren 1859 bis 1872 erhalten geblieben. Doch es gibt noch eine andere Quelle, die die Beziehung beleuchtet. Ab 1865 trug Richard intime Betrachtungen und Bemerkungen, die für Cosima bestimmt waren, in das sogenannte »Braune Buch« ein. Es finden sich darin auch Erstniederschriften und Entwürfe von späteren Aufsätzen. Tochter Eva hat zwar vierzehn Seiten herausgeschnitten und darüber hinaus einige Seiten überklebt, dennoch vermitteln die Aufzeichnungen genug über Richards Zustand, wenn Cosima ihn verlassen musste.

Hans von Bülow unternahm mit seiner Frau im August 1865 eine Reise nach Budapest, um Franz Liszt zu treffen und dessen Oratorium *Heilige Elisabeth* dort zu hören. Die Reise sollte aber auch dazu dienen, Cosima dem Einfluss Richards zumindest für einige Wochen zu entziehen. Man kann sich vorstellen, wie zerrissen sie war. Sie musste Hans weiterhin als Ehefrau zur Verfügung stehen und wusste zugleich, wie sehr Richard daheim unter ihrer Abwesenheit litt. Nach der Abreise der Bülows begab sich Richard auf die Jagdhütte auf dem Hochkopfberg, wo er seine Verzweiflung niederschrieb. Während Cosima ihm in Abständen Briefe zusandte, konnte er ihr nicht direkt schreiben und vertraute sein Unglück daher dem »Braunen Buch« an. Er erkrankte, fühlte sich elend: »Ich fühle alles mit – und kann nicht mehr, – ich kann nicht mehr – das Leiden wird mir zu viel! – Endlich hab' ich [Deinen Brief] doch gelesen. Und nun – schweig' ich! Ich starre dumpf vor mir hin, und glaube, ich werde noch einmal das Reden ganz aufgeben. Ach, welcher Wahnsinn, welcher Wahnsinn!! [...] Ach! Blöde Herzen! Blinde Augen!! – Aber wie schön, wie schön bist Du, mein Weib! – Ja, Du bist mein, und nur Du hast auf mich ein Recht.«[18]

Wie in seinen leidenschaftlichen Briefen an Minna aus den ersten Jahren oder in den Tagebucheintragungen für Mathilde Wesendonck um 1859 brachte es ihn fast um den Verstand, wenn er nicht bei der Geliebten sein konnte. Er dämmerte in einem seltsamen Zustand dahin: »Was ist nun Wachen, was Träumen?« Er wollte künftig in einer Art Wolke leben, fast gar nicht mehr mit Menschen verkehren und sich einen »vollständigen Hof einrichten«. Hans von Bülow sollte alles Äußere wie eine Gesangsschule und Aufführungen übernehmen, er würde nur noch durch ihn mit der Welt verkehren. »Cosima muß immer bei mir sein – immer dabei: das geht nicht anders. [...] O Cosima! Du bist die Seele meines Lebens! Ganz und gar! – Ich sah in das flache Land hinein; suchte ›Heimat‹ – dachte mir München ohne Dich. Alles Grab! – Nichts, nichts mehr ohne Dich! Du bist die Seele von Allem was noch in mir lebt.«

Er fürchtete sich davor, in eine existentielle Krise zu stürzen. Die Anwesenheit Cosimas war für ihn die Grundvoraussetzung allen Wirkens. »Ich kann mich nur noch einspinnen, für Dich und Parzival [Ludwig II.] weben: sonst hat Alles keinen Sinn mehr! Weißt Du was andres? – Unmöglich! [...] In steter Nähe Deines beredten Schweigens, meine Werke zu vollenden, dort am Webstuhle! – Es bleibt dabei, diess einzig noch zu erstreben. Du lockst mir noch mein Werk aus der Seele. Ach, aber! Gieb mir Ruhe dazu! Bleibe bei mir, geh' nicht wieder. Sag's dem armen Hans offen, dass ohne Dich es mit mir nicht mehr geht. O Himmel, könntest Du ruhig vor der Welt mein Weib sein!«

Emotionale Störungen warfen ihn sofort aus der Bahn. »Und mich begreift sie nicht! Unter allen Erklärungen für mich fällt ihr nicht ein, wie furchtbar bitter ich durch ihr Fernsein leide. [...] Die Trennung von ihr macht mich elender, als der Gram um den Verlorenen! [...] Ich liebe Dich doch mehr, als du mich! – diesen traurigen Stolz musst du mir lassen!« Sogar kleinste Entfremdungen stellten sofort den ganzen Glauben an das Geliebtwerden in Frage. Und was am schwersten wog: Es fehlte ihm die Konzentration zum Arbeiten, wenn er keine liebende Frau sein Eigen nennen konnte. Später schrieb er an seine Stieftochter

Daniela von Bülow, »daß ich mir und Deiner Mutter die unerhörtesten Leiden bereitete, weil ich wußte, daß wir beide ohne einander nicht würden leben können.«[19]

Im Dezember 1865 war Wagner mit seinem Diener Franz Mrazek und dem Hund in die Schweiz zurückgekehrt. Seine treue Verena Weidmann kam nach. Die drei reisten nach Genf, wo er für ein paar Monate eine Villa mietete. Im März kam Cosima dazu. Bei einer Schiffsfahrt auf dem Vierwaldstättersee stießen sie in Tribschen bei Luzern auf eine Villa, die Wagner mit Hilfe des Königs mieten konnte. Am 15. April 1866 zog er dort ein. Nach Aufräumarbeiten in Genf beaufsichtigte Vreneli in Tribschen den Umzug der Möbel.[20] Cosima folgte am 12. Mai mit den drei Töchtern. In München gab es gehässige Presseangriffe. Nach außen hin bemühten sich Cosima, Hans und Richard um eine Verschleierung der Beziehung, was von Teilen der Presse jedoch durchschaut wurde. Hans bat um seine Entlassung und ging im Juni ebenfalls nach Tribschen, wo er fast drei Monate blieb. Aller Nerven waren bis zum Zerreißen gespannt, denn diese unhaltbare Situation konnte nicht lange währen; Hans durchbrach die »ménage à trois« als Erster und reiste im September ab. Ludwig II. ernannte ihn zum Hofkapellmeister und ein halbes Jahr darauf ging er mit Cosima nach München, Richard blieb ein Vierteljahr lang allein mit den Kindern und dem Dienstpersonal.

Ende Januar 1867 heiratete die Fünfunddreißigjährige Verena den Portier vom Luzerner Schweizerhof, Jakob Stocker. Sie hatte zur Bedingung gemacht, dass er in Wagners Dienste trete, wollte also ihren Dienstherrn keinesfalls verlassen. Jakob stimmte zu und wurde Hausverwalter in Tribschen. Vreneli half Cosima bei der Entbindung von Eva, der zweiten Tochter Richards und Cosimas, am 17. Februar 1867. Es war gleichzeitig beschlossen worden, dass Hans und Cosima versuchen sollten, ihr Eheleben wieder fortzusetzen. Richard blieb mit dem Dirigenten Hans Richter, mit Vreneli und den beiden Töchtern Isolde und Eva in Tribschen. Zwischen dem 27. September 1867 und dem 17. Februar 1868 liegen fünf Monate, von denen Richard fast zwei in München verbrachte, wo er Cosima sehen konnte. Aber wenn er daheim in Tribschen war, ging es ihm oft schlecht.

Am 24. Juni 1868 trug er in seine Annalen ein: »Vreneli schwanger. –

Ernste schwere Stimmung«. Er erkrankte, litt unter Schweißausbrüchen und körperlicher Schwäche, der Arzt musste täglich kommen. »Eintretende große Klarheit über meinen Zustand u. die Lage der Dinge. Tiefste Muthlosigkeit zu irgend welcher Bewegung: in dem Schicksal meines Verhältnisses zu Cos. u. Hans den Grund der Unfähigkeit alles Wollens erkannt. Alles nichtig; die Münchner Versuche gänzlich gescheitert. Niewiederrückkehr dorthin als unerlässlich befunden.« Seine Sorge um Cosima blieb auch in diesen Tagen das wichtigste Anliegen und dies wird Vreneli auch begriffen haben. Es gibt kein Anzeichen dafür, dass sie aufgrund der Geburt ihres Kindes, das vermutlich von Wagner stammte, jemals eine Forderung an ihn gestellt hat. Die trübselige Stimmung, die Wagner überfiel, als er von der Schwangerschaft Vrenelis erfuhr, wird eher mit seiner damaligen Situation zu tun gehabt haben. Sie war mehr als verfahren. Er war in München von der Presse verfolgt worden, er konnte sich Cosimas nicht sicher sein, er hatte keine echte Partnerin an seiner Seite und er konnte sich keinesfalls zu diesem Kind bekennen.

Am 4. Oktober 1868 gebar Vreneli einen Sohn, der denselben Namen erhielt wie der Komponist: Wilhelm Richard. Wagner notierte: »6t (Dienstag) heimgekehrt. Was wollte das Schicksal! – Vreneli bereits entbunden. Kinder gut.« Der Ausruf könnte sich auf das Wissen darum beziehen, dass der Junge sein eigener Sohn war. Richard wurde Pate des Kindes, spendierte ihm später sogar ein Stipendium und schickte ihm noch bis zu seinem Tod regelmäßig Geld und Geschenke. Es gab bereits zu Lebzeiten Wilhelm Richards Klatsch, der mit seiner physiognomischen Ähnlichkeit mit dem Komponisten zusammenhing. Ein wohlmeinender Zeitgenosse meinte, man müsse »alle Gerüchte und Vermutungen das Verhältnis Wagners zu Vreneli betreffend in das Reich müßiger Klatschbaserei verweisen. Beweisen läßt sich da nichts, und wenn man etwelche Aehnlichkeit des ersten Sohnes Stockers mit Richard Wagner hat herausfinden wollen, so ist das ein überaus unzuverlässiger Boden, um darauf Aussagen aufzubauen, die die Ehre einer ganzen Familie schwer zu verletzten imstande wären.«[21]

Erst 1868 entschloss sich Cosima, die Pendelei zwischen München, Basel (wohin ihr Mann vor den Presseangriffen zeitweise geflohen war) und Tribschen aufzugeben und dauerhaft in das Landhaus am Ufer des

Vierwaldstättersees zu ziehen. Im November zog sie in Tribschen ein. Am 7. Mai 1869 meldete Vreneli die zweite Schwangerschaft. Sie gab an, mit ihrem Mann im Herbst ein Geschäft zu eröffnen, also bei Wagner zu kündigen, was ihr nur mit Mühe ausgeredet werden konnte. Die Verbindung Vrenelis zu Richard dauerte nun schon zehn Jahre. Sie hatte ihm in Luzern, München, Genf und schließlich Tribschen beigestanden. Stammte dieses zweite Kind ebenfalls von Richard und wollte sich Vreneli deswegen künftig von der Familie Wagner fernhalten? Cosima erlebte in diesen Tagen einen Schock. Sie schreibt, dass der Weggang der Stockers eine große Umstellung im Hause bedeuten würde, und könnte erfahren haben, dass Vreneli von Richard schwanger war. Ihr Tagebuch verrät ihre Stimmung: »Nach Tisch holt mir R. mein Arbeitskörbchen, sieht Loldi [Isolde] und wird darüber sehr wehmütig. Diese Wehmut wird heftig und selbst hart, weil ich ihn frug, ob er übler Laune sei. Ich schweige zu allem, was kann ich sagen? Bei dem Kinde gewesen und um sieben etwas im Garten einsam gewandelt. Tiefe Trauer, soll ich nicht alles dahingeben und nur den Kindern leben?« »Abends von der Stadt heimkehrend erzählt mir R., er habe sich gesagt, er wolle an sein Glück noch glauben, wenn ich ihm entgegen käme, nun sähe er ein, er habe gefrevelt, denn ich sei nicht gekommen.« Er scheint ein schlechtes Gewissen gehabt zu haben und auch Cosima litt sehr. Vier ganze Tage lang trug sie nichts in ihr Tagebuch ein. Sonst schrieb sie täglich, nun verließ sie die Kraft. Sie hatte Richard eine Tochter geboren, das Dienstmädchen hatte schon einen Sohn zur Welt gebracht, der vermutlich auch von ihm stammte, und nun folgte ein weiteres Kind – das war wohl zu viel für sie. Vier Tage später »bespricht er noch einmal das trübe Thema von neulich, ich bin unfähig zu antworten und kann nur weinen; o Stern der Liebe leuchte mir, erhelle mir die schweren dunklen Pfade«. Am Abend folgte wiederum ein »trübes Gespräch«. »Ich will es fern von hier und geheim halten, der älteren Kinder wegen, er sieht darin eine Demütigung für sich und ist sehr erbittert. Ich begreife ihn wohl und fühle schmerzlich mit ihm – und doch ist es mir, als sei hier eine Pflicht zu erfüllen, vor welcher die andren Empfindungen schweigen müssen.« Eine Erklärung für diese Andeutungen wäre, dass Wagner Vrenelis Sohn Wilhelm Richard als seinen Sohn anerkennen wollte, weil er sich unbedingt einen Sohn wünschte. Deswegen sollte Vreneli nicht abreisen. Cosima hingegen wünschte, dass das Kind »fern von hier« aufgezogen werden sollte. Den nächsten Tag verbrachte sie »in tiefer Trübsal« und blieb die ganze Nacht auf, weil sie zu erregt war, um schlafen zu können.[22]

Am 6. Juni 1869 wurde endlich der ersehnte Sohn Siegfried geboren. Das war wie eine Erlösung und gab auch den Anstoß für Cosimas Entschluss, die zum Schein aufrechtgehaltene Ehe mit Hans zu beenden. Es ist sicherlich kein Zufall, dass Wagner voll überschäumender Freude seinem Patenkind Wilhelm Richard Stocker (zum Trost?) eine wertvolle goldene Uhr am Tag der Geburt Siegfrieds übergab; sie kann noch heute im Wagnermuseum in Tribschen besichtigt werden. Im Oktober wurde das zweite Stockersche Kind geboren, Cosima stand Vreneli bei der Geburt bei. Nur zwei Tage später wurde der kleine Bernhard getauft. Cosima ging nicht zum Gottesdienst: »Die Kinder zur Kirche, ich bleibe zu Haus, denn es wäre nicht schicklich, daß ich jetzt die Kirche betrete«[23] – eine verräterische Aussage. Im weiteren Verlauf ihres Tagebuchs wird Bernhard nicht mehr erwähnt. Vielleicht wurde er zu Bauern gebracht und dort aufgezogen, wie später seine Schwester Marie. Wilhelm Richard wird hingegen häufiger erwähnt – so spielte er gern mit den wagnerschen Kindern und zu seinem dritten Geburtstag wurde ihm sogar ein Geburtstagstisch ausgerichtet. Nach Siegfrieds Geburt überlegte Wagner, wie er sich das Verhältnis von Wilhelm zu Siegfried wünschte: Er bedauerte, dass er ihn nicht hatte »Kurwenal« nennen lassen, »denn etwa wie Kurwenal zu Tristan möchte er, daß Wilhelm sich zu Siegfried verhalten solle«.[24] Er konstruierte damit einen Abstand zwischen den beiden Buben: Siegfried war als der rechtmäßige Erbe edler als Wilhelm. Es mutet übrigens seltsam an, dass Cosima mit Vreneli eine Art Geheimbund schloss. »Sie, meine theure Vreneli, waren die Erste, die die Kunde ausriefen: Ein Sohn ist da! Und so sind wir unzertrennlich verbunden, und nur mit tiefster Rührung kann ich an Sie denken«[25], schrieb sie Jahre später.

Als Carl von Glasenapp nach Wagners Tod *Das Leben Richard Wagners* schrieb, schickte ihm Cosima Informationen über Vreneli. Gleich dreimal lobt sie deren Verschwiegenheit, auf die man sich verlassen konnte, und preist ihre Intelligenz, ihre Treue, Hingebung, ihren Mutterwitz sowie ein »Schicklichkeitsgefühl, welches selbst bei Gebildeten selten angetroffen wird. [...] Alles hat sie mitempfunden und verstanden, ohne daß ein Wort über ihre Lippen gekommen wäre.«[26] Bedenkt man, dass Richards erste Tochter Isolde im April 1865 in München als Tochter Hans von Bülows getauft wurde und Richard als Taufpate fungierte, und bedenkt man weiter, dass Richard vermutlich im Falle von Wilhelm Richard ein zweites Mal als Pate seines leiblichen Kindes diente, dann versteht man, warum Cosima Verschwiegenheit so schätzte.

Die Liebe zu Cosima, die nach unendlichen Kämpfen in die Hochzeit am 25. August 1870 mündete, blieb von nun an für Richard ein Grundpfeiler in seinem psychischen Wohlergehen. »Sie hat jeder Schmach getrotzt und jede Verdammung über sich genommen«[27], schrieb er voller Dankbarkeit. 1870 notierte Cosima gerührt, Heinrich Porges habe ihr gesagt, Wagner hätte sein Nibelungenwerk niemals aufgegriffen, »wenn nicht der große Umschwung in sein Leben getreten wäre. Mich ergreift das so, dass ich weinen muss. Wie ich R. das erzähle: ›Nichts, nicht einen Ton hätte ich mehr von mir gegeben, wenn ich dich nicht gefunden hätte. Jetzt habe ich ein Leben.‹« Cosimas Tagebücher sind mit solchen Lobeshymnen angefüllt, die seine tiefe Abhängigkeit offenbaren. Das sind keine leeren Phrasen. Es ist beklemmend zu verfolgen, wie sehr er Cosimas Lebensräume beschneidet, wie eifersüchtig er auf ihre Reisen reagiert, wie stark er sie dominiert, und wie abhängig er gleichzeitig von ihr ist, um die drückende Last der kreativen Arbeit zu schultern. Er versichert ihr, »ich könne gar nicht wissen, wie lieb er mich habe; es sei ihm immer ein Traum, daß ich ganz da sei, er glaubt, ich sei ihm nur geliehen.« Es klingt, als habe er sie angebetet. Da diese Anbetung aber an das stark dominante Verhalten Richards gekoppelt war, verstärkte sie nur den Druck auf Cosima, sich mit den Verhältnissen abzufinden und nur noch Richard zu dienen. Die Schuldgefühle gegenüber dem ersten Gatten erhöhten die psychische Belastung noch mehr. »Immer tiefere Einsicht in den eigenen Unwert, immer freiere frohere Abbüßung dieses Unwertes, vollständigere Brechung des Eigenwillen, Abwendung von jeder Lebenseitelkeit, Zurückziehung auf das Eine.«[28] Mit der Zeit setzte Cosima sich bei Dingen durch, die ihr aufgrund ihrer Erziehung wichtig waren, wie bei den Tischmanieren. Die Sängerin Lilli Lehmann war bei einer Mahlzeit in Wahnfried zugegen, als Cosima

»ihn, den Zweiundsechzigjährigen, zu ›erziehen‹ versuchte, wenn er z. B. das Messer nicht englisch genug beim Essen führte, wobei manches Diner ein schnelles, unerwartetes Ende nahm.«[29]

Am 21. Februar 1872 wurde Vrenelis drittes und letztes Kind, Marie geboren: »Leiden und Mitleiden«, schreibt Cosima. Im Alter von zwei Monaten wurde es zu einem Bauern gebracht und dort aufgezogen. Das Foto von Marie aus späteren Jahren deutet recht auffällig darauf hin, dass sie die Tochter Richards und eine Halbschwester von Isolde, Eva und Siegfried Wagner sein könnte. Marie Köpp – so hieß sie nach ihrer Verheiratung – sprach übrigens nicht gerne über ihre Herkunft. Einige Schreiben, die Richard an ihre Mutter gerichtet hatte, wurden von ihr vernichtet. Es bleibt offen, ob und wieviel sie über ihre wahre Abstammung erfahren hat.

Im 19. Jahrhundert war das Bemühen, das allzu Private geheim zu halten, allgemein groß. Im Gegenzug stellte man gerne das öffentliche Leben von Helden heraus. Bekanntlich liebte Wagner das Buch von Thomas Carlyle *Helden, Heldenverehrung und das Heldentümliche in der Geschichte*, das große Männer der Weltgeschichte herausgreift und beschreibt, und er wünschte sich, dazugezählt zu werden. Die Kehrseite davon war, dass man triviale oder erotische Dinge des Alltags vor der Öffentlichkeit verbarg. Das musste nicht zwangsläufig Heuchelei nach sich ziehen. Der Hang zur Intimität, der sich im 19. Jahrhundert mit der ideologischen Aufwertung der Familie verstärkte, ließ vieles unaufgedeckt. Bestimmte Geheimnisse wurden lediglich den nächsten Angehörigen verraten. Wagner hatte seit seinem Aufenthalt in Luzern vermutlich ein Anrecht auf Vrenelis Körper errungen und dies mit einer herzlichen, nicht abwertenden Freundschaft gekoppelt. Vreneli fühlte sich anscheinend nicht ausgebeutet, sondern war dem Künstler zeitlebens in Liebe zugetan. Als sie jedoch nach der zweiten Schwangerschaft als verheiratete Frau die Unhaltbarkeit dieser Situation begriff und mit Jakob einen Wegzug plante, wird Wagner dem energisch widersprochen und den Weggang verhindert haben. Sie hat anscheinend noch nicht einmal ihren Ehemann in ihre Beziehung eingeweiht, der als Greis kein Wort darüber verlauten ließ. Ihr Verhältnis zu ihrem Herrn muss eines der selbstverständlichen Unterordnung bei gleichzeitiger intimer Anhänglichkeit gewesen sein. Sie wahrte stets den hierarchischen Abstand zu ihm. Ihre zweifellos vorhandene Klugheit und Empathie verhinderten, dass Richard auf sie herabsah. Sie übernahm verantwortungsvolle Aufgaben, verhandelte mit allen Handwerkern, sie erledigte den größten Teil des Rechnungswesens und holte auch häufig das vom König angewiesene, im Bankhaus deponierte Gehalt ihres Herrn ab.[30]

Nach Jessie Laussot, Mathilde Wesendonck und Cosima von Bülow verliebte sich Wagner gegen Ende seines Lebens wieder in eine verheiratete Frau. Die schöne und junge Französin Judith Gautier verehrte seine Musik, schrieb in französischen Journalen darüber und besuchte ihn zusammen mit ihrem Ehemann in Tribschen. Es erwuchs eine leidenschaftliche Zuneigung seinerseits. Es sprach ihn neben ihrer erotischen Ausstrahlung wohl besonders an, dass Judith sein Werk genau kannte und es hoch verehrte. Sie saßen Hand in Hand im Bayreuther Festspielhaus. Im September 1876 schrieb er ihr: »Liebe Seele! Süße Freundin! Ich liebe Sie noch immer. Für ewig bleiben Sie mir das, was Sie mir sind, der einzige Strahl der Liebe in diesen und jenen für mich so unerfreulichen und so unbefriedigenden Tagen. Doch waren sie für mich erfüllt von jener zärtlichen, beruhigenden und berauschenden Glut. Oh! Wie gern möchte ich Sie noch einmal umarmen, Liebe, Teure!« Die Liebe gab ihm neue Lebenslust und er fand eine erotische Ersatzbefriedigung in der Bestellung von Parfüm und schönen Stoffen, die er über sie abwickelte. Nun war Cosima diejenige, die litt: »Das Leid, vor welchem mir bangte, blieb nicht aus; von außen brach es herein! Gott helfe mir!«[31] Sie trug die Affäre mit Fassung und bald benachrichtigte Richard Judith, dass er seine Stoff- und Parfümbestellungen nunmehr über Cosima erledigen würde – was bedeutete, dass der erotische Teil ihrer Beziehung seinen Abschluss gefunden hatte.

Wagners Liebe zu Cosima hielt ihn bis an sein Lebensende besetzt. Sie blieb für ihn ein Glücksfall in seinem Leben, dessen war er sich bewusst. Man könnte Seiten füllen mit seinen Lobpreisungen. Mit zunehmendem Alter wuchsen seine Ängste vor dem Verlassenwerden. Oft hatte er »entsetzliche Träume«, dass Cosima weggehen würde. Immer, wenn eine andere Person sich Cosima näherte und sie dadurch abgelenkt wurde, begann sein Ärger, der sich in Wutausbrüchen äußerte, denen sie hilflos gegenüberstand. Je länger sie zusammen waren, umso heftiger äußerte sich seine Reizbarkeit, die mit seinem körperlichen Verfall zusammenhängen mochte, aber dennoch unerklärliche Ausmaße annahm. Cosima wiederum kompensierte ihre Schuldgefühle gegenüber Hans von Bülow durch die Aura des Einmaligen, die sie ihrer neuen Beziehung verlieh. Richard hatte stets den Vorrang, auch gegenüber ihrem Vater, und sie verschrieb sich mit Haut und Haaren der durch nichts zu störenden Liebe. Sie war schließlich diejenige, die die Fertigstellung des *Ring des Nibelungen* und des *Parsifal* ermöglichte. Für dieses Ziel opferte sie ihren Ruf, ihre Ehe, etwaige selbständige Regungen und machte sich zu der Idealfrau, die sich Wagner immer erträumt hatte.[32]

Warum aber verfasste Wagner mit *Parsifal* eine Oper, die Frauen so explizit ausschließt, wenn er zugleich von Frauen dermaßen abhängig war? Emotionale Turbulenzen raubten dem Komponisten die nötige Ruhe zur Arbeit an diesem Werk. Die Fertigstellung zog sich über viele Jahre hin. 1865 griff er, zwanzig Jahre nach der ersten heute verschollenen Prosaskizze, das Sujet wieder auf und schrieb einen Prosaentwurf. Inzwischen war die Liebe zu Cosima erblüht. Bald darauf wurde die gemeinsame Tochter Isolde geboren. Egon Voss zufolge hatte Richard Gewissensbisse wegen des mehrfachen Betruges, den er beging. Er hinterging seinen guten Freund Bülow; er belog Ludwig und schließlich auch Minna, mit der er noch verheiratet war. Daraus erwuchsen Schuldgefühle und Voss sieht Wagner nicht mehr als Tristan, sondern als Amfortas, der durch Parsifal erlöst werden muss. Für Wagner war das Werk eine Erlösung. »So! Das war Hülfe in der Noth!«, schrieb er Ende August 1865 als Nachschrift seines Prosaentwurfs; er fühlte sich demnach von etwas befreit. Das Werk ist Voss zufolge keine Abwendung von der Frau, sondern von der Sexualität.[33] Ist aber die Frau nicht ursächlich mit der Sexualität verbunden? Man muss den Grund für den Ausschluss der Frauen aus dieser Oper nicht gleich darin sehen, dass Wagner sexuell frustriert war,[34] doch liegt die Vermutung nahe, dass der Komponist hier mit dem weiblichen Geschlecht abrechnen will.

»Der Parzival hat mich viel beschäftigt: namentlich geht mir eine eigentümliche Schöpfung, ein wunderbar weltdämonisches Weib (die Gralsbotin) immer lebendiger und fesselnder auf«, schreibt er 1858 über die Figur der Kundry. Mit dieser rätselhaften und komplexen

Bühnenfigur, von ihm selbst als seine originellste Frauengestalt bezeichnet, schuf er eine Leerstelle, die er mit allen Facetten auffüllte, die man einer Frau damals zuschrieb. Sie ist die Mütterliche, aber auch die Kurtisane, Büßerin, Hexe, Verführerin, Verderberin, Teufelsbraut, Verwünschte, ekstatische Furie und Rächerin. Wagner gibt selbst zu, dass sie eine künstliche Konstruktion darstellt, wenn er behauptet: »Alles bei Kundry ist Kostüm, die Hässlichkeit, die Schönheit, alles ist Maske.«[35] Für Thomas Mann ist sie ein »desparates Doppelwesen aus Verderberin und büßender Magdalena«; Jacques Chailly moniert die »sinnenfeindliche, frauenfeindliche, sterile Männerwelt«; der Regisseur Götz Friedrich bezeichnet sie gar als »eine schlimme maskuline Erfindung, Verdrängung patriarchalischer Komplexe«. Und Constantin Floros bezeichnet Kundry als »ein Urbild des Patriarchats.«[36] Die einzige Frauenfigur in diesem Spätwerk ist analytisch kaum fassbar und scheint eher mit Delilah und ihren späteren Nachfolgerinnen Salome und Elektra verwandt zu sein, als zu dem religiösen Grundzug dieses Werkes zu passen, in dem sich die Musik als Weihehandlung vollzieht.

Nach einer intensiven Beschäftigung mit dem Stoff kam Wagner auf den Gedanken, die Gralsbotin mit dem verführerischen Weib im darauffolgenden Aufzug zu verbinden, wobei er sich von Wolfram von Eschenbachs *Parzival* beeinflussen ließ. Bei Wolfram sind die wilde Gralsbotin Kundry und die schöne Verführerin (»Orgeluse«) verschiedene Personen. Bei Wagner verwandelt sich Kundry in ein Musterbeispiel für die moderne Dekonstruktionstheorie, nach der die Identität aus verschiedenen, sich durchaus widersprechenden Teilen besteht. Sie ist ein wildes Untermenschenweib und wird von Klingsor als Herodias bezeichnet, weil sie den Heiland verlacht hat. Er verhöhnt sie als »Namenlose«, »Ur-Teufelin«, »Gundryggia«, als eine Walküre, die Kriege anzettelt, und als »Höllenrose«. Andererseits vermag sie auch Gutes zu tun, ist selbst verdammt und kann ihrer vorbestimmten Rolle nicht entkommen.

In seiner 1865 niedergeschriebenen Prosafassung berichtet Wagner von einer »uralten Verwünschung«, die Kundry dazu verurteilt, »das Leiden der Liebesverführung über die Männer zu bringen«. Sie kann erst zur Ruhe kommen, wenn ein Mann ihr widersteht. Bei den Gralsrittern versucht sie, durch Herbeischaffung von Medizin ihre uralte

Schuld zu büßen, wird aber von ihnen als dienende Sklavin verachtet. Klingsor hat sie in seiner Macht und benutzt sie, um die Ritter zu verführen. Sie wird nicht nur von ihm zu Liebesdiensten gezwungen, sondern leistet dabei »in ihrer Seele die mächtigste Mithilfe«, ist also selbst eine Schuldige. Es ist ein »auflodernder furchtbarer Haß, der sie zum Verderben der Männer stimmt, zugleich aber ihr wildes Liebessehnen auf verzehrende, furchtbar glühende Weise von Neuem immer wieder zu dem extatischen Krampfe aufstachelt, durch welchen sie zaubern kann, zugleich aber auch dem Zauber verfällt.«[37] Sie hasst und liebt intensiv, wobei ihre Liebe eher dem Wunsch zu beherrschen entspricht. Sie übt ja damit eine Macht aus, die sie selbst genießt, aber zugleich zutiefst bereut. Im höllischen Reich des Bösen angesiedelt, gilt sie als ungeistiges Naturwesen.

Eine mögliche Erklärung für Wagners Verurteilung der weiblichen Sexualität ist in der Ideologie seiner Zeit zu finden. Im Laufe des 19. Jahrhunderts wurde die grundsätzliche Differenz der Geschlechter wissenschaftlich zementiert; Autoren verglichen Frauen allen Ernstes mit Affen –, man war überzeugt, dass die Frau von ihrem Körper und seiner Reproduktionsfunktion beherrscht würde.[38] Das ungemein populäre Buch *Das Weib als Gattin* von Hermann Klencke, das 1872 erschien und zahlreiche Auflagen erfuhr, warnt die Ehefrauen davor, Wollust zu zeigen, da das dem Mann bald »widerlich« würde. Kundry versucht alles, um den Mann zu »entflammen«, was nichts anderes heißt, als dass sexuelle Energie von ihr ausgeht. So wurden, einer langen abendländischen Tradition entsprechend, Prostituierte verteufelt. Im Unterschied zu den machtlüsternen Frauengestalten früherer Opern, Venus und Ortrud, leidet sie in lichten Momenten unter ihrer Rolle. Sie wehrt sich gegen Klingsors Befehl, Parsifal zu verführen, und versucht es schließlich doch.

Der erste Entwurf der Dichtung stammt vom August 1865. Es war eines der schwierigsten Jahre in Wagners Leben. Cosima hatte ihm ihre Liebe gestanden, doch erlaubten die Umstände eine Vereinigung nicht. Ihr Vater und ihr Ehemann zerrten an ihr und Richard machte dümmste Fehler, gab ihr einen Brief von Mathilde an ihn zu lesen und entzündete damit ihre Eifersucht, sodass er sie anschließend wieder beruhigen musste. »Was nun Deine Liebe, wenn sie so wenig Glauben hat? Was verstehst Du so oft meine Worte so unrichtig! […] Gott, welche Himmel wollte ich Dir und Parzival aufbauen! […]. Dann weiss ich aber, daß die Liebe Dir hilft, und die herrliche Klarheit Deines Blickes Dich bald das Rechte erkennen lassen wird. Das weiss ich – denn ich *glaube*. […] Und nun Ruhe! Ruhe! Wie es im Tiefsten in mir ruhig ist, will ich von innen die Ruhe nach aussen mir gewinnen. Ich will, denn ich muss! Du hilfst, und gehst Parz. mit schönem Beispiel voran? Nicht wahr? – Das Beispiel heißt aber – nicht Verzeihen – sondern Bereuen, bereuen, daß Du um mich – leiden konntest? Ist das kühn? – Nur so aber ist's wahr! Leide nicht! Leide nicht! – Liebe einzig!«[39]

Cosima soll also Parsifal mit gutem Beispiel vorangehen und Richard keine Vorwürfe mehr machen. Die Vernichtung der unbändigen Frau im *Parsifal* folgt nicht nur einer kulturell tradierten Phantasie, sondern war auch Wagners persönlicher Situation geschuldet. Aufgrund der unerfüllten Liebe zu Mathilde sowie der zwischen 1859 und 1865 erfolgten starken emotionalen Turbulenzen spürte er das Verlangen, sich von seiner zwanghaften Abhängigkeit zu Frauen freizumachen. Er selbst wollte die Deutungshoheit behalten und er wollte nicht mehr wegen Frauen Schmerzen erdulden müssen, nicht mehr wie durch Mathilde und Cosima so sehr leiden, dass seine schöpferische Kraft dahinschwand. Sein Dank für Cosimas unerhörte Bereitschaft, ihm den Weg für seine kreative Arbeit frei zu halten, zeigt er durch die schlichten Worte »Palermo 25 Dez 1881 Für Dich!«, die er ans Ende der Partitur schrieb. Die Widmung hinderte ihn jedoch nicht daran, sich mit Kundry im *Parsifal* eine Figur herbeizuphantasieren, die er mit sexueller Sünde beladen und im Angesicht des reinen Mannes sterben lassen konnte.

»... das Leiden der Liebesverführung«: Kundry und Parsifal

Dass Richard Wagner sich im *Parsifal* von der Macht der Frau über ihn lossagen wollte, ist nur die halbe Geschichte. Er wollte auch das rassisch Andere tilgen. Daneben befrachten weitere Diskurse das Werk, was mit der Verquickung christlicher und heidnischer Mythen und der mehrdeutigen Symbolik zusammenhängt. Die Geschichte eines naiven jungen Mannes, der den Reizen einer üppigen Verführerin (Debussy spricht von einer »sentimentalen Straßendirne«) und mehrerer leichter Mädchen widersteht, regte zu manchem Spott an. Hermann Kretzschmar schrieb beispielsweise nach der Uraufführung zu der Szene zwischen Klingsor und Kundry: »Beide berichten in den härtesten und gewaltigsten Accenten und mit steinerweichendem Geschrei von ihrem übergroßen Wehe. Man kann es niemandem verdenken, wenn er sich durch diesen hier übel angebrachten Alfrescostil an die Weihnachtspantomimen der englischen Zauberbühne und andere Kinderspektakel erinnert fühlt, wenn er lacht, statt ergriffen zu sein. Dazu kommt noch, daß Wagner der Kundry eine Reihe von ›gräßlichsten Schreien‹ und ›entsetzlichem Lachen‹ vorgeschrieben hat, deren allzu strikte Ausführung wir hierdurch mit Schrecken quittiren. Es war, als befände man sich in einem Operationssaale, und unter der brutalen Realistik dieser Szene haben nicht bloß Damen, sondern auch kräftige Herren förmlich physisch gelitten.« Eine weitere Rezension beklagt »ein raffinirtes Pseudo-Christentum, welches die heiligen Gestalten und Handlungen zu einer Maskerade verwendet und mit allem Sinnenpomp und berauschender Mystik eine Religiosität darbietet, deren Taumelwirkungen etwa auf hysterische Damen und blasirte Weltmänner berechnet sind«.[1]

Man übersah gern die komplexe Materie dieses Alterswerks, das – neben der Entlastung von privaten Konflikten – einen durchaus ernsten Hintergrund hat. Wagner beschäftigte sich seit Jahren mit nationalen und rassischen Ideologien. Wenige Tage, nachdem er die Niederschrift des Prosaentwurfs zum *Parsifal* fertiggestellt hatte, bezeichnete er sich als den »deutscheste(n) Mensch(en), ich bin der deutsche Geist. Fragt den unvergleichlichen Zauber meiner Werke, haltet sie mit allem Übrigen zusammen: Ihr könnt für jetzt nichts anderes sagen, als – es ist deutsch.«[2] Als er letzte Hand an die Komposition legte, befand sich seine Begeisterung für die rassentheoretischen Schriften Gobineaus auf einem Höhepunkt. Cosima schreibt an Gobineau: »Mon marie est tout à vous, toujours lisant les Races quand il ne les met pas en scène.« (»Mein Mann ist gedanklich ganz bei Ihnen, fortwährend liest er *Die Rassen*, wenn er sie nicht in Szene setzt.«)[3] Richard ergänzt diese Gleichsetzung: »Gobineau sagt, die Germanen waren die letzte Karte, welche die Natur auszuspielen hatte, *Parsifal* ist meine letzte Karte.«[4] Sechzehn Jahre liegen zwischen diesen beiden Zitaten: Die Kontinuität der Gedanken ist nicht zufällig. Der »unvergleichliche Zauber« spiegelt Wagners Weltanschauung wider, wobei oft vergessen wird, dass es nicht nur um die Herausstellung einer angeblich germanischen Reinheit geht, sondern ebenso um die Idealisierung eines männlichen Führungsanspruchs.

Eine Spanne von siebenunddreißig Jahren markiert die Bedeutung dieses Spätwerks. 1845 befasste sich Wagner erstmals mit der Thematik, und in seinen Briefen an Mathilde Wesendonck vom Ende der 1850er Jahre kommt er mehrfach darauf zurück. Als Stoff für ein Bühnenwerk wurde das Sujet aber erst 1857 erwogen. In seinem Prosaentwurf von 1865 sind die ersten Gedanken niedergelegt. Ein zweiter Prosaentwurf wurde zwölf Jahre später verfasst und kurz darauf schrieb er die finale Fassung, die im Dezember 1877 veröffentlicht wurde. Er beendete die Komposition aber erst 1882, ein Jahr vor seinem Tod.

Die Fachwelt ist geteilter Meinung darüber, wie die von Wagner verfassten späten Schriften in Bezug auf diese Oper zu bewerten sind. Während Susanne Großmann-Vendrey Wagners Aufsatz *Religion und Kunst* von 1880 als einen philosophischen Kommentar dazu bezeichnet, wird dies von Constantin Floros und Ulrike Kienzle angezweifelt, da Wagner das Libretto Jahre zuvor verfasst habe.[5] Ein ähnlicher Dissens herrscht in der Einschätzung von Schopenhauers Einfluss. Der Komponist war seit Mitte der 1850er Jahre von dem Philosophen nachhaltig beeindruckt. Manche Autoren, wie Stefan Kunze, meinen, dass dessen Einfluss überschätzt wird, andere sind überzeugt, dass der hohe Grad der Übernahme seiner Ideen bislang ungenügend erkannt worden ist.[6] Die Mitleidsethik, die Verneinung des Willens, die Ablehnung des Geschlechtstriebs, die Überzeugung, wonach Christentum und Judentum gründlich voneinander unterschieden sind und schließlich das Lob der Askese sind in der Tat dem schopenhauerschen Gedankengut entlehnt. Aber es ist unwahrscheinlich, dass der Komponist sein Opernpublikum zur gänzlichen Willensverneinung oder zur Askese überreden wollte. Ist es nicht naheliegend, dass er die schopenhauerschen Ideen in eine Handlung einwob, die ihn selbst beschäftigte? Wagner war ein Meister darin, sich eklektisch das zu nehmen, was ihm passte. Immer auf der Suche nach einer Legitimierung seiner Vorstellungen konnte er sich sofort für einen Schriftsteller begeistern, im Mittelpunkt stand aber zuallererst das eigene künstlerische Werk. Jakob Sulzer, der Wagners Begeisterung für den Philosophen miterlebte, schrieb: »So hoch er Arthur Schopenhauer schätzte, nahm er doch von dessen Erkenntnisphilosophie nie ein Komma in sich auf. Demgemäß war seine Intuition zwar immer phantasiereich, aber häufig logischer Konstruktion entbehrend: Ideenassoziation statt -reinkarnation.«[7] Hier zeigt sich, dass der Komponist in erster Linie Künstler war. Anstatt die Erscheinungen möglichst vorurteilsfrei zu analysieren und dann zu thesenhaften Ergebnissen zu gelangen, wie es in der Wissenschaft üblich ist, gestaltet er um das eigene Werk herum ein Theoriegebäude mit dem entsprechenden Gedankengut, das ihm dazu passend erschien.

Im *Parsifal* wird dem mit geistigen und geistlichen Dingen befassten Männerbund eine hysterische, von Trieben und animalischem Verhalten gekennzeichnete Frau gegenübergestellt. Die erotisierte Welt Kundrys und der Blumenmädchen steht im diametralen Gegensatz zu der der frommen Männer. Die antisemitischen Ausfälle, die während der Komposition die Tagebücher Cosimas füllen und aus Parsifal den germanischen Retter machen, sind keinesfalls lediglich den Schriften des Rassentheoretikers Gobineau entlehnte Eingebungen, sondern sie beschäftigten Wagner schon Jahrzehnte vor der Lektüre, spätestens nach seiner Flucht aus Deutschland 1849. Er war freilich nicht daran interessiert, allzu deutliche Spuren dieser Gedanken zu legen. Als Mythologe »von durchtriebener Schlauheit«, wie er sich bezeichnete,[8] wollte er seinen Exegeten und Kritikern immer ein Stück voraus sein. Die Aufsätze, die er niederschrieb, während er *Parsifal* komponierte, kann man als den Gehalt und die Ideologie des Werkes kommentierend lesen.

Schopenhauers musikästhetische Vorstellungen, wonach die Musik das innere Wesen der Welt ausdrücken könne, hatten es Wagner besonders angetan, denn in Gesprächen mit Cosima ging er häufig darauf ein. Der Philosoph betont, dass das Wesen der Welt durch die wissenschaftliche und vernunftbetonte Betrachtung unsichtbar bleibe, hingegen durch die Innenschau ergründet werde, und Musik sei für ihn diejenige Kunstform, die diese Sicht am besten erschließen könne. Wagner sah sich als der Genius, der dem Wesen der Dinge durch seine Musik nahekommt, und behauptete, der Musiker sei weitaus stärker als der bildende Künstler prädestiniert, den »allmächtigen Willen« zu erkennen: »Nicht stumm hat er sich vor der Anschauung zurückzuhalten, sondern laut verkündet er sich selbst als bewußte Idee der Welt. Nur ein Zustand kann den seinigen übertreffen: der des Heiligen. [...] Uns dürfte der Musiker wieder verehrungswürdiger als andere Künstler, ja fast mit einem Anspruch an Heilighaltung erscheinen. Denn seine Kunst verhält sich in Wahrheit zum Komplex aller anderen Künste wie die Religion zur Kirche.«[9] Der Komponist nimmt übrigens eine wichtige Akzentverschiebung vor, wenn er Schopenhauers Aussage, wonach das Drama die Welt widerspiegele, umbiegt und stattdessen die Instanz des Genies ins Zentrum stellt, von dem aus der objektivierte Weltwille ausgestrahlt werde. Damit verleiht er sich selbst die Deutungshoheit über die Dinge.

1880, zur Zeit der Vertonung des *Parsifal*, schrieb Wagner in dem Aufsatz *Religion und Kunst*, dass es der Kunst vorbehalten sei, den Kern der Religion zu retten, »indem sie die mythischen Symbole [...] ihrem sinnbildlichen Werthe nach erfaßt, um durch ideale Darstellung derselben die in ihnen verborgene tiefe Wahrheit erkennen zu lassen.« Das Kunstwerk sollte als eine Art Kunstreligion fungieren; einzig die Kunst schien ihm angesichts der radikalen gesellschaftlichen Umwälzungen des Industriezeitalters fähig, eine neue moralische Weltordnung zu schaffen, wobei er sich nicht festlegte, wie diese aussehen sollte. Eine solche Vorstellung, die den Komponisten mit seiner vermeintlichen Fähigkeit, die Wahrheit zu erkennen, in die Nähe der Heiligen rückte, bot Wagner die Chance, eigene Vorstellungen als wahrhaftig zu deklarieren und sie kraft des eigenen kreativen Künstlertums in spätere Handlungen umzusetzen. Wagner machte dies am Beispiel Beethovens deutlich, dem er einen ganzen Aufsatz widmete. Es gelte, diesen auf eine Ebene mit Schriftstellern wie Lessing, Goethe und Schiller zu erheben und an dem genialen Tonschöpfer nachzuweisen, dass durch ihn der deutsche Geist den Menschengeist aus tiefer Schmach erlöste. »Und hierin einzig liegt das Verhältniß des großen Beethoven zur deutschen Nation begründet.«

Zweifelsohne dachte Wagner dabei an seine eigene Rolle. Er fühlte sich berufen, Volk und Nation eine von fremden Kräften gereinigte erhabene Welt vorzuführen. Koppelt man diese Aussage mit seiner Überzeugung, es gehöre zum Wesen der Musik, »daß, was alle anderen Künste nur andeuten, durch sie und in ihr zur unbezweifeltsten Gewißheit, zur allerunmittelbarst bestimmenden Wahrheit wird«[10], heißt das, dass bestimmte Ideen und Vorstellungen gar nicht kritisierbar waren, weil sie dem »Ansich der Welt« (Schopenhauer) entsprachen. Wagner war zeitlebens bemüht, »die Bedingungen der Produktion so zu verdecken, daß das Produkt wie Natur erscheint und zugleich sich als überschaubar und warenhaft disponibel anbietet.«[11] Indem er den deutschen Geist ganz oben auf der Werteskala positionierte, wurde seine nationalistisch gefärbte Ideologie zum innersten Kern der Wahrheit uminterpretiert.

Wenn Musik die »Innenschau der Welt«, also die objektive Wahrheit schlechthin darstellt, dann musste sie einen mystisch-transzendierenden Klang entfalten, der es vermochte, die Zuhörer möglichst in diese Welt hineinzutragen. Aber auch der Text hatte dies zu leisten. Cosima berichtet mehrmals, wie Freunde und Bekannte zutiefst berührt waren, als ihnen der 1865 entstandene Prosaentwurf zum *Parsifal* vorgelesen wurde. Sie selbst brach beim Vorlesen mehrfach in Tränen aus. »Ich empfand es innig, wie läuternd und veredelnd das Erhabene auf uns wirkt! Richard ward die Sache völlig neu, und mit großer Ergriffenheit hörte er zu.«[12] Er war wohl selbst überrascht über die weihevolle Wirkung, die er durch seine ins Religiöse eingehende Weltanschauung dem Werk eingeschrieben hatte. Es passt hierzu, dass er den Orchesterklang, dessen faszinierende Wirkung ihm bewusst war, als »die aus dem ›mystischen Abgrund‹ geisterhaft erklingende Musik« bezeichnete, »in welchem das erschaute szenische Bild ihm jetzt zum wahrhaftigsten Abbilde des Lebens selbst wird.«[13] Alles, was in der Oper vorkam, sollte als wahrhaft gelten. Damit aber tat sich eine geradezu tödliche Falle für die Frau auf: Es wird im *Parsifal* als gottgegeben und natürlich präsentiert, dass das Geistige ein männliches Attribut ist, während das Triebhaft-Animalische dem Weiblichen zugehörig ist.

Im letzten Drittel des 19. Jahrhunderts war die Sorge um die sich formierende bürgerliche Gesellschaft gekoppelt mit der Ausgrenzung des Fremden und Anderen. Juden galten als minderwertig, Homosexuelle als abartig. Die Frau war als Gebärende, Geliebte und lustspendende Sexualpartnerin unersetzlich und wurde bekanntlich in die Gute (Mutter, Ehefrau) und die zu Verachtende (Prostituierte, Jüdin, Arbeiterin) gespalten. Es gehört zu den Widersprüchen in Wagners Wesen, dass er in seiner letzten Oper mit feierlich-gravitätischen Klängen die Enthüllung des Gefäßes mit dem Blut eines Juden, dem von Jesus Christus, feiert, zugleich aber in seinen Schriften Menschen jüdischen Glaubens als minderwertig schmäht. Es erscheint ebenso widersprüchlich, dass er inmitten einer von Rittern, Knappen, Jünglingen und Knaben beherrschten Welt der Geistigkeit das Porträt eines animalisch-triebhaften Weibes in Gestalt Kundrys entwirft, obwohl er in dieser Zeit Cosima, eine hochgebildete und belesene Frau, liebte. Während der Gestaltung dieses Spätwerks, in dem er sich über Askese und Triebsublimierung auslässt, war der Komponist gleichzeitig in die schöne Französin Judith Gautier verliebt, schickte ihr Küsse, erinnerte sie an ein geheimes Treffen und erbat sich von ihr Zerstäuberflacons für seine Parfüms und mit Röschen bestickte Satinstoffe. Solche schwelgerisch-sinnlichen Accessoires brauchte er, um dem Druck des musikalischen Schaffens standhalten zu können.

Es steht der Nachwelt nicht zu, über persönliche Präferenzen moralisierend zu richten. Etwas anderes ist es aber, wenn Wagner verquere ideologische Vorstellungen in sein Werk einwebt, denn diese prägen nachfolgende Generationen. In dem Aufsatz *Modern*, der im zweiten Heft der seit Anfang 1878 erscheinenden *Bayreuther Blätter* veröffentlicht wurde, kritisiert er den »Sieg der modernen Judenwelt« in Deutschland. Ähnliches ist in seinem nächsten Aufsatz *Wollen wir hoffen?* zu finden. Der Aufsatz *Erkenne Dich selbst* beklagt die »verderblich dünkende Macht« der Juden über die Deutschen und schürt irrationale Ängste, wenn er beispielsweise behauptet: »Es vermische sich männlich oder weiblich mit den ihm fremdartigsten Racen, immer kommt ein Jude wieder zu Tage«. Während er die letzten Arbeiten am dritten Akt vornahm, griff er dieses Thema noch einmal auf. In seinem Aufsatz *Heldenthum und Christenthum* warnt er vor dem »Verderb der weißen Rasse«, der bei der Vermengung mit den »niedrigen« Rassen drohe. Um dem »Verfall einer edlen Sitte« entgegenzuwirken, wünschte er sich einen Helden, der »gegen die Verderbnis seines Stammes, seiner Sitte, seiner Ehre, mit Entsetzen sich aufrafft, um durch eine wunderbare Umkehr seines mißleiteten Willens, sich im Heiligen als göttlichen Helden wieder zu finden.« Es braucht keine besondere Hellsicht, um in diesem Wunschbild Parsifal zu sehen.

Es war die Angst vor einem wirtschaftlichen Niedergang, die im ausgehenden 19. Jahrhundert die Philosophie, Literatur und Kunst nachhaltig beeinflusste. Auf eine Hochkonjunktur folgte 1873 ein harter Rückschlag – die Börse war in Wien zusammengebrochen –, und während die einen immer reicher wurden, verelendeten die Arbeiter. Teile des Mittelstands verloren in Deutschland aufgrund der raschen Industrialisierung und der einsetzenden Depression wirtschaftlichen Boden, wofür man gern die »Börsenjuden« verantwortlich machte. Besitzneid und Hoffnungslosigkeit schufen einen irrationalen Rassenhass. Juden galten als »Reichsfeinde« und wurden zum Sündenbock abgestempelt, was sich in zahllosen Broschüren, Artikeln zur »Judenfrage« und Streitschriften niederschlug. Wagner erklärte seinen Kindern die Folgen der Judenemanzipation damit, dass der Bürgerstand von ihnen »gedrückt und das niedere Volk zur Korruption verführt« würde.[15] Zur selben Zeit kämpften Frauen um eine stärkere Wahrnehmung der Interessen von Arbeiterinnen sowie um eine verbesserte Schul- und Hochschulbildung, was konservative Kräfte in Deutschland irritieren musste. Mit Kundry hatte Wagner die Möglichkeit, die Gefahren, die nach seiner Überzeugung von Juden, von Frauen und von der weiblichen Verführungskraft ausgingen, in einer Figur zu vereinen.

Was trieb ihn dazu, eine Frauenfigur wie Kundry zu erfinden? Seine schriftlichen Äußerungen weisen darauf hin, dass er mit der Verführerin auch das Jüdische verband, das es abzuwehren galt.[14] Es ging aber um mehr, denn vier Monate vor Fertigstellung der Partiturreinschrift schrieb er: »Bei der Vermischung der Rassen verdirbt das Blut des edleren Männlichen durch das unedlere Weibliche: Das Männliche leidet, Charakter geht unter, während die Weiber so viel gewinnen, um an die Stelle der Männer zu treten. Das Weibliche bleibt somit die Erlösung schuldig: hier Kunst – wie dort in der Religion; die unbefleckte Jungfrau gebiert den Heiland.« Die Rassen mussten also schon deswegen »rein« bleiben, weil sonst der Mann verderben würde, und die Kunst sollte dazu beitragen, dies zu bewirken. Der Frau wurde eine doppelte Bösartigkeit zugeschoben, denn der gesellschaftlich als dominant geltende Mann konnte seine Reinheit durch eine kontaminierte Frau verlieren. Hier verquicken sich die für sein Jahrhundert typischen Ängste vor der letztlich unbeherrschbaren Frau mit seinem Antisemitismus.

Parsifal bekommt die Chance, sich vom ahnungslosen Knaben zum gesalbten Gralskönig zu entwickeln, während Kundry als Handwerkszeug Klingsors fungiert. Dass er bereits als naiver Tor etwas Besonderes darstellt, wird bei seinem ersten Erscheinen deutlich. Hörner und Fagotte spielen sein Motiv, das mit seinem punktierten Rhythmus, der Triole und der auftaktigen Quarte Anklänge an Militärmärsche besitzt. Ähnliches findet sich im Soldatenmarsch von Robert Schumann aus dem *Album für die Jugend*, opus 68. Auch zum Krönungsmarsch aus Meyerbeers Oper *Der Prophet* gibt es Parallelen. Im Laufe des Geschehens wird das Motiv weitergesponnen und zeigt damit Parsifals Wandel vom Toren zum Gralskönig an. Wagner gestattet seiner Hauptfigur ein Entwicklungspotential, das sich musikalisch über die gesamte Oper ausbreitet. Parsifals nobles Motiv besteht aus Dreiklängen und geht zu Beginn aufwärts (Notenbeispiel 26), während Kundrys Motiv nach unten schießt und damit von vornherein Ungutes verheißt (Notenbeispiel 27).

26

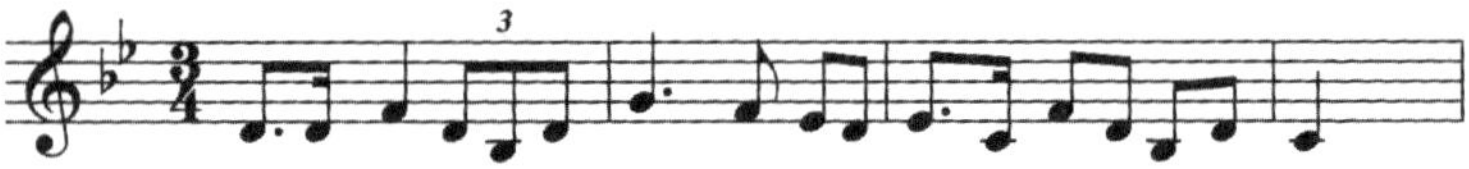

27

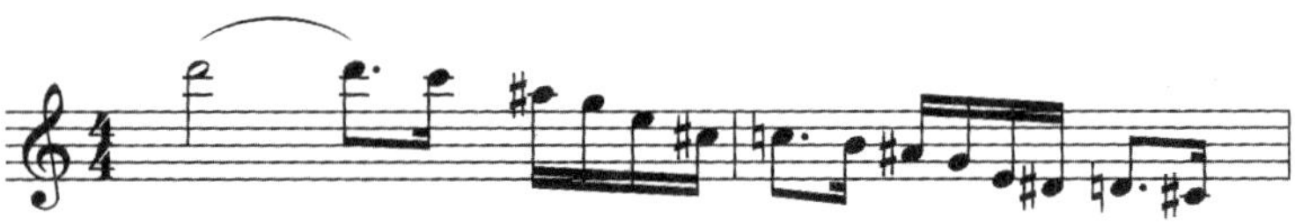

Bekanntlich drückt die Diatonik seit alters her »das Anfängliche, das dem Ursprung Nähere und harmonisch Reinere, dem Bereich des Göttlichen« Zugewandte aus.[16] Umgekehrt deutet die Chromatik auf allerlei Übles wie Schuld und Sünde hin. Musikalisch werden die beiden Welten deutlich polarisiert. Die Einleitung des Dramas beginnt mit dem nobel klingenden Abendmahlsmotiv im unisono der Streicher, die von Posaunen und Trompeten ergänzt werden, und die ersten Takte enden mit dem ätherischen Klang der Flöten. Der Eindruck des Würdevollen wird durch das Gralsmotiv fortgesetzt, das – von Blechbläsern feierlich intoniert und von gewichtigen Pausen unterbrochen – einem Choral ähnelt. Beide Motive streben aufwärts, was sie semantisch als positiv ausweist. Choralartig archaisierende, diatonisch und homophon gefestigte Instrumentengruppen, getragene Themen, klarer Aufbau, häufiger Gebrauch des schweren Blechs und bedeutungsvoll eingeschobene Pausen stellen die Welt des Glaubens, der Macht, der Geistigkeit und des göttlichen Herrschers dar. Obwohl es in der

Einleitung kein Personenmotiv gibt, sind Parsifal und Amfortas aufgrund ihres Geschlechts semantisch bereits einbezogen. Amfortas ist – dadurch, dass sein Leiden ästhetisch-musikalisch transzendiert und mit edlen Klängen dargestellt wird – von vornherein positiv gezeichnet.

Im Gegensatz dazu ist die Welt Kundrys und Klingsors mit allen musikalischen Mitteln des Bösen beschrieben. Als Kundry im ersten Akt angekündigt wird, erklingt ein harter, dissonanter Akkord und der Tritonus, das klassische Intervall der Angst und der Konflikte, ist zehnmal nacheinander zu hören. Das Hervorstechende ihres Themas, das »nahezu alle tragischen, verzweifelten oder konfliktgeladenen Situationen« beherrscht,[17] ist der aus dem Fortissimo über mehr als vier Oktaven herabgeschleuderte verminderte Septakkord. Es vermittelt ihren zerrissenen Charakter und wirkt wie ein Schrei. Substantiell verändert es sich trotz leichter Varianten und Verkürzungen nicht wie andere Motive der Oper. Kundry ist nicht entwicklungsfähig. Es fällt auf, dass das sogenannte Klingsormotiv (Notenbeispiel 28) ihr ebenfalls zugeordnet ist. Schon im ersten Akt, als Klingsor noch gar nicht in Erscheinung getreten ist, erklingt es im Zusammenhang mit ihr mehrmals. Sie ist damit stärker mit Klingsor und dem Bösen liiert, als der Text verrät.

28

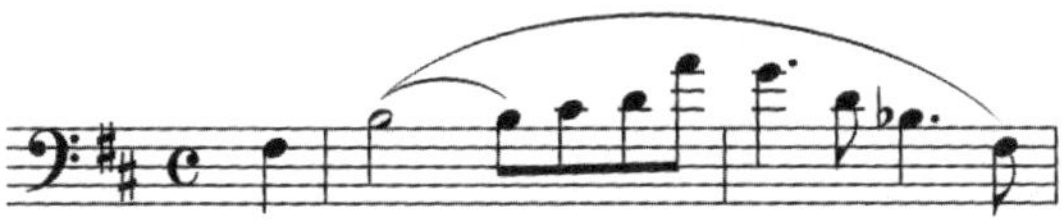

Auch in ihrer szenischen Darstellung zeigt sich die negative Zeichnung Kundrys. Sie reitet, fliegt, taumelt, schleppt sich am Boden entlang oder bewegt sich heftig am Boden, ist voller »wütender Unruhe«, mit Schlangenhäuten bekleidet und hat eine »tief braunrötliche« Haut, was auf ihren fremden Status hinweist. Wenn sie nicht gerade exzessive Bewegungen vollführt, liegt sie erstarrt, leblos und wie tot auf dem Boden. Vielfältige musikalische Mittel werden ausgereizt, um gehetzte und schrille Töne für ihr Auftreten zu erfinden. Extreme Intervallsprünge und rhythmische Zerrissenheit prägen ihren Gesang. Die

Laute, die sie von sich gibt, reichen vom »Urschrei« bis hin zum »bangen Wimmern«. Sie stößt »einen gräßlichen Schrei« aus, »läßt ein Klagegeheul, von größter Heftigkeit« vernehmen; sie singt »rauh und abgebrochen«, gibt abgerissene Fetzen ohne Zusammenhang von sich. Dies alles erinnert an Wagners verhängnisvollen Aufsatz über das Judentum in der Musik, wo ihn ein »zischender, schrillender, summsender und murksender Lautausdruck der jüdischen Sprechweise« unangenehm berührte. Kundry wie auch die Juden erfahren auf diese Weise eine aggressive Ausgrenzung.

Die Musik beschreibt Kundry trotz ihrer Bemühungen, Amfortas einen Balsam zu besorgen, als destabilisierende und böse Person. Ihr Motiv klingt bei Gurnemanz' Schilderung des Speerverlustes auf. Da dies auch als phallische Entmachtung zu sehen ist, ist sie die wahre Gegnerin. Als Gurnemanz im ersten Akt über Klingsor sagt, »schon viele hat er uns verdorben«, verdeutlicht die Verbindung des Klingsormotivs mit dem Kundrymotiv, dass die Frau am Verderben beteiligt ist. Bei ihrer ironischen Entgegnung auf die Kritik der Knappen im ersten Akt, »Sind die Tiere hier nicht heilig?«, wird das Gralsmotiv mit der Umkehrung des Kundrymotivs verbunden, was sie wiederum in die Nähe von Tieren rückt.

Die Gegensätze der Welt Klingsors, Kundrys und der Blumenmädchen, die weiblich konnotiert ist, zur männlichen Welt des Grals sind eklatant: Der Askese im elitären Männerbund steht die weibliche Sexualität gegenüber und die Mädchen werden als Prostituierte gezeigt. Die christlich-abendländische Gralswelt, eine Welt des Geistes, kontrastiert mit der exotisch-arabischen Welt der Sinnlichkeit, in der dämonische Triebhaftigkeit und Verderben lauern. Heiligkeit, Reinheit und Unsterblichkeit beim Anblick des Grals sind der männlichen Seite vorbehalten, während Kundry keinen Zugang zum Gral hat und sterben muss und die Blumenmädchen verwelken. Die Unterschiede sind auch auf musikalischer Ebene unübersehbar. Simplizität und Erhabenheit charakterisieren durch die Diatonik und den Verzicht auf Ornamentales den Helden und Anführer, während die Verworfenheit der sinnlichen Welt durch Chromatik und üppige Verzierungen ausgedrückt wird. Ruhiges Tempo, gleichmäßiger Rhythmus, die kirchenchoralartigen Klänge und die Durtonart des Gralsmotivs stehen der

Hektik und Zerrissenheit der musikalischen Darstellung Kundrys entgegen.

Ein weiteres Motiv, gemeinhin »Zaubermotiv« genannt, erklingt im zweiten Akt bei Klingsors Anrufung seiner und Kundrys früherer Existenzen. Ulrike Kienzle deutet es »als Chiffre für ihren erneut ins Dasein drängenden Lebenswillen«. Wagner bezeichnet aber die entsprechenden Takte als einen »Augenblick dämonischen Versenkens [...] welche den Kuß Kundry's begleiten und worin das tödliche, wie Gift sich schlängelnde Motiv der Liebessehnsucht vernichtend wirkt.«[18] Er verbindet mit diesem Motiv also weniger Kundrys Sehnsucht nach Erlösung als das Dämonische, den Tod und die Zerstörung und assoziiert es mit der Gefahr, verschlungen zu werden. Im Gegensatz zur Einleitung der Oper, wo man sich kontemplativ den feierlichen Klängen hingeben konnte, rauscht das Vorspiel zum zweiten Akt in raschem Tempo vorüber: Jetzt ist Kundrys Zeit als Verführerin gekommen. Sechsmal innerhalb der ersten fünfzig Takte hört man das Kundry- und das Zaubermotiv, was Hans-Joachim Bauer als »hysterische Wiederholungen einer Zauberformel« interpretiert, die Kundrys Charakter darstelle.[19] Häufig werden beide Motive verschmolzen. Das Zaubermotiv enthält übrigens Akkordketten, die fast alle einen Tritonus besitzen und damit das Bösartige mehrfach betonen. Das erinnert an Beethovens *Fidelio*, ein Werk, das Wagner bekanntlich verehrte und dessen zweiter Akt mit einer Aneinanderreihung von verminderten Septakkorden beginnt, um das Grauen des Verlieses darzustellen.

Während Parsifal sich in den Vorlagen von Chrétien de Troyes und Wolfram von Eschenbach im Laufe des Geschehens zum Wissenden wandelt, konzentriert Wagner den Moment des Erkennens auf den Kuss der Frau.[20] Parsifal erhält seinen Entwicklungsschub, indem er Kundry zurückweist. Die sogenannte »Liebessehnsucht« war somit ein rein sexuelles Begehren. Im Text zur Oper verwendet Wagner zahlreiche Begriffe, die im Zusammenhang mit der Sexualität stehen und negativ konnotiert sind. Man liest von böser Lust, Höllengrauen, Verlockung, Verderben, schrecklichster Triebe Höllendrang, sündigem Verlangen, Sündensucht und Schmachlüsternheit.

Dennoch »bestraft« Wagner seine einzige Frauengestalt nicht etwa mit einem beschränkten musikalischen Ausdruck. Sie ist zwar im ersten und letzten Akt gesanglich kaum präsent, dafür erhält sie im zweiten Akt gewaltige sängerische Aufgaben. Sie muss großintervallige Dissonanzschritte überwinden, muss schreien, lachen, weinen und den verschiedensten Affekten Ausdruck verleihen. Mit einer weich fließenden Melodik und in einem schlichten, wiegenliedhaften Sechsachteltakt erzählt sie von Parsifals Mutter Herzeleide, um dann in einen prophetenhaften Tonfall überzugehen. Nach ihrer Zurückweisung verwandelt sie sich in eine leidenschaftlich um Erlösung Flehende, um schließlich in völliger seelischer Auflösung einen rächenden Fluch auszustoßen. Ihre Macht versiegt, sie ist vernichtet und ihr letztes Aufbäumen ist vergeblich. Es sind gesanglich-technische Anforderungen höchster Art, die der Gestalt eine gewisse Großartigkeit verleihen.

Wie aber passt Klingsor in die weiblich konnotierte Welt? Wagner zeigt ihn musikalisch als nicht ernst zu nehmenden Mann. Sein Motiv erklingt beispielsweise nie in Kombination mit einem Blechblasinstrument. Dadurch, dass er seine Genitalien verstümmelt hat, ist er weiblich markiert. Er möchte mit Hilfe der sexuellen Dienstleistungen seiner Blumenmädchen und auch durch Kundrys erotische Fähigkeiten Macht erlangen. Die eigentliche Gefahr geht somit nicht wirklich von ihm aus – dieser Akt gehört den Frauen, zunächst den Blumenmädchen, danach Kundry. Jahre vor dem *Parsifal*, bei der Planung eines Opernstoffes über Manfred, den Sohn von König Friedrich II., war Wagner von einer Abbildung des Königs fasziniert gewesen, auf der dieser von seinem arabisch dominierten Hofe umgeben war, und auf der »namentlich singende und tanzende orientalische Frauengestalten lebhaft meine Phantasie fesselten«.[21] Die Blumenmädchen scheinen dieses Bild umzusetzen. Wie Edward Said in seinem vieldiskutierten Buch *Orientalism* darlegt, galt der Orient im 19. Jahrhundert als Projektionsfläche für Phantasien, wobei der Westen sich in der Rolle des männlichen Eroberers und Kolonisators sah und der Osten ihm als weiblicher Ort der Unterordnung und Unterwerfung diente.[22] Das Interesse am Orientalismus war zudem erotisch gefärbt. Der Garten Klingsors, der im exotisch-arabischen Stil ausgestattet ist, führt ein fremdländisches Element ein, das im Europa des ausgehenden 19. Jahrhunderts als Faszinosum und Schrecken zugleich galt. Was sich zunächst als eine Umschreibung weiblicher Natürlichkeit und Reinheit in

Blumenform darstellte, konnte sich in die schaurige Angst davor verwandeln, dass die Blumenblätter den Mann überwuchern und herunterziehen. Wagner versteht es jedoch – und darauf zielen seine Anweisungen über das Aussehen der Blumenmädchen hin –, musikalisch sich überlagernde Botschaften zu vermitteln, die letztlich das Reizend-Anmutige dieser schönen jungen Frauen betonen. In der Prosaskizze von 1875 sollten sie »die schönsten Frauen der Welt und aller Zeiten«[23] sein, obwohl Gurnemanz im ersten Akt von »teuflisch holden Frauen« spricht, die im »Wonnegarten« leben, was von einem Flötentriller begleitet wird. In Vorbereitung auf die Uraufführung schrieb Wagner der Sängerin Lilli Lehmann, dass er für die Szene »hübsche, schlank gewachsene Frauenzimmer«[24] benötige. Er war verärgert, als sein Bühnenbildner anstelle der von ihm selbst skizzierten poetisch-schlichten Blumenkelche als Gewand »unzüchtige Ballcostüme« vorschlug, »wie sie etwa der berühmte Frauenschneider Worth in Paris für den demimonde erfindet«. Er wollte keine »abgelebten Frauen«, der Kostümbildner habe die Blumenmädchen entgegen seinen Vorstellungen »wie Café chantants-Walküren« gestaltet.[25] Er spricht von dem »kindlich Naiven«, das sich vollkommen von dem »Element sinnlicher Verführung« abzusetzen habe. Immer wieder kehrte er zu diesem Thema zurück. Er sah die Blumenmädchen nicht als vulgäre Lebedamen, sondern als »Baumpflanzen«; dies habe ihm, so sagte er Cosima, die Melodie des Chores eingegeben. Damit meint er das betörende »Komm, holder Knabe« mit den orientalisch anmutenden Verzierungen, die aus der Welt von *Tausendundeiner Nacht* stammen könnten.

Während der sich ineinander verschlingende zwölfstimmige Gesang und die chromatisch abwärtsgleitenden Melodien sowie der Einsatz der Harfe einen berauschend-sinnlichen Eindruck vermitteln, symbolisieren der Dreivierteltakt und die einfachen Harmonien, die diese schlängelnden Melodien stützen, die spielerische Schlichtheit und Naturverbundenheit der Mädchenpflanzen. Sie verlangen nichts für ihre Liebesdienste. »Wir spielen nicht um Gold, wir spielen um Minnes Sold« singen sie und bitten Parsifal, den sie umstricken wollen: »Laß mich dir blühen! Holder Knabe, dir zu Wonn' und Labe gilt mein minniges Mühen!« Sie streiten sich um ihn, jede möchte seinen Mund küssen, ihm die Stirn kühlen, seine Wange fühlen – ein männlicher

Wunschtraum nimmt Gestalt an. Mit dem Bild der Blume entsteht die Vorstellung von naturhaft-unbedarften Geschöpfen und mit ihrer Weigerung, Geld für ihre Liebesdienste zu nehmen, wurde die Anrüchigkeit ihrer Angebote kaschiert. Das kindlich Naive sollte bei der Darstellung obwalten. Wagner wünschte, nichts offen Aufreizendes, Sinnliches darzustellen, weil die Musik das schon zu Genüge zum Ausdruck bringt. Durch diese Diskrepanz zwischen dem mädchenhaften Gebaren und den erotisierenden Klängen entstand eine Spannung, die den Hörgenuss erhöht.

Bei den Aufführungen in Bayreuth 1882 erschien Wagner häufig nur zum zweiten Akt, wovon Cosima berichtet: »Einzig die Blumenscene hört er ganz an, weil ihre vollende Aufführung ihn jedes Mal erfrischt.« Das hat zum einen sicher mit seiner Zuneigung zu einem der Blumenmädchen zu tun. Es zeigt aber auch, wie sehr er die Lebendigkeit und das Raffinement des zwölfstimmigen Satzes genoss und dass er damit die erotische Komponente der Oper vorzog, die weitaus reizvoller und kurzweiliger auskomponiert ist als die getragenen Partien, die mit dem Gral zusammenhängen. Als er »Komm, holder Knabe« gerade komponiert hatte, sagte er: »Im ersten Akt bin ich sehr sparsam mit sensitiven Intervallen gewesen, jetzt aber greife ich zu meinem alten Farbentopf.«[26]

Das Treffen zwischen Parsifal und Kundry – einem naiven Jüngling, der über das Leiden seiner Mutter aufgeklärt wird, und einem Vollweib, das ihn verführen will – gehört zu den zentralen Szenen des Werkes. An dieser Stelle wendet sich Parsifals Schicksal, da er sich vom reinen Toren in einen mitleidfähigen Anführer verwandelt. Kundry soll möglichst verführerisch aussehen und laut Regieanweisung im arabischen Stil gekleidet sein, was ihre Nähe zu den Blumenmädchen unterstreicht. Wagner beschreibt sie als »ein Weib von einer Schönheit, die furchtbar ist«[27], und obwohl der Begriff auch »angsterzeugend« bedeuten kann, wirkt er hier im Sinne von »großartig«, gibt der Rolle eine Kraft, die überzeugt. Der Dialog beginnt mit der Schilderung der Leiden von Parsifals Mutter: Der Schutz ihres Sohnes war ihre höchste Pflicht. Kundry beschreibt deren Zustand ausführlich: Sie hat »Wehe, Klage und Sorgen« bis zum Tod erlitten. Das Mutterbild ist, wie gewöhnlich bei Wagner, musikalisch gefühlig bis hin zur Sentimentalität ausgestaltet, aber auch leuchtend-warm; es strahlt mit der reduzierten Instrumentation aus Streichern und Holzbläsern Schutz und Zuneigung aus.

Kundry glaubt, durch eine sexuelle Vereinigung vom Fluch des Heilands erlöst zu werden, den sie einst verhöhnte. Aber Parsifal wehrt sich nach einem langen Kuss, wobei er die »Qual der Liebe« beklagt – ein von *Tristan und Isolde* her bekannter Begriff: »Wie alles schauert, bebt und zuckt in sündigem Verlangen!« Es ist eine phallische Phantasie, deren Qual einleuchtet, da Parsifal sich mit aller Macht der »Sünde« erwehren muss, während Kundry ihn weiterhin begehrt und alles tut, um ihn doch noch zu verführen. Ihre Lippe »zuckt«, ihre Locken »flattern«, sie schlingt ihren Arm um seinen Hals und »schmeichelt« seine Wange. Als Parsifal mit den Worten »Oh! Klage! Klage! Furchtbare Klage!« von ihr abrückt, verfolgt ihr Thema ihn in den Streichern, sie lässt nicht von ihm ab. Er nennt sie eine Verderberin und eine Frevlerin und wehrt sie mehrfach ab, da ihm klar wird, dass er dem Männerbund zugehörig ist und ihn nur anführen kann, wenn er abstinent bleibt. Es ist nicht nur ihre Sexualität, die ihn gefährdet, sondern sie ist als Wesen selbst sündig und muss »erlöst« werden. Dass Parsifal nur durch die Abwehr eines Kusses von einer Frau (und vermutlich auch einer Jüdin) dem reinen Blut Jesu dienen kann, zeigt die doppelte Ausgrenzung sowohl der Frau als auch des Andersrassigen. Als Symbol des ewigen Juden, aber auch der stereotypen »femme fatale«, die Männer in den Abgrund zu ziehen vermag, findet Kundry nach ihrer Taufe, die vom »Vernichtungsklang der Pauke«[28] begleitet wird, die Erlösung erst im Tod. Diese Erklärung – Kundry als Prototyp der Frau, die Macht über Männer erlangt und sie dadurch demütigt – ist in Richards Brief an Mathilde Wesendonck von 1859 erhalten, in dem er die mangelnde Erlösungsfähigkeit Amfortas' mit seiner eigenen, unerlösten Liebe zu Mathilde vergleicht: »Die Speerwunde, und wohl noch eine andre – im Herzen, kennt der Arme in seinen fürchterlichen Schmerzen keine andre Sehnsucht, als die zu sterben«.[29] Damit setzt er die Speerwunde mit einer durch eine Frau verursachten Wunde gleich. Kundry muss wegen ihrer Macht über die sexuelle Erfüllung bestraft werden.

Im letzten Akt verstummt Kundry; außer dem einen Wort »dienen … dienen«, spricht sie nichts mehr. Nach ihrem Schrei zu Beginn verschwindet der dissonante verminderte Septakkord, da sie sich in eine geläuterte Büßerin verwandelt hat. Sie wäscht Parsifal die Füße, salbt sie und trocknet sie mit ihren Haaren, muss sich also tief bücken. Gurnemanz darf hingegen Parsifals Haupt salben. Der vornehm-edle Duktus der Begleitung bezeugt zugleich die Verbannung von Klingsors und Kundrys Zauberwelt. Parsifal erinnert sich an die Blumenmädchen, die ihn »süchtig umrankten«, wobei er das Verführungspotential in bewährter Manier den Frauen zuordnet. Die erotisch anziehende Frau liegt nun starr auf dem Boden. Selten wurde das Weibliche so radikal abgefertigt. Im Gegensatz dazu tritt Parsifal in eine anmutige Frühlingsgegend: »Wie dünkt mich doch die Aue so schön!« Es erklingt ein verklärt-inniges Musikstück und die schöne, sonnendurchflutete Natur entsteht durch einen Streicherteppich und Verzierungen durch die Holzbläser – mit solchen Instrumenten werden bei Wagner stets »gute«, also sich für den Mann aufopfernde Frauen musikalisch charakterisiert. Das Verschwinden des schwülen Exotengartens und die Sicht auf die schöne Blumenwiese erinnern an den Aufstieg Tannhäusers aus der sinnlich-erotischen Höhle der Venus in die leuchtende Welt der Natur und der (männlich geleiteten) Normalität. Während aber Tannhäuser sich gerne an die Unterwelt erinnerte, ist sie hier unwiderruflich vernichtet.

Parsifal wird der Rittermantel angelegt und er schreitet zum Gral. Der Marsch bildet mit seinem schweren Blech und der sich steigernden, großartigen Anlage den Siegeszug in einer Welt, wo nur Männer leben. Bei seiner Salbung zum Gralskönig wird das würdevolle Motiv auf über fünfzehn Takte verlängert und mit allen dynamischen Schattierungen ausgestattet, womit die Entwicklung vom jungen, unerfahrenen Jüngling zum legitimierten Herrscher nachgezeichnet und positiv aufgeladen wird. Nachdem Parsifal zum Schluss die Herrschaft ergriffen hat, steigert sich das mit ihm besonders verbundene Abendmahlsthema. Celli und Posaunen kommen hinzu, wodurch das Motiv noch sonorer klingt. Die Machtübernahme ist mit zahlreichen musikalischen Aufwärtsbewegungen versehen – der Held ist glanzvoll an seinen Platz gelangt. Der Aufstieg bedeutet nicht nur eine allgemeine Lebensbejahung, sondern er steht in krassem Gegensatz zu Kundrys ins Bodenlose abstürzendem, chromatischem Motiv. Auch die Instrumentation ist geschlechtsspezifisch eingesetzt. Während Kundry weitgehend durch den Streicherklang dargestellt wird, ist das Parsifalmotiv überwiegend mit strahlenden Blechblasklängen ausgestattet, die salbungsvoll-pathetisch einherschreiten und majestätische Feierlichkeit verströmen.

Es gibt kaum einen größeren Kontrast als den zwischen Kundry, die in destruktiver Weise das männliche Subjekt zu umstricken und zu verschlingen droht, und der um geistige Führung ringenden, männerbündischen Welt. Die demütig sich Fügende erhält zwar Zutritt zum Tempel, aber mit ihrem Akt der Unterwerfung ist ihr Wille gebrochen und die von ihr ausgehende Gefahr gebannt. Mit ihrer »Entseelung« bestätigt Wagner die alte Gleichsetzung von Weiblichkeit mit Tod und Leid, die der westlichen Kultur eingeschrieben ist und bis heute in Kunst, Literatur und Film vorherrscht. Sie gerät »zur unendlichen Projektionsfläche, mittels derer das männliche Subjekt den Tod gleichzeitig verdrängen und artikulieren kann«.[30] Es geht aber um mehr, nämlich um die Zuordnung des Sündigen zu einem ganzen Geschlecht. Parsifal empfindet seinen Sexualtrieb als etwas Zerstörerisches und tötet ihn ab, indem er ihn auf Kundry projiziert und damit Frau und Trieb gleichsetzt. So kann der phallische Speer wiedergewonnen werden, der Mann wird als Anwalt des Geistigen bestätigt, die Frau dem Bereich des Instinkthaften zugeordnet.

Frauen wie Juden als Außenstehende zu behandeln, diente dem Bürgertum im 19. Jahrhundert als entlastende Strategie und verstärkte das Gefühl der eigenen Überlegenheit. Kundrys Tod soll den Traum von einer Erneuerung der eigenen Reinheit auf Kosten der Frauen erfüllen. Jost Hermand sieht das obsessive Streben nach Reinheit sogar als Grundelement der Oper, wobei Wagners Vegetarismus eine große Rolle spielt. Den Verzehr von Fleisch betrachtete er als unrein, und in *Religion und Kunst* gab er diesem die Schuld daran, dass die christliche Religion und die Kirche dem Niedergang geweiht seien. Dies zeigt sich in der Figur Parsifals, die den Priester ersetzt. Reinheit gilt aber vor allem für sexuelle Belange. Die Weigerung Parsifals, mit Kundry sexuell zu verkehren, resultiert aus der Vorstellung vom geschlechtlich gesunden Körper, die in zahlreichen Fachbüchern kursierte. Sexuelle Abstinenz sollte vor rassischer Verunreinigung durch Juden und vor der sexuellen Potenz der Frau schützen. Aber auch die

These, wonach die zu Wagners Zeiten grassierende Syphilis den Komponisten zur Verteufelung sexueller Aktivitäten motivierte,[31] hat ihre Berechtigung. In jedem Fall wurde die Sexualität verdammt.

In Diskursen des 19. Jahrhunderts verlagerte sich diese Sorge auf die Sorge um den Gattungskörper. Parsifals Askese sollte zeigen, wie man sich von den Gefahren der Krankheit und Degeneration befreien konnte. Damals wurde dem Bürgertum gepredigt, die Frau werde von ihrer Gebärmutter als dem zentralen Organ des weiblichen Körpers beherrscht; der Mann galt infolge seiner geistigen Fähigkeiten als prädestiniert, die weiblichen Nervenreize zu bändigen und die Frau der Vernunft zuzuführen. Prostituierte waren wegen ihrer angeblich zerstörerischen erotischen Energie gefürchtet, wurden in Bordelle verwiesen und scharf kontrolliert. Der Gral als Hort des Männerbundes ist damit zugleich der Hort des Gesunden und Reinen – Wagner bestätigt damit erneut die Überlegenheit des männlichen Geschlechts auf Kosten der Frau, die von den Gralsrittern wie selbstverständlich als »wildes Tier« gehalten wird und stellvertretend für das Abweichende steht.

»Nur wer vor den Verlockungen der Sinneslust sich bewahrt, erhält sich die Kraft des Segens des Grales: nur dem Keuschen offenbart sich die beseligende Macht des Heiligthumes«, schreibt Wagner in seinem Prosaentwurf.[32] Dennoch: Der Komponist hielt selbst wenig von Askese. Bei der Lektüre von William Leckys *Sittengeschiche Europas* war er voller Sympathie für dessen Auffassung, erzwungene Keuschheit führe zu Grausamkeitsexzessen.[33] Selbst Cosima witzelte darüber: Als Richard sie einmal scherzhaft fragte, ob sie nicht ein wenig Askese treiben wolle, antwortete sie: »lieber Käse«, da sie gerade auf der Suche nach gutem Käse für ihn war. Und er scherzte einmal, Cosima würde in Tribschen gerne eine »Entsagungs-Wirtschaft« einführen.[34] Er selber wollte keine Askese betreiben, phantasierte sich aber Frauen herbei, die Asexualität vertraten. Als Beispiel für eine ideale Frau erschien ihm Maria, die, wie er in seinem Aufsatz *Religion und Kunst* ausführt, »dadurch göttlich ward, daß sie gegen alle Natur den Sohn als reine Jungfrau, ohne menschliche Empfängniß, gebar«. Sie war für ihn der Inbegriff der »jeder Sinnlichkeit abgewandten geistigen Schönheit« und er sah in ihr »die jeder Möglichkeit des Wissens der Unkeuschheit enthobene göttliche Liebe«. Da es ihm nicht um die generelle Forderung nach Enthaltsamkeit, sondern um den Sieg des Männerbündischen ging, erträumte er sich keusche Frauen, weil sie die Männer nicht gefährdeten.

Seit der Uraufführung von 1883 wurde am *Parsifal* immer wieder die poetische Atmosphäre des Feierlich-Religiösen hervorgehoben, der sakrale Pomp, den Wagner mit Hilfe seiner raffiniert-einfachen Klänge herbeizaubert. Man verglich in den ersten Aufführungen das Festspielhaus mit einem Gralstempel. Die Inbrunst der vor dem Gral knienden Ritter, die Vermengung der äußerst zurückgenommenen Knabenstimmen mit den Glockenschlägen, das alles erzielt eine rührende und bewegende Wirkung. Die Musik ist um ihrer selbst willen da und damit weit entfernt von der Unterhaltungsfunktion kommerziell ausgerichteter Veranstaltungen. Sie vermittelt dem Publikum den Eindruck, an einer würdevollen Festlichkeit teilzunehmen und damit Zugang zu Höherem zu erlangen. Die Komplexität der Partitur, die sich durch die Aufspaltung in kleinste Motive und deren Vernetzung in verschiedensten Variationen auszeichnet, macht mitsamt der ausgeklügelten Instrumentation und dem dadurch hervorgerufenen Klangzauber das Zuhören zu einem reizvollen, ja überwältigenden Erlebnis. Verdrängt wird dabei, dass man ergriffen auf eine Bühne voller Männer schaut, die das geistige Prinzip vermitteln, die den Griff zum Göttlichen wagen, denen Kulthandlungen zustehen und von denen Andacht, Erhabenheit und Erbauung ausgehen. Es sind Männer, die die Sündhaftigkeit des eigenen Begehrens der Frau überantworten können. Cosima glaubte tatsächlich daran. Nach einer Probe zum *Parsifal* schrieb sie erschüttert: »Ich glaube, daß es der göttliche Wille war, daß er [Richard] seine Kunst bis zu diesem Ausdruck verklärte.«[35] Dieses Gefühl, auf einer höheren Stufe zu stehen, gilt nicht nur dem Komponisten, sondern wird im *Parsifal* ausdrücklich auf die gesamte Männerwelt bezogen: Sie sollte hier die Legitimation für ihre geistige und weltliche Dominanz erhalten.

Die Sekundärliteratur zu *Parsifal* hat diesen »Nebeneffekt« nicht erkannt und noch heute wird er verleugnet oder übergangen. Wieland Wagner behauptete, Parsifal würde in die »mütterliche Gralsgemeinschaft« eingehen – eine seltsame Annahme, wo doch weit und breit keine Frau zu entdecken ist. Im Bild eines Kreuzes, das er zur Vorbereitung einer Inszenierung entwarf, stellt er die »sündige Natur« der Frau gegen den »gefallenen Geist« des Mannes[36] und reproduziert damit das alte Muster, anstatt es aufzuheben. Die Natur wird als unveränderlich dargestellt, während ein gefallener Geist sich wieder aufrichten kann. Apologetische Deutungen bestreiten sogar, dass in der Gegenüberstellung von keuschen Rittern und Kundry gar eine Frauen- und Sinnenfeindschaft vorliege. Udo Bermbach sieht darin eher die Befürwortung der Zivilisationsthese, wonach die Sublimierung von Trieben »eine unverzichtbare Voraussetzung für Kultur schlechthin [ist] und für kulturelle Hochleistungen« steht.[37] Diese von Freud entwickelte These mag ihre Berechtigung haben; wenn sie aber hierauf angewendet wird, kann das nur wie Ironie wirken. Fast alle von Männern geschaffenen Werke entstehen mit Hilfe einer Frau, die im Hintergrund für die materielle Basis sorgt, sexuelle Dienste leistet und als Gesprächspartnerin auch inhaltlich-kreativ am Entstehen des Werkes beteiligt ist.[38]

Eine weitere These sieht in dem von der Gralsgemeinschaft ausgehenden Verbot sexueller Lust den noblen Verzicht des Individuums auf die Befriedigung egoistischer Wünsche, um für eine bessere Gesellschaft zu streiten.[39] Eine solche Interpretation ermöglicht es, den ethischen Sinn der Oper auch auf heutige Zeiten zu übertragen, vergisst jedoch, dass Frauen aufgrund des Keuschheitsgelübdes und der Verteufelung ihrer Sexualität ausgegrenzt werden. Amfortas trägt als Folge seines Sexualverkehrs eine schwere Wunde davon, Klingsor entmannt sich aus Furcht vor seiner ungezügelten Triebenergie und die Ritter sind in ständiger Gefahr, von den Blumenmädchen verführt und in Klingsors Reich eingegliedert zu werden. Die weibliche Sexualität gilt demnach als Metapher für die schlimmsten Übel der Welt.

Auch die Ansicht, wonach »die Sünde, die als Metapher für die Hingabe an den Geschlechtstrieb das Werk durchzieht, sich nicht aus Prüderie speist, sondern aus der Willensverneinung aus Pessimismus«[40], ist nicht einleuchtend: Warum hätte Wagner als Beispiel für Willensverneinung ausgerechnet die sexuelle Abstinenz wählen sollen? Er war selbst ein sexuell aktiver Ehemann. Cosima bekannte 1870 kurz nach der Eheschließung: »Von mir ist jede Leidenschaftlichkeit der Liebe gewichen; bei R. waltet sie noch.«[41] Wenn ferner behauptet wird, dass die Absage an die geschlechtliche Liebe zum Grundbestand der *Parsifal*-Konzeption gehört,[42] sollte bedacht werden, dass Wagner in erster

Linie der von der Frau ausgehenden Sexualität den Kampf ansagt. Die Männer sind Opfer der weiblichen Verführung, aber ihr Leiden kann geheilt werden, wie es Amfortas erfährt. Die Frau als Verursacherin muss jedoch bestraft werden. Simon Williams gehört zu den wenigen, die dies aussprechen: »In Wagners früheren Werken, mit Ausnahme der *Meistersinger*, findet die utopische Vereinigung des Individuums mit der Welt als Folge des Todes des Helden und des Selbstopfers der erlösenden Frau statt. Nun aber, in seinem letzten Werk, stirbt die Frau, aber der Held bleibt am Leben. Die Rolle der Frau als Liebesfähige und Mitleidende ist überflüssig geworden, und der männliche Held, jetzt zum Messias gewandelt, ist sich selbst genug.«[43]

Wagner stellt in seinem Werk drei große Postulate auf, wobei man nicht spüren soll, dass er damit eigene Ziele verfolgt. Die Frau muss dem Mann dienen (dem Künstler Wagner), die Kunst (Wagners Schaffen) erhält einen sakralen Anstrich und schließlich ist der Künstler selbst eine Art Messias. Es wäre unschicklich gewesen, diese Dinge laut zu verkünden, da er um deren Brisanz wusste, aber er arbeitete in seinem Werk darauf hin und sein Plan ging auf. Er »weihte« seine Oper, indem er sie als Bühnenweihfestspiel adelte. Das gibt ihr eine höhere Aura, die sie über die gängigen Opern hinaushebt. Er verfügte, dass das Stück nur in Bayreuth aufzuführen sei, es dürfe keinem anderen Theater »zum Amusement dargeboten werden«.[44] Auch wenn Wagner in der Nachfolge Schellings an die reine Wahrheit der Kunst glaubte, darf man getrost auch persönliche Motive darin vermuten.

Kurz vor seinem Tod befasste Wagner sich wieder einmal mit dem »Verfall der menschlichen Racen«, bezeichnete die Monogamie als kulturelle Leistung und die Ehe als »Bildnerin der edlen Racen«. Er behauptete, dass sich die Rassen nur durch die Ehe in der Zeugung veredeln konnten und plädierte für die Monogamie, damit es keine Vermischung gebe und »bedeutende Individuen entstehen können«. Dem heroischen, genialen Mann galt seine Sorge. Es war neben der Angst vor den Juden wieder die Angst vor der Promiskuität und vor dem begehrenden Weib, die ihn umtrieb. »Gewiß ist, daß die edelste weiße Race in Sage und Geschichte bei ihrem ersten Erscheinen monogamisch auftritt, als Eroberer durch polygamische Vermischung mit den Unterworfenen sofort aber ihrem Verderben entgegen geht.« In einer

Fußnote findet man die Notiz: »Idealität des Mannes – Naturalität des Weibes – (Buddha) – nun – Entartung des Mannes«.[45] Für ihn blieb die Frau eine Naturkraft, während der Mann zum Idealen hinstrebte. Gerade diesen zwei großen Themen, der Reinhaltung der »Rasse« und der Verurteilung der promiskuitiven Frau widmete er seine letzten schriftlichen Worte. Er war zufrieden darüber, dass seine Oper so gut zu den Überzeugungen der Bayreuther Ideologen passte, und sagte: »Es ist doch sehr merkwürdig, daß ich mir dieses Werk für die höchste Reife hab erspart; ich weiß, was ich weiß und was darin ist; und es kann die neue Schule, Wolzogen u. a., sich daran halten.«[46] Von hier aus führt eine direkte Linie zu den Nationalsozialisten. Der Nazi-Renegat Hermann Rauschning legte Adolf Hitler folgende Worte in den Mund: »Nicht die christlich-schopenhauersche Mitleidsreligion wird [in *Parsifal*] verherrlicht, sondern das reine, adlige Blut, das in seiner Reinheit zu hüten und zu verherrlichen sich die Brüderschaft der Wissenden zusammengefunden hat. [...] Wir alle leiden an dem Siechtum des gemischten, verdorbenen Blutes. Wie können wir uns reinigen und sühnen? Merken Sie, daß das Mitleid, durch das man wissend wird, nur dem innerlich Verdorbenen, dem Zwiespältigen gilt. Und daß dieses Mitleid nur eine Handlung kennt, den Kranken sterben zu lassen. Das ewige Leben, das der Gral verleiht, gilt nur den wirklich Reinen, Adligen! [...] Nur das Harte und Männliche wird Bestand haben.«[47] Rauschning erkannte somit eine ideologische Verbindungslinie zwischen der Abspaltung des Verdorbenen und dem Fortbestand des Harten und Männlichen.

Anstatt sich mit fruchtlosen Debatten darüber aufzuhalten, ob der Antisemitismus nur ein Nebenschauplatz für Wagner war, wie manche Bayreuther Apologeten nicht müde werden zu betonen, oder ob – wie radikale Gegenpositionen es vertreten – der Komponist von diesem Thema obsessiv besetzt war, wäre es sinnvoller, danach zu fragen, wie man heute, im 21. Jahrhundert, mit einem Werk wie dem *Parsifal* samt seinem einzigartigen Klangzauber umgehen kann. Die spirituell aufgeladene Musik ist wunderbar anzuhören, aber der Preis, den der Komponist für die Vergöttlichung des weißen Helden verlangt, ist hoch. Heute, im 21. Jahrhundert, ist die Fähigkeit, warmherzig zu lieben, immer noch den Frauen überantwortet, die seit Menschengedenken Kinder gebären und aufziehen. Freilich nicht im Sinne Kundrys als »Dienende«, sondern als gleichberechtigte Menschen. Freiwillige Askese – ob im Sexuellen oder in anderen Lebensbereichen – sollte nicht zu einer Aussperrung von Frauen und damit ihrer Verteufelung als Schuldige führen. Ebenso wenig ist nachvollziehbar, was Wagner mit seiner Mitleidsethik eigentlich meinte – er, der sich einmal wünschte, andere in Opernhäusern verbrennen zu sehen, aber in Tränen ausbrach, wenn er ein leidendes Tier sah. Beckmesser erlebt in den *Meistersingern* ein geradezu albtraumhaftes, traumatisches Scheitern, das keine Spur von Mitleid seitens des Komponisten trägt, sondern im Gegenteil von Häme trieft. Mime, der im *Ring* immerhin einen Jungen adoptierte und großzog, wird als ekelhaft-abstoßend dargestellt. Gerade Frauen, die als Mütter die Ausübung von Empathie erlernen und die er als Mütter auch verehrt, entfernt Wagner aus dem geistig-spirituellen Milieu und degradiert sie zu gefährlichen Instinktwesen. Parsifal wird wissend, Kundry bleibt als Dienende untergeordnet und unterlegen.

Zukunftsweisend wäre die Propagierung einer Spiritualität, die die Sinnlichkeit einschließt, wie dies beispielsweise Malerinnen wie Georgia O'Keeffe, Niki de Saint Phalle, Frida Kahlo, Louise Bourgeois und andere in ihrer Kunst vermitteln. Es ist sicherlich kein Zufall, dass viele Künstlerinnen dem Körperlichen positiv gegenüberstehen und den christlich-platonischen Dualismus von Geist und Körper ablehnen. Ohne einer weiblichen Ästhetik das Wort reden zu wollen, kann es keinen Zweifel daran geben, dass der künstliche Gegensatz von Geist und Körper männlichen Interessen diente und noch dient. Ideologien bestehen aus einer einseitigen Wahrnehmung bzw. Prägung der Realität, und diese ist noch immer weitgehend gegen die Bedürfnisse von Frauen gerichtet. Das dualistisch-autoritäre Denken, das Wagners Werk prägt, führt in einen Machtdiskurs hinein, der von Gegensätzen geprägt ist, die sich gegenseitig ausschließen und insofern keinen Ausweg bieten. Die Musik trägt unterschwellig dazu bei, diese Aporie zu legitimieren.

Nachspiel

Heute weiß man, dass es keine statische geschlechtliche Identität gibt; sie wird weitgehend aus den Geschlechterrollen abgeleitet, die Mädchen und Jungen nach der Geburt auferlegt werden und nach denen sie sich zu verhalten haben. In Wagners Vorstellungswelt war das Geschlecht jedoch etwas Feststehendes, das ontologisch vorbestimmt und mit einem stabilen Zentrum (dem »Ich«) ausgestattet war. Insofern schien es ihm folgerichtig, Männern und Frauen bestimmte Eigenschaften zuzuordnen und die binären Bilder und Vorstellungen durchdringen sein Denken, seine Schriften und seine Musik. Dabei handelt es sich keineswegs um oberflächliche Erscheinungen. Vielmehr sind die Prägungen von Geschlechtscharakteren und getrennten Tätigkeitsfeldern so tief in der Musik verwurzelt, dass sie für das Verständnis der westlichen Musik allgemein, besonders aber auch für die Wagner-Rezeption von großer Bedeutung sind. Seine Musiksprache wird jedoch noch immer als frei von Geschlechtercodierungen wahrgenommen und sein Liebesbegriff undifferenziert auf beide Geschlechter angewandt.

Das männliche Prinzip besitzt einen gehobenen Status. Die Männer sind gemeinhin für staatstragende Belange und gesellschaftliche Einflusssphären zuständig. Als der Lenker, Denker und humane Vermittler Hans Sachs auf der Festwiese zum Helden erklärt wird, gilt dies ebenso seinen Leistungen wie seinem Geschlecht. Das Paradigma des Künstlers als Inbegriff männlicher Autorität, als Leitfigur und gütiger Anführer des Volkes wird von Wagner ausgebaut und gefestigt. Wotans Speer ist das Symbol seiner Kraft und Autorität und damit zugleich seiner Männlichkeit. Er herrscht als Gott der Götter und wird ebenso wie Lohengrin und Parsifal musikalisch würdevoll dargestellt. Siegfried erhält zahlreiche Motive, die alle positiv konnotiert sind. Männer vertreten die Öffentlichkeit aus der Sicht der Herrschenden, was ein großartiges musikalisches Gepränge verursacht. Choralartige Klänge, Blechbläser, großes Orchester, häufig auch Diatonik und Dreiklangsbrechungen kennzeichnen ihre Welt. Die bombastischen Kampfszenen im *Rienzi*, die Gralsritter als eine Bruderschaft im *Parsifal*, Tannhäusers Ritterfreunde, die einem geistigen Ideal huldigen und die ausschließlich männliche Pilgerschar, die sich mit religiös-moralischen Fragen beschäftigt, die Meistersinger in der gleichnamigen Oper – die Musik segnet sie alle ab, stattet sie mit Seriosität und Prestige aus, selbst wenn sie auf der Bühne scheitern. Die im *Lohengrin* dargestellte Welt der Grafen, Edlen und Soldaten, die von Trompetenfanfaren und festlichen Hörner- und Posaunenklängen umrahmt wird, zeigt einen Raum von männlicher Befehlsgewalt, stellvertretend für die patriarchale Ordnung, die als legitim, als geradezu natürlich vorausgesetzt wird. Dass es sich bei den Vertretern dieser Ordnung nicht nur um Herrscher und Helden handeln muss, zeigt der Trompetenklang, der Walther in den *Meistersingern* veredelt, wenn er vortritt, um sein Preislied zu singen. Die Attribute »natürlicher« Dominanz gehen im Lauf der Zeit auf den bürgerlichen Mann über.

Immer wieder wird die Diatonik als das Anfängliche, das dem Ursprung Nähere und harmonisch Reinere, dem Bereich des Göttlichen zugeordnet[1] – vor allem im Spätwerk *Parsifal* mit der Erhebung des Protagonisten zum Messias. Das weist dem Mann den Geist, die Rationalität, das bewusste Handeln zu. In diesem Punkt überlagert die Musik zuweilen sogar die Handlung. Wagner betrachtet Wotan zwar kritisch, die ihm zugeordnete Musik jedoch zweifelt seine natürliche

Dominanz niemals an. Das zeigt sich vor allem darin, dass das edle, monumentale Walhallmotiv, vorzugsweise von würdevoll klingenden Posaunen gespielt, neben der prächtigen Burg auch den Gott Wotan beschreibt, was in der selektiv vorgehenden Musikforschung noch nie problematisiert wurde. Auf die Frauenfiguren trifft das Gleiche in umgekehrter Richtung zu: Ihnen ist das Defizitäre eingeschrieben. Wagner bewerkstelligt dies auf ungeahnte Weise, indem er die Tradition der Affekte gezielt einsetzt und fortführt. Die Filmmusikkomponisten, die dies Jahrzehnte später ihrem Schaffen einverleibten, wussten genau, dass das Publikum die Bedeutung der musikalischen Affektsprache erfassen würde.

Es gibt jedoch Ausnahmen von diesem Schema, bei denen das biologische Geschlecht der musikalischen Charakterisierung und polarisierenden Typenhaftigkeit entgegensteht: Erik im *Holländer* passt ebenso wenig zu dem typischen Männerbild wie Siegmund, der zwar von seinem Vater mit den Insignien übergroßer Kraft ausgestattet wird, sich aber am Schluss gegen das Leben als Held und für das Sterben mit seiner Geliebten entscheidet. Beide werden dafür bestraft, dass sie sich dem kernigen Mannsein verweigern und Alternativen aufzeigen, die sie mit der weiblichen »Wesensart« verbinden.

In der musikalischen Zeichnung der Geschlechter erhält die Instrumentation eine tragende Rolle. Während der Trompetenklang der dynamischen Tat, dem Entschluss, dem kreativen Geist und der Idee zugeordnet ist, vermitteln die Violinen menschliche Wärme und Emotion. Die Holzblasinstrumente gelten als Ausdruck weiblicher Innerlichkeit. Die Oboe beschreibt Elisabeths Charakterzüge ebenso, wie sie Elsa zugeordnet ist: Beide Male betont Wagner durch die Wahl des Instruments die Tugend, den Liebreiz und die Demut der Frauen. Auch die opferbereite Senta wird häufig durch die Oboe gekennzeichnet. Die Klarinette ist mit ihrer Fähigkeit des an- und abschwellenden Tones wie bei Mozart zudem das Instrument der Intuition und Erotik, zugleich der Triebhaftigkeit, sodass die Verführungskunst der Venus beispielsweise durch die Klarinette betont wird. Wagner betreibt eine Feminisierung der Holzblasinstrumente; er versieht die Oboe und das Englischhorn mit dem Ausdrucksbereich des Leidens und führt durch deren häufigen Einsatz zur Charakterisierung von Frauengestalten damit Eigenschaften ein, die für das damalige Bild der Weiblichkeit typisch waren. Gemeinsam mit der Harfe zeigen diese Instrumente als die klassischen »Liebes«instrumente, was der Lebensinhalt für Frauen zu sein hat. Es ist also nichts Ungewöhnliches, wenn Sieglinde durch die Klarinette und Siegmund durch den Violoncelloklang, oder Eva während der Fermaten des Kirchenchorals durch Oboe und Klarinette, ihr Geliebter Walther durch Viola und Violoncello charakterisiert werden. Schließlich hat auch in der Malerei die Verwendung unterschiedlicher Farbtöne für männliche und weibliche Körper eine lange kunstgeschichtliche Tradition. Eine deutlichere Wertung ergibt sich im melodischen Bereich: Nicht zufällig laufen die beiden Motive Evas abwärts, sie signalisieren damit weibliche Schwäche im Gegensatz zum Motiv der Meistersinger, das trotz der Abwärtsquart zu Beginn insgesamt nach oben strebt und sich bedeutungsvoll gibt, was die großangelegte Instrumentation und die dadurch erzeugte feierliche Aura noch verstärkt. Im *Ring des Nibelungen* wird die absteigende Septe im Erlösungs-, Brünnhilde- und Freiamotiv benutzt, um die weibliche Liebesfähigkeit zu beschreiben. Solche Abwärtssprünge sind in der Affektentradition semantisch mit Leid aufgeladen. »Die Frau ist gesundheitsmäßig krank« – dieser Ausspruch eines Arztes aus dem 19. Jahrhundert, der das Weibliche von vornherein brandmarkt, würde hierzu passen.

Wagner zufolge verkörpert die Frau die Liebe selbst, aber sie steht auch für die Gefahr des Untergangs. Was sich im Venusberg abspielt, ist ebenso weiblich konnotiert wie Isoldes Unterwelt der Sexualität: Durch die glühenden Klänge, die üppige Instrumentation, die dissonanzreiche Harmonik wird deutlich gemacht, dass ein grenzenloses Untertauchen in die Welt der Erotik für den Mann mit der Aufgabe von Werten wie Treue, Ehre und Tugend einhergeht und schließlich mit dem Tod enden kann. Das verträgt sich nicht mit seiner Identität. Die Welt der Nacht gehört der Frau. Ortruds Boshaftigkeit wird durch verminderte Septakkorde, Streichertremoli, gestopfte Blechbläserklänge sowie den Einsatz der tiefsten Instrumente geprägt. Bei den Blumenmädchen im Zaubergarten, die mit den Nymphen und Sirenen des Venusberges verwandt sind, drückt sich die Sinnlichkeit in der schlängelnden, abwärtsgleitenden Chromatik aus. Die Fleischeslust, der Wagner im Leben doch durchaus anhing, wird als sündig verteufelt und damit auch das Weibliche, das den Mann ständig reizt und aufstachelt.

Wagners Frauenbild umfasst Widersprüchliches. Einerseits werden Konflikte empathisch aus der Sicht der Frauen dargestellt, so etwa, wenn er die gescheiterte Ehe und die Verzweiflung Sieglindes oder die Situation der geschändeten Brünnhilde schildert und damit für sie Partei ergreift. Andererseits findet es sein Wohlgefallen, wenn Frauen sich ausschließlich an den Mann binden und kein Eigenleben haben, wie es bei Senta, Elisabeth und Elsa der Fall ist. Er verurteilt mit Ortrud die Frauen, die eigene Interessen verfolgen und kritisiert mit Fricka diejenigen, die den Mann zur sittlichen Ordnung rufen. Mit der Figur der Kundry übernimmt er die zu seinen Lebzeiten propagierte Spaltung der Frau in gut und böse. Die Gegensätze lassen sich an der Gegenüberstellung von Brünnhilde und Kundry noch schärfer benennen: Die eine erkennt, was selbstlose Liebe bedeutet, die andere wird aus dem heiligen Ritual ausgeschlossen, wobei der Männerbund als Hort des Geistes dies legitimiert.

Wagners Eingriffe in die Vorlagen lassen ebenfalls Rückschlüsse auf sein Geschlechterbild zu. So weitet er die Tatsache, dass Amfortas' Leiden im *Parsifal* durch sexuelle Aktivitäten hervorgerufen wurde und seine Gralsritter im Zölibat leben, zum zentralen Thema der Oper aus und schiebt damit die Gefahr, die von der weiblichen Sexualität ausgeht, in den Vordergrund. Er konzentriert den Augenblick der Erkenntnis bei Parsifal auf den Kuss der Kundry: Dessen Führerschaft und Stärke speisen sich somit unmittelbar aus der Zurückweisung der sündigen Frau. Im *Tannhäuser* erfindet er gegenüber den Vorlagen Elisabeths Funktion als die einer Gegenspielerin der Venus und als Personifizierung der »reinen Liebe« hinzu, was die von Venus ausgehende Gefahr und Elisabeths Opferfunktion noch deutlicher herausstellt. Er gestaltet im *Lohengrin* die Figur Ortruds weitgehend unabhängig von den Vorlagen und macht sie zu Lohengrins Gegenspielerin, wodurch sie zu einer Inkarnation des Übels mutiert. Auch der krasse Gegensatz zwischen Ortrud und dem Gralsritter zeigt unterschwellig, dass in der Frau die Gefahr lauert: In Ortrud sind sämtliche Negativfunktionen vereint, die Wagner in der Figur der Matabrune fand. Tannhäuser wird von der guten Frau erlöst, während Parsifal selber zum Erlöser wird –

in beiden Fällen ist es die böse Fleischeslust und damit das weibliche Element, das sie bedroht. Was Senta betrifft, so hat Wagner die Ironisierung der weiblichen Treue, die in Heines Vorlage zu finden ist, gestrichen. Die Herausstellung der ewigen Liebe und Treue der Frau war ihm wichtiger als jede erotische Spielerei.

Musikalisch wird die Beziehung zwischen den Geschlechtern zusätzlich hierarchisiert, indem die Verbindung der Frau mit Tod, Sterben und Leiden sowie ihre Verkoppelung mit sexueller Begierde, beispielsweise bei Venus, Isolde und Kundry, mit den musikalischen Mitteln ausgedrückt wird, die zugleich Unlust und weitere unbehagliche Emotionen signalisieren. Da in den Opernhandlungen Frauen wie etwa Erda und Fricka viel mehr als Männer von Gefühlen wie Angst, Abwehr, Unglück und Pessimismus beherrscht sind, strahlt deren musikalische Umschreibung auf die Figuren selbst ab. Die Aufspaltung der Frau in die »Hure« und die »Heilige«, die sich in der Gegenüberstellung von Venus und Elisabeth oder Ortrud und Elsa manifestiert, bewirkt eine weitere Schwächung im Vergleich zum eindeutigen, diesseitigen Mann. Sie birgt jedoch zugleich eine Chance, da alles Faszinierende, Verbotene, Nichtbürgerliche auf die »Hure« verlagert wird. Dennoch gibt es bei Wagner auch starke Frauen: Diese erhalten eine positive Ausstrahlung, aber nur, wenn sie ihre Kraft und Stärke in den Dienst eines Mannes stellen.

Neben dieser klaren Polarisierung von Mann und Frau ist auch die persönliche Suche nach der wahren Partnerin Wagners Werk zugehörig. Man kann, so man will, Wagners Schwäche für Frauen, die den Mann erlösen, als Einfluss der »sozialutopischen Geschichtsphilosophie der Franzosen in der ersten Hälfte des 19. Jahrhunderts« interpretieren.[2] Seine Verarbeitung der Erlösungsthematik ist aber zu emphatisch, zu sehr ein zwanghaft sein Werk durchziehendes, lebenslanges Anliegen, als dass diese Erklärung ausreichend erscheinen könnte. Wagner durchläuft in kreativer Hinsicht deutliche Stadien, die mit seiner persönlichen Entwicklung korrelieren. Dabei muss man unterscheiden zwischen dem Einfluss von realen Frauen auf sein Werk und seinen Wunschphantasien. Sein erstes Glück über die Vereinigung mit Minna zeigt sich in dem Frühwerk *Das Liebesverbot*, das eine starke Frau feiert; nie wieder hat er einer Frau in seinem Musikschaffen ein solches Entscheidungsrecht eingeräumt. Allerdings deutet die Militärkapelle auf der Bühne, mit deren Klängen das Werk endet, auf das Bedürfnis nach einer nachträglichen Aufwertung des Männlichen hin. Minnas Kritik an seinem Lebensstil, die sich nach dem Verlust des Kapellmeisterpostens in Dresden und der Flucht nach Zürich verhärtete, ließ die Beziehung brüchig werden. Eine fünfjährige Komponierpause (lässt man die später verworfenen Teile von *Siegfrieds Tod* und *Der junge Siegfried* beiseite) markiert diesen Einschnitt in seiner Beziehung zu Minna und das Fehlen eines verständnisvollen Gegenübers. Es ist kein Zufall, dass Wagner sich kurz nach der inneren Abwendung von Minna um 1849/50 in Jessie Laussot verliebte. Nach dem Scheitern dieses Abenteuers traf er auf Mathilde Wesendonck, die ihm genau das entgegenbrachte, was er suchte: unendliche Sympathie, tiefe Betroffenheit beim Erklingen seiner Musik und den Wunsch, sein Schaffen zu verstehen.

»Mein im Leben ungestilltes heftiges Liebesbedürfniß ergieße ich in meine Kunst, und im glücklichen Falle muß ich erleben, daß man mich für einen energischen – Opernreformator hält!«[3] Diese Worte stammen aus den fruchtbarsten Schaffensjahren des Komponisten. Zwischen 1852 und 1858, als die Beziehung zu Mathilde Wesendonck ihn zugleich quälte und beglückte, konzipierte oder komponierte er seine bedeutendsten Werke. Hierzu gehören die Ausarbeitung der *Walküre*-Dichtung, die Überarbeitung der Dichtungen *Der junge Siegfried* und *Siegfrieds Tod*, die Komposition des *Rheingolds*, der *Walküre*, des ersten Akts und großer Teile des zweiten Akts des *Siegfried*, Text und Musik zum *Tristan* sowie die Prosaskizze zu *Die Sieger*. Immer wieder ist nachzulesen, dass die Opern der mittleren Periode, also der *Holländer*, *Tannhäuser* und *Lohengrin*, Werke seien, bei denen es um den Konflikt des genialen Künstlers mit den traditionellen Moral-, Kunst- und Lebensvorstellungen der Gesellschaft geht. Wagner hat aber seinem Werk die Sehnsucht nach der idealen Frau zentrale Bedeutung gegeben. Sein »ungestilltes heftiges Liebesbedürfniß« scheint demnach sein Schaffen in hohem Maße bestimmt zu haben. Jeder Künstler strebt danach, gesellschaftlich anerkannt zu sein. Um aber das Stadium der Kreativität überhaupt zu erreichen, bedurfte Wagner einer liebenden Frau. Mathilde wurde zur Quelle gewaltiger kreativer Impulse. Und dass seine zweite Ehefrau für die Vollendung seines Spätwerks verantwortlich war, hat er selbst häufig betont.

Die Handlung des *Tristan* wurde aufgrund der Erlebnisse mit Mathilde abgeändert; sein ursprünglicher Vorsatz, der Liebe als »dem schönsten aller Träume ein Denkmal zu setzen«, wandelte sich im Verlauf der Beziehung, die ihn zunehmend frustrierte, in den Plan, die »Liebe als furchtbare Qual« darzustellen. In den ersten Skizzen der *Meistersinger* fehlt die Liebe von Sachs zu Eva. Erst als Mathilde in sein Leben getreten war, sich aber weigerte, ihm zu folgen, bezog er das Motiv der Liebe und der Entsagung mit ein und bezeichnete sich ihr gegenüber zuweilen als »Hans Sachs«. Jahre des extremen Leidens um Cosima folgten, die ihn an die Grenze seiner psychischen Kraft brachten. Die Worte »!Schluß! Alles Cosel'n zu Gefallen. 22 Juli 1872 R.W.«, mit der er die Orchesterskizze des letzten Aktes der *Götterdämmerung* beendete, sagen mehr als alle langen Erklärungen. Er hätte ohne Cosimas Bereitschaft, allen Widerständen zum Trotz seine Geliebte, Kameradin und Helferin zu sein, kaum den kreativen Gewaltakt des *Ring des Nibelungen* bewältigt. Mit dem *Parsifal* schließlich vollzog er die völlige Abkehr von der Sexualität, stellte sie als verwerflich hin und annullierte das Weibliche. Diese Wandlung ist nur zu erklären, wenn man sich die enormen seelischen Belastungen bewusst macht, die er in den 1860er Jahren durchlebte. Selbst die aufflammende Leidenschaft für Judith Gautier Jahre später konnte seine Phantasie von einer sexuell gereinigten Männergesellschaft nicht aufhalten, in der die Objekte der erotischen Faszination abgewertet sind. Die Suche nach der sich aufopfernden Frau war kein Thema von Interesse mehr, da er sie mit Cosima bereits gewonnen hatte.

Über Wagners Liebesbegriff gibt es unterschiedlichste Auffassungen. Manche Autoren übernehmen die Vorstellung der auf Gleichheit beruhenden »Verbindung zweier vollendeter Wesen«, die Wagner bei Siegfried und Brünnhilde postuliert, so Jean-Jacques Nattiez, der die Handlung als eine metaphorische Geschichte der Musik liest. Musik – dargestellt als Frau – muss durch die Dichtung befruchtet werden, und er überträgt diese Metapher auf die Liebesszene im *Siegfried*, wodurch der Eindruck eines auf Gleichheit beruhenden Paares entsteht.[4] Die männliche Subjektsetzung funktioniert aber nur mit der Delegierung der Liebesfähigkeit an die Frauen. Von ihnen erwartet man die nie versiegende Liebe. Es ist dies eine einseitige, sentimentale Sicht, wobei

Wagner auf bewährte musikalische Topoi zurückgreift: Triller, parallele Terzketten, Holzbläser-Einsatz, kleine Besetzung und legato-Klangteppiche der Streicher sind die Mittel, die er dafür einsetzt. Wagner hat sich in seinen Schriften oft genug gegen die rein sinnliche Liebe geäußert und ihr die »wahre« Liebe gegenübergestellt. Andererseits betrachtet er die sinnliche Liebe – wie im Venusberg – als unabdingbare Erfahrung im Leben des aufstrebenden Mannes. Im *Tristan* lotet er die Kraft der Sexualität ja gerade aus, bis hin zur musikalischen Beschreibung einer koitalen Vereinigung. Er verachtete zeitlebens moralische Grenzen und plädierte für die Freiheit in erotischen Dingen, die – wohlgemerkt – nur für Männer galt, da er der Frau zwar sexuelles Begehren zusprach, aber keine sexuelle Autonomie. Elisabeths rührendes Liebesbekenntnis bildet den Kulminationspunkt des *Tannhäuser*, ebenso wie Sentas Ballade im *Holländer* eine zentrale Rolle zukommt: Beide Frauen stellen die Liebe zu einem Mann in den Mittelpunkt ihres Lebens, das für sie keinen Sinn mehr hat, wenn sie sich nicht mit dem Partner vereinen können. Frauen mit sexuellem Machtanspruch dagegen werden abgestraft. Kundrys Tod im *Parsifal* ist ebenso eine Warnung an Frauen, die Männer begehren und in ihr Reich zu ziehen drohen, wie der Untergang Ortruds, die sich Macht über ihren Ehemann aneignet und dafür mit dem Tod büßen muss. Die furchtbare Zerstörung von Elsas Lebensglück ist die bittere Bestrafung dafür, dass sie ein vom Geliebten vorgegebenes Verbot missachtet. Im 19. Jahrhundert konnten Frauen diese wiederholten Warnungen nicht ignorieren, sie ragen unüberhör- und unübersehbar aus jeder Handlung hervor und auch die Musik vollzieht die wertende Polarisierung der Geschlechterrollen.

Während Frauen Liebe verströmen sollen, ist es für den Mann gefährlich, sich ihr zu stark hinzugeben, da er dadurch die Oberhand zu verlieren droht. Tristan und Siegmund sind die beiden männlichen Figuren, die die Liebe über alles stellen. Tristan begibt sich in die weiblich konnotierte Nacht, Siegmund verzichtet aus Liebe auf seine Heroisierung – man kann das als eine Feminisierung der beiden bezeichnen, die dafür mit dem Tod bestraft werden. Die Frau hingegen hat geradezu die Pflicht, die Liebe als zentrale Macht in ihr Leben zu integrieren. Für den Mann mochte das Heroische als Vorbild dienen, dem die weibliche Liebesfähigkeit Kraft und Lebensfreude spendete; für die Frau war es die liebevolle Fürsorge, gepaart mit sexueller Bereitschaft, dem einen und einzigen Partner gegenüber.

Zu der unbedingten Notwendigkeit, eine Partnerin zu haben, traten bei Wagner in späteren Jahren seine misogynen und rassistischen Sophistereien hinzu, die er sich bei Gobineau und anderen angelesen hatte. Seine Verherrlichung des Deutschtums im *Lohengrin* und den *Meistersingern* ist affirmativ und historisch nachvollziehbar. Er brauchte aber offensichtlich auch Objekte der Aggression, so ist um 1870 herum sein Hass auf alles Französische auffallend. Die kämpfenden Männerbünde, die in seinen Opern auftauchen und auf die bereits eingegangen wurde, erinnern an »die Denkfigur des inneren Krieges als Jungbrunnen von Nationen«.[5] Ende des 19. und Anfang des 20. Jahrhunderts wurden die heroischen Taten der deutschen Vorväter gerne gefeiert und die germanischen Stämme als primäres Kulturvolk hingestellt. Diesen rassistischen Ideologien ist eine aggressive Männlichkeit eigen, die auch Wagners Denken bestimmte. Es ist kein Zufall, dass der Rassenbegriff, der Ende des 18. Jahrhunderts als naturwissenschaftliche Kategorie aufkam, eine Parallele zur gleichzeitig entstehenden Theorie von der Ungleichheit der Geschlechter bildet, die mit unterschiedlichen Charakterzügen von Mann und Frau begründet wurde. Man legte sich eine Realität zurecht, die dem »germanischen« Mann in beiderlei Hinsicht ein naturgegebenes Recht auf Dominanz zusprach.

Wagner pflegte seine Gedanken als Naturgesetze darzustellen und vertrat in seinen Schriften durchgehend die Auffassung, dass die Kunst die Rolle der Religion übernehmen müsse, da letztere an Wahrhaftigkeit eingebüßt habe. Indem die sinnstiftende Funktion der Religion auf die Kunst übertragen wurde, verdichteten sich seine Gedanken und Überzeugungen zu einer »idealen Wahrheit«. Übertragen auf das Verhältnis der Geschlechter zueinander bedeutet das, dass Wagner gesellschaftliche und damit veränderbare Verhältnisse zementierte. Für ihn gab es eine »ewige Natur« der Frau. Das Ewigweibliche wurde zwar nicht explizit auf eine Stufe mit den Vorstellungen von der »schwarzen Seele« und dem »jüdischen Charakter« gestellt, aber das wurde mitgedacht. Damit war der Weg frei für seine Interpretation der weiblichen Sexualität als einer allgemeinen Bedrohung für den Mann. Dies vermengte sich mit dem Hass gegenüber allem Jüdischen, sodass Kundry als Jüdin und Frau eine »doppelte« Negativität besitzt.

Wagner verstrickte sich in die Auffassung, Juden seien aufgrund ihrer Rasse charakterlich defizitär. Während sein Zeitgenosse Karl Marx die Gründe für die starke berufliche Ausrichtung zahlreicher Juden auf Geldgeschäfte ökonomisch begründete, suchte sie der Komponist in einer rassischen Wesensart. Ebenso wenig war er willens, Frauen eine selbständige geistige Fähigkeit zuzugestehen; zahlreiche Stellen in Cosimas Tagebüchern belegen, wie falsch er den »unweiblichen« Weg vieler berufstätiger Frauen fand.

Obwohl die Sklaverei um 1807 verboten wurde, blieb das 19. Jahrhundert das Zeitalter des Kolonialismus und die Vorstellung von minderwertigen Rassen war noch lange verbreitet. Daher ist es zwar berechtigt, einzelne Menschen wie Wagner wegen ihres Rassismus zu verurteilen – und die Vorurteile des Komponisten waren von erheblicher Aggressivität –, aber das bringt kaum einen Erkenntnisgewinn. Umso wichtiger jedoch ist heute die Aufklärung über versteckte und offene Rassismen und Sexismen in seinem Werk. Es wäre unfair und unhistorisch, ihn dafür zu kritisieren, dass er die phallozentrische Matrix nicht durchbrach. Sein Leben, seine Erfahrungen und Ansichten sind Teil einer Erfahrungskonstellation von Männlichkeit, wie sie für das ausgehende 19. Jahrhundert typisch war. Aber es kann nicht angehen, diese bei der Interpretation seiner Werke noch heute zu ignorieren. Es ist an der Zeit, eine geschlechtsspezifische Sensibilität für sein Werk zu entwickeln, um essentialistische und naturalisierte Vorstellungen von Weiblichkeit endlich zu verabschieden. Es geht aber auch darum, zu hinterfragen, wie durch solche tradierten Vorstellungen das Geschlecht gerade erst performativ hergestellt wird und darum, herauszufinden, wie viele Linien von seinem Werk in dieser Hinsicht bis in die Gegenwart führen.

Bleibt die Frage: Sind Wagners Frauen stark? Diese Frage ist zunächst zu verneinen, schaut man sich die von ihm zuletzt geschaffenen Frauengestalten genauer an. Während der Mann als Mittler zwischen Gott und der Menschheit steht und den Zugang zur Religion hat, kann selbst eine geläuterte Kundry nichts anderes tun, als dem Mann zu dienen. Sie bleibt von der mystischen Erhabenheit ausgesperrt. Ihre Erlösung am Schluss hebt diesen Ausschluss auf, aber sie stirbt und kann insofern keinen persönlichen Gewinn verbuchen. Ihr Grundkonflikt besteht darin, dass sie sich nach geistiger Erlösung sehnt, aber zugleich sinnlich begehrt. Wie man es dreht und wendet, es gibt keinen Ausweg für sie, und da Wagner von der »weiblichen Natur« ausging, ist es logisch anzunehmen, dass er mit dieser Figur die Frau schlechthin meinte. Er bestand auf einem männlichen Verfügungsrecht über dieses Weibliche – das ergibt keine Partnerschaft im Sinne von Gleichheit. Durch seine Beschäftigung mit der Liebe in vielen Schattierungen hat Wagner aber zugleich die soziale Wirklichkeit seiner Zeit reflektiert. Er befasste sich mit der Moral und der Sexualität und flocht seine Kritik daran in sein Werk ein. Die Beschreibung körperlich-sexueller Abläufe, wie er sie im *Tannhäuser* und vor allem in *Tristan und Isolde* so plastisch vornimmt, war im 19. Jahrhundert ein ebenso tabuisiertes Thema wie der Inzest. Mit der Kritik am Ehestand, die er durch die Beziehung zwischen Wotan und Fricka übt, und mit der deutlichen Sympathie für Figuren, die sich jenseits aller bürgerlichen Verhaltensweisen füreinander entscheiden, prangert Wagner die strengen sittlichen Normen des Bürgertums an, die ihm selbst zu schaffen machten. Das war ein mutiger Schritt, der Anerkennung verdient. Andererseits schuf er dadurch, dass er manche Frauenfiguren übermäßig idealisierte und sie damit eigener Bedürfnisse beraubte, wiederum Parallelen zum bürgerlichen Denken seiner Zeit. Der Gestalt Brünnhildes wird Tapferkeit und innere Stärke zugeschrieben, was sich vor allem in ihrem alle Normen sprengenden Gesang zeigt. Mit dieser Figur lässt Wagner die Vision einer Frau aufleuchten, die die herkömmliche Geschlechteridentität durchbrechen könnte. Freilich zahlt sie dafür einen hohen Preis: Wagner setzt »neben den Identitätsaufbau Siegfrieds als Held kontrapunktisch den Identitätsverlust Brünnhildes als Walküre«.[6] Die Stärke, die sie als Jungfrau und Walküre besaß, geht nach der Begegnung mit Siegfried verloren; das musikalische Motiv, das ihr heldisches Walkürenthema ablöst, zeugt davon. Nachdem sie am eigenen Leib einen Gewaltakt und einen Betrug erfahren hat, schwingt sie sich zu einer Rache auf, die mit der Idealisierung der alles umfassenden Liebe in triumphalem Ausdruck endet. Man findet somit in Wagners Werk ebenso die normative Geschlechtsauffassung seiner

Zeit wie andererseits – wenn auch nur gelegentlich – den Hinweis auf die Untergrabung derselben.

Es ist immer wieder die Musik, die in ihrer unendlichen Vielfalt und Schönheit bezaubert und beglückt. Sie berührt Tiefenschichten in einer Weise, die über ein rationales Begreifen weit hinausgeht. Sie gibt Brünnhilde Handlungskraft und zeigt ihr Aufbegehren. Über Wagners begrenzte Vorstellung von der selbstlos liebenden Frau hinaus entsteht durch die Musik eine Figur, die ihre faktische Einordnung als Anhang eines Mannes durchbricht, wenn auch nur für kurze Zeit, denn am Ende geht sie aus Liebe in den Tod. Letztendlich siegt auch bei Brünnhilde die als »weiblich« postulierte Fähigkeit, selbstlos und wahrhaft zu lieben und diese besitzt eine unendliche musikalische Süße. Bei Wotans Abschied von Brünnhilde im letzten Akt der *Walküre* (hier geht es bezeichnenderweise um ein Liebesverhältnis ohne sexuelle Untertöne) muss der Vater seine Tochter mit dem Entzug der Gottheit und dem Weggang dafür bestrafen, dass sie die Liebe über die Pflicht stellte. Er betrauert den Verlust und erinnert sich voll Schmerz an gemeinsame Erlebnisse. Zum ersten Mal ist eine Melodie zu hören, überflüssigerweise als »Waberlohemotiv« bezeichnet, die die humanisierende Kraft und erhebende Schönheit der Liebe auszudrücken scheint, und zwar mehr als alle Worte es vermögen (Notenbeispiel 29). Die aufsteigende Sexte bezeichnet die Liebe, sie hat eine lange Tradition in der Operngeschichte, die bis zur heutigen Filmmusik reicht und daher von so vielen Menschen in der westlichen Kultur mitempfunden wird. Als Wotan die Augen der Tochter küsst, verändert sich die Melodie, indem ihr absteigender Teil nun eine Septe umfasst – das Intervall, das im *Ring* mit der weiblichen Liebe verbunden ist, aber auch das Leid offenbart, das die Trennung der beiden verursacht. Wagner, der in der Kompositionsskizze der *Walküre* durch die an Mathilde Wesendonck gerichteten Kürzel seine persönliche Liebe mit der Musik vermengte und dafür insbesondere diejenigen Stellen aussuchte, die mit dem Blickkontakt zu tun hatten, wird »der Augen leuchtendes Paar, das oft ich lächelnd gekost« ebenso als ein subjektives Bekenntnis empfunden haben, wie »Dem glücklicher'n Manne glänze sein Stern, dem unseligen Ew'gen muß es scheidend sich schließen!« als einen Verzicht. Leben und Kunst sind, wie stets bei ihm, miteinander verwoben.

29

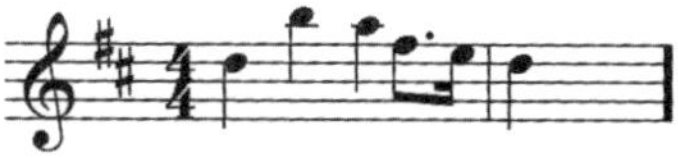

Neben diesem Motiv der Liebe verdient das sogenannte Erlösungsmotiv aus dem Schluss der *Götterdämmerung* besonders herausgestellt zu werden, das ursächlich mit Brünnhildes Liebe zu Siegfried zu tun hat (vgl. Notenbeispiel 16, S. 160). Dass die Melodie am Schluss abwärts springt, markiert Brünnhilde als schwach, aber gerade diese Schwäche macht sie so bedeutend und rührend. Auch hier bringt Wagner durch die absteigende Septe die Liebe der Frauen ins Spiel und zeigt sie als die wahre Stärke, die nicht durch Herrschaft überzeugen muss. Der Liebe ist die eigentliche Schönheit vorbehalten: Sie lässt für Augenblicke die Utopie einer befriedeten Welt aufschimmern.

Die Aussage von Claude Lévi-Strauss, wonach die Erfindung einer großen Melodie zu den »Mysterien der Menschheit« gehöre,[7] trifft hier zu. Möglicherweise war Wagner nicht bewusst, dass er damit die Frauen die Hoffnungen der Menschheit schultern lässt – eine Last, die ohne tatkräftige Mithilfe des anderen Geschlechts nicht dauerhaft zu tragen ist.

»Der Prozeß der Emanzipation des Weibes geht unter ekstatischen Zuckungen vor sich«[8], schrieb Wagner – das schmerzhafte Umdenken gilt dabei in erster Linie für die männliche Hälfte der Menschheit. Aber auch Frauen täten gut daran, ihre nach wie vor real verbreitete Marginalisierung nicht leichtfertig als historisch erledigt abzutun und die kulturelle Tiefenstruktur zu bedenken, die sich unaufhörlich reproduziert, wenn sie nicht ins Bewusstsein vordringt.

Anmerkungen

Präludium

1 McGlathery 1998, S. 272.
2 Gregor-Dellin 1980, S. 745.
3 SB III, S. 75 (5. 6. 1849); CW II, S. 114 (10. 6. 1878).
4 Vgl. Sigrid Nieberle/Eva Rieger: *Gender Studies am Beispiel »Mozart«*. In: Mozart im Blick. Inszenierungen, Bilder und Diskurse. Hg. von Annette Kreutziger-Herr. Köln/Weimar/Wien 2007, S. 171–193.
5 Silvia Bovenschen: Die imaginierte Weiblichkeit. Exemplarische Untersuchungen zu kulturgeschichtlichen und literarischen Präsentationen des Weiblichen. Frankfurt/M. 1979.
6 Sabine Zurmühl: *Visionen und Ideologien von Weiblichkeit in Wagners Frauengestalten*. In: Vill 2000, S. 57–69.
7 Auffällig ist auch die durchgehende Negierung der Musiksprache Wagners in der Bayreuther Meistersinger-Inszenierung von Katharina Wagner (2007).
8 In: Rieger 1980, S. 216.
9 La Mara: Durch Musik und Leben im Dienste des Ideals. Leipzig 1917, Bd. 1, S. 33 und 239.
10 SB IV, S. 319 (20. 3. 1852).
11 Drüner 2003, S. 317.
12 T. W. Adorno: Über Walter Benjamin. Frankfurt/M. 1968, S. 57.

1 SB VI, S. 72 (26. 1. 1854).

2 Kesting 1988, S. 132 f.; Friedrich Nietzsche: *War Wagner überhaupt ein Musiker?* In: N. Wagner 1995, S. 222.

3 SB IV, S. 241 (28. 12. 1851–1. 1. 1852).

4 Am augenscheinlichsten lässt sich dies in Zeitlupenaufnahmen von Tennisspielern nach dem Gewinnen oder Verlieren eines Punktes beobachten.

5 Vgl. Corinna Herr: Medeas Zorn. Eine »starke Frau« in Opern des 17. und 18. Jahrhunderts. Herbolzheim 2002, insbes. Kap. 2.1 »Die Affektenlehre«.

6 Zit. b. Kramer 1924, S. 22.

7 Bruno Flögel: *Studien zur Arientechnik in den Opern Händels.* In: Händel-Jahrbuch 1929, S. 52–54. Flögel typisiert auch die Intervalle.

8 Vgl. CW I, S. 333 (17. 4. 1879).

9 Henning Ferdinand: Die musikalische Darstellung der Affekte in den Opernarien G. F. Händels. Bonn 1977.

10 Adorno 1964, S. 69.

11 CW I, S. 239 (2. 6. 1870).

12 Bei der Bezeichnung der Motive in diesem Buch wird, wenn nicht anders vermerkt und unter Berücksichtigung der geschilderten Problematik, dennoch auf die von Wolzogen erfundenen Namen zurückgegriffen.

13 CW I, S. 444 (29. 9. 1871).

14 EgonVoss: *Versagt die Musikwissenschaft vor der Musik Richard Wagners?* In: Der »Komponist« Richard Wagner im Blick der aktuellen Musikwissenschaft. Hg. von Ulrich Konrad und Egon Voss. Wiesbaden et al. 2003, S. 21.

15 Helmut Rösing: *Auf der Suche nach Männlichkeitssymbolen. Beethoven und die Sonaten(hauptsatz)form.* In: Der »männliche« und der »weibliche« Beethoven. Hg. von Cornelia Bartsch, Beatrix Borchard u. a. Bonn 2003, S. 18.

16 Overhoff 1967, S. 38.

17 Kanne 1818, zit. bei Krones 1988, S. 128.

18 Z. B. Cesare Lombroso/G. Ferrero: Das Weib als Verbrecherin und Prostituierte: Anthropologische Studien, gegründet auf eine Darstellung der Biologie und Psychologie des normalen Weibes. Hamburg 1894; E. F. W. Eberhard: Feminismus und Kulturuntergang. Die erotischen Grundlagen der Frauenemanzipation. Wien/Leipzig 1927.

19 Egon Voss: Richard Wagner, eine Faust-Ouvertüre. München 1982, S. 24.

20 Hans Joachim Kreutzer: Faust. Mythos und Musik. München 2003, S. 124.

21 Voss 1982, S. 23.

22 SB IX, S. 229 f. (7. 4. 1858).

23 SB XI, S. 38 (15. 4. 1859).

1 SSD IV, S. 253.
2 SB I, S. 164 (15. 9. 1834), S. 227 f. (26/27. 10. 1835).
3 SSD IV, S. 254.
4 ML I, S. 118.
5 SB I, S. 267 (23. 5. 1836).
6 SSD IV, S. 257.
7 Gabriele Busch-Salmen: ... *eine reiche und vornehme Wiege .... Pompöse Wohnansprüche Richard Wagners.* In: Monika Fink u. a.: Musica privata. Die Rolle der Musik im privaten Leben. Innsbruck 1991, S. 217.
8 Burrell 1950, S. 106; ML I, S. 161 f.
9 ML I, S. 167.
10 SSD IV, S. 259.
11 ML I, S. 431 f.
12 Zit. b. Bermbach 2003, S. 59.
13 SB I, S. 589 (Januar 1842).
14 Für Adriano ist eine Mezzosopranstimme vorgesehen.
15 SB I, S. 588 (Ende Januar 1842).
16 SB III, S. 75 (5. 6. 1849).
17 SB III, S. 277 (16. 4. 1850).
18 SB II, S. 140 (28. 7. 1842).
19 CW I, S. 633 (26. 1. 1873).
20 Burrell 1950, S. 129.
21 SSD V, S. 167 (Bemerkungen zur Aufführung der Oper: Der fliegende Holländer).
22 Heinrich Heine: Die Fabel von dem fliegenden Holländer. In: Laroche 1993, S. 82 ff.
23 Elisabeth Gössmann: *Philosophie am Spinnrock. Spinnen und Weben als weibliches Wirken – ein ambivalentes Thema.* In: Dies.: Weisheit – eine schöne Rose auf dem Dornenstrauche. München 2004, S. 9–35. 1987 lud übrigens die Kurverwaltung in Gersfeld (Rhön) die Herren der Schöpfung zum Drachenfliegen ein, während die mitreisenden Partnerinnen ans Spinnrad gesetzt wurden. »So bekommt, wie im richtigen Leben, selbst in den Ferien jeder seinen Platz zugewiesen«, kommentiert *Die Zeit* vom 28. 5. 1987.
24 Voss 1970, S. 127.
25 ML I, S. 46, 116 und 124.
26 Z. B. »[Senta] erschafft sich den Holländer selbst, als Traumbild«, Regisseur Harry Kupfer in: Staatsoper Unter den Linden (Hg.): Der Fliegende Holländer. Frankfurt/M. 2001, S. 26.
27 Otrud Gutjahr: *Sentas erkennender Schrei und Kundrys kastrierendes Gelächter.* In: Kronberger/Müller 2003, S. 77.
28 Dieser private Umstand war ihm anscheinend weitaus präsenter als eine Erinnerung daran, dass er nach dem »Kunstwerk der Zukunft« suchte, als er die Oper schrieb.

29 CW II, S. 617 (4. 11. 1880); CW I, S. 710 (26. 7. 1873).
30 Franz Liszt: *Wagner's Fliegender Holländer.* In: Sämtliche Schriften. Bd. 5. Hg. von Dorothea Redepenning und Britta Schilling. Wiesbaden 1989, S. 68–114.
31 Franz Liszts Briefe an die Fürstin Carolyne Sayn-Wittgenstein. Bd. III, S. 336, zit. b. Alice Sokoloff: Cosima Wagner. Hamburg 1970, S. 283.
32 N. Wagner 1995, S. 87.
33 SB IV, S. 379 (29. 5. 1852).
34 SB V, S. 189 (11. 2. 1853); S. 304 (30. 5. 1853); S. 463 (14. 11. 1853).
35 SB IX, S. 336 (6. 7. 1858).

»Bordellglanz höherer Ordnung«: *Tannhäuser*

1 N. Wagner 1995, S. 59; Vaget 1999, S. 148; Bloch zit. b. Gregor-Dellin 1980, S. 466.
2 CW II, S. 711 (15. 3. 1881); vgl. auch SB XIII, S. 47 f. (12. 2. 1861).
3 SSD IV, S. 270 f. Die folgenden Zitate stammen ebenfalls aus SSD IV, S. 275 ff. (Eine Mitteilung an meine Freunde).
4 Claire Glümer: Erinnerungen an Wilhelmine Schröder-Devrient. Leipzig 1862, S. 164 f.
5 SB V, S. 495 (15. 1. 1854).
6 Vgl. Rieger 1981, S. 234 ff.
7 15. 5. 1850 (an Mathilde Schiffner, RWA).
8 Zit. b. Csampai/Holland 1986, S. 89.
9 SB XII, S. 266 und 296 (30.9 und 16. 12. 1860).
10 Zit. b. Csampai/Holland 1986, S. 180.
11 SSD V, S. 131.
12 SSD V, S. 158.
13 Eine Preghiera muss musikalisch nicht notgedrungen reduziert sein: So begleitet in Donizettis *Maria Stuarda* ein großer Chor Maria bei ihrem Gebet im Forte. Wagner hingegen unterstreicht durch die Einfachheit der Mittel Elisabeths Reinheit.
14 Vgl. zu dem Gebet auch Döhring 2002, S. 48–61; sowie Kunze in Dahlhaus/Voss 1985, S. 196–210.
15 SB II, S. 153 (6. 9. 1842).
16 Ida Magli: Die Madonna. Die Entstehung eines weiblichen Idols aus der männlichen Phantasie. München/Zürich 1990, S. 121.
17 In: Csampai/Holland 1986, S. 28.
18 SB V, S. 170 (28. 1. 1852).

»Nimm alles, was ich bin!« *Lohengrin*

1 SSD IV, S. 299 f. (Eine Mitteilung an meine Freunde).
2 SB VI, S. 66 (26. 1. 1854).
3 SB II, S. 446 (4. 8. 1845). Udo Bermbach sieht hingegen Lohengrin als zentrale Bühnenfigur (2003, S. 129).
4 SB II, S. 571 (3. 10. 1847).
5 SSD IV, S. 301 f.
6 SSD V, S. 180.
7 Vgl. SSD IV, S. 210 f.
8 Voss 1996, S. 80.
9 Overhoff 1967, S. 104.
10 Zit. b. Voss 1970, S. 114.
11 Voss 1970, S. 195.
12 SB II, S. 446 (4. 8. 1845).
13 SB II, S. 568 (26. 9. 1847).
14 CW I, S. 512 (18. 4. 1872).
15 CW II, S. 698 (20. 2. 1881).
16 SB IV, S. 273 f. (30. 1. 1852).
17 Judith Gautier wünscht sich in ihren Erinnerungen an Wagner ein Soldat zu sein, der freudig um dessen Ruhmes willen fallen würde (Gautier o. J., S. 36) – eine ins Männliche gewendete Form weiblicher Opferbereitschaft.
18 Ingenschay-Goch 1982, S. 101.
19 Rosemary Hilmar: *Brünnhilde stellt sich vor. Erinnerungen von Amalie Friedrich-Materna.* In: Mitteilungen der österr. Gesellschaft für Musikwissenschaft 26 (1993), S. 32. Dank an R. Hilmar für diesen Hinweis.
20 CW I, S. 512 (18. 4. 1872).
21 SB II, S. 511 (30. 5. 1846).
22 Mayer 1998, S. 116.
23 SSD IV, S. 301.
24 Gottfried Wagner in: Programmheft Lohengrin, Dessau 1995, S. 16.
25 Adorno 1964, S. 137.
26 CW II, S. 619 (11. 11. 1880).

Sexuelle Verheißung und die Erlöserin: *Tristan und Isolde*

1 SB XI, S. 58 (April 1859).
2 CW II, S. 952 (2. 6. 1882).
3 Vaget 1999, S. 112.
4 Mack 1980, S. 407 (Aussage von Cosima Wagner).
5 Vgl. Mathilde Wesendoncks Schreiben, in dem sie dies bestätigt, zit. b. Martha Schad: »Meine erste und einzige Liebe«. Richard Wagner und Mathilde Wesendonck. München 2002, S. 94.

6 Richard kommentierte Cosima zufolge Mathildes Schwangerschaft 1862 mit der Bemerkung »*so* habe er die Resignation nicht aufgefasst«, vgl. Mack 1980, S. 406.

7 *www.intelligenzblatt.unibe.ch* (26. 5. 1865).

8 Vaget 1999, S. 67.

9 N. Wagner 1995, S. 162, 226 und 156 f.

10 Bekker 1924, S. 361; Heinrich Dorn: Aus meinem Leben. Musikalische Skizzen. Berlin 1870, S. 43, 50 und 52; Magee 1988, S. 36.

11 Brief v. 16. 2. 1888. In: Johannes Brahms im Briefwechsel mit Heinrich und Elisabet von Herzogenberg. Bd. 2. Berlin 1912, S. 178; Liza Lehmann: The Life of Liza Lehmann, by Herself. London 1919, S 63 f.

12 SB VI, S. 109 (9. 4. 1854).

13 Vgl. ihr Gedicht *Habe oft Dich bitten wollen um den höchsten Augenblick* … In: Rieger 2003, S. 266.

14 CW II, S. 653 (14. 3. 1873). Es stimmt insofern nicht, dass Richard – wie Mathilde behauptete – sein Heim freiwillig verließ.

15 Golther 1914, S. 115 und 125.

16 Mack 1980, S. 406.

17 Wapnewski 1982, S. 37.

18 Mayer 1998, S. 129; Mayer 1959, S. 93 f.

19 Gregor-Dellin 1980, S. 392.

20 Allgemeine Musikzeitung 14. 2. 1896, zit. b. Golther 1914, S. 15.

21 SB X, S. 242 (19. 1. 1859).

22 Kesting 1988, S. 589 (26. 12. 1858).

23 CW I, S. 206 (6. 3. 1870).

24 Zit. in: SB XI, S. 549.

25 *Epilogischer Bericht über die Umstände und Schicksale, welche die Aufführung des Bühnenfestspieles Der Ring des Nibelungen … begleiteten* (1871). In: SSD VI, S. 267 f.

26 Wille 1982, S. 63.

27 Elisabeth Bronfen: Liebestod und Femme fatale. Der Austausch sozialer Energien zwischen Oper, Literatur und Film. Frankfurt/M. 2004, S. 27 f. Bronfen meint die Liebenden, ihre Aussage lässt sich aber ebenso gut auf Wagner selbst übertragen. Trotz kleiner Ungenauigkeiten (Marke beauftragt nicht Tristan, die von Tristan begehrte Frau zu finden, sondern Tristan überredet ihn, sie zur Frau zu nehmen, und das Paar liebt sich schon vor der Einnahme des Liebestranks) ist Bronfens Vergleich des Librettos mit dem »film noir« erfrischend zu lesen.

28 SSD XII, S. 344.

29 Man denke an Ilsa in dem Kultspielfilm *Casablanca* (1942), die einen Revolver auf Rick richtet und ihn erst senkt, als Rick sie furchtlos anschaut und sie ihm ihre Liebe bekennt.

30 SB X, S. 253 (23. 1. 1859).

31 Vaget 1999, S. 119.

32 SB XI, S. 32 (10. 4. 1859).

33 CW I, S. 435 f. (6. 9. 1871).

34 N. Wagner 1995, S. 135.
35 Meine großbürgerliche Großmutter (geb. 1875) hat mir als Mädchen das laute Lachen mit offenem Mund noch verboten. Man sollte die Hand vorhalten und »hm hm« von sich geben.
36 Fehr II, S. 149 (15. 12. 1858).
37 SB XIII, S. 48 (12. 2. 1861).
38 CW II, S. 899 (27. 2. 1882).
39 CW I, S. 187 (10. 1. 1870).
40 SB XIII, S. 340 (21. 12. 1861).

Die »liebe Muse« Mathilde: *Die Meistersinger von Nürnberg*

1 SB XIII, S. 350 f. (Ende Dezember1861).
2 SB XIII, S. 338 (21. 12. 1861).
3 Burrell 1950, S. 806 (16. 8. 1866).
4 Kurt Malisch: *»Ein heiteres Satyrspiel« oder »Stahlbad in C-Dur«? Die Meistersinger von Nürnberg im discographischen Vergleich.* In: Wagnerspectrum 1 (2007), S. 189.
5 SB XIV, S. 160 f. (22. 5. 1862).
6 Michael Tanner: *Richard Wagner and Hans Sachs.* In: Warrack 1994, S. 89 f. (Ü. d. V.)
7 ML II, S. 251. Wagner sah das Gemälde nicht im Dogensaal, sondern in der Kirche. Mathilde gegenüber erwähnt er diese Inspirationsquelle nicht. Selbst wenn es sich um eine nachträgliche Mystifikation handelt, ist der Rückgriff auf das Bild bemerkenswert.
8 CW II, S. 633 f. (8. 12. 1880); CW II, S. 612 (17. 10. 1880).
9 Puri, Michael: *The Ecstasy and the Agony: Exploring the Nexus of Music and Message in the Act III Prelude to Die Meistersinger von Nürnberg.* In: Nineteenth-Century Music 25. No. 2–3 (2001/02), S. 212–236.
10 *Beethoven's Cis moll-Quartett (op.* 131). In: SSD XII, S. 348. Ludwig Finscher sieht seinerseits op.132 als unmittelbares Vorbild, vgl. ders.: *Über den Kontrapunkt der Meistersinger.* In: Dahlhaus 1970, S. 307.
11 Egon Voss in: Csampai/Holland 1981, S. 22.
12 Vgl. Schering 1940. Obwohl die Studie durch die Zeit des Nationalsozialismus gefärbt ist, in der sie entstand, spiegelt sie eine allgemeine Tendenz wider.
13 Voss 1970, S. 131 und 127.
14 Overhoff 1967, S. 128.
15 Weiner 1997, S. 307 (im Gegensatz zu anderen Autoren ironisch gemeint).
16 Beer 1882; Broesel 1906.
17 SB XIV, S. 70 (13. 2. 1862).
18 Golther 1914, S. 387 (9. 8. 1863) und 381 (16. 1. 1862).
19 Overhoff 1967, S. 158.
20 Mayer 1979, S. 36.

21 Csampai/Holland 1981, S. 153 f.; vollständig in Gautier 1911, S. 4 ff. Original französisch.
22 Borchmeyer 1982, S. 226.
23 SB VIII, S. 339 f. (Mai 1857).
24 Golther 1914, S. 11 f.; S. 381 (16. 1. 1862).
25 Peter Wapnewski: *Vom mehrfachen Grund der Meistersinger.* In: Programmheft Die Meistersinger von Nürnberg. München 1979, S. 16.
26 Tambling 1996, S. 125.
27 Vgl. Sigrid Nieberle: FrauenMusikLiteratur. Deutschsprachige Schriftstellerinnen im 19. Jahrhundert. Stuttgart/Weimar 1999.
28 Mary Cicora: *»Eva im Paradies«: An Approach to Wagner's Meistersinger.* In: German Studies Review 10.2 (1987), S. 321–333.
29 Frantz 1870, S. 78–84; CW I, S. 727 (14. 9. 1873).
30 SSD X, S. 47.
31 CW II, S. 1048 (15. 11. 1882).
32 Golther 1914, S. 347 f. (5. 6. 1863).
33 CW II, S. 692 (15. 2. 1881); CW I, S. 302 (22. 10. 1870).
34 Zit. b. Beidler 1997, S. 261.
35 CW I, S. 65 (3. 3. 1869). Gemeint ist Evas und Walthers stürmisches Treffen »Ja, Ihr seid es!«, zweiter Akt, fünfte Szene. CW I, S. 59 (18. 2. 1869) und S. 199 (17. 2. 1870).

Der Ring des Nibelungen: Entstehung und Vorspiel – *Ring I*

1 SB V, S. 95 (9. 11. 1852).
2 SSD IV, S. 337.
3 SB V, S. 463 (14. 11. 1853).
4 Bermbach 2001, S. 28.
5 ML I, S. 432.
6 SSD II, S. 153.
7 CW II, S. 692 f. (16. 2. 1881).
8 SSB IV, S. 329.
9 CW II, S. 295 (24. 1. 1879).
10 SB IV, S. 175 (12. 11. 1851).
11 Golther 1914, S. 130 (1. 12. 1858). Vgl. auch die Wiederholung in: SB X, S. 208.
12 SB VIII, S. 153 (23. 8. 1856).
13 Vgl. McCreless 1982, S. 50 f.
14 Magee 2000, S. 20. Auch Cooke vertritt diese Ansicht (Cooke 1979).
15 Vgl. Corse 1990.
16 SB VIII, S. 90 (22. 6. 1856). Brünnhildes Gestaltung deckt sich übrigens mit seinen Gedanken zu Antigone, die er fast gleichzeitig verfasste, vgl. SSD IV, S. 63 f.
17 SB VI, S. 62, 64 und 68 (26. 1. 1854).
18 SB V, S. 185 (11. 2. 1853).

19 Vgl. Wapnewski 1982, S. 149.
20 Friedrich Rühs: Die Edda nebst einer Einleitung. Berlin 1812.
21 Wapnewski 1982, S. 18.
22 SB VI, S. 69 (25. 1. 1854).
23 Wagner nennt ihn einmal wohlwollend einen »Denker« in: CW II, S. 358 (1. 6. 1879).
24 Golther 1914, S. 13.
25 Tietz 1999, S. 43.
26 SB VI, S. 67 f. (26. 1. 1854); SB V, S. 494 f. (15. 1. 1854).
27 SB VI, S. 236 (30. 9. 1854); SB X, S. 203 (25. 12. 1858).
28 18. 7. 1854, RWA.
29 Grimm 1968, Bd. I, S. 251.
30 So in Julius Burghold (Hg.): Richard Wagner. Der Ring des Nibelungen. Vollständiger Text mit Notentafeln der Leitmotive (1913). Mainz 1981.
31 SB IV, S. 176. Klaus Kropfinger hat sich eingehend mit der Verbindung der beiden Motive befasst, sich aber nicht mit der Frage des »Warum« beschäftigt, vgl. ders.: *Wagners ›Entsagungs‹-Motiv.* In: Das musikalische Kunstwerk. Geschichte, Ästhetik, Theorie. Hg. von H. Danuser et al. Laaber 1988, S. 241–255.
32 Grimm 1968, Bd. I, S. 329.

Wotan und die Walküre – *Ring II*

1 SB V, S. 186 (11. 2. 1853).
2 ML II, S. 67; SB VI, S. 175 (3. 7. 1854).
3 SB VI, S. 143 und 151 (3.6. und 14. 6. 1854).
4 CW I, S. 653 (14. 3. 1873).
5 »Nur als Mann und Weib können wir Menschen am wirklichsten lieben.« SB VI, S. 62 (26. 1. 1854).
6 Ingenschay-Goch 1982, S. 70.
7 Adorno 1964, zit. b. Ackermann 1981, S. 97.
8 Zuber 2001, S. 56. Fricka befasst sich erst ganz zum Schluss mit Siegmunds Stand, vorher äußert sie zahlreiche andere Bedenken.
9 Mehr zu dieser Aufführung vgl. Hanke 2007, S. 188.
10 Richard Fricke: Bayreuth vor dreissig Jahren. Dresden 1906, S. 104. Fricke assistierte 1876 in Bayreuth und führte Tagebuch.
11 Porges 1882, Bd. 2, S. 14–19.
12 Humburg 2004, S. 171.
13 Dies wird auch von Frauer festgestellt, doch nennt er das Beispiel einer Walküre, die Odhin widerspricht.
14 Zit. b. Christa Wolf (Hg.): Karoline von Günderrode. Der Schatten eines Traumes. Darmstadt 1983, S. 5.
15 Vgl. Daniel E. Freeman: *La guerriera amante: Representations of Amazons and*

Warrior Queens in Venetian Baroque Opera. In: Musical Quarterly 80.3 (1996), S. 431–460.
16 Grimm 1968, Bd. I, S. 274.
17 McGlathery 1998, S. 270.
18 Humburg 2004, S. 167.
19 SB VI, S. 68 (25. 1. 1854).
20 SB VI, S. 65 (25/26. 1. 1854).

Siegfried und die Frauen – *Ring III*

1 CW I, S. 107 f. (13. 6. 1869).
2 Wille 1982, S. 99.
3 CW I, S. 238, 246, 315, 253, 423, 253, 318, 168, 134, 367, 109, 167.
4 Williams 2004, S. 86.
5 Eine Ausnahme bildet die Edda.
6 SB VI, S. 70 f., SSD IV, S. 312.
7 Wapnewski 1982, S. 170 f. Drüner hält ihn sowohl für einen »flegelhaften Schlagetot« als auch für einen Helden, vgl. Drüner 2003, S. 209 und 219. Vgl auch Voss 1988, S. 262.
8 Kitcher/Schacht 2004, 186.
9 SB XVI, S. 175 (18. 5. 1864).
10 Die Anmerkung von Mack und Gregor-Dellin, wonach man aus dem Vergleich Siegfrieds mit einem Kasperl eine andere, wenig heldische Sicht auf diese Figur erhalte (in: CW I, S. 12), ist irreführend. Richard vergleicht einmal die Figuren in Goethes *Faust* mit dem Kasperletheater (CW I, S. 574) und bezeichnet dies als »die ganze Entwickelung der Menschheit« – er sieht Siegfried somit als Vertreter allgemeinmenschlicher Kultur.
11 Porges 1896, Bd. 3, S. 5. An anderer Stelle verlangt er, dass die übermütigen Ausbrüche Siegfrieds nie den »Adel einer im innersten Kerne heldenhaften Natur vermissen lassen« dürfen (ebd., S. 30.)
12 Porges 1896, Bd. 3, S. 32.
13 Voss 1988, S. 260.
14 Drüner 2003, S. 209.
15 Brinkmann in: Danuser/Münkler 2001, S. 218.
16 Vgl. Nattiez 1993, S. 71. Näheres zu den antisemitischen Konnotationen Mimes in: Thomas S. Grey: *Music as Natural Language in the Moral Order of Wagner's Ring: Siegfried, Act* 2, Scene 3. In: Nineteenth Century Music. Hg. von Jim Samson und Bennett Zon, Aldershot 2002, S. 39–59.
17 Porges 1896, Bd. 3, S. 21.
18 Westernhagen 1973, S. 175–179.
19 Scholz 1930, S. 53.
20 Scholz 1930, S. 86.
21 Porges 1896, Bd. 3, S. 17.

22 Schickling 1983, S. 47.
23 CW I, S. 302 (21. 10. 1870).
24 Porges 1896, Bd. 3, S. 28.
25 Corse 1990, S. 155.
26 SB VI, S. 69 (26. 1. 1854).
27 SB VIII, S. 153 (23. 8. 1856).
28 SSD XII, S. 289 (Metaphysik der Geschlechtsliebe).
29 Golther 1914, S. 130 (1. 12. 1858); vgl. auch Voss 1988, S. 264 f.
30 So das Verhältnis bei der Einspielung von Georg Solti (1962): 206 zu 31 Minuten.
31 Frauer 1846, S. 72 f.
32 Bauer 1995, S. 459 (23. 2. 1869).
33 CW I, S. 435 (6. 9. 1871).
34 Die Annahme, auch Brünnhildes Mutter Erda würde gefeiert, weil Brünnhilde einmal Siegfried als »Leben der Erde« bezeichnet (Wapnewski 1996, S. 216), ist nicht nachvollziehbar. Es wird ausdrücklich nur seine Mutter gefeiert.
35 CW I, S. 415 (18. 7. 1871).
36 Donington 1976, S. 213: »We take this [...] for that other death which is the name poets have so often and so justly given to love's consummation ...«.
37 Bauer 1992, S. 277.
38 SB IV, S. 95 (24. 8. 1851).

Die Götterdämmerung – Ring IV

1 Das männlich konnotierte Horn benutzt Wagner für Brünnhildes neues Motiv nur einmal, und zwar situativ bedingt, als im Vorspiel der *Götterdämmerung* Siegfried auf dem Pferd davonprescht.
2 Vgl. Overhoff 1967, S. 46 f.
3 SB VI, S. 70 f.
4 SSD II, S. 161 (Der Nibelungen-Mythus).
5 Vgl. Angela Koch in: Monika Schneikart (Hg.): Sex/ismus in den Medien. Herbolzheim 2007.
6 CW I, S. 255 (9. 7. 1870).
7 CW I, S. 239 (2. 6. 1870).
8 Wapnewski 1996, S. 285.
9 CW I, S. 493 (23. 2. 1872).
10 SSD V, S. 171 (Beethoven's ›heroische Symphonie‹).
11 Grey 1995, S 83.
12 Gespräch mit Jürg Stenzl: »*Vielleicht ist Bayreuth ja schon ein Museum?*« In: Storch 2002, S. 19.
13 Zit. b. John Deathridge, Sammelrezension. In: Nineteenth Century Music 5. No. 1 (1981), S. 84 (6. 9. 1875).
14 CW I, S. 802 (15. 3. 1874); CW I, S. 552 (23. 7. 1872). Es handelt sich bei der

Edition der Tagebücher, wo »Helden« zu lesen ist, um einen Übertragungsfehler, vgl. Voss 1996, S. 205 und Storch 2002, S. 119.

15 SSD VI, S. 256.

16 Westernhagen 1973, S. 276 (mit Notenbeispielen).

17 Kienzle 2001, S. 85.

18 Schickling 1983, S. 179.

19 Nelly Furman: *Opera or the Staging of the Voice.* In: Cambridge Opera Journal 3.3 (1991), S. 304.

20 Zit. b. Manfred H. Schmid: Musik als Abbild. Tutzing 1981, S. 141 f.

21 Friedrich 2004, S. 71.

22 Otto 1990, S. 384.

23 SB IV, S. 95 (24. 8. 1851).

Zwischen Eva und Kundry: »Kein weibliches Wesen mir zur Seite!«

1 Fotos der Tochter Verena Weidmanns und des Enkels lassen eine verblüffende Ähnlichkeit zu Wagner erkennen. Dennoch können die hier geäußerten Vermutungen nur als Thesen gelten.

2 Scholz 1930, S. 93 (11. 05. 1863). Vgl. auch den Brief an Ferdinand Praeger: »Nur bring mir keine englischen Ideen der Zurückhaltung mit [...] hinsichtlich Schicklichkeit und bürgerlicher Tugend!« SB VIII, S. 338 (Mai 1857).

3 SB XI, S. 59 (2. 5. 1859); SB XV, S. 47 (15. 1. 1863); SB XI, S. 155 (9. 7. 1859).

4 SB XI, S. 248 (24. 9. 1859); S. 180 (8. 8. 1859).

5 Kronenberg 1908/09, S. 476.

6 Rieger 2003, S. 350.

7 SB XIV, S. 43 (9. 1. 1862). Immerhin korrespondierte er noch einige Jahre lang mit ihr.

8 SB XIII, S. 166 f. (12. 7. 1861).

9 SB XV, S. 165 (17. 5. 1863); SB XV, S. 47 (15. 1. 1863).

10 SB XV, S. 165, 174, 190 (Mai/Juni 1863); SB XVI, S. 404 (Themenkommentar).

11 SB XV, S. 326 f. (6. 12. 1863); SB XVI, S. 382 (ohne genaues Datum, 1864).

12 ML II, S. 321; SB XVI, S. 259 (21. 9. 1864).

13 Vgl. Joachim Köhler: Friedrich Nietzsche und Cosima Wagner. Die Schule der Unterwerfung. Reinbek 1996, S. 161 ff.

14 Vgl. SB XVI, S. 653.

15 SB XVI, S. 243 und 253 (22. und 29. 6. 1864).

16 SB XVI, S. 297 (9. 9. 1864).

17 SB XVI, S. 274 und 276 (11. und 16. 8. 1864).

18 BB, S. 34 (15. 8. 1865). Die weiteren Zitate entstammen den darauffolgenden Seiten.

19 Waldberg 1933, S. 344.

20 Fehr, Bd. II, S. 225.

21 Kronenberg 1908/09, S. 474.

22 CW I, S. 93 f. (7. und 11. 5. 1869).
23 CW I, S. 158 (9. 10. 1869).
24 CW I, S. 105 (8. 6. 1869).
25 22. 5. 1897. In: Zinsstag o. J., S. 59.
26 Mack 1980, S. 486 und 633.
27 Wille 1982, S. 99 (25. 6. 1870).
28 CW I, S. 204, 302, 269.
29 Lilli Lehmann: Mein Weg. Leipzig 1920, S. 229.
30 Zimmermann 1910, S. 79.
31 CW II, S. 45 (12. 2. 1878).
32 In einer neueren Cosima-Biographie erfährt man wenig über ihre inneren Kämpfe, zu erfahren ist vielmehr, dass ihr die »Stilisierung als Wagners Sprachrohr« gelang (Oliver Hilmes: Herrin des Hügels. Das Leben der Cosima Wagner. München 2007, S. 133 f.).
33 Voss 1996, S. 211–221. Diese interessante These steht aber auf wackeligen Füßen, wenn man bedenkt, dass Wagner beim Komponieren eine neue Frau begehrte (Judith Gautier).
34 Herbert Rosendorfer: *Richard Wagner, der fröhliche Heide*. In: Kundry & Elektra und ihre leidenden Schwestern. Hg. von Silvia Kronberger und Ulrich Müller. Anif/Salzburg 2003, S. 18.
35 SB X, S. 211 (Dezember 1858); CW II, S. 351 (17. 6. 1879); S. 789 f. (2. 9. 1881).
36 Vaget 1999, S. 122; Friedrich 2002, S. 123; Chailly zit. b. Ulrich Schreiber: Opernführer für Fortgeschrittene. Das 19. Jahrhundert. Kassel/Basel 1991, S. 554; Floros 1982, S. 37.
37 SSD XI, S. 405 (»Parzival«).
38 Vgl. Sarasin 2001, S. 192 f.
39 BB, S. 95 f.

»... das Leiden der Liebesverführung«: Kundry und Parsifal

1 N. Wagner 1995, S. 68; Großmann-Vendrey 1977, Dok. Bd. 2, S. 143 f. und 169.
2 BB, S. 86 (11. 9. 1865).
3 Zit. b. Hein 1996, S. 119.
4 CW II, S. 718 (28. 3. 1881). Es überrascht, wenn Dieter Scholz (in: Rondo 3/2007, S. 38–40) behauptet, Wagner habe Gobineaus Lehren als »Unsinn« bezeichnet. Die Aufsätze und Offenen Schreiben (in: SSD, Bd. X, S. 33 ff., 276 f., 284, 292, 317 u. a. m.) sind voller Lobeshymnen.
5 Großmann-Vendrey 1977, Dok. Bd. 2, S. 16; Floros 1982; Kienzle 1992.
6 Schwer verständliche Aussagen wie »die eifersüchtige Auseinandersetzung der Mädchen um *Parsifal* spiegelt die Selbstentzweiung des Willens in zahllose Objektivationen, die in stetem Kampf untereinander begriffen sind« (Kienzle 1992, S. 105), zeigen die Problematik einer ausschließlichen Ableitung der Handlung von schopenhauerschem Gedankengut.

7 Otto 1990, S. 193.
8 SB XI, S. 198 (24. 8. 1859).
9 SSD IX, S. 73 (Beethoven).
10 SSD V, S. 191 (Über Franz Liszt's symphonische Dichtungen).
11 Neuwirth 1971, S. 186. Vgl. auch Tibor Kneif: *Die Idee des Organischen bei Richard Wagner.* In: Dahlhaus 1970, S. 63–78, der Beispiele für dessen Fähigkeit anführt, »die Spuren bewußten Gestaltens zu verwischen und die Illusion eines Quasi-Naturprodukts zu wecken.« Ebd., S. 75.
12 CW I, S. 124 (8. 7. 1869).
13 Zit. b. Bauer 1978, S. 253. Da er stets Musik im Vergleich zum Text als weiblich bezeichnet, passt das Bild sehr gut.
14 Richard Wagners Sohn Siegfried bezeichnet in seinen Erinnerungen den jüdischen Künstler Josef Rubinstein als »ein Kundrynaturell«, das »unter seiner Rasse leide« und »sich nach Erlösung sehnte«. In: Ders.: Erinnerungen. Stuttgart 1922, S. 18.
15 CW II, S. 367 (17. 6. 1879).
16 Bauer 1978, S. 84.
17 Bauer 1978, S. 151.
18 Kienzle 1992, S. 161; CW II, S. 108 (4. 6. 1878).
19 Bauer 1978, S. 160 und 115.
20 Vgl. Ingenschay-Goch 1982, S. 115.
21 SSD IV, S. 271.
22 Said 1978; vgl. auch Annette Kreutziger-Herr: *Oper als Diskursfeld. Edward Saids Kultur und Imperialismus und Giuseppe Verdis Aida*. In: Herr/Woitas 2006, S. 177–196.
23 BB, S. 54.
24 Otto 1986, S. 432 (22. 11. 1881).
25 CW II, S. 727 (13. und 14. 4. 1881); Bayreuther Blätter Nov./Dez. 1882, S. 322; CW I, S. 1031 (12. 2. 1877).
26 CW II, S 79 (5. 4. 1878).
27 Schuh 1936, S. 162.
28 CW. II, S. 303 (3. 2. 1879); vgl. auch Waldberg 1933, S. 186 (3. 4. 1881).
29 SB XI, S. 104, 107 f. (29/30. 5. 1859).
30 Rita Morrien: Sinn und Sinnlichkeit. Der weibliche Körper in der deutschen Literatur der Bürgerzeit. Köln/Weimar/Wien 2001, S. 143.
31 Hermand in: Grimm/Hermand 1993, S. 110 ff.; Linda und Michael Hutcheon: Opera. Desire, Disease, Death. Lincoln/London 1996, S. 61–93.
32 BB, S. 53.
33 CW II, S. 217 (2. 11. 1878).
34 CW II, S. 219 (6. 11. 1878); CW I, S. 137.
35 CW II, S. 976 (2. 7. 1882).
36 Abgedruckt in Floros 1982, S 38 f. Auch Slavoj Zizek ist der Meinung, dass sich der Gral zum Schluss »zum Weiblichen hin öffnet«. In: Ders.: Der zweite Tod der Oper. Berlin 2003, S. 113.

37 Bermbach 2003, S. 308.
38 So bedanken sich Autoren gerne im Vorwort ihrer Bücher bei ihren Ehefrauen.
39 Vgl. Bermbach 2003, Kapitel »Parsifal«.
40 Kienzle 1992, S. 105.
41 CW I, S. 311 (11. 11. 1870).
42 Kienzle 1992, S. 116.
43 Williams 2004, S. 141.
44 Brief an Ludwig II vom 25. 8. 1879, zit. b. Gregor-Dellin 1980, S. 792.
45 SSD XII, S. 341–343 (Über das Weibliche im Menschlichen).
46 CW II, S. 866 (5. 1. 1882).
47 Hermann Rauschning: Gespräche mit Hitler. New York 1940, S. 215 ff. Neueren Untersuchungen zufolge stammen die Aussagen nicht original von Hitler (vgl. Roman Dziergwa in: Quatuor-Coronati-Jb. 43/2006), was ihrer zeitgeschichtlichen Bedeutung jedoch keinen Abbruch tut.

Nachspiel

1 Vgl. Bauer 1978, S. 84.
2 Döhring 2002, S. 54.
3 SB V, S. 106 (11. 11. 1852).
4 Nattiez 1993.
5 Christian Geulen: Wahlverwandte. Rassendiskurs und Nationalismus im späten 19. Jahrhundert. Hamburg 2004, S. 206.
6 Ingenschay-Goch 1982, S. 61.
7 Zit. b. Jürgen Kesting: *Die ewige Flamme. Zum* 30. Todestag der Diva Maria Callas. In: Der Spiegel 35 (2007), S. 146.
8 SSD XII, S. 343 (Über das Weibliche im Menschlichen).

Literaturhinweise

Siglen

BB	Richard Wagner. Das braune Buch. Tagebuchaufzeichnungen 1865–1882. Hg. von Joachim Bergfeld (1975). München/Zürich 1988.
CW I, II	Cosima Wagner. Die Tagebücher. Ediert und kommentiert von Martin Gregor-Dellin und Dietrich Mack. Bd. I (1976), Bd. 2 (1977). Frankfurt/M. 1988.
ML I, II	Richard Wagner: Mein Leben. Hg. Von Martin Gregor-Dellin. 2 Bde. (1963). München 1969.
RWA	Richard-Wagner-Museum und Archiv, Bayreuth.
SB	Richard Wagner. Sämtliche Briefe. 16 Bde.
I-V	Hg. von Gertrud Strobel und Werker Wolf. Leipzig Bd. I 1967, Bd. II 1970, Bd. III 1975, Bd. IV 1979, Bd. V 1993.
VI-VIII	Hg. von Hans Joachim Bauer und Johannes Forner. Leipzig Bd. VI 1986, Bd. VII 1988, Bd. VIII 1991.
IX	Hg. von Klaus Burmeister und Johannes Forner. Leipzig 2000.
X	Hg. von Andreas Mielke. Wiesbaden et al. 2000.
XI – XII	Hg. von Martin Dürrer. Wiesbaden et al. Bd. XI 1999, Bd. XII 2001.
XIII	Hg. von Martin Dürrer und Isabel Kraft. Wiesbaden et al. 2003.
XIV-XV	Hg. von Andreas Mielke. Wiesbaden et al. Bd. XIV 2002, Bd. XV 2005.
XVI	Hg. von Martin Dürrer. Wiesbaden et al. Bd. XVI 2006.
SSD I-XII	Richard Wagner: Sämtliche Schriften und Dichtungen. 12 Bde. 5. Aufl. Leipzig o. J. (ca. 1912).

Literatur

Abbate, Carolyn: *Brunhilde walks by night.* In: Unsung Voices. Opera and Musical Narrative in the Nineteenth Century. Princeton 1991, S. 206–250.

Ackermann, Peter: Richard Wagners Ring des Nibelungen und die Dialektik der Aufklärung. Tutzing 1981.

Adorno, Theodor W.: Versuch über Wagner. München/Zürich 1964.

Bauer, Hans-Joachim: Wagners »Parsifal«. Kriterien der Kompositionstechnik. München/Salzburg 1978.

Bauer, Hans-Joachim: Richard Wagner. Stuttgart 1992.

Bauer, Hans-Joachim (Hg.): Richard Wagner. Briefe. Stuttgart 1995.

Bekker, Paul: Richard Wagner. Das Leben im Werke. Stuttgart et al. 1924.

Beer, Max Josef: Eva Pogner. Ein deutsches Charakter-Frauenbild. Wien 1882.

Beidler, Franz Wilhelm: Cosima Wagner-Liszt. Der Weg zum Wagner-Mythos. Bielefeld 1997.

Bermbach, Udo: Wo Macht ganz auf Verbrechen ruht. Politik und Gesellschaft in der Oper. Hamburg 1997.

Bermbach, Udo (Hg.): »Alles ist nach seiner Art«. Figuren in Richard Wagners Der Ring des Nibelungen. Stuttgart/Weimar 2001.

Bermbach, Udo: »Blühendes Leid«. Politik und Gesellschaft in Richard Wagners Musikdramen. Stuttgart/Weimar 2003.

Borchmeyer, Dieter: Das Theater Richard Wagners. Idee – Dichtung – Wirkung. Stuttgart 1982.

Broesel, Wilhelm: Evchen Pogner. Berlin/Leipzig 1906.

Burrell, Mary/Burk, John N.: Richard Wagner. Briefe 1813–1883. Die Sammlung Burrell. Frankfurt/M. 1950.

Cooke, Deryck: I saw the world end. A study of Wagner's Ring. London et al. 1979.

Cooke, Deryck: The Language of Music. New York 1989.

Corse, Sandra: Wagner and the New Consciousness: Language and Love in the Ring. Rutherford 1990.

Csampai, Attila/Dietmar Holland (Hg.): Die Meistersinger von Nürnberg. Texte, Materialien, Kommentare. Reinbek 1981.

Csampai, Attila/Dietmar Holland (Hg.): Parsifal. Texte, Materialien, Kommentare. Reinbek 1984.

Csampai, Attila/Dietmar Holland (Hg.): Tannhäuser. Texte, Materialien, Kommentare. Reinbek 1986.

Dahlhaus, Carl: Das Drama Richard Wagners als musikalisches Kunstwerk. Regensburg 1970.

Dahlhaus, Carl: Richard Wagners Musikdramen. Velber 1971 (1971a).

Dahlhaus, Carl (Hg): Richard Wagner. Werk und Wirkung. Regensburg 1971 (1971b).

Dahlhaus, Carl/Egon Voss (Hg.): Wagnerliteratur – Wagnerforschung. Mainz 1985.
Danuser, Hermann/Herfried Münkler (Hg.): Deutsche Meister – böse Geister? Nationale Selbstfindung in der Musik. Schliengen 2001.
Döge, Klaus/Christa Jost/Peter Jost (Hg.): »Schlagen Sie die Kraft der Reflexion nicht zu gering an«. Beiträge zu Richard Wagners Denken, Werk und Wirken. Mainz 2002.
Döhring, Sieghard: *Tannhäuser und die Transformation der romantischen Oper.* In: Döge/Jost 2002, S. 48–61.
Donington, Robert: Wagners Ring and its Symbols (1963). London 1976.
Drüner, Ulrich (Hg.): Parsifal. München 1990.
Drüner, Ulrich: Schöpfer und Zerstörer. Richard Wagner als Künstler. Wien 2003.

Fehr, Max: Richard Wagners Schweizer Zeit. 2 Bde. Aarau/Leipzig 1934/53.
Floros, Constantin: *Studien zur Parsifal-Rezeption.* In: Musik-Konzepte 25 (1982), S. 14–57.
Frauer, Ludwig: Die Walkyrien der skandinavisch-germanischen Götter- und Heldensage. Weimar 1846.
Friedrich, Götz: *»eine schlimme maskuline Erfindung«. Verdrängung patriarchalischer Komplexe.* In: Mein Opernführer. Hg. von Werner Otto. Berlin 2002, S. 123.
Friedrich, Sven: Richard Wagner – Deutung und Wirkung. Würzburg 2004.

Gautier, Judith: Wagner at Home (New York 1911). Nachdruck o. J.
Golther, Wolfgang (Hg.): Richard Wagner an Mathilde Wesendonck. Tagebuchblätter und Briefe 1853–1871 (1904). 44. Aufl. Leipzig 1914.
Gregor-Dellin, Martin: Richard Wagner. Sein Leben. Sein Werk. Sein Jahrhundert. München/Zürich 1980.
Grey, Thomas S.: Wagner's musical prose. Texts and contexts. Cambridge 1995.
Grimm, Jakob: Deutsche Mythologie. 3 Bde. (1835). Wiesbaden 1968.
Grimm, Reinhold/Jost Hermand (Hg.): Re-Reading Wagner's Operas. Madison 1993.
Großmann-Vendrey, Susanne: Bayreuth in der deutschen Presse. Beiträge zur Rezeptionsgeschichte Richard Wagners und seiner Festspiele. 2 Bde. Regensburg 1977.

Hanke, Eva: Wagner in Zürich. Individuum und Lebenswelt. Kassel et al. 2007.
Hein, Annette: »Es ist viel ›Hitler‹ in Wagner«. Rassismus und antisemitische Deutschtumsideologie in den »Bayreuther Blättern« (1878–1938). Tübingen 1996.
Heintz, Albert: *Richard Wagner in Zürich. Ein Gedenkblatt zum 13. Februar.* In: Allgemeine Musik-Zeitung 23.7. 1896, S. 92–94 (M. Wesendoncks Erinnerungen).
Humburg, Will: *Vom Leitmotiv zur Leitorchestration. Gedanken zur Instrumenten-Symbolik in Wagners Rheingold und Walküre.* In: Richard Wagners Ring des Nibelungen. Musikalische Dramaturgie – kulturelle Kontextualität – Primär-Rezeption. Hg. von Klaus Hortschansky. Schneverdingen 2004.

Ingenschay-Goch, Dagmar: Richard Wagners neu erfundener Mythos: zur Rezeption und Reproduktion des germanischen Mythos in seinen Operntexten. Bonn 1982.

Kesting, Hanjo (Hg.): Franz Liszt – Richard Wagner Briefwechsel. Frankfurt/M. 1988.

Kienzle, Ulrike: Das Weltüberwindungswerk. Wagners *Parsifal* – ein szenisch-musikalisches Gleichnis der Philosophie Arthur Schopenhauers. Laaber 1992.

Kienzle, Ulrike: *Brünnhilde. Das Wotanskind.* In: Bermbach 2001, S. 81–103.

Kienzle, Ulrike: »... daß wissend wurde die Welt!« Religion und Philosphie in Richard Wagners Musikdramen. Würzburg 2005.

Kitcher, Philip/Richard Schacht: Finding an Ending. Reflections on Wagner's Ring. New York 2004.

Kramer, Margarethe: Beiträge zu einer Geschichte des Affektbegriffes in der Musik. Halle 1924.

Kronenberg, Ignaz: *Richard Wagners Diener in der* (sic) *Tribschen.* In: Schweizer Rundschau 9. 1908/09, S. 468–476.

Kronenberg, Silvia/Müller, Ulrich (Hg): Leonore = Fidelio. Die Frau als Kämpferin, Retterin und Erlöserin im (Musik-)Theater. Anif/Salzburg 2004.

Krones, Hartmut: *Rhetorik und rhetorische Symbolik in der Musik um* 1800. In: Musiktheorie 3. Laaber 1988, S. 117–140.

Laroche, Bernd (Hg.): Der fliegende Holländer. Wirkung und Wandlung eines Motivs. Frankfurt/M. 1993.

Mack, Dietrich (Hg.): Cosima Wagner. Das zweite Leben. Briefe und Aufzeichnungen 1883–1930. München/Zürich 1980.

Magee, Bryan: Aspects of Wagner (1968). Oxford 1988.

Magee, Bryan: The Tristan Chord. Wagner and Philosophy. New York 2000.

Mayer, Hans: Richard Wagner in Selbstzeugnissen und Bilddokumenten. Reinbek 1959.

Mayer, Hans: *Parnaß und Paradies. Gedanken zu den Meistersingern von Nürnberg.* In: Die Meistersinger von Nürnberg, Programmheft Bayerische Staatsoper, München 1979.

Mayer, Hans: Richard Wagner. Hg. von Wolfgang Hofer. Frankfurt/Main 1998.

McCreless, Patrick: Wagner's Siegfried: Its Drama, History, and Music. Ann Arbor 1982.

McGlathery, James M.: Wagner's Operas and Desire. New York et al. 1998.

Nattiez, Jean-Jacques: Wagner Androgyne. Englische Fassung Princeton 1993.

Neuwirth, Gösta: *Parsifal und der musikalische Jugendstil.* In: Dahlhaus 1971b, S. 175–198.

Otto, Werner (Hg.): Richard Wagner. Briefe 1830–1883. Berlin 1986.

Otto, Werner (Hg.): Richard Wagner. Ein Lebens- und Charakterbild in Dokumenten und zeitgenössischen Darstellungen. Berlin 1990.
Overhoff, Kurt: Die Musikdramen Richard Wagners. Eine thematisch-musikalische Interpretation. Salzburg 1967.

Porges, Heinrich: Die Bühnenproben zu den Bayreuther Festspielen des Jahres 1876. Chemnitz Bd. 1 1881, Bd. 2 1882, Bd. 3–4 1896.

Rieger, Eva (Hg.): Frühe Texte – Frau und Musik. Frankfurt/M. 1980.
Rieger, Eva: Frau, Musik und Männerherrschaft. Zum Ausschluß der Frau aus der deutschen Musikpädagogik, Musikwissenschaft und Musikausübung. Berlin 1981.
Rieger, Eva: Minna und Richard Wagner. Stationen einer Liebe. Düsseldorf 2003.

Said, Edward: Orientalism. New York 1978 (dt. Übers.: Orientalismus. Frankfurt/M. 1981).
Sarasin, Philipp: Reizbare Maschinen. Eine Geschichte des Körpers 1765–1914. Frankfurt/M. 2001.
Schering, Arnold: Von großen Meistern der Musik. Leipzig 1940.
Schickling, Dieter: Abschied von Walhall. Richard Wagners erotische Gesellschaft. Stuttgart 1983.
Scholz, Hans (Hg.): Richard Wagner an Mathilde Maier (1929). 3. Aufl. Leipzig 1930.
Schuh, Willi (Hg.): Die Briefe Richard Wagners an Judith Gautier. Erlenbach-Zürich/Leipzig 1936.
Siegele, Ulrich: *Das Drama der Themen am Beispiel des Lohengrin*. In: Dahlhaus 1971 b, S. 41–51.
Storch, Wolfgang (Hg.): Der Raum Bayreuth. Ein Auftrag aus der Zukunft. Frankfurt/M. 2002.

Tambling, Jeremy: Opera and the Culture of Fascism. Oxford 1996.
Tietz, John: Redemption or Annihilation? Love versus Power in Wagner's Ring. New York et al 1999.

Vaget, Hans Rudolf (Hg.): Im Schatten Wagners. Thomas Mann über Richard Wagner. Texte und Zeugnisse 1895–1955. Frankfurt/M. 1999.
Vazsonyi, Nicholas (Hg.): Wagner's Meistersinger. Performance, History, Representation. Rochester 2002.
Vill, Susanne (Hg.): »Das Weib der Zukunft«. Frauengestalten und Frauenstimmen bei Richard Wagner. Stuttgart 2000.
Voss, Egon: Studien zur Instrumentation Richard Wagners. Regensburg 1970.
Voss, Egon (Bearb.): Richard Wagner. Dokumentarbiographie (1975). Mainz 1982.
Voss, Egon: *Siegfrieds Musik*. In: Das musikalische Kunstwerk. Geschichte, Ästhetik, Theorie. Festschrift Carl Dahlhaus. Laaber 1988, S. 259–268.

Voss, Egon: Wagner und kein Ende. Betrachtungen und Studien. Zürich/Mainz 1996.

Wagner, Nike (Hg.): Über Wagner. Von Musikern, Dichtern und Liebhabern. Eine Anthologie. Stuttgart 1995.

Waldberg, Max Freiherr von (Hg.): Cosima Wagners Briefe an ihre Tochter Daniela von Bülow, nebst 5 Briefen Richard Wagners. Stuttgart/Berlin 1933.

Wapnewski, Peter: Der traurige Gott. Richard Wagner in seinen Helden (1978). München 1982.

Wapnewski, Peter: »Weisst du wie das wird?« Richard Wagner. Der Ring des Nibelungen. München 1995, 2. Aufl. 1996.

Warrack, John: Richard Wagner. Die Meistersinger von Nürnberg. Cambridge 1994.

Weiner, Marc: Richard Wagner and the Anti-Semitic Imagination. Lincoln 1997.

Westernhagen, Curt von: Die Entstehung des Ring. Dargestellt an den Kompositionsskizzen Richard Wagners. Zürich 1973.

Wille, Eliza: Erinnerungen an Richard Wagner. Mit 15 Briefen Richard Wagners. Zürich 1982.

Williams, Simon: Wagner and the Romantic Hero. Cambridge 2004.

Wolzogen, Hans von: Thematischer Leitfaden durch die Musik des Parsifal, nebst einem Vorworte über den Sagenstoff des Wagner'schen Dramas. 2. Aufl. Leipzig 1882.

Zimmermann, Louis: Richard Wagner in Luzern. Berlin 1910.

Zinsstag, Adolf (Hg.): Die Briefsammlungen des Richard-Wagner-Museums in Tribschen bei Luzern. Basel o. J.

Zuber, Barbara: *Fricka. Eine Frau des 19. Jahrhunderts.* In: Bermbach 2001, S. 49–67.

Register

Adorno, Theodor W. 14, 21, 86, 156
Alighieri, Dante 38
Arnim, Bettina von 158

Bab, Julius 89
Bach, Johann Sebastian 17, 28, 127
Barbarossa, Friedrich 37, 132 f.
Baudelaire, Charles 63 f.
Bauer, Hans-Joachim 243
Bechstein, Ludwig 61
Beethoven, Ludwig van 8, 10, 16, 21, 25, 28, 34, 51, 63, 113 f., 124, 167, 199 f., 217, 236, 243
Bekker, Paul 89
Bellmer, Hans 8
Benjamin, Walter 14
Berg, Alban 65
Bermbach, Udo 165, 201, 252
Bloch, Ernst 56
Böcklin, Arnold 65
Boieldieu, François Adrien 49
Borchmeyer, Dieter 201
Bouguereau, Adolphe 65
Bourgeois, Louise 255
Bovenschen, Silvia 11
Brahms, Johannes 217
Bruckner, Anton 8, 28
Büchner, Luise 14
Bülow, Cosima von s. Wagner
Bülow, Daniela von 221
Bülow, Hans von 215 f., 218 ff., 225, 228
Bulwer-Lytton, Edward 35 f.
Burns, Robert 38

Campe, Joachim Heinrich 216
Carlyle, Thomas 37 f., 226
Cézanne, Paul 65
Chailly, Jacques 229
Chamberlain, Eva 219, 221
Cicora, Mary 126
Clément, Catherine 201
Cooke, Deryck 146
Corinth, Lovis 65
Cornelius, Peter 213
Corse, Sandra 138, 181
Crawford, Joan 7
Cromwell, Oliver 38

D'Agoult, Marie 216
Dahlhaus, Carl 201
Dammann, Rolf 16
Debussy, Claude 90, 232
Devrient, Eduard 101
Döhring, Sieghart 201
Dolci, Carlo 70
Donington, Robert 185
Dorn, Heinrich 90
Draeseke, Felix 94
Drüner, Ulrich 14, 173
Dürer, Albrecht 120

Eschenbach, Wolfram von 229, 243

Ferdinand, Henning 19
Flimm, Jürgen 13
Flögel, Bruno 18
Floros, Constantin 16, 229, 234
Frantz, Constantin 126
Frauer, Ludwig 161 f.
Freud, Sigmund 252
Friedrich, Götz 229
Friedrich Wilhelm IV. 158
Furman, Nelly 206

Gautier, Judith 75, 81, 227, 238, 264
Gellert, Christian Fürchtegott 57
Glarean, Heinrich 26
Glasenapp, Carl Friedrich 224
Glümer, Claire 58
Gobineau, Arthur 127, 233, 235, 265
Goethe, Johann Wolfgang 27, 201, 236
Goldwag, Bertha 215
Gozzi, Carlo 31
Gregor-Dellin, Martin 9, 92
Grey, Thomas 200 f.
Grimm, Jacob 146, 161 f.
Großmann-Vendrey, Susanne 234
Günderrode, Karoline von 161

Händel, Georg Friedrich 17, 19
Haydn, Joseph 17, 25, 28, 63
Hegel, Georg Wilhelm Friedrich 138, 169
Heine, Heinrich 31, 46 ff., 54, 61, 261
Heinse, Wilhelm 31
Henze-Döhring, Sabine 201
Hermand, Jost 249
Herwegh, Emma 158
Herwegh, Georg 8, 16
Herzogenberg, Elisabeth von 90
Hitler, Adolf 254
Hoffmann, E. T. A. 61, 67
Humburg, Will 159

Ingenschay-Goch, Dagmar 156

Jungheinrich, Hans-Klaus 71

Kahlo, Frida 255
Kanne, Friedrich August 25
Karbusicky, Vladimir 16
Kienzle, Ulrike 234, 242
Kinkel, Gottfried 49
Kitcher, Philip 201
Klencke, Hermann 230
Knepler, Georg 16
Knox, John 38
Köpp, Marie s. Stocker
Kramer, Lawrence 201
Kretzschmar, Hermann 232
Kreutzer, Hans Joachim 27
Krones, Hartmut 16
Kunze, Stefan 234

Laussot, Jessie 40 ff., 60, 76, 91, 131, 153, 182, 227, 262
Lecky, William 250
Lehmann, Lilli 225, 245
Lehmann, Liza 90
Lenz, Maximilian 65
Lessing, Gotthold Ephraim 57, 236
Lévi-Strauss, Claude 270
Lipsius, Marie 14
Liszt, Franz 15, 27 f., 40, 53 ff., 81, 91, 94, 131, 140, 144 f., 151 f., 158, 216, 219

Ludwig II. 34, 168, 170, 183, 217, 219, 221, 228
Luther, Martin 38

Magee, Bryan 90, 96,138
Magli, Ida 70
Mahler, Gustav 8 f.
Maier, Mathilde 118, 176, 211, 214 ff., 218
Mann, Thomas 56, 88 f., 102, 105, 201, 229
Marinetti, Filippo Tommaso 89
Marx, Karl 266
Materna, Amalie 82
Mattheson, Johann 18
Mauro, Seraphine 213, 217
Mayer, Hans 57, 85, 92, 122, 199
McGlathery, James 9, 163
Meier, Mischa 201
Meyer, Friederike 214
Meyerbeer, Giacomo 239
Meysenbug, Malwida von 126, 158
Michel, Louise 80
Mohammed 38
Monteverdi, Claudio 16
Mozart, Wolfgang Amadeus 10, 16, 63, 83, 119, 259
Mrazek, Franz 221
Münter, Gabriele 12
Mussbach, Peter 200

Nattiez, Jean-Jacques 264
Nestroy, Johann Nepomuk 31
Nietzsche, Friedrich 15, 54, 89, 168, 217

O'Keeffe, Georgia 255
Ossietzky, Carl von 56
Overhoff, Kurt 25, 77, 119

Picasso, Pablo 12
Planer, Natalie 35, 44
Platon 96
Porges, Heinrich 158 f., 170, 225

Rauschning, Hermann 254
Richardson, Samuel 57
Richter, Hans 179, 221
Ritter, Karl 41
Röckel, August 73, 137, 142, 155, 195
Roll, Alfred-Philippe 65
Rösing, Helmut 25
Rousseau, Jean-Jacques 37 f.

Said, Edward 244
Saint Phalle, Niki de 255
Saint-Saëns, Camille 65
Salzmann, Christian Gotthilf 216
Sayn-Wittgenstein, Carolyne von 158
Sayn-Wittgenstein, Marie von 148, 158
Schacht, Richard 201
Schelling, Friedrich Wilhelm Joseph 253
Schering, Arnold 115
Schiller, Friedrich 236
Schönberg, Arnold 8
Schopenhauer, Arthur 96, 136 ff., 182, 234 ff., 254
Schott, Franz 214
Schreker, Franz 89
Schröder-Devrient, Wilhelmine 34, 51, 58 f.
Schumann, Robert 239
Serow, Valentina 207
Shakespeare, William 31, 38
Shaw, George Bernard 132, 202
Spontini, Gaspare 37
Standhartner, Josef 213
Steiner, Max 16
Stocker, Bernhard 224
Stocker, Jakob 221 f., 224
Stocker, Marie 224, 226
Stocker, Verena s. Weidmann
Stocker, Wilhelm Richard 222 ff.
Strauss, Richard 8, 16, 65, 130
Stuck, Franz von 65
Sulzer, Jakob 234

Tanner, Michael 112
Tausig, Karl 215 f.
Tieck, Ludwig 61
Tizian 112
Troyes, Chrétien de 243

Uhlig, Theodor 55

Verdi, Giuseppe 196
Völkl, Maria 215, 217
Voss, Egon 23, 27, 51, 77, 228

Wagner, Cosima 8, 10, 13, 22, 38, 44, 49, 53 ff., 75, 80 f., 104, 107, 113, 125-9, 135, 153, 167 f., 185, 196 ff., 202, 210 f., 216, 218-228, 233, 235, 245, 250 f., 263 f., 266
Wagner, Eva s. Chamberlain
Wagner, Isolde 218, 221, 223, 225 f., 228
Wagner, Johanna 74
Wagner, Minna 31 f., 34 ff., 39-45, 53, 55, 59 f., 63, 73 ff., 106, 145, 166, 212 ff., 216, 220, 228, 262
Wagner, Siegfried 167 f., 224, 226
Wagner, Wieland 252
Wapnewski, Peter 92, 142, 189, 192
Weber, Carl Maria von 16, 30 f., 48, 79, 83, 119
Webern, Anton 8
Weidmann, Verena 211 ff., 218, 221
Wesendonck, Mathilde 28, 55, 62, 75 f.,88 f., 91 ff., 98, 106-113, 118, 121 ff., 128 f., 132, 137, 145, 151 ff., 166, 210 ff., 220, 227, 230 f., 233, 247, 262 f., 269
Wesendonck, Otto 55 f., 62, 64, 76, 91 ff., 95 f., 108 ff., 110, 112, 128, 166, 216
Wille, Eliza 95, 128, 145, 216, 218
Williams, Simon 253
Wolff, Christian 18
Wolzogen, Hans von 23, 146, 201, 205, 254

Young, Simone 201

Zurmühl, Sabine 12

Danksagung

Ich bedanke mich bei Thomas Weiler (Bayreuth) für anregende Gespräche, denen sich der Kollege Nicholas Vazsonyi (University of South Carolina) oft anschloss. Hannelore Abt (Berlin) und Gottfried Wagner (Cerro Maggiore) waren mir ebenfalls wichtige TippgeberInnen und GesprächspartnerInnen. Sie und viele andere haben mich im Verständnis des wagnerschen Œuvres vorangebracht. Nicht vergessen werden darf Deryck Cooke (1919–1976), der die auf die Affektentradition fußende Kompositionsweise Wagners erkannte und die Grundlagen zu einer neuen methodischen Interpretation legte, die diese Studie inspirierte. Leider starb er, bevor er sie vollenden konnte.